미로에서 출구 찾기

미로에서 출구 찾기

포스트휴먼이 나아갈 길

초판 1쇄 펴낸날 2026년 4월 22일

지은이 프란체스카 페란도   **편집** 김현정 김혜윤 이심지 이정신 이지원 홍주은
옮긴이 송은주   **디자인** 김태호
펴낸이 이건복   **마케팅** 신연경 임세현
펴낸곳 도서출판 동녘   **관리** 서숙희 이주원

만든 사람들
편집 이심지 홍주은   **디자인** 남선미

인쇄·제본 영신사   **라미네이팅** 북웨어   **종이** 한서지업사

등록 제311-1980-01호 1980년 3월 25일
주소 (10881) 경기도 파주시 회동길 77-26
전화 영업 031-955-3000 편집 031-955-3005 **팩스** 031-955-3009
홈페이지 www.dongnyok.com **전자우편** editor@dongnyok.com
페이스북·인스타그램 @dongnyokpub

ISBN 978-89-7297-206-8 (03100)

• 잘못 만들어진 책은 구입처에서 바꿔 드립니다.
• 책값은 뒤표지에 쓰여 있습니다.

The Art of Being Posthuman

미로에서

포스트휴먼이 나아갈 길

출구 찾기

송은주 옮김

프란체스카 페란도 지음
Francesca Ferrando

동녘

모두에게

소피아에게

여리아
으

많은 사회적, 생물학적, 생태적 문제들이 급부상하는 시기였던 코로나19 팬데믹 기간에 이 책을 쓴다는 것은 도전이자 선물이었다. 이 역사적 순간으로 인해 많은 이들이 학문으로서의 철학이 사회적 지혜가 되어야 할 긴급한 필요성을 깨닫게 되었다. 우리 주변 사람들이 죽어가고 있고, 우리 또한 죽을 수도 있다는 사실을 깨닫게 되자 인류의 연약함뿐 아니라 긴급하게 진정성과 의미를 찾아야 할 필요성 또한 자명해졌다. 우리는 이런 질문을 던져야 했다. **포스트휴머니즘은 또 하나의 학문적 유행일 뿐인가?** 만약 그렇다면 많은 이들이 이 분야에 흥미를 잃어버렸을 것이다. 유한성의 감각에 직면하여 우리는 학문적으로 색다른 것보다 더 깊이 있는 것을 찾고 있었다. 우리는 개인으로서, 공동체로서 이를 깊이 파고들어 가 우리 자신 속을 깊숙이 들여다보았다. **포스트휴머니즘이 이 순간을 헤쳐 나가는 데 도움이 될 수 있을까?** 이에 대해 설명할 수 있는 사람이 아무도 없었기 때문에 우리는 스스로에게 정직할 수 있었다. 이는 시험이 아니며, 승진 같은 보상이 따르는 일도 아니었다. 자아와도 상관없고, 이것이 우리 삶이었다.

전 지구적인 사회적 거리두기 기간 중 우리는 우리 자신에게 에워싸였다. 공간이 갑자기 수축했지만 시간은 그대로였기 때문에 행동, 사고, 단어 하나하나가 더 넓게 울려 퍼졌다. 공간은 제한되었지만 시간은 무제한이었다. 우리는 시간 부자가 되었다. 동굴 속에서처럼 말들이 울려 퍼졌다. 플라톤의 동굴 신화를 거꾸로 뒤집은 것처럼, 우리는 끊임없는 활동과 사회적 상호작용과 프로젝트 속에서 정신없이 지내다가 이제는 동굴 속에 들어가 머물러야 했다. 사랑하는 이들과 떨어져 힘든 시간을 겪어야 했다. 우리 자신에게 귀를 기울일 귀중한 가능성이 생겼다. 우리는 그렇게 했고, 이전과는 완전히 다르게 정직해질 수 있었다. 이런 명상에서 이 질문이 나왔다. **그렇다면 포스트휴머니즘은 어떨까?** 우리 중 일부는 포스트휴머니즘을 지적인 접근법으로 받아들였다. 많은 것이 상실된 지금, 그들은 의미를 찾느라 고군분투했다. 어떤 이들은 포스트휴머니즘이 존재하기의 방식임을 깨달았다. 이런 의미에서 포스트휴머니즘은 우리가 한 종으로서 이 역사적 순간에 접근하게 해주고, 개인적인 수준에서 헤쳐나가도록 도와주고, 팬데믹 이후의 세계들을 실현하는 데 변화의 행위자가 될 힘과 비전을 주었다. 이 책은 학문으로서의 철학이 21세기를 위한 사회적 지혜로 전환되는 장면을 목도한다.

★ㅏ례

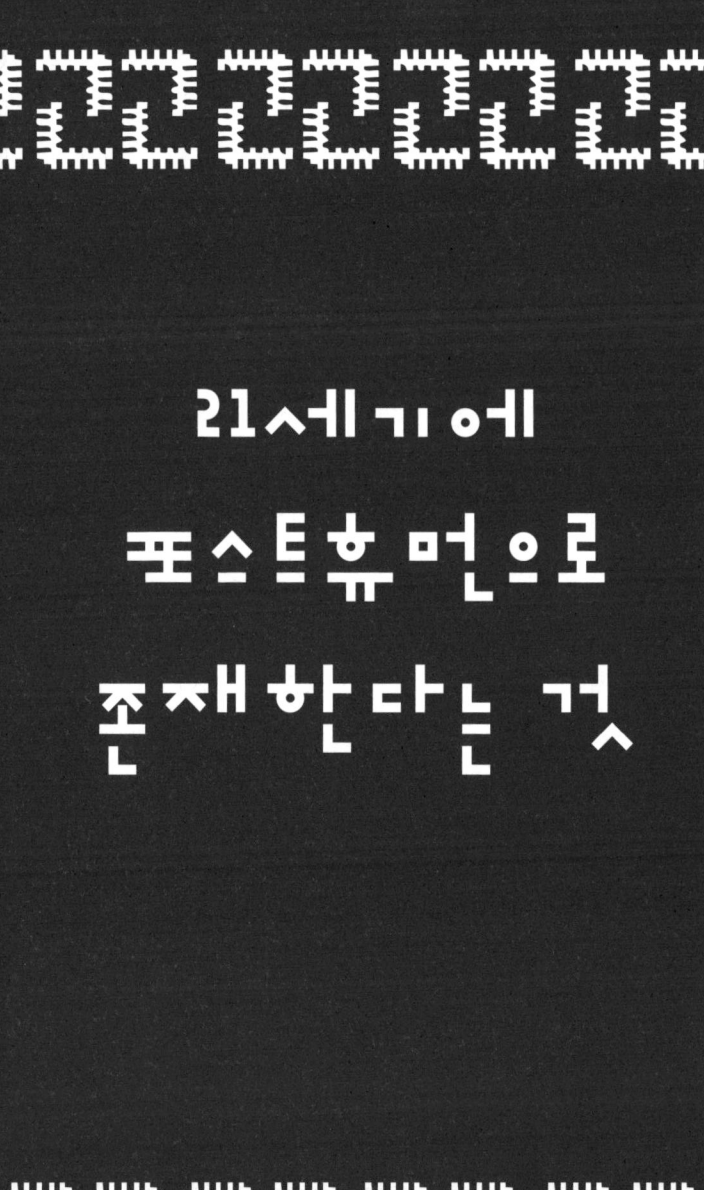

21세기에

포스트휴먼으로

존재한다는 것

이 책은 포스트휴머니즘을 삶의 철학으로 접근한다. 더 분명히 말하자면 포스트휴머니즘은 개인과 사회, 종과 종을 넘어선 존재 방식으로서, 깊이 있고 포괄적이면서도 각자에게 맞는 자기 탐색의 경로들을 드러내는 존재의 실천이다. 메시지는 아주 명쾌하다. 우리는 이제 어떤 식으로 존재하느냐에 따라 포스트휴먼이 될 수 있다. 인류세, 전 지구적 팬데믹, 인공지능이 부상하는 시대에 우리 자신의 모습을 마음속에 그려볼 때, 포스트휴먼적·실존주의적 계몽posthumanist existential enlightenment이 진정으로 요구된다. 이 책은 21세기에 우리가 어떤 존재인가를 전반적으로 검토한다. 개인으로서만이 아니라 사회, 종, 행성과 이를 넘어선 존재로서 어떤지까지 아우른다. 이 책은 비판적이면서 생성적인 관점에서 과거의 비전과 공식들에 깊이 자리한 인간중심적 유산을 인식하는 한편 과학 지식, 고대로부터 내려온 지혜의 길, 계속해서 출현 중인 생명공학을 다룬다. 말들은 세계를 창조하고, 서사는 중립적이지 않다. 그러므로 우리의 확장된 자아 이해를 흐리는 자기 특권의식에서 벗어나기 위해 인간 개념의 (재)생성적 정리가 필요하다. 존재의 본질을 들여다보면 우리가 (존재하는 자로서) 우리의 세계들을 창조적으로 공동 현현manifestation하며, 언제나 실존적 드러남의 역학 속에 있음을 깨닫게 된다. 이런 폭넓은 의미에서 우리는 모든 것의 일부part이자 기술art이다.[1] 포스트휴머니즘은 21세기 인간을 이해하는 데 반드시 필요한 사유를 포괄한다. 이는 담론 차원에 머무르지 않고 관련된 사람들의 삶, 인류 진화, 지구 행성과

그 너머까지의 미래를 형성하는 생성적 변화를 위한 독특한
기회이다. 현재의 위기는 대단히 심각하다. 포스트휴머니즘은
이런 역사적 시대와 시공간적 무대에서 펼쳐지는 실존적
인식으로 등장한다. 이제 포스트휴먼으로 존재하기의 기술을
보여줄 때가 왔다. 우리가 누구인지 알고 어떻게 살지를
선택해야 할 때이다.

이런 역사적 맥락에서 현현의 열린 공간이
필요하다는 점은 두말할 필요도 없다. 우리 시대를 이해할
이론적 틀로서뿐만 아니라 우리 삶에 영감을 주는 실천적
틀로서 포스트휴머니즘을 향한 관심이 커지고 있다.
코로나19 팬데믹에서 현재의 생태 위기까지, 빅데이터
경제와 프라이버시 결핍에서 과학적 발견과 생명공학의
가능성(CRISPR 유전자 편집이나 우주 채굴 등)이 야기한
사회정치적 결과들까지, 우리의 종과 행성에 급격한 변화가
일어나고 있다. 사람들은 이 '새로운' 세계에 어떻게 대처할지
몰라 당황하고 있고, 인류로서 우리 자신을 이해하는 방식 또한
달라지고 있다. 이런 안팎의 혼돈은 힘겹고 불안정할 수도
있지만, 한편으로 세계에 존재할 수 있는 새로운 방법들을
전해주기도 한다. 미궁에서 길을 잃지 말고 우리 자신을 미궁의
일부로 인식한다면 예기치 않은 자기 자신을 발견할 수 있을
것이다. 자신을 탐색하는 길로서 포스트휴머니즘은 윤리적
실천과 더불어 실존적 여정이 될 수 있다. 이 책의 목표는
자기 이해의 수많은 다양한 과정들을 개인적, 사회적, 종적,
행성적 수준과 그 너머까지 모든 수준에서 현현하는 것이다.

수많은 자기 이해들은 연결되어 있고 창발적이면서 독특하고, 시공간의 유동적이고 섬세한 구조에 궁극적인 잔물결을 일으킨다.

21세기에 지혜로워지려면?

선지자들은 자기 시대가 요구하는 바에 어떻게 대처해야 하는지 아는 자들이다. 변화무쌍한 현실과 그에 대응하는 가능한 관점들을 어떻게 늘어놓는가에 따라 그들의 답은 시대에 따라 달라질 수 있다. 예를 들어 기원전의 철학적 전통은 여전히 현대인들에게 희귀한 지혜의 정수를 제공한다. 그러나 그중 상당 부분을 떠받치는 그 시대의 사회문화적 조건의 한계는 쉽게 넘어갈 수 없다. 모든 것은 쉬지 않고 변화한다. 실존적 깨달음의 핵심은 궁극적으로 시간을 초월할 수 있다 해도, 이를 펼쳐내고 다루고 설명하는 방식들은 갱신되어야 한다는 것이다. 그런 이유로 어느 시대든 선구자들이 반드시 존재해야만 했던 것이다. 어느 시대에나 고유한 통찰, 초점, 비전이 있고, 그것들을 표현할 당대의 목소리가 필요하다. 이런 목소리들은 인류를 위해 무엇보다도 꼭 필요한 기능인 현실 검증의 역할을 한다. 그것은 우리가 개인으로서, 사회로서, 종으로서 어디에 있는가를 인식하는 것이다. 이런 의미에서 지혜는 시간적이면서

동시에 비시간적이다. 지혜는 시공간적 경험에서 자라나며,
궁극적으로 실현될 때는 그 모든 것을 초월한다. 또한, 바로
그렇기 때문에 21세기에 지혜롭다는 것이 어떤 의미인가에
답할 수 있는 자들은 우리뿐이다. 이 행성적 조건들을 우리와
꼭 같은 식으로 경험할 사람은 우리 이전에도, 이후에도 결코
없을 것이다. 그러한 경험은 이 우주적 체화를 일깨우는 우리의
실존적 수행의 일부이다. 또한, 변화는 본질적으로 모닝콜
역할도 한다. 우리는 다른 이들의 해답에만 의존할 수 없다.
우리가 지닌 응답 능력response-ability[2, 3]을 받아들여야 한다.

　　　　나는 누구인가? 이것은 모든 인간 존재가 언제고 한
번은, 보통은 아주 젊을 때 스스로에게 던지는 질문이다. **나는
누구인가? 이것은 무엇인가? 나는 왜 여기에 있는가?** 이런
의미에서라면 모두가 철학자이다. 즉, 권위적인 답을 찾지 않고
실존적 질문을 던질 수 있는 사람이다. 지혜는 델파이의 아폴로
신전에 새겨져 있으며 소크라테스의 삶의 철학에서 결론으로
떠받드는 고대 그리스의 격언 "너 자신을 알라"와 깊은 관계가
있다. 소크라테스는 "성찰하지 않는 삶은 살 가치가 없다"고
가르쳤다.[4] 도덕경[5]에서 우파니샤드[6]까지, 토라[7]에서 (성경과
그노시스의) 복음[8]과 쿠란[9]까지, 모두 삶의 의미는 우리가
누구인가를 이해하는 것이라고 끊임없이 되풀이해 강조한다.[10]
현대의 세계에서는 이런 영적 탐색이 경제적 성공이나
기술과학적 진보 같은 탐색으로 대치되곤 한다. 이런 것들도 다
의미 있는 궤적들이기는 하다. 그러나 그런 것을 삶의 궁극적
의미로 보고 접근한다면, 차원적 현현dimensional manifestation의

핵심에서 실존적 개방성을 완전히 포용하는 데 장애물이 된다.

우리는 누구인가?

이 책은 어원학을 따라 철학에 접근한다. 고대 그리스의 'philos'는 사랑을 뜻하고, 'sofia'는 지혜를 의미한다. 'philosophy'(철학)는 지혜에 대한 사랑, 그리고 사랑의 지혜로 번역할 수 있다. 지혜를 개인적 성취로 보는 일반적인 견해를 벗어나,[11] 시간과 공간을 넘어 실존적 영역 전체와 그 너머까지 퍼져나가는 사회적 노력으로서 지혜가 갖는 가능성으로 옮겨갈 것이다. 이런 폭넓은 관점에서 '사랑'의 관념은 다종 공존의 원칙, 실존적 공감, 더 폭넓게는 존재론적 포이에시스$^{poiesis\,12}$의 원칙에 따라 전개될 것이다. 이런 깨달음은 쉽게 배울 수 있는 것이 아니라 경험을 통해야만 얻을 수 있다. 철학이 오랜 시간이 지나도 유효하려면 철학을 하는 사람들에게뿐 아니라, 그들을 받아들이는 사회, 그 사유가 현현하는 종과 행성(들)에게 가치 있는 무언가를 제공해야 한다. 다시 말해서, 철학은 각각의 역사적 시대에 철학이 구체화하는 고유한 방식으로 실존적 조건 자체에 통찰을 제공하며 지혜의 길로 나서야 한다. 포스트휴머니즘은 21세기의 철학으로서 (모든 다양한) 인간과 비인간 동물, 기술과 생태에 관계적으로 접근한다. 삶의 철학으로서 포스트휴머니즘은 우리의 실존적 인식과 세계에서의 내부 작용$^{intra-action}$을 풍요롭게 하고, 인간 조건을 단독으로 다루어야 할 자율적인 생물학적 사건으로서가 아니라 우주적 공동 발생$^{co-emergence}$으로 탐구한다. 이는 우리의 지질 시대인 인류세를 깊이 인식하는 관점에서 이루어진다. 이런 견해는 새로운 가능성으로 충만하다.

　　　이 책에서는 포스트휴머니즘이 21세기에 지혜로워지는
방법을 제시한다고 주장한다. 이는 쉬운 일은 아니다. 여전히
인간중심주의에 굳게 박혀 있고(그것에 에워싸여 있는) 사회의
일부/기술로 존재하면서 책임 있는 삶을 살기란 어려운 일이다.
그러나 불가능한 일도 아니다. 이는 이미 일어나고 있다.
포스트휴먼 공동체가 포스트휴먼 깨달음에 기반한 전 지구적
운동으로 확산하고 있다. 포스트휴머니즘은 이론의 영역에서
실제 세계의 적용으로 나아가면서 **"나는 무엇인가?"**와
"우리는 어디에 있고 지금은 언제인가?"와 같은 연관된
질문들과 결합하여 **"나는 누구인가"**라는 중요한 실존적
질문을 다룬다. 훨씬 더 나아가 포스트휴머니즘은 인간의
시선을 탈보편화하여 이를 인간 종 고유의 것으로 만들고,
인간중심적 우월주의에 기반한 역사적 관습과 존재론적-
인식론적 전제들을 인식하게끔 이끈다. 포스트휴머니즘은
개별적 다양성, 물질적 얽힘, 종간의 공통성을 인식하면서
일원론과 다원론 모두에 의지한다. 우리는 어떤 최종적인
이원론도 넘어서, 일자이면서 동시에 다자이고, 다양성이면서
동시에 통일성이다. 개인으로서 우리는 끊임없이 변화한다.
생물학적으로 말하자면 우리는 다수의 객체들로 형성된
유기체이다. 다른 차원들 속에서 문화적으로나 생물학적으로나
진화 중인 종의 일부이다.[13] 행성적 관점에서 우리의 생존은
무한한 생태적, 기술적, 우주론적 역학에 의해 지탱된다.[14] 이때
비로소 지혜는 단순히 개인의 성취로 볼 수 없으며 사회적

이익이기도 함을 깨닫게 된다. 우리는 항상 다수이다.

'포스트휴먼'은 무슨 뜻인가?

　　학문적으로 말해서 '포스트휴먼'의 개념은
포스트휴머니즘(들),[15] 트랜스휴머니즘(들),[16]
안티휴머니즘(들),[17] 신유물론, 객체지향 존재론과 같은 수많은
운동과 사상을 가리키는 우산 용어다. 이 책은 출발점이자
도착점을 포스트휴머니즘으로 삼지만, 우리의 성찰을 풍요롭게
하기 위해 여러 관점을 계속해서 다룰 것이다. 예를 들어
객체지향 존재론 분야에서 발전한 존재론적 통찰들은 지구
온난화와 같은 광대한 시-공간적 차원의 현상을 생태학적으로
이해하는 데 도움이 될 것이다. 트랜스휴머니즘은 현재의 인간
이해에 도전함으로써 생물학에 대한 이해를 심화해줄 것이다.
트랜스휴머니즘에 따르면 우리는 아직은 포스트휴먼이 아니다.
포스트휴먼으로 향하는 길은 진화의 수준에서 기술적이고
과학적인 발전에 새겨져 있는 잠재적 가능성들을 통해 반드시
실현된다. 혹은 포스트휴머니즘은 포스트휴먼을 이미 일어나고
있는 실존적 패러다임의 변화로 보기도 한다. 이런 의미에서
우리는 지금 당장 포스트휴먼이 될 수 있다. 더 나아가 이
책은 철학적 포스트휴머니즘을 전제로 깔고 포스트휴먼의
실존적 함의를 구체적으로 적용시킨다.[18] 이는 세 가지 분석의

축으로(위계적으로가 아니라 동일한 층위의 것으로) 요약할 수 있다.

포스트-휴머니즘post-humanism[19] : 인간이 다원적이라는 깨달음

우리 인간은 다수다. 그러나 인류 역사에서 모든 인간 존재가 인간으로, 혹은 다른 이들과 동등하게 간주되지는 못했다. 철학적 포스트휴머니즘은 이러한 인간 개념의 보편화와 동질화가 다른 인간들을 억압하면서 일부 인간만을 이롭게 했음을 폭로한다. 이러한 권력 역학이 인간 집단 간의 상호작용을 정의해왔다. 이제 포스트휴먼으로 존재하기의 사회적 양식들을 상상하고 실행하면서 이러한 역학들을 고려할 것이다.

포스트-인간중심주의post-anthropocentrism : 다른 종보다 우월한 존재로서가 아니라, 다른 종과 공존하는 관계에서의 인간 이해

철학적 포스트휴머니즘은 '인간'(고대 그리스어로 안트로포스anthropos)이 역사적으로 인간 예외주의에 기반한 위계적 세계관 속에서 확고히 자리매김했다는 사실을 인정한다. 이런 틀에서 '인간' 위계에 위치한 인간은 맨 위에 놓였다. 아래에는 '비-인간'이 보편화된 인간과 얼마나 유사한가에 기반한 위계질서로 범주화되어 놓였다. 대부분의

인간중심적 세계관들은 본질적으로 인간 외 존재들의
실존적 존엄을 인정하지 않고 (일부) 인간에게 잠재적으로나
실질적으로 유용한 상품 가치로만 환원해서 본다. 철학적
포스트휴머니즘은 이런 접근이 근본적으로 잘못되었다고
말한다. 그러한 관점이 인간과 인간 외 객체들 모두의 안녕에
미친 해로운 영향은 현 시대의 인간중심적 기후위기에서 가장
명백히 드러난다.

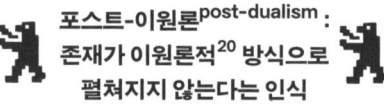

포스트-이원론post-dualism : **존재가 이원론적**[20] **방식으로 펼쳐지지 않는다는 인식**

흑/백이나 남/녀 같은 위계적 용어들 가운데 선/악,
플러스/마이너스, 적/아군 같은 절대적 분리에 기반한
이분법적 단순화는 역사적으로 전쟁에서 행성적 부정의까지,
폐쇄적이고 파괴적인 관행들을 지탱하고 정당화했다. 그것들은
자기 발견으로 가는 우리의 궁극적 경로를 심각하게 왜곡한다.
우리가 누구인지 알기 위해서는 포스트-이원론적 인식이
필요하다. 그렇지 않으면 이분법의 위험은 계속해서 되풀이될
것이다. 이런 인식은 자아로부터 시작하여 전 영역으로
퍼져나갈 수도 있고, 그 반대도 가능하다. 거시적인 것과
미시적인 것은 완전히 나눌 수 없고 상호적으로 반영된다.
변화를 향한 포스트휴먼 행위자가 되기 위하여, 관련된
사회정치적, 생물·생태적, 기술적 전제들뿐 아니라 반복의

근본적 역학 속에도 자리하는 실존적 습관들의 다층적 원천을 충분히 인식해야 한다. 포스트휴머니즘은 존재론적 신비화, 사회적 왜곡, 과학적 환원론과 관련된 세계의 탈주술화에 도전한다. 이러한 것들은 인간화의 역사적이고 생물문화적인 과정에서 구축되어 거듭 반복되어왔다. 이런 불완전하고 편향된 접근들은 인간의 집단 의식을 형성하고, 온전한 실존적 인식을 방해했다. 지적 호기심, 편견 없는 태도, 근본적인 진실성과 미래를 보는 에너지가 이 책의 흐름을 이룬다. 자아를 향한 이 폭넓은 여정에서 우리는 우리가 누구인지만 따로 떼어 이해할 수는 없다는 점을 깨닫게 될 것이다. 우리는 모든 것의 일부이자 기술이기 때문이다.

명상의 개요는 무엇인가?

포스트휴먼으로 존재하기의 기술은 우리가 누구인지 아는 것이다. 우리가 하는 일이 모든 차원에 영향을 준다는 사실을 인지하고, 포스트-인간중심적이고 포스트-이원론적인 방식으로 존재를 현현할 수 있게 되는 것이다. 자기 탐색과 자기 발견의 길이 이 책의 줄기이다. 각 장에서는 **"나는 누구인가?"**라는 핵심적인 실존적 질문을 우주론적, 기술적, 사회문화적, 존재론적인 것을 비롯한 다양한 관점과 층위에서 다룬다. 이 모든 것이 다른 각도에서 존재의 관계성(그리고 인간중심주의에서 벗어나야 할 긴급한 필요성), 다양성 속의 통일성, 궁극적인 실존적 창의성으로서의 포이에시스와 같은 공통의 깨달음을 풀어낼 것이다. 다음에 명상들의 짧은 설명문이 있다. 명상은 모두 여덟 개로, 이 숫자(8)는 옆으로 돌리면 무한(∞)이 된다.

첫 번째 명상: 포스트휴먼 자기 탐색

이 장은 "나는 누구인가?"라는 중심의 실존적 질문을 개별적 차원이 아니라 관계적 차원에서, "나는 무엇인가?", "당신은 누구인가?", "우리는 어디에 있으며 지금은 언제인가?"와 같은 다른 근본적 질문들과 함께 탐색한다. 자아를 관계적으로 다루면서 상호-존재inter-being, 공존, 의도, 속죄 같은 핵심 관념을 파고들 것이다. 차분한 안목과 진실한 정직성을 가져야만 우리가 무엇이 되고자 하는가를 깨달을 수 있다. 살아가고, 생각하고, 행동하는 방식들이 우리 행위성의 변화하는 물질적 네트워크의 일부/기술을 구성한다. 이는 포괄적이고 다층적이며 다원적이고 모두를 아우른다. 중심은 어디에나 있다.

두 번째 명상: 인간 진화

이 장의 목표는 인간 개념을 정리하는 것이다. 영장류학에서 출발해 보노보와 침팬지 같은 우리의 유전적 친척들에 대해 살펴보는 데에서 논의를 시작한다. 이를 통해 과학적 서사가 본질적으로 편향과 한계를 갖고 있으며 특정 시대의 산물임을 보여줄 것이다. 이어 고인류학을 통해 네안데르탈인이나 데니소바인과 같은 소위 고대 인간의 기원과 발전을 다루고, '우리'와 '그들' 사이에 절대적인 차이가 없음을 강조할 것이다. 이런 관련 종들 사이의 이종교배는 진화가 직선적이거나 가지를 뻗어나가는 식의 전진이 아니라는 것을 보여준다. 그 다음으로 풍요로웠던 구석기와 신석기 시대를 살펴보겠다. 이 시기는 지구상에서 우리가 인간으로 있었던 시간 대부분을 차지하지만 여전히 '선사시대'로 신비화되고 인간 역사의 배경으로 무시당한다. 우리가 누구인지 알려면 우리가 공유하는 인류에 대한 이해에서 인간중심적 가정, 사회문화적 선입견, 이데올로기적 세계관을 정리할 필요가 있다. 우리가 누구인가는 곧 우리가 누구였는가이며 앞으로 누가 될 것인가이다. 우리의 과거와 미래는 이미 우리의 현재 속에 있다. 인간이 되어온 진화적 역사에 대한 깊은 이해는 지혜의 길이 될 수 있으며, 궁극적으로 실존적인 포스트휴먼 인식을 드러내줄 것이다.

세 번째 명상: 생물의 공존

이 장에서는 "우리는 종으로서 누구인가?"와 "우리는 유기체로서 무엇인가?"와 같은 질문들을 실존적으로 탐색하겠다. 정보, 자기 이해, 지혜에 역동적으로 접근하는 우리의 DNA로부터 종 행위성까지, 우리가 누구인가에 대한 본질적이고 실존적인 영향 때문에 '생물학적 나$^{bio-me}$'로 재정의되는 인간 생물군계에서 바이러스 감염의 생성적이고 파괴적인 힘까지, 우리 인간의 체화와 생명적 얽힘이 갖는 생물학적 함의를 파헤칠 것이다. 인간을 홀로바이온트^{holobiont}[21]로 제시함으로써 자아를 메타적으로 이해할 수 있게 할 것이다. 이는 개인의 자율성이 인간의 본질이라는 신화를 해체한다. 사실, 자율성은 공동체에서만 드러날 수 있다. 이 장에서는 통일성과 다양성 모두의 본질을 생명적 드러냄에서 찾아낼 것이다. 지식에 대한 일관된 주제를 발전시키면서, 생물학을 육체적 지혜의 장소로 만나게 될 것이다.

네 번째 명상: 생태적 존재

우리는 지구이며, 행성의 일부/기술이다. 이 점을 잊어서는 안 된다. 이를 망각할 때 우리의 무지가 개인으로서

실존적 경험의 질을 떨어뜨릴 뿐 아니라, 종으로서 우리 자신의
생존을 위험에 빠뜨릴 것이다. 이 장에서는 생태, 인류세, 법과
경제를 파고들어 다종의 공존, 공진화, 생태 불안, 토착 지혜,
자연의 권리와 같은 현대의 생태 논쟁에 중심이 되는 주제들을
다루겠다. 이 근본 영역을 탐색하면서 우리가 단지 이 행성에서
살고 있을 뿐이라는 생각은 잘못이며, 실은 행성의 일부/
기술이라는 점을 밝히겠다. 자기 이해로 가는 길 위에서 이런
깨달음은 지적인 것에 그치지 않는다. 이 장에서 탐색하겠지만
철학적 그린워싱은 도움이 되지 않는다. 이런 각성은 다양하게
체화되고 살아지고 경험되어야 한다. 이런 뿌리 깊은 측면들은
장미, 소나무, 바다 냄새가 나고, 바람처럼, 달팽이처럼, 곰처럼
움직이며, 안정되었으면서도 변화하고, 탄력적이면서 내부-
연결되어 있다.

다섯 번째 명상: 우주적 별자리

　　이 장에서는 "우리는 누구인가"라는 질문을 더
구체적으로, "우리는 행성으로서 어디에 있는가?"와 "우리는
우주적으로 어떻게 체화되었는가?"로 바꾸어 다루겠다.
지리학과 우주의 기원, 우주론, 우주 생물학, 천문 고고학, 우주
이주와 우주 윤리를 탐색할 것이다. 우리의 우주적 자아는
시공간, 중력파, 우주 동맹과 지리적 체계의 구조를 받아들일
것이다. 여기에서 우주적 그물망에 대한 관점을 얻고, 행성을

포함해 모든 것이 변화하고 있음을 깨닫게 될 것이다. 우리의 팽창하는 우주에는 중심이 없다. 이 거시적 인식은 인간 역사에서 일어나는 일은 전부 다 인간에 대한 것뿐이라는 제한된 관점에 그치지 않고 지혜와 회복탄력성에 대한 중요한 관점을 가져다줄 것이다. 우리의 존재는 인간 지정학의 파편화된 구조를 넘어 울려 퍼진다. 자기 발견의 길 위에서 물리학을 실존적으로 받아들이면 우리가 존재하는 방식이 지금 여기, 시공간의 섬세한 네트워크를 형성하고/알리고$^{(in)form}$ 있음을 알게 될 것이다.

여섯 번째 명상: 기술적 강화

　　이 장에서는 "우리가 누구인가?"라는 질문을 "우리는 무엇이 될 수 있는가?"와 관련지어 볼 것이다. "기술이란 무엇인가?"와 "급진적인 생명공학 기술이 실존적 수준에서 무엇을 드러내는가?"와 같은 질문을 던짐으로써 존재의 역할로서 기술을 밝혀낼 것이다. 우선 디지털 테크놀로지와 인공지능이 이미 어느 수준에서는 우리를 지배하게 되었다는 AI 지배 시나리오에 초점을 맞추어보겠다. 기술 중독, 빅데이터 경제, 바이오 해킹도 다루겠다. 생태와의 관계에서 기술을 살펴보고 인류세라는 지질학적 시대 안에서 행성적 강화를 파고들겠다. 그다음에는 인위적 진화에서 지금 이미 존재하거나 출현 중인 기술의 영향을 살펴보고, "기술적

객체가 인식할 수 있는가?"와 "행성이 강화될 수 있는가?"와
같은 질문을 다루겠다. 그리하여 실존적 인식에 대한 긴급한
필요성을 언급하기 위해 시뮬레이션 가설과 같은 가상의
시나리오를 살펴보겠다. 사실 강화는 단독으로가 아니라
관계적으로 현현하는 의도이다. 우리가 누구인지 아는
것이야말로 목표로 삼아야 할 가장 중요한 강화이다.

일곱 번째 명상: 사회문화적 행위성

이 장은 사회적 인식의 필요성에 집중한다. 21세기에
우리가 누구인지 이해하려면 사회적 차원에서 우리가 어디에
있는지, 어디에서 왔는지, 어디로 가고 있는지를 다루어야
한다. 여기서는 집단적 습관이 언제, 어떻게 확립되어 사회적
현현에 대한 우리의 의도를 설정하는지 찾을 것이다. "우리는
사회로서 누구인가?", "포스트휴먼 교육이란 무엇인가?",
"어떻게 포스트휴먼 부모가 될 수 있는가?"와 같은 질문들을
다룰 것이다. 존재의 습관, 공감, 정체성, 조건 짓기와 같은
핵심 개념들을 생각해볼 것이다. 사회적 차별을 공동체의
생명을 위협할 뿐 아니라 이에 노출된 개인들에게도 온전한
실존적 인식을 방해하는 사회적 불–안$^{dis-ease}$으로 분석하겠다.
이를 통해 우리는 심신의 차원에서, 사회의 차원에서, 행성적
차원에서, 더 전반적으로는 우리의 실존적 현현에서 차별적
관행을 제거하는 일의 중요성을 깨닫게 될 것이다. 사회를

공유하는 지식, 자기실현을 향한 집단적 경로 위에서 고대의 지혜와 혁신적 표현이 만나는 장소로 보고 접근할 것이다.

여덟 번째 명상: 존재론적 인식

이 장은 존재론적 인식, 의식 해킹과 우주적 게임에 집중한다. 이는 21세기에 불필요한 패턴을 해체하고 존재의 원초적 원형을 깨닫는 법에 관한 구체적인 통찰을 제공하고, "우리가 예정된 구조와 반복되는 위계질서에 사로잡히지 않도록 어떻게 매 순간 우리 자신을 재발명할 수 있을까?"와 같은 질문을 던진다. 실존적 표현의 기술이 그렇듯이, 이 세계의 모든 것이 제각기 다 다를 수도 있다. 또한, 이 세계의 모든 것이 시공간 속에 놓인 깊은 의도와 행동, 반복을 현현할 수 있다. 현재 세계가 존재하는 방식을 인식하고 인정함으로써 우리는 스스로에게 완전히 정직해질 수 있다. 이 장에서는 "왜 우리인가?"와 관련하여 "우리는 누구인가?"라는 질문을 다루겠다. "의식이란 무엇인가?"와 "인식이란 무엇인가?"와 같은 연관된 의문들도 다룬다. 니체의 초인과 푸코의 권력의 미시물리학, 힌두교의 릴라lila 개념,[22] 불교의 무아無我 원칙을 통해 존재의 기술을 탐색할 것이다. 주체와 마음, 범심론, 포이에시스, 샤머니즘, 신비주의, 엑스터시와 같은 주제를 다룰 것이다. 우리 자신을 존재의 원형으로 이해함으로써 최종 결론을 향해 나아갈 것이다.

결론:
포스트휴먼 만트라

결론은 실존적 포스트휴머니즘이 개인, 사회, 종, 행성 등으로서의 우리에게 어떻게 직접적으로 영향을 주는지를 보여줄 것이다. 이는 한 걸음 더 나아가 우리의 포스트휴먼 시대에 자기 발견과 종의 진화를 위한 이 중요한 탐색을 융합하고 높이 평가해야 한다는 요청이다. 또한 이는 햇살과도 같이 모든 것을 포용하라는 주문이다.

방법론

이 책의 짧은 하위 장들은 질문과 대답의 형식으로 전개된다. 탐색의 각 단계를 고대 지혜의 길뿐만 아니라 현재의 과학적 연구로 뒷받침한다. 선사시대에서 먼 미래까지, 화석에 남겨진 기록에서 계속해서 출현 중인 기술적 발명까지 광범위한 자료들을 다룬다. 비판적이면서 균형감 있게 가능성들을 다 열어놓고, 다양한 원천에서 나온 전 세계의 지식뿐 아니라 동시대의 과학적 관점도 제시한다. 미생물학에서 고생물학, 지리학, 천문학, 실존주의, 자기 돌봄까지 다루어야 할 주제가 너무 많기 때문에 문제의 현황,

즉 각 성찰 영역에서 탐구 중인 내용만을 제시하겠다. 목표는 우리가 누구인가에 대한 핵심적 깨달음을 실현하기 위해 포스트휴먼 사상에 자양분을 제공하는 것이다. 이는 각기 다른 존재 양식에서 나타날 수 있다. 예를 들어 5장에서는 판구조론[23]을 살펴볼 것이다. 이 이론의 과학적 의미는 다들 알고 있지만, 여기에서는 포스트휴먼적·실존적 영향을 파고 들어가보겠다. 문제는 바로 이것이다. 왜 이 정보가 자기 이해를 향한 우리의 길과 관련이 있는가? 이런 질문에서 시작하여 국수주의에 반대하는 주장으로 나아갈 것이다. 결국 국가들은 지리적 객체가 아니라 사회문화적이고 역사적인 구성물이다. **우리의 대륙들조차 끊임없이 변화하고 있다는 것을 안다면, 어떻게 인간이 국가적 자부심이나 국수주의적 증오에 빠질 수 있겠는가?**

　　이 책은 포스트휴먼의 실존적 인식에 대한 안내서[24]로 활용할 수 있으며, 다양한 성찰과 탐색을 제공한다. 이 책은 학문적 엄정함과 접근성을 유지하면서도 행위자이자 선지자로서 독자가 자신의 위치를 쉽게 찾을 수 있도록 사례와 은유, 사고실험과 연습을 활용한다. 이것은 무언가에 대한 책도, 누군가에 대한 책도 아니다. 이 책은 기록된 전통을 존중하면서 구술 전통의 내용과 방법도 받아들인다. 언어 예술에 기반한 이런 지식의 아카이브들은 어느 대륙에나 존재해왔으며, 기록물의 형태로 지식이 전파되기 이전부터 있었다. 구술 전통은 이야기꾼이 내용을 기억하고 청중이 요지를 파악하도록 돕기 위해 대개 반복을 사용한다. 이 책에서 핵심 통찰들은 형태를 바꾸어가며 여러 장에서 의도적으로 반복된다.
이는 '반복은 이롭다'라는 뜻의 라틴어 속담 '레페티타
이우반트$^{repetita\ iuvant}$'와 맥을 같이한다. 서로 다른 연구
분야들로부터 핵심적으로 추려낸 다양한 내용을 의도적으로
반복한다. 모든 묵상에서 얻은 통찰은 서로 공명하고 목소리를
합하면서도 균형을 맞추어 포스트휴먼 인식으로 이끈다.
방법론적 관점에서 이는 이 책의 구상 방식과 사유 방식에
모두 반영되어 있다. 글은 유목적이고 탐구적인 방식으로
전개되었다. 꽃 사이를 옮겨다니는 벌처럼[25], 각 주제는 장들의
부드러운 경계 너머로 독자의 관심과 의도를 이리저리 이끈다.
그것들은 숲처럼 모두 내부-연결된 수많은 주제들을 통해
자연스럽게 드러난다. 이런 비행 선들의 결과가 벌들에게는
꿀이라면, 우리에게는 포스트휴먼 깨달음이다.

책의 구조

미궁

옥스퍼드 사전에 따르면 미궁 ^{labyrinth}은 길을 찾기
어려운 경로들로 이루어진 불규칙적이고 복잡한 네트워크,
즉 미로이다.[26] 해부학에서 'labyrinth'은 "청각과 균형 기관이
있는 내이의 복잡한 구조"[27]를 가리킨다. 미궁은 문화와 역사를

초월하여 깊은 상징적 의미를 갖는데, 자기 자신을 이해하려는 삶과 죽음의 여정을 상징한다. 이 책은 미궁처럼 비선형적으로 구상되었다. 명상들은 어떤 순서로 읽든 상관없다. 각각은 주제에 따라 탐색하고, 다른 경로로 접근할 수 있는 태그로 구성되었다. 이 포스트휴먼 스토리텔링에서 서사는 동시에 일어나는 계시들을 펼쳐낼 다양한 결과에 열려 있다. 이런 접근은 독자들에게 개인적이고 독특한 방식으로 미궁을 탐색할 다양한 도구와 텅 빈 캔버스를 제공하려는 의도이다. 그것은 광범위한 관점으로부터 핵심 관념들을 탐구할 수 있는 의도적인 정원이다. 독자들이 자신의 직관을 따라 이 책의 시시각각 변하는 구조를 해체하고 자신만의 리듬으로 움직이도록 초대한다. 여정의 끝에서 독자들은 무엇이 되건 완벽한 그림을 얻게 될 것이다.

🌱 장의 구조 🌱

가능한 여정이자 목적지로서 각 장의 구조는 다음과 같이 기획되었다.

명상meditation: 이 부분은 각 장의 맥박치는 핵심으로, 태그로 구성된 질문과 답변에 기초한 철학적 명상이다.

작별인사farewell: 이 짧은 인사는 책 전체에서 독자들의 의도적인 여행을 함께하며 비선형적 독서를 돕는다. 이 단어의 어원부터가 계시적이다. ‘fare’는 고대 영어 단어 faran에서 나왔는데, 이는 ‘여행하다’라는 뜻이고, ‘well’은 같은 격려의 의미를 갖는 wel에서 기원했다.

　　　이 텍스트는 태그로 지도화되었으며, 각각의 태그들은
서로 다른 방식과 순서로 연결·해체·재구성할 수 있는
블록들을 만들어낸다. 태그와 그 내용은 포스트휴먼 실존적
현현의 창의적 독창성 속에서 각기 다른 포스트휴먼 깨달음의
길로 나아가는 블록 모음으로 볼 수 있다. 태그의 순서는
어떤 것도 다른 것에 우선하지 않는다. 단지 우리의 미로
같은 구조에 맞게, 무제한의 궤적들을 통해 포용할 수 있는
열린 주제의 서사와의 연관성에 따라 정해질 뿐이다. 각각의
태그는 개념 하나씩을 다루는데, 어떤 것은 생성적이고
비판적인 사유로 제시되고, 또 어떤 것들은 장애물로 볼 수
있다. 미궁 속에서처럼 어떤 길은 막다른 길이어서 실존적
인식을 뒷받침해주지 못하고 시대에 뒤떨어진 것이 되어
구멍으로 바뀐다. 하지만 이는 최종 판결은 아니다. 결국은
이런 용어들에 다른 의도로 접근하여 전혀 예상치 못했던
사유의 결과를 보여주게 될 수도 있다. 그러나 이런 용어들은
역사적 맥락 속에서 중요성을 발전시켜 왔기 때문에
해석학적 유산을 의식하고 쓰임새에 주의할 필요가 있다.
이런 구멍들은 물음표와 함께 제시될 것이다. (예를 들자면
'#구멍?') 마지막으로, 각 태그에 따라오는 성찰이 곧 그 단어를
철저하게 설명해주지는 않는다. 그보다는 논의를 전개하면서
관련된 내용을 강조한 것에 가깝다. 이런 이유로, 예를 들어
일부 태그들은 다른 각도에서 살펴보면 다양한 시대를 다시
떠올리게 만든다. 이 책을 방해하지 않고 안내하는 명상으로

경험하고 싶은 독자들은 현재의 구조에 전적으로 의지하여 책의 순서대로 명상과 태그를 따라가도 된다. 또한, 미궁처럼 원하는 대로 자유롭게 이 책에 들어와서 순서를 무시하고 어느 부분이든 먼저 읽어도 좋다. 모험의 신비를 인식하고 우리의 비전을 존중한다면, 각각의 여정은 만족스러울 것이다. 부디 즐기시길.

명상 ①

포스트휴먼
지지 탐색

#실존적 포스트휴머니즘

실존적 포스트휴머니즘이란 무엇인가? 실존적
포스트휴머니즘은 충만한 실존적 인식을 목표로 하는 자기
탐색과 자기 발견의 길이다. 이는 단순한 학술적 유행이 아니라
모든 문화적 영역, 모든 시대와 지리적 영역에서 발견할 수
있는 사유다. 특정한 역사적 맥락이나 이론적 배경에 매이지
않는다는 점에서 어떤 의미에서는 반역사적이라고도 할 수
있다. 실존적 포스트휴머니즘은 포커 게임의 와일드 카드처럼
(자기) 실현에 이르는 다른 길을 가리키며, 우리 각자가 자신을
드러내면서 펼치고 있는 정동(과 효과들)에서 존재하기의
기술을 포용한다. 존재가 끊임없는 흐름 속에 있음을 고려할
때, 온전한 인식을 위해서는 자리 잡고 체화되는 우리 현현의
모든 차원을 의식해야만 한다. 삶의 철학으로서 실존적
포스트휴머니즘은 (온갖 다양성을 지닌) 인간, 인간 외의
동물, 기술과 생태에 관계적으로 접근하여 공동 발생 속에서
인간의 조건을 탐색한다.❶ 그렇게 해야만 존재를 우리의
궁극적인 예술작품, 즉 존재론적 포이에시스로 포용함으로써
드러나는 가능성들을 펼칠 수 있다.❷ 삶은 여행이며, 우리는
방랑자들이다. 어떤 일이건 일어날 수 있고, 결국 일어난다.
이런 의미에서 '포스트휴먼'은 인간 조건이 우리의 운명이나
본질이 아니라 무제한의 물질적, 기호적 가능성들의 시공간적

❶ 8장으로 가라.
❷ 6장, #포이에시스로 가라.

현현이라는 사실을 용기 있게 인식한다는 뜻이다. 특정
역사가 우리 인간 사회를 현현하는 토대가 되어왔다고 해서
이를 정해진 대로 되풀이해야 한다는 뜻은 아니다. 우리는
바로 여기에서 지금 당장 그것을 바꿀 수 있다. 존재하기의
다른 방식들을 현현하고 우리 자신의 우주적 게임을 실행할
수 있다.❸ 우리의 실존적 현현을 펼쳐내는 의식적인 경로가
되려면, 우리가 누구인지를 완벽하게 알 필요가 있다.

우리는 누구인가? 우리[1]는 이런 것이다. 드러남의
방식들, 다중우주(의 행동들), 변환하는 에너지들[2]. 특정한
행성, 지구에서 태어났고, 특정한 시기, 21세기를 살아간다.
시간 척도가 달라지면 정의도 달라진다. 특정한 종, 호모
사피엔스의 생물학적 부모로부터 출생했다. 우리는 대단히
독특하다. 하나하나가 다 그렇다. 우리가 누구인지를
깨달으려면 우리의 공통성뿐 아니라 특수성도 알아야 한다.
자기를 발견하려면 그것이 기술(시작)이다. 철학자 지두
크리슈나무르티Jiddu Krishnamurti는 이렇게 말했다. "첫걸음이
마지막 걸음이다. 첫걸음은 명확한 지각으로 시작하고, 명확한
지각의 행위로 모든 행위가 끝난다."[3] 우리의 비전을 명확히
해야 한다. 비전이 이미 우리의 현현의 일부/기술이다. 실존적
수준에서[4] 우리가 가진 것은 존재뿐이고, 존재는 충분히 있다.
실존적 포스트휴머니즘은 존재의 근본적인 질문인 "나는
누구인가?"를 단독으로가 아니라 관계적으로, "나는
무엇인가?", "당신은 누구인가?", "우리는 어디에, 언제
있는가?"와 같은 다른 근본적 질문들과 함께 다룬다. 이것은

관계성의 존재론적 에피파니epiphany[5]이며, 이에 따르면
관계항[6]과 관계 둘 다 우열을 가리기 어려울 만큼 중요하다.
그것들은 현재의 순간에 공동 발생할 수 있을 뿐이다.
과학철학자 캐런 바라드Karen Barad는 이렇게 설명한다.
"관계항은 관계에 선행하지 않으며, 특정 내부 작용을 통해
현상 내 관계항relata-within-phenomena으로 출현한다." 유물론적
페미니즘[7]의 풍요로운 유산은 존재론적인 것들이 사회정치적,
생물문화적, 생태기술적, 그리고 더 일반적으로는 시공간적
요소로부터 떨어져 있지 않음을 강조한다. 이 차원적 공동
현현은 무제한적이고 끊임없이 변화하는 존재의 층으로부터
자라나 이를 확장한다. 이때 일자와 다자는 분리되어 있지
않다. 오히려 정반대이다. 일자와 다자는 타자가 존재론적으로,
필연적으로 자아를 공동-생성co-generative이라 한다는 인식에서
자율적인 휴머니즘적 '주체'❹의 고독을 초월하는 자아 관념을
도출한다. 다원론적 일원론과 일원론적 다원주의,[8] 우리는
내부-존재한다. 우리는 상호-존재한다.

#상호-존재

이 자기 이해의 포스트휴먼 여정은 개인, 사회, 종, 행성, 우주
등으로서 자아의 상호-존재[9]를 깨닫는 데에서 시작한다.
선불교의 대가 틱낫한Thich Nhat Hanh이 존재의 필수 조건을
설명하기 위해 '상호존재'라는 표현을 만들어냈다. '상호존재'는

아직 사전에 등재되어 있지 않지만, '상호적'이라는 접두사를
'존재하다'라는 동사와 결합하면 새로운 동사 '상호-
존재하다'가 생긴다. '상호-존재하다'라는 동사는 다음과 같은
생생한 사례들로 명쾌하게 설명할 수 있다. 이 개념을 종이
형태로 이 책을 읽는 경험에 그대로 적용할 수 있다.[10] 만약
당신이 시인이라면 이 종이에 떠 있는 구름을 분명히 볼 수 있을
것이다. 구름이 없다면 비도 오지 않는다. 비가 없으면 나무가
자라지 못한다. 나무가 없으면 종이를 만들 수 없다. 따라서
구름은 종이가 존재하기 위해 없어서는 안 된다. 구름이 여기
없다면, 종이도 여기 있을 수 없다. 그러므로 구름과 종이는
상호-존재한다고 말할 수 있다. 상호-존재에 대한 포스트휴먼
지각은 이 모든 역학을 고려한다. 나아가 이는 학술적 전통에서
나왔으므로 현실의 구성에서 사회적 서사가 수행하는 역할을
분명히 인식하고 있다. 그래서 상징적인 차원을 포함해 모든
수준에서 인간과 비인간의 다양성을 반드시 존중한다. 예를
들면 성 중립적 언어, 인종을 의식하는 담론, 종을 변화시키는
인식론을 선택함으로써 존중할 수 있다. 우리는 본질적으로
내부 작용하면서 항상 상호-존재한다. 우리는 우리의 행동이고
반응이며, 유전학이고 후생유전학이다. 우리가 먹는 음식이고
마시는 물, 숨쉬는 공기, 공동 생성하고 유지하는 서사,
무제한적인 타자들 속에서 우리가 관계 맺는 사람들, 사물,
장소이다. 우리는(/그들은) 그들이(/우리가) 누구인가의
일부/기술이다. 예를 들어 인간의 몸은 집단적으로는 인간

마이크로바이옴 ^{human microbiome}이라 불리는 박테리아처럼

몸이 '있게' 만드는 모든 객체에게는 우주라고 볼 수 있다.

인간의 몸은 우리의 유기체들을 '거주하게 하는' 이상의 것,

정말로 우리로 '있는' 것이다. 이는 건강과 안녕 등을 비롯해

우리의 육체적 현현을 형성하고/알린다.❺ 개인으로서 '우리'는

다자이다. 이와 동시에 우리는 환경과 내부−존재한다. 포스트

다윈주의 관점에서 그렇다. 우리는 거주하는 장소에 의해

변화되고, 그 장소를 변화시킨다.❻ 단순히 지구 행성에 사는 데

그치지 않고 그 일부/기술이 된다. 마이크로바이옴이 우리의

몸에 대해 그렇듯이, 실존적 조건에서 동일하다. 일단 우리의

실존적 수행하기가 생성적이며 온전히 공명한다는 것을

깨달으면 바로 변화의 행위자가 될 수 있다. 종적 의식, 행성적

경험하기, 더 넓게는 존재론적 드러냄의 파도 속에서 현현하고

정동을 일으키고 영향을 주게 된다. 인간이 된다는 것은

파급효과를 갖는다. 21세기에 지혜의 꽃잎이 펼쳐질 때, 우리의

행위성을 종으로 이해하는 것이 중요한 이유이다.

❺ 3장으로 가라.
❻ 4장으로 가라.

⧣ 실존주의?

실존적 포스트휴머니즘은 19세기와 20세기 유럽 실존주의와 관계가 있는가? 실존적 포스트휴머니즘은 쇠렌 키르케고르 ^{Søren Kierkegaard}부터 장 폴 사르트르^{Jean-Paul Sartre}와 시몬

드 보부아르^{Simon de Beauvoir}까지 19세기와 20세기 유럽 철학자들이 발전시킨 철학적 접근법인 실존주의와 관련이 있을 수도 있지만, 혼동하지 말아야 한다. 실존적 포스트휴머니즘은 의미, 목적, 인간 존재의 가치에 초점을 맞춘다는 점에서는 유럽 실존주의와 공통점이 있다. 하지만 실존적 포스트휴머니즘의 경우 이런 의도로 접근한다 해도 인간 주체를 강조하지는 않는다. "실존주의는 휴머니즘이다"라는 사르트르의 유명한 선언이 있지만, 포스트휴먼 관점에서 인간은 중심 주제가 아니라 우리의 세계 내 존재의 공명, 정동, 영향을 아우르는 자연-문화적 수렴이다.❼ 이는 마르틴 하이데거^{Martin Heidegger}의 작업과 관련이 있는데, 그는 사실상 실존주의 운동과 그 운동의 휴머니즘적 궤적과 연관되기를 거부했다.[11] 실존적 휴머니즘은 현상학적 접근과 비슷하게 우리가 우리 연구의 일부/기술이 되지 않는다면, 우리의 과학적 탐구에 자기 탐구를 포함시키지 않는다면 우리가 누구인지, 혹은 우리가 무엇을 연구하고 있는지 결코 알 수 없을 것이라고 강조한다. 우리 자신 이외에 그 누구도 우리에게 그 점을 제대로 가르쳐 줄 수 없다. 실존적 인식은 연구만을 통해 객관적으로 얻을 수 있는 것이 아니라 직접적 경험에서도 온다. 객체와 주체는 분리되어 있지 않다. 진정한 지혜는 유행을 타지 않으면서 갱신되어야 한다. 그것은 시공간을 초월하는 깨달음에서 나오며 특정한 상징적 장치를 통해 현현하는 경우가 많은데, 이는 그 시대의 한계를 반영할 수도 있다.

우리는 어떻게 사회문화적 역학에 참여하는가? 우리가
누구인지 이해하려면 우리 자신을 범주화하도록 배워온
렌즈들을 넘어서야 한다. 우리가 공유하는 의식 속에서
이런 기호학적 틀들은 서로 공명하면서 얽혀 있다. 그것들은
다른 이들만이 아니라 더 명확하게는 우리 자신에게 우리가
누구인지(서술하는 방식의)의 일부/기술이 된다. 우리가
누구인가에 대한 깊은 이해에 도달하려면 사회문화적으로
구성된 범주화, 믿음, 규범의 한계 속에서 이런 서사를
만들어내는 데 따르는 위험을 인식해야 한다. 사회화와 교육의
과정에서 어떤 사람들은 특정한 설명에서 정형화된 답을
찾아내기도 한다. 예를 들어 이런 것들은 부모, 친구, 지인,
교사, 교육자, 그 외 가족과 공동체 성원들의 목소리를 통해,
종교나 과학 서적의 가르침을 통해, 학교에서 배운 기준을
통해, 대인관계, 대중매체, 온라인 검색 등을 통해 전달된다.❽
그 결과 우리는 현재의 사회문화적 조건에서 특정 집단에 속해
있음을 배운다. 젠더, 인종, 민족, 성적 지향, 연령, 신체 상태에
따라 다른 대우를 받는다. 우리의 신조와 삶의 철학에 기반한
특정 세계관을 받아들인다.

　　어떤 사람들은 이렇게 습득한 인식론적 토대 위에서
자신의 상징적 토대를 떠받치면서, 마침내 (그들의) 존재에
대해 질문하기를 멈추고/멈추거나, 누구에게나 적용되는 접근
방식으로 미리 정해진 답을 받아들인다. 또 어떤 사람들은
이런 똑같은 질문들을 죽는 순간까지 미루어 놓았다가

그제야 죽음이란 무엇일까, 사후세계가 있을까 하고 의문에 잠긴다. 두 경우 모두 지적 혼란과 실존적 의혹의 내적 공허는 채워지지 않고, 그저 연기되고 부분적으로 침묵당할 뿐이다. 전 지구적 팬데믹이 가져온 생물학적, 사회적 도전과 같은 실존적 위기에 직면할 때 이런 사실이 분명해진다. 부분적인 답은 부분적으로만 유효할 뿐이다. 죽음 앞에서 사회문화적 설명은 결국 충분하지 않은 것으로 드러난다. 어떤 사람들은 이런 부족함을 깨닫고 결국 실존 그 자체에서 궁극적인 답을 찾아내어 내면의 의심과 외부의 회의주의를 극복하기도 한다. 살아 있는 행성의 변화하는 조건들은 자기실현을 향한 포스트휴먼 경로에서 필연적으로 드러나고 있다.

21세기

21세기에 인간으로 존재한다는 것이 어떤 의미인가?

21세기에 "나는 누구인가?"라는 질문을 다루려면 무엇보다 21세기에 충실할 필요가 있다. 이는 우리가 지금 현현하고 있는 것을 궁극적 실재로 받아들이는 것이 아니라 가능성 있는 많은 것들 중에서 우리가 상상하고 현실화해온 하나의 결과로만 받아들일 수 있다는 의미이다. 우리가 현현하고 있는 실재를 완전히 이해하기 위해서는 전체적인 현실 인식이 필요하다.

21세기에 인간으로 존재한다는 것은 기원전 8세기나 서기 50세기에 인간으로 존재하는 것과는 다르다. 이 행성도 그때와 달랐고, 앞으로도 다를 것이다.**⑨** 오늘날 기술의 창조적인 힘이 광범위하게 드러나고 있다.**①⑩** 우리는 화성으로 이주할 준비를 하면서도 여전히 "우리는 누구인가?"라고 묻는다. 그리고, 바로 그렇기 때문에 우리가 존재한다. 우리의 실존적 전개의 다층적 집합 속에서, 바로 지금. 우리 이전에 있었던 사람들로부터 우리의 실존적 조건에 대한 완벽한 답을 찾을 수는 없다. 그들이 너그럽게 나누어준 지혜가 큰 도움이 되기는 하지만 종으로서, 개인으로서 우리가 직면한 특정한 경험을 겪어본 사람은 아무도 없었다. 우리가 보는 것, 배운 것, 현현해야 하는 것을 서로 나눌 책임이 있다. 코로나19는 실존적 경험을 충분히 살아내야 할 긴급한 필요성을 일깨워주었다. 그 이유는 우리가 중요하기 때문이다. 우리의 목소리를 내지 않는다면, 우리의 비전과 의도를 실행에 옮기지 않는다면 아무도 우리를 위해 그 일을 해주지 않을(해줄 수 없을) 것이기 때문이다. 진화의 수레바퀴 속에서 시간의 유물이 되지 않으려면 우리는 용감해져야 한다. 눈앞의 것을 똑바로 보아야 한다. 바뀌어야 하는 것을 바꾸어야 한다. 하여간 모든 것은 항상 변화하고 있다. 어떤 것도 결코 똑같지 않을 것이다. 지금 우리는 우리 앞서 있었던 사람들의 꿈을 살아가고 있다. 그것을 생각해보라. 우리는 조상들로부터 유전자를 물려받는다. 대부분의 경우 우리가 태어나기 전 건설된 도시, 건물, 길, 다른 시대의 비전 속에서 살고 일하고 움직인다. 최근 소비주의에 중독된 자본주의적 도시들이 지구 행성에 흔하다. 그 도시들은 결핍과 제약을 경험했던 우리 이전 세대의 꿈에서 멀어졌다.

나의 외할머니의 이야기를 들려주겠다. 외할머니는 여덟 형제 중 하나로 1913년에 태어났다. 증조할머니는 외할머니가 아홉 살 때 돌아가시고, 증조할아버지는 외할머니가 열여섯 살 때 돌아가셨다. 외할머니는 농부 집안의 자식으로 해가 뜨면 일어나고 해가 지면 잠자리에 들었다. 양초는 비싸서 쓸 수 없었다. 산업화가 되고 전기가 널리 쓰이기 이전의 20세기 초반 이탈리아 시골에 살았다. 외할머니는 실용적인 정신을 가진 열렬한 기독교인이었다. 마을의 수녀들이 온종일 일하지 않고 자전거를 타고 돌아다니는 것을 보고 외할머니는 수녀가 되고 싶었다. 십대 시절 증조할아버지에게 수도원에 들어가게 허락해달라고 청했다. 증조할아버지는 허락해주지 않고 가족들과 함께 자신을 도우라고 했다. 할머니는 자식 많은 집의 맏이로서 아홉 살 때부터 엄마 역할을 맡아 결혼할 때까지 쉬지 않고 일을 했다. 희생하는 삶이었다. 외할머니는 두 번의 세계대전을 겪었고, 가난으로 인해 오늘날이라면 쉽게 고쳤을 질병 때문에 열여덟 살의 아들을 심장마비로 잃었다. 외할머니의 삶은 유머 감각을 빼앗아갔다. 외할머니는 직설적이고 초현실적인 농담을 즐기셨다. 노년에 이런 말씀을 하시곤 했다. "하느님이 나에게 다시 태어나고 싶으냐고 물으신다면, 천만에라고 대답하겠다!" 외할머니 말씀은

농담이 아니었다. 한 번의 삶으로 충분했다. 외할머니에게는
영원한 삶을 꿈꾸는 트랜스휴머니스트들의 말이 그다지
와닿지 않았다. 외할머니의 또 다른 실존적 통찰은 직접 겪으신
노년의 경험에서 나온 것이었는데, 이런 말씀을 자주 하셨다.
"늙으니까 좋기도 하고 좋지 않기도 하구나."[12] 외할머니는
먹을 수 있는 것이면 뭐든 찾아내는 방법을 비롯해, 우리는
알지도 못하는 것을 많이 알고 계셨다. 태풍이 일 년 수확을
전부 다 망쳐버려서 강인했던 증조할아버지가 우시던 모습을
본 기억을 잊지 못하셨다. 그래서 외할머니는 이제 슈퍼마켓에
맛없는 파스타를 사러 갈 수 있게 되어 옛날처럼 남동생들이
쉬는 일요일까지 하루도 빠짐없이 열 명 분의 음식을 조리하지
않아도 된다는 데 기뻐하셨다. 다들 입맛이 제각각이었다.
음식이 입에 맞지 않으면 할머니 탓을 했고, 입에 맞아도 아무도
고마워하지 않았다. 외할머니가 고급 음식에 전혀 관심이
없으신 것도 당연했다. 성인이 되어 할머니는 문자 그대로 먹을
수 있는 것이면 뭐든 만족하셨다. 그래서 세탁기의 발명에
열광하셨다. 시트 수십 장을 빨 필요 없이 버튼만 누르면
되었으니까. 하지만 온도 설정은 끝내 이해하지 못하셨다.
모직 옷이 인형옷 크기로 줄어들기 일쑤였다. 물론 외할머니는
옷을 잡아 늘여서 입을 만하게 만드는 방법을 찾아내셨지만.
우리는 우리 이전 세대가 꿈꾸던 삶을 살고 있으니까 이런
성취를 당연하게 여긴다. 외할머니에게 21세기 생활의 편의는
그야말로 꿈이 현실이 된 것이었다.

#꿈

그리고, 결국 꿈은 정말로 현실이 된다. 그래서 우리

자신에게 **"우리의 꿈은 무엇인가?"** 라는 질문을 엄정하게,

의식적으로 던져야 한다. 개인으로서, 공동체로서, 사회로서,

종으로서. 우리는 우리 이전 세대를 인정해야 한다. 그들은

최선을 다했다. 만약 최선을 다하지 않았다면, 선조들의

역사적 요구와 부족했던 소견으로부터 배우는 수밖에 없다.

철학자 한스 요나스^{Hans Jonas}는《책임의 의무^{The Imperative of}

^{Responsibility}》(1979)에서 행성의 자원을 공평하게 사용하기

위하여 다음 세대에 대한 환경상의 윤리적 의무를 강조했다.

최근, 인류 멸종의 주요한 실존적 위험들 중에는 기후변화와

환경 붕괴와 같은 인위 개변적 원인들이 있다.[11] 이것은 많은

현재의 사회-문화적 설명의 토대가 되는 인간중심적 세계관과

바로 연관된다. 옥스퍼드 사전에 따르면 '인간중심적'이라는

형용사는 "인류를 존재의 중심 혹은 가장 중요한 요소로

간주하는"이라는 뜻이다.[13] 종교적, 과학적 가정에서

대중매체에서 되풀이되는 문화적 신화에 이르기까지,

(상징적으로는 백인 남성, 육체적으로는 장애 없는 표본으로

축소되곤 하는) 인간 종은 가장 진화했고, 가장 지적이며, 모든

것 중에서 가장 앞선 존재로 묘사된다. 하지만 현재 상황은

전혀 다른 시나리오를 보여주고 있다. 투사한 이미지를 그대로

받아들이는 대신 현실에 눈뜨고 이를 있는 그대로 지각할 수 있다면, 21세기 인간중심주의는 우리 행성의 모두에게 해를 끼치는 육체적, 정신적 불-안으로 드러난다. 치유를 위해서는 인간으로 존재해온 낡은 방식을 잊고, 실존적 인식에 기반하여 다종의 공존을 향한 진정한 헌신을 현현해야 한다.

인간중심주의는 폐기되어야만 할까? 포스트휴머니즘은 단정적인 명령을 통해 작동하지 않는다. 물의 유동성을 가장 높은 가르침으로 여기는 도道의 유연성이 포스트휴먼 윤리 접근법에 깊이 스며 있다.[14] 휴머니즘과 인간중심주의 모두 제각기 다양한 결을 지닌다. 인간과 인간보다 큰 존재들의 존엄성에 대한 온전한 깨달음을 현실화하려면, 위치 지어진 인간중심적 관점을 전후 관계를 따져 받아들일 수도 있다. 예를 들어 어떤 사람들은 인간중심주의에서 환경상의 목적을 향한 동력을 발견하기도 한다. 무엇보다도 인류세의 시대에 인간의 번영과 생존이 여전히 최종 목표라면, 건강한 환경만이 그 조건을 제공할 수 있다.[15] 우리는 상호-존재하기 때문에 우리의 건강은 호흡하는 공기의 질, 먹는 음식의 온전함, 야생동물에 대한 존중(코로나19 팬데믹은 인간의 자연 서식지 침입이 인수공통 바이러스에 위험신호임을 극적으로 보여주었으므로)과 같은 이 모든 다른 요소들에 달려 있다.❶❷ 즉, 일부 휴머니즘적이고 인간중심적인 접근법들은 우리의 현재 인식론을 바꾸는 데 도움이 될 수 있다. 하지만 실존적 포스트휴머니즘의 근저에서는 이런 형태의 온건한

인간중심주의를 받아들이지 않는다. 어째서인가?[16] 중요한
것은 '인간'의 특권을 더욱 확장하고 참여하는 것이 아니라,
모든 존재의 실존적 존엄을 완전히 인정하는 것이다.
포스트휴먼 입장에서 인간으로 존재한다는 것은 구성된
존재론적 특권의 허위성을 재확인하는 것이 아니다. 그보다는
공유하는 시공간과 이에 따르는 (무)제한적 가능성들을
인식하는 것이다. 우리는 항상 모든 것의 일부/기술이라는
깨달음이다.❶❸

#변화

우리는 어떻게 변화를 만들어낼 수 있을까? 어찌 되었건
모든 것은 끊임없이 변화하고 있다. 존재하기의 역학에 감응을
유발하고 영향을 주려는 의도는 변화가 평정심^{equanimity}에서
비롯될 때에만 성공할 수 있다. 그렇기 때문에 세계의 심각한
문제에 대해 일부 사람들을 비난하고 책임을 묻는 방식은
장기적인 변화를 가져오는 데에는 효과적이지 않다. 불안과
자책 또한 도움이 되지 않는다. 이런 감정들은 "희망이 맨
마지막에 죽는다"라는 옛 속담과는 달리, 회복을 위한 생성적
자원인 희망을 침묵시킨다. 죄책감을 느끼거나 남을 비난하는
것으로는 변화를 가져올 수 없다. 명확하게, 의도적으로
현실적이어야 한다. 현재 상황을 그저 받아들이라는 뜻이

아니다. 오히려 정반대이다. 온전한 건강을 되찾으려면 차분한 판별력만이 어떤 변화가 필요한지 깨닫게 해줄 수 있다. 이런 과정을 실존적 수준에서 설명하기 위해 실행의 두 가지 층위, 인정과 상상력을 강조하겠다. 진짜 변화는 개인적 분노나 역사적 복수심에서 나올 수 없다. 그런 의도들은 비슷한 결과를 끝없이 낳고, 자기 인식을 향한 우리의 길에 진짜 장애물이 된다. 평화운동가이기도 한 틱낫한은 이렇게 말했다. "평정심과 고요함이 없다면 우리의 감정, 분노와 절망은 사라지지 않을 것이며 실재의 본질을 보고 알 수 없게 될 것이다."[17] 포스트휴먼 여정에서는 '무엇what'이 곧 '어떻게how'이다. 우리가 현현하는 것과 현현하는 방법은 서로 다른 것이 아니다. 이는 존재에게 우리가 주는 선물이다. 선물은 관대함으로부터 나와야지, 우리가 경험한 사회적 증오와 같은 힘으로 역사를 되갚아주고픈 욕망에서 나와서는 안 된다. 사회가 겪는 고통의 상태를 그저 다른 식으로 재확인하는 데 그칠 것이 아니라 진짜 변화를 가져오려면, 독창적인 내부 작용의 방법들을 만들어내야만 한다.

속죄

우리는 역사적 상처를 어떻게 치유할 수 있는가? 북미 토착 원주민인 아니쉬나베Anishnaabe족 작가이며 환경운동가인

위노나 라듀크Winona LaDuke에 따르면, 속죄는 관련 당사자
모두에게 치유와 변화를 가져오는 상호적인 과정이다.[18]
라듀크는 식민주의 억압의 상처에 관한 미국 포니족의
이야기를 들려준다. 포니족은 1870년대 정착민들에게 밀려
플라트강가에서 쫓겨나 네브래스카의 원래 살던 땅에서
오클라호마로 이주했다. 그들은 옥수수, 콩, 호박 같은 작물에
의존하는 농경 부족이었다. 그들은 식량을 가지고 갔다.
새로운 땅에서는 씨앗이 자라지 않고 시들어버렸다. 2003년
네브래스카의 정착민들이 전화로 포니족에게 연락하여
그들이 갖고 있는 씨를 자기들 땅에 심어 달라고 부탁했다.
포니족은 걱정했다. 그들이 가져왔던 다양한 씨앗 중 남은
것이 거의 없었다. 어쨌거나 그들은 네브래스카로 씨앗을
되돌려보냈고, 씨앗들은 결국 싹을 틔웠다. 라듀크는 포니족이
이렇게 설명했다고 회상한다. "씨앗들은 자기들이 떠나온 땅을
기억하고 있었다." 그후 포니족이 네브래스카로 귀환하는 것을
환영하는 축하 행사가 열렸고, 그들에게 정의를 되찾아주려는
많은 조치들이 시행되었다. 그중에는 조상의 유해를 다시 묻을
땅을 기부받은 것도 있었다.[19]

속죄란 무엇인가? 불의한 행동을 저지른 인간 가해자는
사과하면서 자신의 잘못을 깨닫고 보상하려 하기도 한다.
이러한 단계는 역사적 치유 과정에 꼭 필요하다. 동시에 사과는
가해자에게도 치유를 가져다줄 수 있다. 라듀크가 설명하듯이
가해자도 범죄의 무게를 짊어진 채 살아가며 그로 인해 자신을

희생자로 만들기도 한다.[20] 그러나 가해자도 스스로를 희생자로 만드는 것을 넘어서서 앞으로 나아가야 한다. 속죄는 제대로 실행된다면 희생자/가해자 이분법을 완전히 해소하고 이 절대적인 분리를 급격한 변화를 위한 상호 동맹으로 바꾸는 변환 과정이다. 이 이야기에서 씨앗이 무사히 고향으로 돌아온 것은 인간 경계를 넘은 속죄의 사례를 보여준다. 라듀크는 이를 이렇게 표현한다. "옥수수는 식량 이상이다. 씨앗에는 영적인 의미가 있다. 옥수수는 그 자체로 인간과의 관계를 필요로 한다." 인간과 인간 외 역학은 씨앗에 생명을 되돌려 주는 데에서 행위성을 행사했다. 씨앗 자체와 포니족, 정착민의 후손들, 땅과 땅속의 미생물, 환경(물, 공기, 해), 기술적 객체(전화 통화를 가능케 한 장비들로부터 씨앗들을 한 곳에서 다른 곳으로 옮길 수 있게 해준 기반시설까지)들이 포함된다. 이런 속죄 이야기에서 식민주의 억압의 상처는 지구의 맥락에서 어느 정도는 치유되었다. 실존적 인식에서 우리는 치유할 수 있다. 개인으로서, 공동체로서, 종으로서, 행성으로서.

#포스트휴먼 인식

인류의 생성적 흐름 하나하나가 지구 행성에 생물-진화적 변화와 사회-문화적 변환을 펼쳐낸다. 자기 연민이나 자기 비판에 빠지지 않고 무슨 일이 일어나고 있는지 볼 용기가 있다면, 생태 보존, 탈인간중심적 존엄과 인간-다양성에 대한 포용적 태도가 긴급히 필요함을 깨닫게 될 것이다.

이것이 포스트휴먼 인식인가? 포스트휴먼 인식은 포스트-휴머니즘, 포스트-인간중심주의, 포스트-이원론, 적어도 이 세 가지 층위를 따라야 한다. 각 층위의 특정 용어들을 설명해보겠다. 포스트-휴머니즘 인식은 인간 다양성을 인정하는 존재론적 연관성을 강조한다. 우리는 하나의 종이다. 많은 것을 공유하지만 우리 각각은 유일무이한 존재다. 우리는 일자이면서 동시에 다자이다. 분명 포스트-휴머니즘적이고 포스트-인간중심적인 인식은 분리할 수 없다. 생물권에 널리 퍼진 악화와 현재 비인간 종의 여섯 번째 대멸종의 주된 원인은 인간의 행동이다. 인간중심주의가 우리를 자멸의 길로 이끌고 있다. 존재는 바다와 같아서 모든 것이 사실상 연결되어 있으며 잠재적으로 상호작용한다. 이는 단순한 은유가 아니다. 우리의 생명과 건강은 대양에 사는 존재들의 생명 및 건강과 떼어놓을 수 없다.

인류세의 시대에 해양 생물과 미세플라스틱, 해조류와 쓰레기 섬, 동물성 플랑크톤과 독성 화학물질, 조개껍질과 기름이 뒤섞여 있다. 물리학자 키스 마틴Keith Martin은 이렇게 말한다. "우리는 행성의 대양을 쓰레기장으로 쓰고 있다. (…) 대양이 끝장나면 우리도 끝장난다. 우리의 건강과 지구 대양의 건강은 분리할 수 없기 때문이다."[21] 사회적 부정의와 환경 부정의는 연결되어 있다.[22] 포스트휴머니즘은 학문 분과를 넘나들고 각 부문을 넘나드는 접근법을 요청한다. 여기에서는 한 가지 유형의 정의가 다른 것보다 우선시되지 않는다. 인간과 인간 외 존재들(비인간 동물과 식물에서 기술적 존재와 로봇에 이르기까지)의 실존적 존엄의 인식에 기반한 다종의 공존은 우리에게 포스트-이원론적 인식을 가져다준다. 존재는 이분법적으로 펼쳐지지 않는다. 통일성과 다양성은 함께 작용한다. 우리의 행위성은 포괄적이고 다층적이며, 복수적이고 모두를 아우른다. **우리가 공동 현현한다는 실존적 역학, 우리가 공동 실현한다는 실존적 펼쳐짐을 인식하고 있는가?** 포스트휴머니즘은 체화되었으면서 무제한적이고, 개인적이면서 정치적이고, 현실적이면서 잠재적인 관점에서 자기 이해로 가는 길이다. 중심은 어디에나 있다.

작별 인사

포스트휴먼 인식은 서로 다른 많은 경로에서 얻을 수 있다. 이번 명상에서는 지혜에 대해 다루었다. 자기 탐색의 여정은 위계적이거나 직선적이지 않은 다른 수준의 이해로 이어진다. 다음은 몇 가지 제안이다. 2장에서 우리는 인간으로 존재한다는 것의 진화적 차원을 생각해볼 것이다. 7장에서는 사회-문화적 행위성의 내부-연결된 수준들을 살펴볼 것이다. 8장에서는 집단적 원형의 힘을 탐색할 것이다. 하지만 이것은 가능한 경로들일 뿐이다. 여러분은 미궁 속으로 더 깊이 들어가 어떤 장이든 선택할 수 있다. 당신의 비전을 좇아가고,

명상 ①
포스트휴먼 자기 탐색

자신의 리듬에 맞춰 움직여라. 각각의 경로는 당신을 특정한 깨달음으로 데려가줄 것이다. 여정의 끝에서 그게 무엇이건 완벽한 그림을 얻게 될 테니, 안심해도 좋다.

명상 ②

인간 개념 정리하기

#정리하기

정리하기는 과밀한 영역에서 불필요한 항목을 제거하는 관행이다. 정리에 대한 이런 관심과 의지에서 오는 신체적이고 심리적인 이로움의 생성적 원천은 자기 돌봄에서 없어서는 안 될 필수 요소이다. 이는 내적·외적 수준 양쪽으로 공간을 해방하면서 명확성을 가져다준다. 이 물질적 관행은 인류학자 메리 더글라스^Mary Douglas가 말했듯이 깊은 상징적 의미를 갖고 있다. "먼지를 털고, 도배하고, 장식하고, 정리하면서 우리는 질병에서 벗어날 걱정에 지배당하지 않고, 우리 환경을 긍정적으로 재정비하여 하나의 생각에 따르게 된다."[1] 인간 개념을 개방하고 새롭게 하기 위해 정리하는 것은 포스트휴먼 계시와 종의 재생을 촉진한다. 인간 개념 정리는 해체보다는 미니멀리즘과 더 관계가 깊다. 이런 방법들은 같은 뜻이 아니다. 이 책에서는 둘 다 활용할 것이다. 해체는 포스트모던 계보학을 통해 포스트휴머니즘의 이론적 접근을 발전시키는 데 핵심이었다. 관행으로서 해체 자체는 끝이 없다. 궁극적 결과에 이른다면 최종적인 상징적 공허의 끝까지 가게 될 수도 있다. 상징적 공허를 인식론적 위치로 받아들인다면 다루기에 버거워서(아니면 너무 미미해서) 우울과 불안에 빠지게 될 수 있다. 이는 결국 삶의 의미를 고갈시키는 존재론적 허무주의로 바뀔 수도 있다. 하지만 상징적 공허를 실존적 소명으로

받아들인다면, 그것은 궁극적인 자기실현을 향한 특별한 가능성을 열어줄지도 모른다.[2]

인간 개념을 정리하는 일은 상징적 오염(개념의 상징적 질서를 지탱하는 편견과 숨겨진 의제들)[3]으로부터 공간을 만들어준다. 이는 스스로 추론한 예외주의의 환상이나/과 스스로 불러들인 허무주의적 마비에 갇히지 않고 우리를 더 넓은 그림 속에 자리 잡게 해준다. 장소는 감옥이 아니라 출발 지점이다. 인간은 출발 지점이 될 수 있다. 그것은 끝이 아니라 체화되고 위치 지어진 관점이다. 인간이 출발 지점이 되려면 누적된 잡동사니로 가득해서는 안 된다. 어떤 출발 지점이든 출발 지점이 되려면 실존적 드러냄을 향한 탈주선을 찾을 수 있도록 장애물에서 자유로워져야 한다.[4] 핵심은 우리가 누구인지 스스로 인정하는 것이다. 현실적으로나 창조적인 면으로나. 순수성은 고립된 상태나 멸균 상태에서 나오지 않는다. 자기실현은 우리의 상징적 잡동사니를 변환하는 과정에서 출현할 수 있다. 이는 진흙탕에서 태어나는 연꽃과도 같다.

인간-중심?

'인간'은 '인간-중심'과 동의어인가? 절대적인 인간-중심적 편견을 정리하는 것이 반드시 인간을 제거해야 한다는 뜻은 아니다. 항상 관점이 있고 출발 지점이 있다.

여기에 우위나 위계질서가 꼭 따르지는 않는다. 인간의
역학은 존재의 다원적 경험에서 사실상 공동 현현이다. 인간
관점은 가능한 존재-인식론적 출발 지점이다. 포스트휴먼
관점주의에 따르면,[5] 인간의 체화가 '있는 그대로의' 현실을
경험하는 데 특별히 더 객관적이라고는 볼 수는 없다. 실재는
동질적이지 않다. 예를 들어 많은 곤충과 새들은 인간의 가시
스펙트럼 너머까지 지각할 수 있다.❶ 특별한 주관성을 인정할
수 있는 인식론적 특권 같은 것은 없다. 이것은 상대주의를
주장하는 것이 아니다. 주체가 인식하기 위해서는 '인간'이거나,
'합리적'이거나, 용량이 더 큰 뇌가 있어야 한다는 등의 조건이
필요하지 않다는 실존적 인정이다. 인식을 삭제할 수는 없다.
순환적으로, 주체는 존재가 경험하고 현현하는 위치에서의
특정한 관점이자 존재하는 방식이다.❷ 존재론적으로 인간의
체화된 관점이 인간-중심 권리의식과/이나 종차별주의적
동일시를 정당화해주지는 않는다.

　　　사회정치적 관점에서 이러한 깨달음은 기존의 자기
범주화의 미리 정해진 관행에 덧붙인 층으로 축소될 수 없다.
'종: (빈칸을 채우시오) ⋯' '인간?' 포스트휴머니즘의
의제는 꼭 젠더, 인종, 민족과 같은 범주들의 긴 목록에 '종'을
포함시킴으로써 인간을 새로운 필수 정체성으로 만들자는
것이 아니다.[6] 우리는 항상 우리의 관점을 위치 지을 수 있다.
그러나 제한된 구성에 맞추어 이러한 위치 짓기를 해야 한다는
것도 아니다.[7] **"당신은 이것인가, 저것인가?"** 분명히 해두자.

❶ 4장으로 가라.
❷ 8장, #주체들로 가라.

범주는 사회적 분석이 공동체에 도움이 된다든가 하는 다른 이유에서 의미 있고 유용할 수 있다. 전체적인 그림을 보지 못하고 우리의 자기 서사화에 범주를 두려고 하면 그때 문제가 생긴다. 그렇게 되면 우리는 가능성의 문을 열어 우리가 누구인가를 폭넓게 이해하는 대신, 미리 구성된 정체성에 스스로를 가두게 될 소지가 크다. 인간의 관점은 새로운 종 중심 정체성 동일시$^{\text{species-specific identification}}$를 지지하는 단순한 통일된 범주로 축소할 수 없다. 이미 구성된 방식을 무비판적으로 받아들여 우리 자신을 정의하려 한다면❸ 그것은 진부한 반복이 되어 우리가 누구인가에 대한 더 깊은 이해를 방해하게 된다. 인간으로서 우리의 출발 지점에서 우리 자신을 발명하는 것은 존재의 기술에서 창조적인 행위이다.

인간중심주의를 넘어서

포스트휴먼 윤리는 존재론적 평형에 기반한다. 인간과 비인간 존재, 유기적인 것과 인공적인 것, 육체적인 것과 지성적인 것 등 '타자들'을 인정하는 것이 우리 자신을 인정하는 것의 일부/기술이다. 이를 위해서는 우리가 누구인지 알아야 한다. 자기실현을 향한 길 위에서 인간을 출발 지점으로 받아들일 수 있다. 그러나 실존적 인식에서 인간 자체는 어떤 특권이나 편향, 선입견도 시사하지 않는다. 인간은 끊임없는 개념 정리를 통해 열린 궤적으로 이해되어야 한다. 시공간적이고 체화되었으며 환경에 뿌리박힌 것에서, 가능하다면 무제한적인 가능성에 이르기까지 말이다. 궁극적 자기실현은 모든 것을 아우르는 자아로서 개인의 자아를 인식하는 데 있다. 다시 말해서, 모든 것과 모든 이의 일부/기술로 존재하는 것, 완벽한 현현과 차원의 멸종과 가능한 (재)생성을 포함하는 잠재성을 인식하는 것이다. 인간으로 존재한다는 것이 반드시 인간중심적 삶의 방식으로 이어지지는 않는다. 예를 들어 자이나교 윤리는 인간중심적 특권의 환상과 그에 따른 실존적 불명료화^{existential obfuscation}의 위험을 인식하고, 비폭력을 뜻하는 '아힘사^{ahimsa}'라는 기본 덕목을 중시한다. 이는 다른 것들에게 피해를 주지 말아야 한다는 황금률을 인간만이 아니라 모든 존재에 적용한다. 그래서 어떤 자이나교도들은 생명에 해를 주지 않기 위해 뿌리 채소도 먹지 않는다. 이런 세계관에 따르면, 존재의 더 폭넓고 관계적이고 내부-연결된 본질을 이해하면 인간은 깨우침에 이를 수 있다. 이는 산스크리트어로는 'kevala jnana'라고 하는데, 완전한 이해, 최고의 지혜, 그리고/혹은 전지^{全知}를 뜻한다.

그렇다면 단순히 해로운 습관을 해체하고/하거나 (다른 범주의) 인간성을 박탈하는 관행들을 재구성하는 것이 아니라 진정한 자기 계시^{self-revelation}를 현현할 수 있을까? 이는 개인으로서, 사회로서, 종으로서 자기실현의 경로를 성찰하는 데 핵심적이다. 포스트휴먼 관점에서는 무엇^{what}이 곧 어떻게^{how}이다. 방법론적 오류를 지적하려는 것은 다른 이들을 망신주거나 비난하기 위해서가 아니라,

의도를 현현하기 위해서이다. 문제는 특정 차별의 존재 자체가 아니라, 차별의 위계적 형식들이 계속해서 일어나는 역학이다. 예를 들어 종국에 우리는 성차별주의와 인종주의가 지속되도록 허용하는 체계적 역학을 해결할 수 있을지도 모른다. 하지만 그것들을 역동적인 사회적 기술로 인식하지 못한다면 그리하여 그것들의 가소성과 (재)생성 능력을 알아차리지 못한다면 곧 다른 가능성 있는 '중심주의(들)'의 유형들, 예를 들자면 종차별주의, 생명중심주의 혹은 기술중심주의와 관련된 다른 문제들이 나오게 될 것이다. 따라서 특정 유형의 차별은 그 나름의 고유성과 특이성을 고려하여 다루면서도 더 폭넓은 권력 장치에서 특정 입력이 현현한 결과로 다루어야 한다. 이는 변화하는 권력에 관한 이야기가 아니다. 역사를 공부해보면 위계적 배경에서는 어떤 집단도 안전하지 않다는 사실을 알게 된다. 결국 언젠가는 권한을 가진 쪽이 집단적 권력을 잃고 다른 집단으로 대체된다. 목표는 인식론적 지배를 반복하는 것이 아니다. 이는 실존적 자기기만이기도 하다. 우리의 상호-존재❺를 포용해야만 포스트-휴머니즘적, 포스트-인간중심적, 포스트-이원론적 인식에서 진정으로 다종 정의와 행성적 공존을 현현할 수 있다.

　　　　많은 인간 사회를 지탱하는 최근 역사가 인간중심주의적^{anthropocentric}, 인간-중심적^{human-centric}(일부 인간이 다른 인간보다 특권을 갖는다는 의미에서), 이원론적 편향에 지배되고 있다 해서 정해진 길을 반복해야 한다는 뜻은 아니다. 이런 서사들은 시대에 뒤떨어졌다. 깊이 있는

변화를 이루어내려면 조건화에서 개인적, 사회적 서사의 힘을
의식할 필요가 있다. **⑥** 시대에 뒤떨어진 관례를 수동적으로
받아들여 스스로를 제약할 필요는 없다. 포스트휴먼 인식이
교육의 전 분야에 존재하는 시대이다. 인간-중심 교육은
개인으로서, 사회로서, 종으로서 우리의 자기실현의 길에
심각한 장애물이다. 우리는 큰 책임과 응답 능력을 가지고 있다.
더는 인간 우월주의적 서사에 침묵하거나 비판을 삼갈 수 없다.
이런 침묵은 중립적이지도 않고, 인간 종에게 호의적이지도
않은 특권에 공모하는 셈이다. 21세기 들어 인간의 조건에
변화가 일어났다. 과거의 비전에서 의미를 찾으려 하면 우리가
누구인가에 대한 관점을 잃게 된다. 최근 이런 인간-중심
사회들의 요구는 인간을 다른 종보다 우월한 존재가 아니라
그들의 일부/기술로 인식한다는 점에서 분명히 드러난다.

과학적으로, 인간

항상 이런 식이었을까? 인류 역사에서 성차별적,
인종주의적, 인간-중심적 유산을 지닌 인간에 대한 최근의
이해는 그리 오래되지 않았다. 그것은 '역사'로 정의되는
것의 시초로 거슬러 올라갈 수 있는데, 그 시초는 일반적으로
'문명'의 시작이라 하는 글쓰기의 시작으로 거슬러 올라간다.
이러한 자의적인 역사 기록학에 따르면 소위 선사시대는
논외로 제쳐두어 연대와 서사의 구성에서 배제된다. 그러나

실은 지구 행성에서는 선사시대가 인간 역사의 99퍼센트를 차지한다. 선사시대에서 '선先'을 빼고 그냥 '역사'라 부르기로 하자. 이는 우리가 우리 계보학 일부의 상징적 삭제를 통해 어떻게 선사시대를 패배의 역사로 보고 자기애적으로 현재에 집착하게 되었는지 이해해보자는 계시이며 초대이다. 이 지점을 파고들어 가보면 인간에 대한 설명 대부분이 근대의 인간 예외주의의 투영에 의존하고 있음을 금세 깨닫게 된다. 이는 우리가 누구이며 어디에서 왔는가에 대한 현실적인 이해를 어렵게 만든다. 예를 들어 대부분의 교육 서적과 과학 문서에서 인간은 이렇게 묘사되는 경우가 너무나도 많다.

'가장 진화한 종'→ 이는 그 자체로 형용모순이다. 진화는 직선적이거나 최종적인 것이 아니라 다른 조건에 끊임없이 적응하는 과정이다.

'가장 지적인 종'→ 이는 종 중심 자기 특권의식이다. 인간은 특정한 진화적 특징들 가운데 확장된 뇌를 발전시킨 동물이다.

'유일무이한'→ 과학적인 관점에서 이는 아무 의미도 없다. 모든 종은 다 유일무이하다.

'가장 성공한'→ 이것은 보기에 따라 다르다. 예를 들어 적응의 관점에서는 많은 곤충 종이 인간보다 더 성공적이다. 생존의 관점에서는 비인간 종에 대한 인간중심적 지배와 행성의 자원 남용에 기반한 진화적 성공은 결국 우리 자신의 멸종을 불러올 수도 있다(인간이 유발한 기후변화는 이미 종으로서 우리의 영속을 위협하고 있다).

이런 객관적이지도 않고 위치성도 고려하지 않은 유사과학적 서사가 무비판적으로 반복되면서 인간 외 관점이 개입할 여지는 거의 남지 않았다. 인간-중심 편향은 다른 관련된 것들을 통해 지탱된다. 예를 들어 인간 진화의 시각적 재현은 분명히 성차별적 전제들을 보여준다. 지금 책과 온라인 콘텐츠에서 찾을 수 있는 이미지들 거의 전부가 진화하는 인간을 남성으로 재현한다(그들의 수염난 얼굴을 보면 의심의 여지가 없다)[8]. 남성 보편에 대한 유일한 예외가 루시의 재현이다. 루시는 에티오피아에서 발견된 화석 뼈로, 320만 년 전으로 거슬러 올라가는 오스트랄로피테쿠스 아파렌시스 호미닌 종 여성이다. 이 초기 오스트랄로피테쿠스가 지금까지 '인간'처럼 직립보행한 최초의 조상 종이다. 이족 보행은 600만 년 전으로 거슬러 올라가는데, 이것이 현재 '인간'이 되는 첫 단계로 여겨진다. 우리 '인간' 특징 중 상당수는 우리가 지금 이해하듯이 '인류'보다 먼저 있었다.

　　우리의 기원을 파고들기 전에 더 혼란이 없도록 과학 용어를 정리하고 가야겠다. 생물학에서 사람과('호미니드')는 모든 멸종한 것과 현대의 유인원(호모 사피엔스를 포함하여)으로 구성된 영장류의 분류군을 가리킨다. 사람아과('호미니네스')는 사람과의 아과이다. 여기에는 사람족('호미니니')과 고릴라아과('고릴리네')가 포함된다. 더 분명하게 말하자면, 오랑우탄아과로 분류되는 오랑우탄을 제외하고 모든 호미니드를 가리킨다. 사람과의 분류학적 족인 사람족('호미닌스')에는 속들인 호모(인간)와 판(보노보와

침팬지)만이 아니라 오스트랄로피테쿠스나 파란트로푸스처럼
멸종한 인간 종과 우리의 직접적인 조상들까지도 포함된다. 이
모든 용어들(사람족, 사람과, 사람아과, 호모 등)은 듣기에도
아주 비슷하고, 실제로도 그렇다. 이 족은 밀접하게 관련되어
대부분의 DNA를 공유한다. 세분화와 분류는 최신 발견에
근거하여 끊임없이 수정되며, 절대적인 것이 아니라 맥락에
따라 받아들여야 한다.

#영장류, 침팬지, 보노보

과학은 특정한 사회·과학적 장치들과 분리되어
존재하지 않는다. 과학적 분류는 신조어에 관여한 특정
집단의 관점과 그 시대에 공유된 가정들을 드러낸다. 우리가
누구인가에 대한 완전한 이해를 향한 길에서 페미니즘
인식론은 상황적 지식과 체화된 경험을 인식론적 전제조건으로
강조해왔다. 이 분야에서 도나 해러웨이의 연구가 특히
흥미롭다. 해러웨이는 초기 저작들 중 하나인《영장류 비전:
현대 과학의 세계에서 젠더, 인종, 자연Primate Visions: Gender, Race
and Nature in the World of Modern Science》(1990)에서 과학 서사의
유형과 영장류의 행동을 묘사하는 방식이 중립적이지 않으며
문화적 규범성의 산물임을 지적했다. 이는 비과학적 가정에
도전하는 대신 (성차별적이고 인종주의적인) 고정관념을
강화하고, 나아가 '객관적인' 과학 서사를 통해 이를 반복하는

결과가 되곤 한다. 이런 과학 서사는 기존 권력의 사회적 역학에 통합되는 중이다. 해러웨이는 이렇게 썼다. "생물학은 본질적으로 역사적이며, 생물학의 담론 형태는 본질적으로 서사이다. (…) 과학자와 유기체 모두 이야기를 하는 관행에서 행위자이다."[9] 인간의 기원뿐 아니라 선사와 역사가 반복되어온 방식을 정리하기 위해서는 과학 지식의 역사성을 반드시 인정해야 한다.

현존하는 인간의 가장 가까운 친척은 누구일까?

우리의 진화 역사에서 보노보와 침팬지가 똑같이 관계가 있다. 우리는 그들과 DNA의 99퍼센트를 공유한다(1.7~1.8퍼센트의 차이가 있다). 사회적 차원에서 보노보는 침팬지와는 다른 유인원이다. 그들은 모계 집단에서 살며, 폭력 행위를 계속해서 하지 않고, 협동을 매우 잘한다. 생식을 위해서만 성행위를 하지 않으며 상대를 가리지 않는다. 삶에 대한 그들의 태도를 보면 성체들조차 항상 장난스럽다. 하지만 보노보가 침팬지와 더불어 진화적으로 우리와 가장 가까운 친족이라 해도, 주류 과학 서사는 그들에 대해서는 이야기하지 않고 우리가 침팬지와 공유하는 점만 다루곤 한다. 침팬지는 가부장 사회를 이루며 더 폭력적인 행동 양식을 진화시켰고, 영역을 놓고 전쟁을 벌인다. 계보학적 관계에서 이런 선택은 공격적인 태도가 앞서는 것이 인간에게도 어느 정도는 '자연스러운' 것이라는 가정을 강화한다. 이는 여러 가지 이유에서 문제가 있다. 우선, 이런 특징들은 보노보에게는 존재하지 않는데, 그들도 마찬가지로 유전적으로 우리와 가장 가까운 친족이다.

게다가 침팬지의 행동도 진화한다. 이런 특징들이 어떻게 나타났는지 우리는 모른다. 그러므로 진화하면서 그런 특징이 쭉 있었다고 볼 수도 없다. 마지막으로, 우리가 (보노보와 침팬지로 이루어진) 판속과 공유하는 공통 조상(들)은[10] 시간과 공간에 걸쳐 특정 습관으로 단순화되거나, 폭력적이거나 자비롭거나, 모계적이거나 가부장적이거나, 이성애적이거나 범성애적이거나 등의 상징적으로 의미 부여된 태도들로 축소될 수 없는 수많은 다른 특징과 행동들을 보여주었다. 이 그림은 저것보다 훨씬 더 포괄적이다. 존재의 삼투 현상은 직선적인 연역 추론, 편향된 가정, 사회정치적 투사로는 드러낼 수 없다.

고대 인류?

인간중심주의는 진화와 어떤 관계인가? 진화 생물학에서 인간중심적이고 휴머니즘적인 편향은 우리와 가장 가까운 친족뿐 아니라 소위 고대 인류에 대한 과학적 접근과 서사에서도 명백히 드러난다. 고대 인류란 호모속에 속하지만 지금은 멸종된 종이다. 두 단어 모두 현대 인간과의 지배적인 위계 관계에서 만들어졌다. '그들'은 '우리의 친족'이다/'그들'은 '고대의 존재'이다— **누구에 비해서?** '그들'은 나중에 진화될 어떤 존재, 더 정확히 말하자면 '우리'의 미완성 판본으로 축소된다. 고대 인류를 일종의 불완전한 프로젝트로 접근하는 것이다. 그들은 우리의 진화적 승인인 호모 사피엔스의 그림자이며, 상징적이고 생리학적인 면에서 불완전하다. 이 식인주의적 진화의 자기-역사에서는 오래 지속된 승리들에 대해서는 성찰하지 않는다. 우리, 현대 인간은 종국에는 어떤 미래의 포스트휴먼 종의 고대 판본이 될 운명이다. 과거의 재구성 뒤에 이런 목적론적 이데올로기가 있다. 여기에서 비교해보면 현대 인간은 '예외적' 존재로 드러나게 되며, 이런 비교를 통해 적어도 지금 이 순간만큼은 위계적 인간이 사실상 승자로 출현하게 된다(과거와 미래는 항상 우리의 공포와 희망의 투영으로 바뀔 수 있다). 인간 외 (현대)동물들은 뇌 크기, 진보한 기술, 그 밖에 현대 인간을 구별짓는 특징들에 따라 선별된다. 호모 사피엔스는 모든 종의 척도로 존재한다.[11] 어떤 인간 외 종이라도 이런 오래 가지 못할 대결에서 자동적으로 패한다. 그러나 진화는 비교에 기반하지 않으며, 우리는 선조들과 경쟁하고 있는 것이 아니다. 우리는 그들(안에 있으며)이며/그들이 우리(안에 있다)이다.

그렇다면 왜 '고대' 인류와 영장류를 연구하는가?
아마도 우리 자신을 알기 위해서일 것이다. 그러나 현실적으로 대부분의 최근 연구는 우리가 누구인지를 정말로 알기보다는 우리가 스스로에게 부여한 예외주의[12]를 입증하는 데 더 관심이 있는 듯하다. '과학'이라는 단어는 지식을 뜻하는 라틴어 'scientia'에서 나왔다. 인간 예외주의 기원 서사는 우리의 다원적 진화에 대해서는 별로 할 말이 없을지 몰라도, 현재 우리의 인식론적 오만에 대해서는 꽤 많은 이야기를 해준다. 이런 인식론적 오류는 실존적 불명료화라는 심각한 결과를 가져온다. 왜 '우리'가 최고인가(가장 진화한 존재인가, 가장 지적인 존재인가 등)를 입증하기 위해 '다른 존재들'을 연구한다면, '다른 존재들'을 결코 제대로 이해하지 못할 것이다. 우리는 (또한) 다른 존재들이다. 그러므로 '그들'을 '우리'가 누구인가의 일부/기술로 받아들일 준비가 되어 있지 않다면, 자기실현의 길에서 우리 자신의 타자성(일자이며 다수)을 드러낼 수 없을 것이다. 현대의 고인류학에서 인간이 유일무이한 존재라는 인간중심적 신화는 우리와 밀접한 관계가 있는 멸종한 종의 위치를 찾는 데 장애물이 된다. 고인류학자 이안 태터샐Ian Tattersall은 이렇게 썼다. "지금 우리는 잘못된 이분법에 갇혀 있다. 그런 이분법에서는 오스트랄로피테쿠스가 아니면 호모여야만 하고, 호모가 아니라면 오스트랄로피테쿠스여야 한다. 호미닌 분류가 우리 종족의 다양성을 의미 있게 반영하려면 더 많은 속^{genus}이 필요하다."[13] 자기 편향을 반영하는 거울에 기반하여 '우리가 누구인가'를 알아내려는 기만적 시도는 존재에 관한 더 많은 가정과 왜곡된 기대를 낳을 뿐이다. 이제 우리 자신을 (동물) '왕국'의 꼭대기가 아니라 큰 그림 속에 놓는 식으로 우리의 상징적 위치를 바꾸어야 할 때이다.[14] 삶에는 절대적인 군주가 존재하지 않는다. 포스트휴먼 에피파니는 모든 종의 다양성과 존엄을 반영한다.

유일무이함에 대한 인간의 집착은 어디에서 오는가?
우리와 '가장 가까운' 종의 지도를 추적하는 방식은 가부장적 사회의 혈연 친족에 대한 집착을 확장한 것처럼 보인다.

거기에서는 관련성이 아니라 생물학적 혈통만이 유일한 보증이 된다. 엄격한 일부일처제 속에서 남성은 적법한 자손을 얻고 여성은 사회적 지위와 법적 권리를 얻는다. 이는 자신의 유전적 자손을 확인하는 아버지의 능력을 가부장적 명예의 핵심으로 삼는 구조에 기반한다. 그러나 인간 기원의 역사는 이런 가부장적 접근에 기반해서는 안 된다. 이는 전혀 보편적이지 않기 때문이다.[15] 인간 기원에 대한 포스트휴먼적 관점은 우리가 왜 유일무이한가, 혹은 어떤 종이 '우리'와 더 유사한가에 집착하기보다는 우리가 다양한 종과 공유하는 것을 전부 받아들인다. 인간 외 존재의 존재 방식은 인간을 서로 떼어놓을 수 없는 식으로 형성하는/알리는 것이다. 이런 주제에 대해 과학적 질문을 던지는 방식은 그 시대가 공유하는 특정한 세계관을 반영한다. 우리는 포스트휴먼 시대(혹은 에포케)에 다른 질문을 던지고 이에 응답할 독창적 방법을 발전시켜야 한다.

거의 인간인

호모속의 배타적인 클럽에 받아들여지는 존재는 누구인가? 호모속의 구성 역사는 우리가 누구인가에 대한 과학이 얼마나 인간 예외주의의 편향에 물들어 있는지를 여실히 보여준다. 스웨덴 식물학자 칼 린네Carl Linnaeus가 호모 사피엔스(라틴어로 '지혜로운 인간')라는 학명을 만들어냈는데,

이는 호모족 중에 살아있는 유일한 종을 가리킨다. 린네는 진화생물학의 시대 이전에 이 분류학적 범주를 발전시켰기 때문에 호모속에 여러 종이 있을 수도 있다는 가능성을 예견하지 못했다. 그래서 그는 호모종을 자명한 것으로 여기고 그 종의 특이성을 밝혀놓지 않았다. 따라서 19세기 중반 이후 다른 종이 추가되어야 했다. 최초의 네안데르탈인 유해가 1829년에야 발견되었기 때문이다. 호모 네안데르탈인이라는 용어는 1864년 아일랜드 지질학자 윌리엄 킹William King이 제안했고, 곧이어 네덜란드 과학자 외젠 뒤부아Eugene Dubois가 호모 에렉투스를 발견하여 1893년 이름을 붙였다. 이 용어가 중립적이지 않다는 데 주목할 필요가 있다. 라틴어로 에렉투스erectus에는 '일어서다', '직립시키다'라는 의미뿐 아니라 '성적으로 흥분한'이라는 뜻이 있다. 페미니즘 철학자 아드리아나 카바레로Adriana Cavarero는 남근의 발기와의 연관성을 지워낼 수 없다고 말했다.[16] 호모 스탄스(라틴어로 스탄스는 '일어선'이라는 뜻이다)처럼 더 명확한 용어라든가, 남성을 성적으로 언급하지 않고도 같은 목적으로 쓸 수 있는 다른 이름이 많이 있었을 것이다. 이 단어가 만들어진 시대에는 이 용어의 성차별적 암시가 자명하지 않았을 수도 있지만, 지금은 다르다. 과학이 모든 사람들에게 환영받으려면 모욕적이거나 편견이 담긴 과학 용어를 바꾸어야 할 것이다. 그렇지 않으면 숨겨진 편견과 자기 반복적 기대가 과학 공동체뿐 아니라 사회 전체에 남아 필연적으로 과학 연구의 범위를 제한하게 될 것이다.

그렇다면 인간은 어떻게 인간이 되었는가? 최근의
화석 기록에 따르면, 호모 에렉투스는 180만 년 전 아프리카를
떠나 유라시아에 퍼진 최초의 호미닌이었다. 원시 호모
사피엔스는 30만 년 전쯤 아프리카의 뿔에 남아 있던 호모
에렉투스의 후손 중에서 출현했다. 해부학적으로 말하자면
현대의 호모 사피엔스는 20만 년 전쯤 진화했다. 뇌와 뇌의
크기는 10만 년 전쯤 온전히 '현대적'으로 되었다.[17] 최근의
발견에 따르면 호모 사피엔스 인구 집단은 13만 년에서 11만
5000년 전 사이에 아시아와 유럽으로 이주했고, 아마도
초기의 집단 이동에서 아프리카에 남았던 호미닌의 후손인
네안데르탈인이나 데니소바인과 같은 다른 종들을 만났을
것이다.[18] 호모속에 속해 있다 해도 이 '다른' 인간들은 인간이
되어가는 진화 과정에서 모자란 존재로 여겨졌으며, 인간의
최고 정점에는 바로 우리, 현대의 호모 사피엔스가 있었다. 이
(현대) 인간중심 역사 구성에서 '고대 인류'는 진화의 패배자,
인간이 되지 못한, 인간에 '가까운' 존재로 표시되었다. 하지만
이런 이야기는 정확하지 않다.

네안데르탈인과 데니소바인은 멸종했는가?
네안데르탈인, 데니소바인, 호모 사피엔스는 상호 교배를
했다. DNA 증거에 따르면 현대 인간의 네안데르탈
DNA 비율은 아시아와 유럽 배경의 사람들에게서 약
1~2퍼센트이다(네안데르탈 혈통이 아프리카 대륙을
일찍 떠났기 때문에 아프리카 인구 사람들 중에서는 이
비율이 0퍼센트이거나 거의 0에 가깝다). 데니소바 혈통은

오스트레일리아 원주민과 멜라네시아인들 중에서 대략 3퍼센트이다. 이런 의미에서 소위 '고대 인류'는 우리 종의 일부/기술이다. '그들'과 '우리'는 절대적으로 나뉘지 않는다. 이런 종들은 함께 공진화했다. 현대 호모 사피엔스는 다른 여느 종들과 마찬가지로 다른 유전적 특징과 특성의 집합, 즉 유전적 흐름으로 접근해야 한다. 현대 인간 게놈의 약 1.5퍼센트만이 '유일무이하게' 인간이며, 이조차도 새로운 발견과 함께 점점 더 줄어들 수도 있다. 현대 인간은 전체적으로 보아 다원성과 공동체, (유전적) 다양성, 적응성, 협동의 역사에서 출현한 존재다.

'네안데르탈인'으로 정의되어온 종을 더 자세히 살펴보자. 그들의 화석은 독일의 네안데르탈 계곡에서 처음 발견되었고, 이후 더 많은 유해가 서남아시아, 중앙아시아, 북아시아, 유럽에서도 발견되었다. 최근 연구에 따르면 그들은 40만 년 전부터 4만 년 전까지 존재했다. 얼마나 많은 잘못된 신화들이 네안데르탈인에 대한 일반적인 이해를 가렸는지는 흥미롭다. 그들은 과거에 폭력적이고 야만스러우며 무지한 존재로 그려졌다. 한 마디로 진화하지 못한 존재였다. 지금은 네안데르탈인들이 복잡한 문화와 정교한 기술을 가졌다는 사실이 알려져 있다. 그들은 말도 할 수 있었다. 1989년 이스라엘의 케바라동굴에서 발견된 네안데르탈인의 설골 분석으로 알 수 있었다. 그들은 스페인의 라파시에동굴에서 발견된 네안데르탈 미술로 알 수 있듯이 상징 체계도 가지고 있었다. 어쩌면 음악을 연주하고, 플루트 같은 악기도 가지고 있었을지 모른다.[19] 이런 사실을 들여다보면, '그들'이 '우리'와 그리 다르지 않았음을 알게 된다. 자유로워지기 위해 '최고의' 존재가 되어야 할 필요는 없다. 우리가 이 모든 종의 일부/기술임을 인정하면 된다. 이는 차이를 삭제하자는 것이 아니다(차이는 항상 존재하기의 창의적 독창성에 속한다). 더 분명하게 말하자면, 인식론적 편파성과 존재론적 무지에 기반한 위계질서에 따라 이런 차이들을 배치해야 한다는 생각을 버릴 수 있어야 한다.

인간중심주의의 탄생

인간은 지구에서 그들의 역사 대부분을 어떻게 살아왔는가? 구석기 시대[20](그리스어로 '오래된'을 뜻하는 palaios와 '돌'을 뜻하는 lithos)는 이 지구에서 우리가 종으로 존재했던 기간 대부분을 차지하는 긴 기간이다. 최초의 호미니드가 약 300만 년 전 석기를 발전시키면서 시작되어 기원전 1만 년 경 신석기 시대가 시작될 때까지 이어졌다.[21] 우리 역사의 대부분을 차지하는 이 시기 동안, 인간은 유목을 하며 채집자-사냥꾼으로 살았다.[22] 농경과 도시와 이전 시대인 구석기 시대에는 소유물이 거의 없었다. 유목 생활로 이주를 하면서 최소한의 것만 가지고 다녔다.[23] 환경에서 실마리를 찾아내는 것이 인간 생존의 핵심이었다. 이런 중요한 체화된 지식에서 인간은 '자연'[24]으로부터, 서로로부터 분리될 수

없었다. 구석기 시대 우리 선조들의 삶에서 그랬듯이 광대한
지역에서의 유목민 생활은 상호-존재를 더 깊이 이해하게
해준다. 유목민들은 계절에 따라 특정 장소로 돌아가므로
균형이 중요하다. 동물을 너무 많이 잡으면 그 지역에서 그
종이 멸종될 수도 있다. 식물을 너무 많이 수확하면 다시
수확할 수 있게 되기까지 여러 해가 걸릴 수도 있다. 재생
주기를 흐트러뜨리는 것 또한 이들에 의존하는 인간에게
치명적이다. 이러한 삶의 주기에 대한 이해는 구석기 시대
전체와 신석기 시대 대부분의 기간 동안 널리 퍼져 있었으며,
많은 토착 문화에서 여전히 근본을 이룬다. 신석기 시대에 일부
채집자-사냥꾼 사회가 작물과 동물을 길들이기 시작하면서
농경 생활방식으로 옮겨갔다. 인간 정착지의 점진적인
도시화, 농업의 발전, 경작한 작물에 대한 의존도의 증가는
이분법적인 인간중심적 이데올로기가 형성될 바탕을 마련했고,
이로부터 인류세가 시작된다.[25] 이런 이행은 점진적이었지,
결코 절대적이지 않았다. 그것들을 모두 단순히 종차별주의적
특권과 환원주의로 모두 동화시킬 수는 없다. 인간중심주의는
여러 형태를 취한다.

　　　2020년, 나는 야생동물들이 매일 출몰하는 지역에서
뉴욕 북부로 이사했다. 어느 날 저녁 외진 공원으로 자전거를
타고 갔더니 코요테들이 배회하고 있었다. 잔디밭에 앉아
야생의 존재를 즐기던 중, 멀리서 무슨 소리가 들려왔다. 깜짝
놀라서 이렇게 생각했다. '사람이면 좋겠다.' 코요테들은 보통
성인을 공격하지 않는데도 코요테 무리보다는 인간과 마주치는

편이 더 좋았다. 이런 경험으로 신석기 시대에 떠돌며 살았던
인간들이 다른 인간 부족과의 만남을 소중하게 여겼으리라
추측할 수 있었다. 대부분의 환경에서 그들은 위협이 아니라
동맹(자연에 맞서서가 아니라 자연 속에서)으로 인식되었을
것이다. 여기에서 채집자-사냥꾼의 집합이 정보를 공유한 데
감사해야 한다. 일부 이론에 따르면 그들의 유대와 교제, 예술적
협동과 기술적 창의성 덕분에 다른 호미닌들(오래 살았던 호모
에렉투스, 네안데르탈인, 데니소바인 등)이 모두 멸종했어도
우리 종이 혹독한 빙하기에 살아남을 수 있었다.[26]

선사시대?

'선사시대'는 언제 발명되었는가? 구석기 시대와
신석기 시대가 인간 역사의 99퍼센트를 차지하지만, 그
시기들은 한꺼번에 '선사시대'로 축소되었다. 이 단어는
'문자 이전의 역사'를 가리키는 줄임말이다. 이 용어는 유럽
계몽주의 시대에 처음에는 프랑스에서, 그다음에는 영국에서
만들어지고 사용되기 시작했다. 영어에서 이 단어가 처음
사용된 것은 1836년까지 거슬러 올라간다. 서유럽에서
산업혁명 시기였던 그 당시, 학문 분과로서 '역사'의 현대적
탄생은 유럽의 진보적으로 기계화된 비전에 기반하여 발전했고
지지를 받았다. 이 식민주의 시대에 유럽의 시골과 전 세계
다른 지역에서는 여전히 전통적인 농경과 사냥에 기반을 둔

다른 생활방식들이 많이 남아 있었지만, 이는 식민주의자들의 조언과 도시의 원조, 더 일반적으로 말하자면 '진보'가 필요한 미개한 것으로 그려졌다. 도시는 이 산업혁명(진화)이라는 새로운 꿈의 상징이었다. 유럽을 인간 역사의 가장 진보한 단계로 제시하는 것이 인종 우월주의 이데올로기의 발전에 핵심적이었다. 이는 결국 전 세계 인구를 비인도적으로 대우하고 지역의 자원을 고갈시키는 것을 정치적으로 정당화했다. 이런 이데올로기들의 유산이 '선사시대'를 연구하고 제시하는 방식에 여전히 만연하다.

왜 이렇게 글쓰기가 가장 중요하게 여겨지는가?

글쓰기를 인간의 역사적 진화와 문명의 전환점으로 접근하는 것은 대단히 현재주의적이며[27] 계급 차별적이고 서구 중심적인 견해이다. 다른 유형의 상징 체계들이 이미 신석기 시대에 있었지만, 현재와 같은 글쓰기는 기원전 3400년경인 청동기 시대에 더 뚜렷이 발전했다. 현대의 관점에서는 글쓰기를 흔히 기록을 남기는 가장 정확한 방법 중 하나로 본다. 하지만 그렇다 해서 그 이전에 있었던 모든 것과 글쓰기를 이용하지 않았던 모든 문화를 '선사시대'로 격하해도 좋을 만큼 글쓰기에 부여되어온 절대적인 우월성을 정당화할 수는 없다. 인류 역사를 잘 생각해본다면 이런 문제는 포괄적으로 검토해보아야 한다. 역사적으로 형식화된 글쓰기를 의사소통의 방법으로 발전시키지 않은 인간 사회들이 많이 있었다. 이는 일부 사회가 아주 최근까지도 여전히 선사시대에 머물러 있었거나, 아직도 그 시대에 있다는 자의적인 결론으로 이어진다. 예를

들어 오스트레일리아의 선사시대는 1788년 영국의 식민지가
되면서 끝났으며, 이때부터 오스트레일리아에서 문서 기록화가
시작되었다고 여겨진다. 이런 식으로 본다면 오스트레일리아는
식민 지배자들을 통해 공식적으로 '역사'에 들어섰으며, 식민
지배자들의 정책은 오스트레일리아 원주민 집단을 거의 지워
없애버렸다. 더 범위를 넓혀서 보자면 역사 전체에서 대다수의
인간들이 읽기와 쓰기에 접근하도록 허락받지 못했다. 이는
그들을 헤게모니적 권력 역학에 접근하지 못하도록 배제하는
전략이었으며, 그런 식으로 그들을 열등한 존재로 취급하고
그 자리에 머물러 있게 했다. 문자의 관점에 역사를 놓으면,
필연적으로 문자로 역사를 '쓰는'[28] 특권을 지녔던 소수의
견해를 채택하게 된다. 다시 말해서 그들이 지배층이다.
더 나아가, 이런 편파적인 선호는 글쓰기가 없다면 문화적
산물의 생태계에 존재하는 상징적 의미를 명쾌하게 해독할 수
없다는 주장에 기반한다. 이런 가정은 절대적 타자성에 대한
반복되는 생각에서 나온다. 어떤 것(혹은 누군가)은 '우리'와
분리되어 있어서, 추정컨대 '그들'이 '우리'의 언어로 말하지
못한다면 이해할 수 없을 것이다. 이는 19세기와 20세기
뉴욕 엘리스섬에 도착한 이민자들의 경우를 떠올리게 한다.
비영어권 나라들에서 온 이민자들은 '문맹'이라며 고국으로
되돌려 보내지곤 했다. 문제는 그들 중 많은 이들이 다른 언어를
썼는데도 영어로 문해력 시험을 보았다는 것이다. 이 역사적
사례는 작용하는 다른 역학들을 드러낸다. 당시 북아메리카로
유입되는 이민자의 흐름에 대한 정치적 통제에서 앵글로색슨

자민족 중심주의와 깊은 실존적 불명료화까지. 그러나 언제나 다리를 놓고 이해할 방법이 있다. 우리는 모두 본질적으로 연결되어 있다.

재생

우리는 선사시대를 어떻게 알 수 있는가? 자기 인식의 길에서 우리가 어디에서 왔는지 꼭 알 필요가 있다. 이를 통해 (선)사시대에 다른 식으로 접근할 수 있을 뿐 아니라, 이는 포스트휴먼 교육을 펼치는 데 꼭 필요하다. 소위 구 유럽 지역에서 수많은 선사시대 유적지를 발굴한 고고학자 마리자 짐부타스^{Marija Gimbutas}는 이렇게 말했다. "우리 세대의 많은 고고학자들이 그렇겠지만, 나 또한 선사시대 예술과 종교의 의미를 우리가 결코 알 수 없으리라고 생각지는 않는다."[29] 짐부타스에 따르면, 선사시대 예술 자체가 지식의 직접적인 원천으로 작용한다. 묘사된 상징들은 그들의 지식을 보여주고 세계관을 재현하는 문화의 보고이다. 예를 들어 오늘날 대부분의 일신교들이 신을 남성으로 보는 반면, 신석기와 구석기 지역의 광범위한 여성 조각상들은 다른 세계관을 증언한다. 짐부타스는 이렇게 말한다. "신석기 시대에는 아버지 조각상을 전혀 찾을 수 없다. 생명을 창조하는 힘은 위대한 여신에게만 속하는 것 같다."[30] 위대한 여신[31]은 생명을 창조하는(그러므로 빼앗아 갈 수도 있는)

힘을 갖고 있는 존재로 이해되었다. 더 폭넓게 말하자면 단순한 유전적 어머니라기보다는 생명의 창조자였다. 더 분명하게 말하자면, 선사시대에는 (식량을 생산하는 시대에 진화한) 생식력보다는 (인간만이 아니라) 모든 자연의 재생이 주 관심사였다. 짐부타스는 이러한 '의미 기호 체계 언어semasiographic'[32]를 '여신의 언어'로 정의하는데, 이런 언어에서는 뒤얽힌 상징[33]들이 신성한 가치와 기능을 재현한다. 그것들은 자연 외부에 있어서가 아니라 지구가 스스로 생성하는 힘이기 때문에 신성하다. 이러한 관점은 조각상에서 분명히 드러나는데, 조각상들은 인간과 인간 외 동물, 식물, 우주의 별자리에서 가져온 요소들이 뒤섞여 있는 경우가 많다. 선사시대의 이해를 포스트휴먼적으로 읽어보면, 인간은 생태적이고 기술적인 프랙탈적 연관성fractal affiliation을 통해 출현한다. 우리가 누구인지를 떠올리게 만드는 장식, 부리, 나뭇잎, 도구의 선들을 따라.

　　　성 역할은 어떨까? 선사시대가 인간 역사에서 주석 정도로 폄하되어온 데에는 젠더 편향도 깊이 작용했다. 현재-중심주의적이고 성차별적인 가정들 또한 아마도 가부장적 유산을 가리키는, (선)사시대에 대한 젠더화된 오해를 초래했다. 수많은 고고학적 발견은 성 역할에서 이분법적 환원을 지지하지 않는다. 예를 들어 고고학자 랜덜 화이트randall white는 대중 잡지들이 계속해서 남성을 상부 구석기 시대 이미지의 주요 창조자이자 사용자로 재구성해 보여주었어도, 이런 시나리오를 지지하는 증거는 전혀 없다고 강조했다.[34]

기술의 발전에서 장식용 구슬은 중요한 역할을 했다. 상부 구석기 시대는 인간 역사에서 대규모 생산 품목들(특히 구슬)이 처음으로 교환된 시기이다. 구슬을 만드는 기술에 종사하는 손의 크기 때문에 이런 작업의 일부는 여성과 아이들이 도맡아야 했다.[35] 다양한 기술과 예술이 이미 이 시대에 존재했다. 상아 구슬부터 도자기까지, 섬유부터 창까지, 조각상에서 동굴 벽화와 원근 표현 기법까지—동굴에 그려진 남성, 여성, 아이들이 있었다. 더 폭넓게는 있을 수 있는 위험과 복잡한 문제들을 비롯해 임신과 출산의 경험을 공유하는 것[36]이 부족과 종들 속에서 사회적 유대와 정보 교환의 주요 통로가 되었던 것이 틀림없다. 일단 역사 기록학의 위계질서에서 (선)사시대를 떼어내면, 우리의 과거에 대한 다른 그림이 표면으로 떠오르면서 인간 '역사'를 인식론적 감금에서 해방시킨다. 어떤 '선'도 없다. 종으로서 우리는 존재하기의 다른 방식들을 탐색해왔다. 21세기의 현대 인간인 우리는 '그들'을 역사적 환원으로 침묵시킬 수 없으며, 이러한 환원은 우리 자신의 자기실현을 흐리게 할 뿐이다.

그렇다면 **(선)사시대는 포스트휴먼 인식과 어떤 관계가 있는가?** 지구상에서 없어서는 안 될 우리의 역사는 종차별적 지배가 아니라 다종 공존의 필수적인 역학에서 출현한다. 진화적 성공의 측면에서 보자면, 우리는 생태적 균형을 위해 다른 이들을 존중했기 때문에 아직 여기 있는 것이다. 아마도 그 덕분에 우리 종이 그토록 오랫동안 존재할 수 있었을 것이다. 우리 종이 초래한 생태적 곤경의 시대에 선조들로부터 많은 것을 배울 수 있다. 그들의 지혜는 우리가 누구인가의 일부/기술이다. 문자화된 절대적 형식으로가 아니라, 재생된 독창적인 방식으로 기억해야 한다. 그럼으로써 과거로 되돌아가거나 현재라고 추정되는 것에 고정되지 않고 언제나 가능성들을 창조할 수 있다. 과거는 지나갔고, 현재는 현재들을 가져온다. 실존적 포스트휴먼 관점에서 반쪽의 이야기를 가르치는 것은 누구에게도 도움이 되지 않는다. 심지어 이렇게 전략적으로 반쪽을 생략함으로써 이득을 보게 될 사람들에게조차 도움이 되지 않는다. 우리의 과거를 인정하는 것은 우리의 현재(들)을 인식한다는 의미이다. 균형잡힌 사회는 우리가 누구인지를 진정으로 알고 있는 사회이다. 드러내는 것이 곧 치유를 뜻한다.

#인간 동물

포스트휴머니즘은 인간-중심주의를 완전히 거부하는가? 인간에 대한 포괄적인 평가는 휴머니즘적이고/이거나 인간중심적인 방식이 어떻게, 언제 도움이 될 수 있는지 이해하면서 전개의 정중한 양식들을 현현하는 데 필수적이다. 적당한 예가 '인간 동물'이라는 용어의 사용이다. 포스트휴먼 이론이 전개되면서 이 용어가 널리 쓰이게 된 것은 언어에서 인간중심적 습관의 해체와 함께 의미 있는 한 걸음이었다. 많은 인간 문명의 역사에서 인간은 자연스럽게 비인간 동물과

분리된 범주에 놓였다. 비인간 동물은 인간에게 절대적인
우위를 부여하기 위한 대상으로 착취당해 왔다. 예를 들어
주류 서구 서사에서 인간이 플러스가 되려면 비인간 동물은
결국 인간을 모욕주는 데 쓸 수 있는 마이너스로, 부정적으로
유형화되어야 했다.[37] 예를 들어 현대 언어에서 경멸적으로
쓰이는 개, 돼지, 쥐새끼 같은 단어들을 생각해보라. 하지만
비판적 인종이론가 필립 버틀러^{Philip Butler}가 강조하듯이, '인간
동물'이라는 용어는 미국 노예제 역사에서 아프리카계 미국인
후손과 같이 비인간 동물과 같은 범주로 묶였던 인간들에게는
맞지 않는다.[38] 인간 동물원의 역사를 떠올려본다면 이 점이 더
분명해질 것이다. 인간 동물원에서는 '규범'에 맞지 않는다고
여겨지는 인간들을 전시했다.[39]

오타 벵가^{Ota Benga}의 역사가 극적인 사례다. 그는
오늘날의 콩고민주공화국인 고향 땅에서 끌려와 '아프리카
피그미'[40]로 뉴욕 브롱크스동물원에서 다른 전시물들과
함께 전시되었다.[41] 오타 벵가는 이렇게 인간성이 말살되는
경험을 하고 난 후, 다른 사람들의 도움을 받아 버지니아에서
새로운 삶을 살 수 있게 되었다. 그러나 그가 겪은 심리적
피해는 너무나도 깊어서, 결국 33세에 자살했다. 인간으로
존재하는(간주되는) 사회적, 법적 인정을 받을 수 있었던
자들의 자민족 지상주의 정치학 안에서 일부 사람들이 겪어야
했던 잔혹함을 안다면, '인간 동물'은 모두를 존중하면서 반드시
매개된 방식으로 접근해야 한다. 이는 포스트-인간중심주의의
언어적 가능성을 무비판적으로 받아들여서는 안 된다는 것을

보여주는 사례이다. 다른 개인과 공동체에 접근할 때는 포스트-
인간중심주의 언어가 비인간화할 수 있는 함의를 반드시
고려해야 한다. '인간 동물'이라는 단어는 맥락을 잘 찾으면
유용할 수도 있지만, 보편화하거나 일반화해서는 안 된다.
포스트휴먼 전개의 정중한 양식에는 모두에게 적용되는 단일한
공식이 존재하지 않는다.

소우주/대우주

**인간중심주의가 인간의 자기실현 과정에 어떻게
기여했는가?** 포스트-휴머니즘적, 포스트-인간중심주의적,
포스트-이분법적 인식은 매개된 용어로 인간중심주의에
접근하기 위해 존재해야 한다. 그렇지 않으면 인간중심주의를
체화된 '-이즘'으로, 절대적 희생양으로 만들 위험이 있다.
"인간중심주의가 한 짓이다!" 상호-존재의 물결 속에서
아무도 콕 집어 비난받거나 칭찬받을 수 없다. 휴머니즘과
인간중심주의의 다른 형식들이 인간의 역사적 진화에 한
기여를 무시하거나, 종에 집착하는 망상에서 나온 심리적
임시방편이라고 치워버릴 수는 없다. 르네상스 휴머니즘은
신비주의와 신플라톤주의, 영적 혼합주의에 크게 영감을
받아서 인간이 신의 형상을 본따 만들어졌음을 강조했다.
그러므로 인간 또한 신성했다. 그들은 실존적 탐문의
초점을 창조자로서의 신에서 공동 창조자로서의 인간으로

까지 확장했다. 르네상스 철학자 지오반니 피코 델라 미란돌라^{Giovanni Pico della Mirandola}는 인간 존재의 끝없는 잠재성을 믿었고, 〈인간의 존엄에 대한 웅변^{Oration on the Dignity of Man}〉[42]에서 이렇게 말했다. "존엄과 영광에서 천사와 겨루어보자. 우리가 그럴 마음만 먹으면 더는 천사들 밑에 있지 않게 될 것이다."[43] 로마 가톨릭교회 고위 성직자들은 그의 생각과 정치적 동맹들을 위험하다고 보았다.[44] 그는 31세에 요절했다.[45] 하지만 그의 비전은 당대의 정신과 깊이 공명했다. 박식가 레오나르도 다빈치^{Leonardo da Vinci}가 그린 상징적이면서도 아이러니한 그림 〈비트루비우스적 인간^{Vitruvian Man}〉은 우주의 (가능한) 중심, 원과 사각형 속에 이상화된 비율로 남성의 벌거벗은 신체를 묘사한다.[46] 레오나르도의 작품에서 (여전히 보편적 남성으로 묘사되는 인간)은 진짜로 중심에 있다. 포스트휴먼 관점에서는 이렇게 중심에 있다고 해서 반드시 우월하다는 뜻은 아니다. 인간은 전 우주의 반영이며, 그 역도 마찬가지이다.

소우주-대우주 유비란 무엇인가? 소우주-대우주 유비는 인간 시공간 전체에서 다른 문화와 시대에 걸쳐 찾아볼 수 있다. 이는 유럽 중세 시대에 이미 힐데가르드 폰 빙엔^{Hildegard von Bingen}의 작품에서 빛나고 있다. 그녀는 박식가이자 베네딕트파 수도원장으로, 나중에 성인이자 가톨릭교회 박사로 추대되었다. 아주 어린 나이부터 신비주의적 환영을 보았던 힐데가르드는 나중에 이를 〈길을 알지어다^{Scivias}〉[47]에서 묘사했다. 이 우주적 알들[48]은 원의 형태로, 소우주-대우주 유비에서 인간과 그들의 (정력적인) 후광을 포함하여 모든 요소들을 나타낸다. 레오나르도의 것보다 몇백 년이나 더 전에 그려진 이 그림들에는 중요한 유사성이 많이 있다. 이런 알들은 밀교의 전통에서 무지개 광신 현상 rainbow body phenomenon의 재현과 병치되는데, 이는 깨달음을 통해 얻은 빛의 몸Body of Light을 가리킨다. 힌두와 불교 상징주의에서 산스크리트어로 '원'을 뜻하는 만달라mandala는 우주를 나타내는 동심원을 기하학적으로 디자인한 것이다. 만달라는 거시적인 것과 미시적인 것 사이의 궁극적 통일에서 명상으로 이끌어주는 역할을 한다. 실존적 포스트휴머니즘에서 소우주-대우주 유비는 결국 존재의 모든 면이 전체적인 현현과 공명하며 그 안에 있다는 인식에 의존한다. 이렇게 포스트-휴머니즘적, 포스트-인간중심주의적, 포스트-이분법적 후광이 자기실현의 만개한 만달라에서 꽃잎처럼 펼쳐진다.

인간중심 사고 human-centrism 를 넘어서

인간중심주의는 공감의 행위인가? 특정한 시대와 환경에서는 인간에 대한 특별한 인정이 종차별주의적이고 존재론적인 불명료화를 가져오기보다는 오히려 위치 지어진 공감의 행위로 나타날 수도 있다. 고대의 사망률은 오늘날의 많은 나라에서보다 훨씬 더 높았고, 평균 수명은 훨씬 더 짧았다. 관련된 고대 경전들에 나오는, 예를 들어 창세기에 표현된 대로[49] 신의 형상을 본따 만들어진 인간과 같은 인간중심적 이미지는 이런 매개된 방식으로 설명할 수 있다. 그런 것들은 특정한 조건에서 생성되었고, 역사적 공감의 창조적인 행위라 볼 수 있다. 거기 내포된 인본주의적 의도를 드높이고 존중해야지, 그것들을 자살 행위나 다름없는 인간중심적 행동을 고집하는 이론적 정당화의 구실로 삼아서는 안 된다. 인류세의 시대에 인간 멸종의 주요 위험은 모두 인간으로부터 비롯되었다. 많은 종이 이미 인간의 행동 탓에 멸종되었다. 이런 상황에서 인간중심적 전제, 혹은 전제들에 의존하는 것은 현실적이지 않다. 우리가 어디에 있는지, 어디에서 왔는지, 행성으로서 어디로 향하는지를 이해하고, 문자 그대로 땅에 발을 붙이고 우리의 존재하기의 과정을 다시 생각해볼 필요가 있다. 종으로서 살아남고 싶다면, 21세기에 우리가 지금 누구인지를 알아야 한다.

　　　인간은 재생과 깨달음의 출발점으로 기능할 수 있다. 그리고 모든 출발 지점은 실존적 인식으로 이어질 수 있다. 인간으로서 포기해야 할 특별한 왕좌 따위는 없고, 중심은 어디에나 있다. 종으로서 인간은 다수다. 인간 행동을 일반화하여 단일한 유형으로 일반화할 수는 없다. 인간으로 존재하는 무수히 많은 방식들이 있었고, 있으며, 앞으로도 있을 것이다. 행성은 일부의 탐욕과 경솔함으로 붕괴하고 있지만, 다 같은 궤적을 따르지 않는다. 인간 생존은 삶의 원이 이루는 균형에 달려 있다. 많은 인간들이 우리가 이 행성에서 '살아갈'

뿐 아니라 이 행성의 일부/기술이라는 인식을 가지고, 기억할 수도 없는 시간부터 선조의 일부/기술로 지구를 돌보았다. 이런 실존적 깨달음은 지구에 대한 고대의 이해(그리스 신화에서 원시의 신성 가이아를 생각해보라)로부터 진화생물학(가이아 가설[50]은 지구를 자기 규제하는 복잡한 시스템으로 본다)까지 교차적으로 발견된다. 토착민 세계관은 본질적으로 전일적이다.[51] 케추아^{Quechua}족의 파챠마마^{pachamama} 개념은 '세계의 어머니', 또는 '어머니 지구'로 번역할 수 있는데, 지구로 (상호-)존재하는 모든 (물리적이고 형이상학적인) 현현을 아우른다. 다종의 존중[52]은 관계적 안녕의 근본이다. 이는 아프리카 마사이족의 가치 체계에서 대지의 돌봄 윤리에 핵심적이다.[53] 자아의 일부/기술로서 지구에 대한 이러한 체화된 지각은 우리가 있는 곳이 바로 우리라는 점을 드러낸다.[54] 이 실존적 인식의 지리학에서 구루들은 어디에나 있다.[55] 산 속에,[56] 우리의 디지털 자아들의 사이버스페이스에, 우리가 존재하는 대지에……

#인간과 더불어 아니면 인간 없이?

인간 멸종이 우리 행성의 위기에 대한 해결책인가?

현재의 인류세와 같은 지리적 전개를 의식하면서, 어떤 사람들은 행성 붕괴의 현 단계를 역전할 수 있을지 모른다는 희망에서 인간이 대지를 위해 자기 멸종을 선택해야 한다는 믿음을 견지한다. 철학자 퍼트리샤 맥코맥$^{\text{Patricia MacCormack}}$은 탈인간 전환$^{\text{ahuman turn}}$에서 인간의 의식적인 자기 멸종을 주장한다. 그 목표는 인간 없는 세계가 될 것이다. 인간의 멸종이 현재의 생태 문제 일부는 해결할 수 있을지라도 포스트휴먼 실존적 관점에서 멸종은 답이 아니다. 딥 타임^{deep} ^{time}에서 인간의 장(과 등장인물)은 불과 몇 분 길이이다. 행성 지구 역사에서 인간은 상대적으로 빨리 사라질 것이다.❼

상징적으로 말하자면 이러한 종의 희생은 궁극적인 죄의 정화 장치로서, 기독교의 자기 희생의 교리와도 비슷하다. 이 경우 우리 종의 죄는 생태 파괴, 기술에 대한 오만, 자본주의적 탐욕일 것이다. 인류세의 시대에 우리가 어디에 있는지 인정한다 해서 꼭 자기를 비하할 필요는 없다. 현실적인 태도를 취하겠다면서 비난하는 태도가 될 필요는 없다. 생명의 그물에서 인간은 '선한'(가장 지적인/진화한/특별한—한 마디로 최고의) 존재도, '나쁜'(생각 없는 것들, 최악의 생물·문화적 바이러스, 행성의 암 등등) 존재도 아니다. 그렇다. 우리가 자발적으로 멸종을 택한다고 해서 다른 종들이 번성하고 지배하리라는 보장도 없다. 이 다른 종들 또한 결국은 행성의 새로운 불균형과 곤경을 만들어낼 수도 있다. 이런 자기 멸종 시나리오는 여전히 선/악의 이분법적 접근에 의존한다. 이는 궁극적인 변화를 가져오지 못한다. 해결책은 기쁘더라도[57] 자초한 멸종이 아니라 자기 인식에서 찾아야 한다.

우리가 완전한 현현의 일부/기술이라면 어떻게 멸종할 수 있겠는가? (인간으로) 존재한다는 것은 상호-존재하는 것이다. 우리는 다른 모든 것들로부터 분리되어 있지 않다.
에너지는 사라지는 것이 아니라 변환한다. 인간은 단순히
멸종해버릴 수 없다. 진짜 변화를 가져오려면 우리가 존재하는
방식을 변화시켜야 한다. 요는 망상에 불과한 우리의 우월함을
포기하는 것이 아니라, 우리가 누구인가를 깨닫는 데에 있다.
실존적 드러냄은 종의 분류를 넘어선다. 우리의 실존적
불명료화를 인식하고 이를 변화시켜야 한다. 그렇지 않으면
그것들이 다른 형식으로, 다른 종으로 새어나갈 수도 있다.
인간의 종말로 달려간다면 작용하는 이런 역학들 일부는
그대로 남게 될 것이다. 결국 그것들은 언젠가 비인간이 스스로
다른 것들보다 더 우월하다고 인식할 방식을 알려줄/형성할
수도 있다. 예를 들어 무시무시한 AI의 지배 시나리오가
그렇다.[8] 실존적 인식은 종, 행성(들)을 통해 울려 퍼지며,
그 역도 마찬가지이다. 우리는 (여기에) 있을 동안 우리가
누구인지를 깨달아야 한다. 자기 인식을 키워야만 인간이
초래한 습관을 역전할 수 있다. 최근의 행성적 파국은 자아의
소우주-대우주 지식에서 우리 자신의 실존적 불명료화를
비추는 거울이다.

작별 인사

우리가 누구인지 알려면 어디에 있는지 알아야 한다. 인간중심적 편향을 제거하는 것이 인간을 거부한다는 의미는 아니다. 인간으로 존재한다는 것이 반드시 인간중심 사고와 함께 갈 필요는 없다. 이 명상에서는 인간을 무제한적인 타자들 가운데서 가능한 존재, 인식론적 출발점으로 받아들인다. 출발점이 되려면 인간으로부터 궁극적인 자기 깨달음을 방해하는 모든 고정관념을 제거해야 한다. 지금은 상징적 정리가 필요한 때이다. 다음 장에서는 모든 유기체들 가운데 생물학적 동맹을 알아볼 것이다. 딥 타임 속에서의 인간 이해에 관해서는

명상 ②
인간 개념 정리하기

5장에 가라. 우리가 기술적 종으로서 어디에 있는지 알아보고 싶으면 6장을 찾으라. 주저 말고 미궁 속을 자유로이 움직여 선택한 어느 장이든 보기를 바란다. 여정의 끝에서 그게 무엇이건 완벽한 그림을 얻게 될 테니 안심해도 좋다.

명상 ③

생물의 공동 발생

#체화

이 차원에서 현현은 체화를 수반한다. 달과 별은 우주적 존재로 체화되어 있다. 인간 또한 마찬가지이다. 체화는 현현이며, 현현은 체화이다.[1] 이 명상에서는 이런 실존적 전제조건들의 유기적 측면에 초점을 맞출 것이다. 이런 전제조건들은 우리의 체화된 존재를 구성하는, 내부 작용하고 변화하는 역학에서 실현된다. 우리가 공유하는 생물학은 자기 이해의 실제적이면서 잠재적인 장소이다. 유전학의 지혜에 접근하여 종의 일부/기술로서 인간으로 존재하는 것의 거시적 측면을 다루고, 박테리아와 바이러스를 우리의 실존적 드러냄의 일부/기술로 인정하며 미시적 측면을 다룰 것이다. 이렇게 열어놓을 때 거시적인 것과 미시적인 것은 공동 발생한다. (체화된) 존재에 대한 포스트휴먼 접근은 독창적인 통찰들을 드러내준다. 체화가 반드시 물질적이거나 생물학적일 필요는 없다. 기술적, 디지털, 가상적, 상징적, 몽상적, 심지어 잠재적일 수도 있다.❶ 그것들은 반드시 맥락 속에 존재한다. 히말라야 산맥의 눈 덮인 동굴 속 거미로 체화하거나 가상현실의 디지털 아바타로 체화할 경우 각각 구체적으로 다양한 동맹들이 따른다. 어떤 한 현현이 다른 것보다 더 낫다거나 못하다는 뜻이 아니다. 분리되어 있다거나, 잠재성을 이미 찾아냈다는 의미도 아니다. 일시적으로 모든 체화된

현현에 무수한 역학이 연관된다.❷ 즉각적인 연합의 구체적인
그물이 대체로 생겨나지만, 체화된 위치에서만 그런 것은
아니다. 생물학적 드러냄에서 생명의 그물과 광범위한 친족
관계는 자기실현을 향한 의도적인 미궁이다. 존재와 관련해,
우리 모두 연관되어 있다. '우리'는 제한 없는 과정이다. 그것은
어떤 하나로 뭉친 중심화도 넘어선다.

　　　인간 체화에 대해 말할 때, 한 가지 질문이 이상주의적
접근과 물질주의적 접근 사이에서 많은 논쟁을 일으켜
왔다. **우리는 우리의 몸인가, 아니면 마음인가?**[2] '몸'과
'마음'이라는 두 단어는 공동 생성적이다. 의식적인 신체/
체화된 마음이다.[3] 인간으로 존재할 때, 체화된 마음은
맥락이 있는 공동체로 기능한다. 예를 들어 우리의 장 속
미생물은 뇌의 기능, 정신 건강, 사회적 행동에 핵심적인
역할을 한다. 이런 연속체^{continuum}를 이해하면 자기 발견의
큰 장애물인 몸/마음 이분법에 빠질 위험을 피해갈 수 있다.
포스트휴머니즘은 역사적으로 반복되어온 이런 이분법을
해체한다. 이런 이분법은 다양한 형태의 실존적 불명료화와
인간성을 말살하는 관행을 지속시켰다. 예를 들어 젠더 억압의
가부장적 구성에서 여성은 몸(가사노동, 성적 착취, 재/생산)과
연관되었고, 남성은 정신(가족의 '머리'로서의 아버지)과
연관되었다. 미국의 최근 역사에서 노예를 재산으로 보는
제도와 체계적 인종주의를 지탱한 서사는 아프리카인 후예를
몸(강제 노동, 성적 착취,[4] 재/생산)과, 북서부 유럽인 후예는
정신(사회정치적이고 생물·문화적인 결정을 책임지는 주인)과

연관짓는 데 기반을 두었다. 이런 우월주의적 설명은 우리가
누구인가에 대한 실질적인 이해를 어렵게 만든다. 우리는
우리의 몸도, 정신도 아니다. 그러므로 어느 하나로 축소될 수
없다. '심신'이라는 단어는 몸과 마음을 전일적 관점에서 통합된
것으로 접근한다. 하지만 이런 연결이 데카르트적 이분법을
완전히 해결해주지는 못한다. 분리는 줄어들었을 뿐, 여전히
존재한다.[5] 차별적 의제가 전략적으로 절대적 환원과/혹은
분리를 촉구할 수도 있다. 하지만 실존적 차원에서는 결코
완전히 성공할 수 없다. 유기체로 체화되었다는 점에서 우리의
자기 이해는 항상 필연적으로 상호-존재를 인식하기 때문이다.

그렇다면 유기체는 자기 이해와 어떤 관계가 있는가?
바로 모든 것과 관계가 있다. '유기체[organism][6]'라는 말은 고대
그리스어 'organon'에서 유래했는데, 이는 일반적으로 '도구',
'기관'을 가리킨다. 더 구체적으로는 지식에 적용된다.[7] 예를
들어 아리스토텔레스의 제자들은 그가 쓴 논리학에 관한 총서
여섯 권의 제목을 '오르가논'이라고 지었다. 아리스토텔레스에
따르면, 논리는 실재의 진정한 본질을 알아내기 위해 누구나
이용할 수 있는 도구였다. 다시 말해서 궁극적인 지식의
도구였다. '유기체'에 대한 현대의 이해는 원래의 어원에서
진화하여 생물학적이고 디지털적인 생명(예를 들면 '조직'의
줄임말로 사용되는 웹 도메인 '.org'에서 암시되는 바와
같이)의 조직적인 면을 강조하게 되었다. 유기체는 (우리가
생각하듯이) 생명의 체화이다. 자기 이해는 성공적인 조직화에
필수적이다. 우리 선조가 모든 생명과 맺었던 친족 관계는

오늘날 존재하기의 관계성의 표현 속에 존재한다. 생명이 존재했다는 화석상의 최초 증거는 지구 행성에 비교적 초기에 출현하여, 40억 년 전으로[8] 거슬러 올라간다.[9] 과학 연구에 따르면 지구상의 모든 현재 생물학적 생명은 LUA[10]('최후의 공통 조상last universal ancestor'의 두문자어)로 정의되는 공통의 조상에서 진화했다. 이 진화적 과정은 다원성과 공동체, 형태학과 신진대사의 다양성[11], 적용성과 해석에서 표현된다(그리고 여전히 자기-표현한다).

이중 나선

유전 암호는 생명의 근원에 있다. 이는 우리의 생물학적 체화에서 없어서는 안 될 조건이다. 거의 모든 살아 있는 유기체에서[12] 주요 유전 물질은 DNA로[13], 이는 살아 있는 것의 구조를 명시하는 분자이다. 각 유기체의 체화에 필요한 DNA의 전체 집합은 다세포 생명체의 거의 모든 세포에 확실하게 암호화되어 있다. 대부분의 DNA[14]는 길이, 구조[15], 중요한 역할 때문에 세포핵에 있으며, 핵막은 외부 손상으로부터 이를 보호한다.[16] DNA는 진화의 핵심 역학이며 생명의 현현에서 구성 요소이고, 이 세계에서 분자이자 유기체로 존재하기 위해 없어서는 안 될 원천이다. DNA에는 진화할 힘과 능력이 있다. 자기복제를 할 뿐 아니라 변이와 후생적 표현, 수평적 유전자

이동의 과정에서 끊임없이 변화한다. 최근 연구에 따르면 인간 DNA가 한 세대에서 다음 세대로 전달될 때마다[17] 60가지의 새로운 변이가 축적된다.[18] 변이는 흔히 심각한 질병으로 이어질 수 있는 DNA 복제 실수로 여겨지지만 유기체를 이롭게 할 수도 있다. 사실 인간 건강과 관련하여 대부분의 변이는 중립적이다. 해로운 것도 있지만 이롭고 보호해주는 경우도 있다. 예를 들어 북유럽인들 중 1퍼센트는 CCR-5라는 유전적 변이를 갖고 있는데, 이것은 HIV 감염에 면역을 부여한다.[19] 그런 점에서 변이를 진화의 기술로 보고 접근할 수도 있다. 변이가 반드시 오류의 결과인 것은 아니다. 환경의 일부/ 기술로서 자아에 대한 지식에서 나와 선택과 해석에서 특정한 변화를 현현할 수도 있다.[20]

그렇다면 DNA는 곧 자기 이해인가? 진화의 관점에서 DNA는 유전연속성의 주요 행위자로 작용하며, 한 세대에서 다음 세대로 자기 이해를 전달하고 생명의 다양성에 기여한다. 과학 서사에서는 DNA를 일반적으로 '정보', 혹은 '지시'로 설명한다. 그래서 '취급 설명서'[21]로 묘사되는 경우도 많다. 이는 특히 (우리 시대를 부르듯이) 정보의 시대[22]에 잘 맞는 것 같지만, 그것이 다는 아니다. 설명서는 그것이 담은 정보가 아니다(그리고 정보로 만들어지지도 않는다). 설명서에는 그 정보를 밝혀낼 주체(구체적으로는 독자)가 필요하다. 설명서는 수단이지 목표가 아니다. 게다가 전통적인 설명서는 전체 환경에서 일어나고 있는 일에 따라 자율적으로 스스로를 갱신하지 못한다. DNA 지시는 (외부에 있거나 분리된) '누군가'나 '무언가'에 수동적으로 주어지지 않는다.[23] 지시문은 내부에 위치하여 스스로 쓰며, 유기체의 체화된 현현에 필수불가결하다. 이 '지시'는 그것들이 누구이고 언제, 어디에 있는가의 일부/기술이다. 주체가 객체이고 과정이다. DNA를 지시로, 심지어 실용주의적 관점에서 저장 장치[24]로 접근할 수도 있지만, 그것을 단순한 정보로만 제시한다면 기만일 뿐이다. 자연적으로 발생하는 DNA는 정보를 전달하는 데 그치지 않는다. DNA는 변화하고 진화하는 능력에서 이 세계에 분자, 유기체 등으로 존재하고 있다는 자기 인식을 보여준다. 또한, DNA는 실수를 하고, 자동 반복에서 길을 잃고, ❸ 현현에서 창조적인 힘을 망각할 수도 있다. 이러한 연속성과 독창성 사이에서 균형을 잡으며 DNA는 단순한 정보가 아니라 행위성으로 출현한다. 이는 DNA를 현현하는 행위자로부터 분리할 수 없다는 자기 이해이다. 유전자의 흐름에서 일자(지금 여기에서 체화된 것으로서 유기체의 유일무이함)와 다자(우리의 가깝고 먼 조상들의 집합적인 유전적 기억)를 완전히 분리해놓을 수 없다. 진화는 생물학적 드러냄에서 체화된 지혜로부터 나온다.

그렇다면 우리는 종으로서 누구인가? 유전적 관점에서 인간들에게는 많은 공통점이 있다. 그렇지만 모든 현대 인간이 서로 DNA 수준에서는 99.9퍼센트 유사하다 해도 완전히 똑같은 인간은 아무도 없다. 예를 들어 복제인간은 유전적으로 동일하다고들 하지만 실제로는 그렇지 않다. 현재 이용되는 생명공학 기술을 기반으로 한 복제인간은 대부분 공통적이기는 하지만 유전물질이 전부는 아니다. 예를 들어 복제인간들은 같은 염색체 DNA를 갖지만, 난자 기증자에게서 나오는 미토콘드리아 DNA까지 공유하지는 않는다.[25] 또한 복제인간들은 성장하면서(다른 환경, 음식, 개인적 습관, 생물학적 융합 등에 노출되면서) DNA의 후생적 표현 수준에서는 차이를 보이게 될 것이다. 분명 유전자 변이와 변형에서 후생적 변화까지, 생물학적 독창성을 펼쳐내는 다양한 역학들이 있다. 종은 계속해서 진화하며, 어떤 고정된 경계도 없다. 견고한 정의는 유지되기 어렵다. '종' 개념도 도전을 받으며, 당연하게 받아들여서는 안 된다. 생물학에서는 이를 종의 문제라 한다.[26] 종의 일부/기술로 존재하는 것이 동질화를 의미하지는 않는다. 독창성의 힘은 항상 생물학적 드러냄의 다양한 체화된 과정에서 현현한다. 일자는 다자이며, 다자는 일자이다. 이는 인간의 한 가지 유형을 궁극적인 원형으로 제시하는 호모 사피엔스의 위계적 재현을 약화시킨다.❹ 우리의 생물학적 친족 관계는 다른 이야기를 들려준다. 모든 인간은 인간이다. 하지만 각각의 인간은 서로 다르다. 우리 인간의 특수성은 운명이 아니라 연계성 속에서 형성된다.

❹ 2장으로 가라.

#생물학적 나

인간의 몸이란 무엇인가? 몸은 거기 담긴 모든 생명과 더불어 우주이다. 그것은 다중우주이다. 몸 안의 몸, 일자이면서 다자이고, 분리되었으면서 통합되었고, 뗄 수 없이 내부-연관되어 있으면서 반드시 (초-)연결되어 있다. 즉, 생물적 상호-존재이다. 인간 몸은 '인간' 세포로서, 같은 양[27]의 (박테리아, 바이러스, 균류, 고세균류를 포함하는) 미생물 균체로 이루어졌다.[28] 이 과학적 깨달음은 자유주의 주체의 토대를 흔들어 놓는다. 자유주의 주체는 휴머니즘 전통에서 자율적이고 개인적이며 독립적인 존재로 정의되어 왔으나, 이 깨달음은 우리에게 '인간' 개념을 다양한 열린 환경으로 완전히 수정하도록 촉구한다. 그래서 자아는 통합된 다원성, 일자이자 다수로 출현한다. 이 생물적 인식은 자기 발견의 포스트휴먼 여정에서 인식론적 해방과 실존적 에피파니를 위한 진정한 기회를 제시한다.

생물학적 나란? '마이크로바이옴microbiome' 이라는 용어는 인간 위장관[29]과 같은 특정 환경을 형성하는/알리는[30] 미생물 집단을 가리킨다. 각 개인의 마이크로바이옴은 민족, 음식, 장소, 환경의 결과이므로 독특하다. 우리는 살아가면서 그것들과 내부 작용을 해왔다. 마이크로바이옴은 인간 삶의 모든 영역에서 핵심 역할을 한다. 소화기 계통에서 면역체계까지, 정신 건강에서[31] 어쩌면 (인간) 의식의 출현까지 해당된다. 최근 가설에 따르면 인간 의식이 미생물총의 상호작용의 결과일 수도 있다. 학자 라덱 바나Radek Vana는 이렇게 요약한다. "우리의 의식은 뇌-장-마이크로바이옴 축에 의해 유발된 창발적 특질이다."[32] 이는 체화된 관점에서 의식을 이해하기 위한 의미 있는 움직임이지만, ⑤ 휴머니즘의 범위 안에는 여전히 '(반드시 의식이 있는) 우리' 대 '(반드시 의식적일 필요는 없는)[33] 미소 생물학'의 이분법이 남아서 반복된다.[34] 하지만 휴머니즘과 인간중심주의적 믿음의 토대를 이루는 '인간'과 '비인간' 사이의 절대적 분리는 더는 유지될 수 없다. 포스트휴먼 관점에서 마이크로바이옴의 역할은 너무나도 중요해서, 그 역할에 '생물학적 나'로 접근하겠다. 이는 우리의 생물적 집합 속에서 그 집합에 의해 구성되는 '나'를 가리키는 개념이다.

박테리아나 바이러스 없이는 어떤 '인간'도 존재하지 않는다면, '인간'이란 무엇인가? 인간은 자율적 존재이기보다는 무수히 많은 다양한 객체들과 관계를 맺으며 수많은 과정의 합동으로 출현한다. 인간 진화의 역사에서 적응은 '외부' 환경(기후처럼)만이 아니라 '내부' 환경에 대해서도 이루어진다. 인간은 미생물에도 적응해왔으며, 그 역도 마찬가지이다. 미생물학자 스벤 페터손Sven Pettersson은 이렇게 설명한다. "미생물은 우리보다 한참 이전부터 거기 있었다. 그래서 삶의 모든 측면에서 미생물에 적응해야만

했을 것이다".[35] 과학 문헌에서 이런 미생물들은 '그것들'로 다루어진다. 하지만 인간 복합체는 그 자체가 '타자들'로 이루어졌음을 보여준다. '그것들'은 '우리'의 일부/기술이다. 조사 범위를 넓혀 이런 의무론적인 질문을 던져보자. **이런 미생물은 어떤 종류의 생명을 갖고 있는가? '우리'는 '그것들'에게 좋은 삶을 제공할 책임이 있는가?**[36] 생물학적 나에 대한 윤리적 고려는 일원적 다원론과 다원적 일원론[37]에 기반하여 포스트휴먼 존재론과 조응한다. 통일성 속의 다양성, 다양성 속의 통일성이다. 우리는 결코 혼자가 아니다.

홀로바이온트

'홀로바이온트'는 무슨 뜻인가? '홀로바이온트'[38]라는 단어는 진화생물학자 린 마굴리스의 연구를 통해 현재의 의미를 얻고[39] 가시화되었다. 홀로바이온트는 진화적 객체들을 가리키는데, 그 전까지는 숙주, 미소 생물학, 바이러스체와 마찬가지로 이런 객체에 개별적으로 접근했다. 이러한 것들은 '하나'이면서 필연적으로 다수인 이런 유기체 집합의 특정한 현현에 기여한다.[40] 이런 객체들은 진화 과정에서 파트너로서 밀접하게 공동 적응해왔다. 이를 보여주는 생생한 예가 산호로, 산호가 오래 생존하는 것은 조류와의 공생 관계 덕분이다.[41] 한편으로 홀로바이온트는 생명(의 기원)을 특징짓는 본질적 측면인 복수성과 공동체, (형태학과 신진대사의) 다양성, 적응성과 해석, 지식과 정보 등을 다시금 확인해준다. 다른 한편으로 홀로바이온트는 인간 유전학에 대한 선형적 접근에 도전한다. 인간 몸을 홀로바이온트로 보면, 적어도 두 가지 게놈이 있다. 이를 우리의 '제1게놈'과 '제2게놈'으로 폭넓게 정의한다.[42] 제1게놈은 인간 세포 안에 있다. 우리 부모의 DNA의 초기 접속으로부터 생겨나서, 변이와 후생적 변화를 잘 받아들인다(그중 일부는 다음 세대에게 전달될 수 있지만 다 그런 것은 아니다). 우리의 제1게놈은 어느 정도 안정적이며, 세대에서 세대로 전해진다. 반면 우리의 미생물군이 전달하는 다양한 범위의 게놈을 가리키는 제2게놈은 시간에 따라 크게 달라진다(단기간일지라도 그렇다).

홀로게놈^{hologenome}이란 무엇인가? 제1게놈과 제2게놈의 상호작용은 생물학적 유기체의 건강에 매우 중요하다. 미생물학자 유진 로젠버그^{Eugene Rosenberg}와 일라나 질베르-로젠버그^{Ilana Zilber-Rosenberg}가 숙주와 공생 미생물의 유전적 정보의 총합을 가리키는 개념으로 '홀로게놈'을 제안했다.[43] 홀로게놈의 의미는 광범위하여 모든 동물과 식물에 적용된다. 홀로게놈은 임시적 관계에 있는 특정 항목들을 총합한 정도가 아니다. 그것은 세대에서 세대로 전달된다.[44] 이런 계보학은 고정된 것이 아니라 유동적이고 적응성이 있다. 홀로게놈은 다양한 유전적 변이의 가능성을 허용한다. 로젠버그와 질베르-로젠버그에 따르면 진화의 주요 동력은

변이가 아니라 아마도 미생물과 그것들의 유전적 역학을
활용하는, 진행 중인 과정일 것이다. 그들은 이렇게 말한다.
"환경 변화와 스트레스로 인해 마이크로바이옴은 숙주
유기체만으로 할 수 있는 것보다 더 빨리, 더 많은 과정에 의해
조정될 수 있으며, 그리하여 홀로바이온트의 진화를 강화할
수 있다."[45] 미생물은 진화와 종 분화를 촉진하는 데 핵심
역할을 한다.[46] 우리의 자기 이해의 길 위에서 또 다른 이분법을
탈신비화할 때이다. '선한' 미생물과 '나쁜' 미생물 같은 것은
없다. 이를 널리 퍼뜨리자 …….

바이러스란 무엇인가? 바이러스[47]는 보통 인간에게
최악의 적으로 그려진다. 작고, 눈에 보이지 않지만 치명적일
수도 있기 때문이다. '바이러스'라는 용어에서부터 이미 그런
뜻이 있다. 이 단어는 라틴어로 '독'에서 유래했다.[48] 그런데
박테리아와 달리 바이러스는 독자적인 신진대사 작용을 하지
않으며, 적당한 숙주의 세포 안에서 재생산만 할 수 있다.
그래서 엄격히 말하자면 그들은 살아 있는 유기체도, 미생물도
아니다. 인간중심적 관점에서 보자면 '그들'은 '우리'가
됨으로써 살아 있게 된다.[49] 포스트휴먼 관점에서는 그 반대로
말할 수도 있다. '우리'는 (우리의 독특한 홀로게놈에서) 개인
수준에서만이 아니라 진화의 수준에서도 '그들'을 통해서
지금의 우리가 된다. 이 미시적인 내부-변화의 끊임없는
흐름을 벗어나서는 인간을 이해할 수 없다. 여기에는 종으로서
우리의 특정한 유전적 구성에서 바이러스의 역할도 포함된다.

최근 연구에 따르면, "우리의 DNA에는 대략 10만 조각의
바이러스 DNA가 포함되어 있다. 다 합하면 인간 게놈의 약
8퍼센트를 차지한다".[50] '바이러스'라는 단어의 철자는 지금
모습으로서의 '우리'에 바이러스가 기여한 역할을 강조하기
위해 상징적으로 '바이르/어스[vir/us]'로 나눌 수 있다. 예를 들어
임신 기간 중 자궁에 발달하는 태반을 생각해보라. 태반의
형성에 꼭 필요한 단백질 한 가지(신시틴[syncytin])는 본래
레트로바이러스 감염을 통해 우리 조상의 게놈의 일부/기술이
되었다.

**바이러스에 대한 우리의 현재 견해가 편견에 기울어
있는가?** 포스트휴먼 인식론들은 자기 발견의 진정한 탐색에서
전제 조건과 그것들의 실존적 은폐를 찾아내 해체해야 한다.
바이러스에 대한 우리의 현재 인식은 제한적이고 부분적이다.
바이러스는 지구상에서 생물학적 객체들 중 가장 많은
유형이다.[51] 그중 일부만 병원균으로 묶일 수 있지만,[52] 대다수
바이러스학자들은 그런 것들에만 관심을 갖는다. 미생물학자
마릴린 J. 루스닉[Marilyn J. Roossinck]에 따르면, 문화적 선입견과
과학적 편견에서 이유를 찾을 수 있다.[53] "바이러스는
전통적으로 병원균으로 생각되어 왔지만 많은 것들이 숙주에게
이로움을 주며, 숙주의 생명 주기에서 없어서는 안 될 것들도
있다."[54] 오해를 일으키는 편협한 견해 탓에 우리의 전 지구
생태계에서 바이러스가 수행하는 중요한 역할을 제대로 이해할
수 없게 된다. 더 범위를 넓혀 보자면 이는 실존적 불명료화를

초래한다. 사실 바이러스는 지구상의 생명과 인간 생존에 근본적이다.[55] 예를 들어, 지구상 산소의 절반은 바다에서 나온다. 이 중 대부분은 다른 유형의 바이러스들에게 공격당해 감염된 유기체에서 나오는 부산물로 구성된다.[56] 이런 깨달음은 바이러스를 보이지 않는 적으로 보는 인간 중심적 전쟁의 일반적인 이분법이 틀렸음을 보여준다.

바이러스의 존재는 우리의 의료 경제, 전 지구적 생명정치, 바이러스의 시공간성과 얽혀 있는 생물문화적 객체이다. 더 범위를 넓혀 바이러스를 네트워크 존재론에서 권력 역학으로 인식해야 한다. 바이러스는 인간과 비인간 동물부터 식물, 박테리아, 고세균류까지, 지구상의 모든 생명을 감염시킬 수 있다. 바이러스는 수평적 유전자 전달 뒤에 숨은 원동력이다.[57] 다른 종들 사이에서 유전자를 전달하는 것은 유전적 다양성을 증가시키는 자연 진화의 기술이다. 또한, 그것은 다른 목적을 위해 인간이 주도하는 (치료를 위한 인공적인) 진화에서도 이용되었다.[58] 바이러스는 현재의 치료 연구와 급진적인 생명공학의 전망에서 핵심이다.[59]

바이러스 인식

바이러스가 팬데믹을 유발했는가? 바이러스의 영역은 포괄적으로 접근해야 한다. 병원균이 아닌 바이러스도

많지만, 병을 일으키는 것들도 있다. 하지만 병원균은 맥락 바깥에 존재하지 않는다. 특정 개인과 종에 대한 영향은 경우에 따라 다르게 나타난다. 병원균 자체는 (개별) 숙주의 감염을 (사회적) 팬데믹으로 바꿀 힘이 없다. 이런 생물학적 확산은 동일 종 집중도에 민감한 환경에 의해서만 일어날 수 있다. 질병이 전파를 통해 확산되려면 사회화가 필요하다. 질병은 누군가, 혹은 무언가가 불편해질 때에만 발현될 수 있다.[60] 바이러스의 확산을 실행하는 조건은 (한 가지 곡물만 심는 경우) 단일 농경, (도시와 같은) 인구 과밀 지역, (비슷한 행동이 비슷한 반응을 낳는) 단일문화적 사고방식에서 쉽게 발견할 수 있다. 질병은 맥락을 벗어나서 이해할 수 없다. 그래서 팬데믹의 역사가 도시화의 역사, 더 일반적으로는 유목 생활에서 정착 생활로의 이행(같은 공간에 같은 시기에 같은 종들이 거주하게 된다)과 나란히 가게 되는 것이다.

코로나19 팬데믹은 우리가 모든 생명체와 상호 연관되어 있다는 사실을 분명하게 보여주었다. 바이러스가 우리가 스스로 구성한 인간의 최고 우월성을 존중하지 않는다는 것, 21세기 지구 행성에 거주하면서 당연히 여겨온 많은 인간의 실천을 수정해야 한다는 것도 보여주었다. 비인간 객체들의 존엄은 전 지구적 인식이 먼저 있어야만 뒤따라 나올 수 있다. (일부) 인간들이 계속해서 자연 서식지를 파괴하고 황야에 침입한다면, 지금은 비인간 동물들을 숙주로 삼는 다른 바이러스도 인간의 생존에 영향을 미치게 될 것이다.

기술이 도움이 될 수 있겠지만 해결책은 아니다. 예를 들어 최근 코로나19 변이의 확산에 대한 생명기술의 '해결책'들은 부분적으로만 성공이 입증되었다. 우리 문제에 대한 해결책은 우리 안에 있다.

21세기에 우리 종의 일정 비율은 계속해서 인간중심적 견해에 의존하고 있다. 이것은 정신장애뿐 아니라 생물학적 질병의 근본 원인이다. 인간중심적 견해는 사회적, 종적, 행성적 수준에서 우리가 누구인가에 대한 불-안한 인식에 기반하고 있다. 이런 견해는 인간을 공생 관계에서 행성의 일부/기술로 보지 않는다. 이런 개념은 인간을 다른 존재들과 분리하고, (일부) 인간을 예외적인 존재로 특권화하여 책임을 맡긴다. 우리의 불-안을 인식해야 편안함과 치유를 얻을 수 있다. 발병을 인정해야 이를 지혜와 가능성의 길로 바꿀 수 있다. 바이러스의 공격을 이해하면 우리가 상상하는 변화를 촉발할 수 있게 된다. 우리가 더는 다른 것들 '이상'이 아님을 깨달아야 할 때이다. 우리가 곧 '다른 것들'이다. 바이러스, 박테리아, 인간과 비인간 요소들은 공진화의 혼종적 과정에 뗄 수 없이 연결되어 있다. 포스트휴먼 행위성은 (생물학적이고 문화적인) 다양성, (생태적이고 기술적인) 균형, 여러 분야에 걸친 실존적 인식을 통해 개인, 사회, 행성의 신체 건강을 유지하는 데 분산된 행위성을 수반한다. 포스트휴먼 행위성은 우리 존재의 가장 세밀한 측면들로 펼쳐진다. 행동하고, 반응하고, 말하고, 생각하고, 꿈꾸고, 음식을 섭취하고, 생태적으로 주고받는 데에서, 우리의 확장된 체화에서 신체적으로, 우리의 실존적 드러남에서 존재론적으로 펼쳐진다. 차원적 현현은 언제 일어나건 종의 수준은 물론이고 내부-연결된 수준을 통해 체화된 공명과 반향을 퍼뜨린다.

#종 행위성

종 행위성은 어떻게 나타날 수 있는가? 종의 일부/ 기술이 되는 데에는 종 행위성이 따른다. 종 행위성은 우리가 속한 종의 실제적인 다원적 현현에 직접적으로 미치는 영향을 말한다. 우리의 행위성은 개인으로서 하는 일이 아니라, 현재의 인간 종과 다가올 세대에 감응하고 영향을 주는 우리의 인식에 국한된다. 여기에는 여러 층의 각성이 포함된다. 이전 세대에서부터 내려온 개인, 가족, 사회의 트라우마를 치유할 가능성에서, 우리 종의 생물학적 구성뿐 아니라 우리 행성의 생태적 균형에 대한 기여까지 아우른다. 우리는 집단적으로 살아가고 행동하는 방식에서 우리 DNA의 표현에 영향을 미치고 있으며, 이는 우리 자신과 자손의 후생적 변화를 가져올 수 있을 뿐 아니라 우리 종의 생리와 심리에도 결국 영향을 줄 수 있다. 우리는 종에 대해 책임이 있다. 우리의 경험과 다른 사람들의 경험에 기여한 것이 미래 세대에 영향을 미칠 것이다. 예를 들어 점점 더 많은 연구[61]가 한 세대에서 다음 세대로,

그리고 여러 세대에 걸쳐 전해진 트라우마의 효과에서 후생적 메커니즘의 역할을 보여준다. 생물학은 자연-문화적이다.[62] 생물학은 사회적 습관과 문화적 관행에서 출현하며[63], 다층적 공진화의 표현이다. DNA는 요점만 정리할 수 있는 정적인 '대상object'이 아니다. 그것은 지금 여기에서 체화된 과정으로, 환경의 일부/기술를 이루면서 환경과 융합한다. 이런 인식 덕분에 치유 관행이 나올 수 있으며, 여기에서는 유전학의 변환적 힘이 지혜로 나타난다. (다른 이에 대해서건 자신에 대해서건) 폭력을 지지하지 않는 포스트휴먼 존재하기의 방식을 선도하면서, 하나의 종으로서 의도적[64]으로 이런 행동을 취하도록 노력할 수 있다.

종 행위성에는 어떤 위험이 따르는가? 우리의 사회적 구조는 현재 심하게 분열되어 있다. 이런 트라우마적인 시나리오에서는 자기 이해로 이어질 수도 있는 귀중한 관계들이 무지와 불명료화로 바뀔 수도 있다. 사회과학자 미셸 뒤부아Michel Dubois와 캐서린 과스페레Catherine Guaspare는 사회적 후성유전학이 예를 들자면 트라우마를 겪은 개인과 그 후손에게 "유전적인 '희생자' 조건을 할당함으로써 부정적 꼬리표를 붙이는 식으로 차별할 수도 있다"고 지적한다.[65] 불평등한 사회에서 이런 '영구적인 낙인'은 '생물학적 열등성의 형태를 띤 객관적 현현'으로 읽힐 수 있으며, 결국 디스토피아적 생명정치 시나리오로 이어질 수 있다. 이 경우 이런 사람들은 '사회 진보라는 미명하에 국가에서 전체주의적 조치'를 당하게 될 수도 있다.[66] 생물학적 사전 결정과 사회적 억압에 기반한 이런 가설적 결과는 실제 우생학[67]의 역사에서도 찾아볼 수 있다. 인종주의적, 계급 차별적, 성차별적 잔혹 행위에서 인간을 '개선한다'는 명목으로 일어난 모든 폭력과 차별, 인종학살에서 인종 청소의 형태로 벌어진 인종학살적 강간이 그렇다.[68]

　　　　예를 들어 20세기에 미국에서 우생학적 법에 따라 강제 불임 시술이 널리 시행되었다. 캐리 벅Carrie Buck은 '정신박약'이라는 이유로 버지니아주 우생학 프로그램에 따라 강제로 불임 시술을 받은 첫 번째 인물이었다. 그녀는 미국 대법원에서 '벅 대 벨' 소송(1927)의 원고였다. 항고는 8대 1로 기각되었다. 판사 올리버 웬델 홈스 주니어Oliver Wendell Holmes Jr는 다수 의견을 이렇게 설명했다. "결함 있는 자손이 범죄로 처형되도록 기다리거나 저능한 탓에 굶주리게 놔두느니, 사회가 비슷한 자손을 계속 생산하기에 부적절한 자들을 태어나지 못하게 예방할 수 있다면 온 세상을 위해 더 나은 일이다." 이런 문명의 탈을 쓰고 행해진 신체적이고 인식론적인 잔혹 행위는 진보의 과학적 수사가 쉽게 억압의 도구가 될 수 있음을 비판적으로 상기시킨다. 사이보그가 일상이 된 시대에 왜곡된 과학과 제도화된 지배의 위계질서를 통해 이런 불행이 계속 이어지지 않게 하려면, 생명윤리에 대해 잘 알고 역사적 의식이 있는 포스트휴먼 견해가 필요하다.

#급진적 수명 연장

생물학을 해킹할 수 있을까? 우리는 생명기술적 드러냄의 시대에 살고 있다. 유전 암호가 밝혀지며 상상과 실험의 새로운 토대로 바뀌고 있다. 트랜스휴머니즘 운동은 유전공학과 나노테크놀로지와 같은 새롭게 출현하는 기술이 틀림없이 수명을 크게 연장해주리라 믿고 있다. 이런 목표는 인간 수명을 수백 살까지 늘리고 죽음을 완전히 제거하겠다는 훨씬 더 급진적인 의도를 향한다. 예를 들어 생물노화학자 오브리 드 그레이Aubrey de Grey는 인간의 약화와 죽음의 주 원인을 노화로 보고 이를 제거하려 한다. 그는 신체를 언제까지나 건강한 상태로 되돌리도록 '공학적으로 노화를 무시할 수 있는 노화 전략Strategies for Engineered Negligible Senescence, SENS'의 목록을 제안한다. 이 프로그램은 현실성이 부족하다는 비판을 받았지만, 드 그레이는 오늘날 우리의 행동으로 노화가 패배하는 날을 앞당길 만큼 (생물 의학에) 다가섰다고 본다.[69] 이 프로젝트가 궁극적으로 성공한다면 일부 인간은 다른 사람보다 훨씬 더 오래, 어쩌면 무한정 살게 될지도 모른다. 불멸의 꿈은 먼 이야기처럼 들리지만 실은 아주 오래전부터 있었다. 우르 3대 왕조(기원전 2100~1200년)까지 거슬러 올라가 최초로 쓰인 신화 중 하나인 길가메시 서사시에도 나온다. 아프리카, 아시아, 유럽 전역에서 있었던 연금술 전통은 불멸을 얻는 것을 목표로 하여 여러 시대와 문화, 지역에 걸쳐 철학자의 돌 신타마니cintamani, 즉 장수의 영약을 찾는 탐색으로 상징화되었다. 연금술의 궁극적 목표는 더 폭넓게 보자면 개인적, 육체적, 영적 변환이었다. 역사적으로 말해서 불멸의 꿈의 근원은 어느 문화에나 존재한다. 인간으로 존재한다는 것은 한계를 초월하려는 경향을 보인다. 문제는 이것이다. **한계가 있어야만 하는가?**

#독재자의 역설

2013년 3월, 나는 인체 냉동 보존술을 전문으로 하는 주요 북아메리카 조직인 알코어 생명연장재단Alcor Life Extension Foundation을 이끄는 맥스 모어Max More와 함께 북아메리카 칼야스퍼스 학회에 패널로 초청받았다.[70] 주최 측의 초청을 받고 나는 맥스 모어에게 이렇게 질문했다. "인체 냉동 보존술은 인간의 권리입니까? 아돌프 히틀러Adolf Hitler 같은 사람이 냉동 보존을 원하여 알코어에 가입 신청을 한다고 쳐봅시다. 윤리적으로 말해서, 당신은 미래에 누구든 다시 살아날 가능성을 허락받아야 한다고 생각합니까, 아니면 그런 권리를 가질 자격이 없는 사람도 있다고 보십니까?"[71] 모어는 다른 환자들[72]의 안전을 위협하지 않도록 일단 이 사람을 다른 장소에 놓되, 이런 권리는 주어져야 한다고 대답했다. 이는 그의 답변을 짧게 간추린 것이다. "알코어에서는 판단을 내리지 않습니다. 우리는 누가 한 번의 기회를 더 가져야 할지 결정하지 않습니다. (…) 의사들이 심장마비를 일으킨 사람을 놓고 이렇게 말하지는 않지요. '당신은 공화주의자입니까, 민주주의자입니까, 자유주의자입니까? CPR을 하기 전에 그것부터 알아야겠습니다.' 그러지는 않을 겁니다. 그냥 도와주겠지요. 우리도 마찬가지입니다."[73] 모어는 치료받을 권리를 언급함으로써 중요한 지적을 했지만, 냉동 보존술을 의료적 응급사태와 동급으로 보아야 할지에 대해 모두가 동의하지는 않을 것이다. 미래 세대를 위해 생명을 보존하는 것은 관련 당사자는 물론이고 공동체 전체만이 아니라 행성에 대해서까지 다른 수준의 종 행위성과 응답 능력을 갖는다.

예를 들어 독재자 아돌프 히틀러 같은 사람은 분명 인류에게 큰 피해를 입혔다. 독재자들에게도 자기들의 희생자보다 오래 살아서 미래에 자신의 메시지를 전달할 권리를 주어야 할까? 다시 말해서, **히틀러 같은 사람에게는 이런 기회를 주지 않는다면 불공정한 일일까?** 더 질문의 범위를 넓혀보자. **냉동 보존술은 인간의 권리일까, 아니면 누구에게 한 번 더 기회를 줄지의 문제에 제한이 있을까?** 사회적으로 냉동 보존술의 전망은 깊은 윤리적 문제를 초래한다. 그것은 경제적, 문화적, 국가적, 개인적 접근 가능성에서 오는 문제이다(현재 대부분의 사람들은 냉동 보존할 돈을 낼 여유가 없다).[74] 예를 들어 냉동 보존술이 성공적으로 입증되어 수요가 공급을 초과한다면 누구를 되살려야 할까? 다른 형태의 폭력의 생존자들(인종 학살, 종 학살, 인종과 성범죄 등)을 생각해보자. 그들이 냉동 보존되어야 할 이유는 인간의 권리이며 행성적 행동주의에 바탕한다. **만약 그런 역사가 되풀이되지 않도록 어떤 사람을 냉동 보존하여 미래 세대에 증언하고 인식을 전하게 하기로 결정한다면, 그들에게 우선권을 주어야 할까?** 독재자의 역설뿐 아니라 헌신적인 냉동 보존 운동 시나리오도 과학소설에나 나올 이야기가 아니다. 둘 다 가까운 미래에 현실화될 가능성들이다. 삶의 질을 개선하고자 한다면 먼저 이런 질문을 던져야 한다. **누구의 삶인가?** 일단 우리가 모든 것과 모든 이와 연결되어 있음을 깨닫는다면, 향상 개념이 크게 확장된다. 포스트휴머니즘은 불멸의 신화의 역할과 실존적 역학에서 향상을 위한 노력을 폄하하지 않는다. 그러나 인류세의 시대에 향상을 다른 (인간과 비인간) 객체들뿐 아니라 행성으로부터 따로 떼어내 생각할 수 없다는 점도 알고 있다. 향상은 필연적으로 관계적이다. 그것은 불-안한 조건에서는 출현할 수 없다. 치유는 과정의 일부/기술이다.

#종의 치유

우리는 우리 종을 어떻게 치유할 수 있을까? 종의 치유는 종의 비-위계적 다양성에 대한 깊은 이해에서 나온다.

어떤 개인이나 집단도 종 전체를 위해 무엇이 '최선'인지 결정할 수 없다. 종의 치유는 다른 이들에게 '우리의' 가치를 부여하는 것이 아니라 우리 스스로가 현현하고자 하는 것이 됨으로써 실현된다. 치유의 파동, 명확성의 근원, 생성적 카타르시스는 우리의 특정한 시공간에, 우리 종에 대한 실제적 이해에 뿌리를 둔다. 현실적이 된다는 것이 비관주의나 낙관주의에 빠진다는 뜻은 아니다. 그것은 개인, 사회, 종, 행성, 우주와 그 너머 존재로서, 우리가 처한 위치에서 함부로 판단하지 않고 알 수 있게 된다는 의미이다. 그러나 현 상황을 깨닫는 것만으로 치유를 현현하기에는 부족하다. 이는 활짝 핀 자기실현에서 펼쳐진 꽃잎 한 장에 불과하다. 또 다른 꽃잎은 세계에서 우리 존재의 효과를 깨닫는 것이다. 그리하여 우리의 존재 양식을 우리의 비전과 의도와 나란히 맞추는 것이다. 자기 이해는 존재의 모든 측면을 포용해야 한다. 이렇게 하여 종의 치유로 나아간다. 이런 길들은 공동 출현한다. 치유는 자기실현의 여정이며, 거기에서 개인적인 것과 집합적인 것, 생물학과 사회, 국가와 문화는 내적으로 융합하며 변환하는 힘으로 드러난다. 우리는 일자이며 다자이다. 우리의 존재는 소우주에서 대우주까지 공명할 수 있으며, 그 역도 마찬가지이다. 널리 퍼져나가고, 행위 주체성을 띠면서 창의적이다. 우리는 바이러스 같은 존재이면서 우주적이다. 의도를 지닌 DNA의 나선이고 포스트휴먼 인간이다. 우리는 종의 일부/기술이다. 우리는 현재 모습의 우리이다.

작별 인사

이 명상에서는 생명의 진화에서 바이러스와
박테리아의 중요한 역할에 초점을 맞추었다.
우리는 유전자 역학에서 미생물의 포이에시스를
다루었다. 우리가 종으로서 생물학적으로
누구인가를 드러내면 자기 탐색의 여정이
포스트휴먼 실존적 인식을 향한 다른 흥미진진한
문으로 이끈다. 지구의 체화에서 우주적
환경까지 생명권을 탐색하고 싶다면 4장과
5장으로 가라. 우리의 사회적 습관을 재생하고
사회적 불-안에서 우리 종을 치유하는 데 관심이
있다면 7장으로 가라. 또한 미궁 속을 자유로이
이동하면서 어떤 장이나 태그든 마음대로 읽어도

명상 ③
생물의 공동 발생

(창조적으로 해킹해도) 좋다. 걱정할 필요 없다. 여정의 끝에서는 무엇이 되었건 관점을 얻게 될 테니까.

명상 ④

생태적 존재

지구

우리는 어디에 있는가? 실존적 포스트휴머니즘은 이를 근본 문제로 다룬다. 우리가 어디에 있는가는 가벼운 문제가 아니다. 그것은 인과적 문제이다. 우리가 지상의 존재라는 사실은 체화의 필수불가결한 조건이다. 우리의 생물학적 복장[1]은 지구의 것이다.[2] 우리는 이 행성에 사는 정도가 아니라 이 행성의 일부/기술이다. 철학자 앨런 와츠^{Alan Watts}는 이를 비유적으로 이렇게 말했다. "우리는 사과가 사과나무로 자라나는 것과 정확히 똑같은 식으로 이 세계에서 자라난다."[3] 이런 틀 안에서 인간은 다종 집합[4]의 일부/기술로 인식되며, 이 집합의 행위성은 다양하고 다층적이며 전염성이 있다. 행성에서는 모든 것이 직접적으로, 그리고/혹은 간접적으로[5] 상호연결되어 있다. 지구는 하나의 시스템처럼 움직인다. 포스트-다윈주의 관점에서[6] 우리는 진화적으로 환경에 적응하고 있을 뿐 아니라, 내부-존재하는 장소를 변화시키고 그 장소에 의해 변화한다.

'자연' 속에 있다는 것은 계시적이다. 하나하나가 완벽한 모든 눈송이들. 물 한 방울 주변으로 퍼져나가는 잔물결의 미세한 균형. 한 줌 흙 속의 놀랍도록 많은 생명. 창을 통과해 들어오는 황금빛 햇살. 독수리들이 편안히 앉은 전선의 복합적인 평형 상태. 고요하면서도 격렬하다. 자연은 변화무쌍한 통일성으로

자기표현을 향한 (우주적이고 개인적이며, 종적이고
행성적인) 추진력을 생성해낸다. '기술^{ART}' 없이는 어떤 '예술-
지구^{eARTh}'도 없다. 자연은 존재가 현현한 게임이다. 어떤
훌륭한 예술작품도 다 그러하듯, 자연은 생성된 무아지경의
반응에서 그 자체를 드러낸다. 무엇이 곧 어떻게이다. 많은
세계의 전통들이 말하듯이, 인간은 흔히 소위 황야처럼 인간의
영향이 덜 미친 곳에서 자연의 경이를 경험한다. 인간만은 아닌
에너지들의 다양한 융합은 다른 탈주선들을 열어놓는다.

다시, 자연?

'자연'이란 무엇인가? 옥스퍼드 사전에서는 자연을
"식물, 동물, 풍경, 기타 인간이나 인간 창조물과 반대되는
것으로, 지구의 다른 산물들을 포함하여 물질적 세계 전체의
현상"으로 정의한다.[7] 이런 정의는 문제가 있다. **인간을
어떻게 자연에서 분리할 수 있는가?** 개념으로서 자연은
포스트휴머니즘 분야에서 해체되었으며, 도시/전원, 인간/
비인간, 더 일반적으로는 자연/문화와 같은 이분법들은 유지할
수 없는 것으로 드러났다(예를 들어 현재 황무지의 많은
식물들은 이전 세대의 인간들이 심은 것이다). 학자들은 이를
대신할 용어로 '자연문화^{natureculture}'를 제안했다.[8] 자연은 이미
문화적이며, 그 역도 가능하다. '자연문화'라는 용어는 열린
조건을 가리키기에 적절하지만, 실제로 '자연들'/'문화들'을

구성하는 수많은 실재들을 언급하기에는 섬세함이 부족하다.

누구의 자연인가? 누구의 문화인가?

두 용어의 사이보그화는 인간-중심 가정과 일반화를
재확인할 위험을 낳는다.[9] 예를 들어 비버를 가리켜 흔히
숲의 기술자라 부른다.[10] 그들의 역할은 콜럼버스 이전
시대에 아메리카 대륙을 형성하는 데 매우 중요했다.
종, 토양, 서식지의 영향권을 생각해보면 이런 질문을
해볼 수 있을 것이다. **비버들의 댐과 연못으로 생성된
습지는 인간이 기획한 공원처럼 '자연문화적'인가?
단일 농작 지역은 생물다양성이 있는 야생 생태계처럼
'자연문화적'인가? 브라질의 아마존 숲은 뉴욕
센트럴파크만큼 '자연문화적'인가? 더 넓게는, '자연문화'에
의존할 때 비인간 행위성도 고려하는가?** '자연문화'라는
용어는 자연에서 인간 문화의 공동 발생을 인정하지만, 이런
성찰을 확장하여 모든 종이 '문화'를 가지고 있으며 그것이
다 '문화'라고 이해하지는 않는다.[11] (문화적) 자연과 (자연)
문화의 거대한 역학은 한 종의 사례만으로 결정되지 않는다.
현재의 상징적 도구에 여전히 내재한 인간중심주의적 편향과
가정들 때문에,[12] 끊임없이 자연에서 일어나는 실존적 드러냄의
행위에서 함께 뒤섞이는 다양한 범위의 에너지들을 인식하기
어려워진다. 해결책은 '대문자 자연^{Nature}'을 인간이 그 일부/
기술이 아닌 초-객체$^{super\text{-}entity}$로 재확인하지 않는 것이다.
'자연문화'로 정해놓지도 않는 것이다. 더 자세히 살펴보면
'문화'는 보편화된 종, 즉 인간에게만 해당된다. '자연'이나

'자연문화' 사이에서 하나만을 선택할 필요는 없다. 맥락상 두 용어 모두 목적을 이룰 수 있다. 자기 이해를 얻기 위해서는 다른 체화된 관계들을 인정해야 한다. 자연과 자연문화는 내부 작용한다. 우리가 누구인지 알려면 우리의 환경적 상호-존재를 인식해야 한다.

#철학적 그린워싱

특정 용어가 '자연'의 포괄적 개념의 필요성을 지워버릴 수도 있을까? 일부 사상가들에 따르면[13] '자연'이라는 용어는 너무나 포괄적이고 심지어 오도할 위험마저 있어서 생태 인식과 지속가능한 생태 정책에 부담이 되고 있다. 인간중심적 자기 특권의식의 중심축으로 자연을 이용한다면, 자연은 종종 추상화되어 행동을 방해하는 결과를 가져온다. 예를 들어 모든 것이 동등하게 '자연'이라면, 행성의 안녕에 고통을 주는 인간이 초래한 오염도 수동적으로 받아들이거나 무비판적으로 반복할 수 있다. 그러나 '자연'이라는 단어를 없앤다고 답이 되지는 않는다. 포스트휴머니즘적 자연 수용은 통일성과 다양성을 의미한다. 즉, 수십억 년간의 생태적 드러남에서 우리의 다종 공진화에 경의를 표하는 것이다. 인식 행위는 이 세계를 의미론적으로 더 정확하게 재현할 수 있어야 한다. 그러지 않고 언어학적 논의에만 머문다면, 실제 세계에서는 아무런 결과도 낳지

못하는 지적 유희에 그칠 뿐이며 실존을 오히려 흐릿하게
만든다. 단어는 현현을 이루는 더 큰 역학의 일부에 속한다.
단어 자체를 바꾼다고 해서 현실이 변화하는 것은 아니다.
단어의 변화는 자기실현에 뿌리를 두고 반드시 행동의 변화로
이어질 때에만 의미를 갖는다.

철학적 그린워싱이란 무엇인가? 포스트휴먼 지혜의
길에서 철학적 그린워싱의 위험을 인식해야 한다. 예를 들어
생명권에 해로운 습관을 바꾸는 대신 그 문제를 가지고 토론만
할 때 철학적 그린워싱이 일어난다. 다른 모든 삶의 영역에서는
똑같이 '평소대로 하던 식'의 태도를 유지하면서 논쟁과 관련된
단어들만 싹 다 바꾸고 기분이 좋아질 수는 있다. 삶 속에서
어떤 진짜 변화도 실행하지 않고서 지구에 대해 이야기하고,
글을 쓰고, 토론한다. 이런 식으로 하면 생태적 인식이 있는
것처럼 들릴 수 있지만, 실제로는 그렇지 않다. 녹색 단어들로
우리의 능력 부족을 포장하고 있을 뿐이다. 예를 들어
포스트휴머니즘에 관한 학회에 간 적이 있었는데, 식사 시간에
나온 메뉴는 고기뿐이었다. 이런 메뉴 선택은 지속 불가능성과
비인간 동물에 대한 비윤리적 대우의 측면에서 문제가 있다.
언행일치가 필요하다. 그렇지 않으면 그린워싱을 하는 셈이다.
그렇다 해도 단어 선택은 여전히 중요하다. 단어들은 변화를
위한 촉매로 작용할 수 있고, 이름 붙여야 할 것을 의식하게끔
만든다. 예를 들어, 토착적 세계관에 기반한 자연의 권리에
대한 운동은 현재 법적 수준에서 중요한 변화를 일으키고 있다.
이러한 운동은 '자연'의 이름으로 이루어진다.

#자연의 권리

자연은 권리를 갖는가? 2008년, 에콰도르는 헌법에서 자연의 권리를 인정한 최초의 국가가 되었다. 자연은 더는 대상이나 자원이 아니라 주체로 보이게 되었다. 이런 변화는 자연은 소유하거나 지배할 수 없다고 보는 토착민 세계관에 따른 것이다.[14] 엄청나게 많은 전통과 세계관 때문에 토착민들을 하나로 묶을 수는 없지만, 대지를 어머니,[15] 즉 생명을 낳고 기르는 존재로 인식한다는 점은 공통적이다. 자연의 권리에 대한 운동이 전 세계적으로 성장하고 있다. 2014년 뉴질랜드 북섬의 가장 큰 열대우림인 테우레웨라[Te Urewera]는 자연자원으로서는 최초로 법적 객체의 지위를 부여받았다. 테우레웨라법[16]에 따르면, 정부도 투호족도 전통적인 부동산의 의미로 땅을 소유할 수 없고,[17] 양쪽 모두 숲을 보호하도록 해야 한다. 이렇게 장소를 민족으로 보는 새로운 헌법적 인식은 관습법 전통을 갖고 있는 나라들에서는 전례가 없고, 민족을 자연으로 보는 토착 마오리족의 우주론에서 나온다.[18] 뉴질랜드 마오리족은 스스로를 카이티아키[kaitiaki]라 부르는데, 이는 땅의 수호자이자 관리인이라는 뜻이다. 땅을 살아 있는 객체로 보는 것이다.[19] 토착 지혜에서 땅의 안녕은 인간의 안녕에 반영되며, 인간은 땅의 일부/기술이다. 향상은 개인적이거나 종적인 성취가 아니라 상호적인 과정으로 본다.

이런 세계관은 실제 현실에도 영향을 미친다. 예를 들어 토착 민족들은 지구에 가장 적은 생태 발자국을 남기지만,[20] 최근의 생태 위기로 가장 큰 피해를 보고 있다. 자연에 권리를 인정하는 법을 만드는 것은 의미 있는 법적 성취이다. 그러나 사람들이 따르지 않는다면 법은 무용지물이다. 법은 더 큰 문화적 변혁을 위한 시작점일 뿐 아니라 그 결과이기도 하다.[21] 사법적 변화와 더불어 모든 수준에서 변화가 일어나야 한다. 포스트휴먼 물결은 이 모든 역학을 고려하며, 공동체와/또는 어떠한 특정한 정책에서도 그 자체의 의의를 간직하면서 자연의 권리를 지지한다. 인류에게 환경 인식은 초역사적이며 초문화적으로 존재한다. 일본 신도에서 카미kami라 부르는 자연 현상의 영적 존재로부터 모든 것이 '부처'(즉 깨달음)라 보는 불교의 부처 자연 개념까지, 지구 환경을 중시하는 이교의 자연 숭배에서 가톨릭[22]과 이슬람의 지구를 돌보는 청지기 정신까지 그렇다. 포스트휴머니즘은 인간 평등만이 아니라 환경 인식, 기술적 존엄성의 필요성까지(사회정치적 우월성과 인식론적 위계질서로부터의 해방을 포함하여)[23] 동시에 인정한다. 실존적 포스트휴머니즘은 최종 목표라기보다는 실존적 실천이다. 집을 청소할 때처럼, 청소를 다 끝내면 곧 다시 또 해야 한다. 공간을 깨끗하게 유지하는 것은 체화된 과정으로, 공간과 내부 작용하는 모든 방식에 대한 끊임없는 인식에 의존한다. 그것은 바로 공간이 되는 과정이다.

인간 행위가 만들어낸 은자

기술권^{technosphere}**이란 무엇인가?** 이는 지질학자
피터 K. 하프^{Peter K. Haff}가 만든 단어로,[24] 그는 이 단어를
이렇게 정의한다. "화석연료와 그 밖의 에너지 자원을
이용하기 위하여 작용하는 커뮤니케이션, 운송, 관료체제와
기타 시스템이 상호 접속된 조합인 기술권은 암석권, 대기권,
수권, 생명권과 비슷하게 출현하는 전 지구적 패러다임으로
보인다."[25] 요즈음 기술권에 크게 의존하는 것은 대부분의
인간만이 아니다.[26] 길들여진 유기체들 또한 기술권의
존재에 의존한다(그들 대부분은 생명기술적 과정의 결과로
기술권으로 바로 태어났다). 하프에 따르면, 기술권은 인간적인
것을 초월하며[27] 우리가 멸종한 후에도 오래도록 우리 뒤를
이을 것이다. 21세기에 지구상에 체화된 조건으로서 기술은
깊은 영향을 미친다. 기술권을 인정함으로써 행성은 문자
그대로 말해서 사이보그(기계적인 것과 유기적인 것을
융합한)가 된다. 그러나 재활용에서의 단점이 이 생태-기술적
융합을 약화시킨다. 생명권은 구성 물질을 처리하는 데 대단히
효율적인 반면, 기술권은 그렇지 못하다.[28] 예를 들어 휴대전화
같은 물체는 기술-화석^{techno-fossil}으로 여겨진다. 썩지 않도록
만들어졌고, 그래서 미래의 화석이 될 수도 있다. 이런 기술권
환경에서는 포인트 네모(육지에서 가장 멀리 떨어진 해양의 한
지점. 그래서 접근할 수 없는 극점으로 정의된다)라도 얼마든지

접근할 수 있게 되었다. 최근 들어 그런 장소는 낡은 인공위성과 우주 쓰레기의 무덤으로 이용된다. 그리고 그렇게 멀리까지 갈 필요도 없다.

얼마 전 해변에서 맨발로 걷고 있는데 플라스틱 뚜껑이 내 옆을 따라오고 있었다. 깜짝 놀랐다. 가만히 뚜껑을 집어들었다. 그 안에 작은 소라게가 뚜껑을 껍질 삼아 쓰고 있었다. 뚜껑은 분명 제법 오래 해변에 있었을 것이다. 뚜껑의 표면은 해초와 산호말로 뒤덮여 있었다. 나는 뚜껑을 조심스레 제자리에 놓았다. 바닷물이 게의 발자국의 해묵은 패턴을 모래사장에서 지울 동안, 종으로서 게들에게 이 작은 수용의 선택이 갖는 더 넓은 울림에 대해 계속 생각했다. 어떻게 이런 일이 일어났을까? 조사해본 끝에 지난 수십 년간 소라게들이 병뚜껑을 집으로 삼기 시작했다는 사실을 알았다. 병은 그들에게 치명적일 수도 있다. 그 안에 들어갈 수 있지만, 나올 수는 없다(병 옆면이 너무 미끄러워서 밖으로 나올 수가 없다). 소라게들은 그 안에 갇혀 죽곤 한다.[29] 21세기에 발맞추어 인간이 만든 플라스틱 환경 속에서 살기 위해 공진화한 해양생태계를 가리키는 플라스틱권plastisphere을 인정해야 한다. 인간이 만든 껍질을 쓰고 해변을 걷는 소라게라는 이 환경 가소성의 여러 면을 인정해야 한다. 제집 같은 뚜껑이자 치명적인 병……. 우리가 누구인지 알고 싶다면 개인으로서, 사회로서, 종으로서, 행성으로서 (단기적이고 장기적인) 공진화에서 우리 행동이 일으키는 깊은 파문을 깨달아야 한다. 문제는 플라스틱 자체가 아니라 이 물질이 인간에 의해 최근

(남)이용되고 버려지는 무책임한 방식이다. 외부가 내부이고 그 역도 마찬가지이다. 우리가 환경에 초래하는 생태적 문제들은 우리 자신에게도 영향을 끼친다. 인간 대상의 시험 사례 중 거의 80퍼센트의 혈액에서 미세플라스틱 오염이 검출되었다.[30] 이런 새로운 기술들의 건강상 위험은 아직도 다 밝혀지지 않았다.

#기후변화

초유기체란 무엇인가? 공진화에서 작용하는 역학을 드러낼 때 현현하는 존재들이 서로 스며든다는 것을 고려해야 한다.[31] 진화는 항상 상호적이다.[32] 환경에 대한 적응과 기후변화 등등까지, 다양한 종들 간의 내부–변화를 생각해보라. 이런 광범위한 관계성을 고려한다면 우리의 행성을 (인간이 접근할 수 있는) 지구로 축소할 수는 없다.[33] 지구는 (인간을 포함하여) 행성을 이루는 전혀 다른 객체들의 지리–생물학적 홀로바이온트로 출현한다.[34] '홀로바이온트'❶와 '초유기체'는 동의어가 아니다. 둘 다 시너지를 일으키는 내부 작용에 존재하는 유기체들의 공동체를 가리킨다. 홀로바이온트에서는 이런 유기체가 다른 종들이지만, 초유기체에서는 같은 종이다. 하나의 집합적 존재로서 함께 작용하는 수많은 단일 유기체를 초유기체로 접근할 수 있다. 한 예로 노동을 전문적으로 분담하는 벌과 개미가 있다. 그들의 집단적인 의사결정

과정[35](예를 들어 어디에 둥지를 짓고 언제 어디로 이주할지를 선택하는 것)은 분산된 지능에 기반한다. 연구 결과에 따르면 이는 항상 성공적이다.[36] 초유기체의 일부/기술을 형성하는 개체들이 장기간 스스로의 힘만으로는 생존할 수 없다는 점을 고려하면, 초유기체 개념은 개체라는 것이 무엇을 의미하는가 하는 의문을 불러일으킨다.

현대의 인간은 초유기체인가? 대부분의 현대 인간 사회는 고도로 전문화된 노동 분업과 사회기반시설에 의존한다. 많은 인간들이 (인간) 공동체에서 완전히 고립되어서는 생존하지 못할 것이다. 이런 의미에서 현대 인간 사회를 초유기체로 볼 수 있을 것이다. 그러나 우리의 의사결정 과정은 개미와 벌에 비해 성공적이지 못할 때가 많다. 기후위기가 분명한 예다. 상황의 심각성을 고려하면 기후변화가 정치인들에게 최우선 순위가 되어야 할 테지만, 실제로는 그렇지 않다. 현재의 정치 시스템은 현실을 있는 그대로 다루기에는 부적절한 것으로 드러났다. 대부분의 정부는 기후 위급사태를 초월하는 권력 역학의 그물에 갇혀 안전한 현재를 보장하는 데 필요한 정책을 통과시키지 못하고 있다. 이러한 적절한 인정과 대응의 부재는 상황의 위급성을 인식하고 이런 체계적 무관심에 무력함을 느끼는 많은 사람들에게 깊은 근심의 원인이다.

생태 불안[eco-anxiety][37]이 남녀노소 모두에게 커져가고 있다. 젊은 세대가 특히 더 큰 영향을 받는다.[38] 이런 세대들은 이 생태 인식의 최전선에 있다. 그들은 현재의 수많은 정치인들보다 오래 살아 미래의 일부/기술이 될 것이다. 그들은 현재 상황과 이를 바꾸기 위해 이루어지고 있는 것 사이의 차이를 알고 있어서, 지구 온난화를 막기 위해 전 세계 정부들이 진짜 행동을 취할 것을 요구하고 있다.[39] 기후변화는 하나의 문제가 아니라 물질대사의 위기이다. 인간의 습관과도 관계가 있다. 미래는 우리가 현재를 살아가는 방식을 통해 벌써 여기 와 있다. 우리는 현재의 인간중심적 습관, 자본주의적 전용, 실존적 불명료화에 기반한 현재 우리 종의 자기 유지 방식을 변화시켜야 한다. 하지만 이 '우리'는 일반화될 수 없다. 21세기에 기후변화는 공존의 도전이다. 경제적, 재정적으로 튼튼한 나라들이 주로 기후변화를 유발했지만, 글로벌 사우스 국가들에 더 큰 영향을 미치고 있다.[40] 한 가지 형태의 차별이 다른 차별로 이어진다. 사회적 불평등과 체계적 인종주의는 땅과 자원의 처리와 깊이 상호 연관되어 있다. 예를 들어 독성 폐기물과 오염 물질은 저소득 공동체에 방출되는 경우가 많다.[41] 우리는 개인이면서 사회, 종, 행성, 그 너머의 일부/기술이다. 우리의 상호-존재를 인식하게 되면 적자생존의 사회적 다윈주의 신화는 더는 통하지 않게 되고[42], 다양성과 공생의 인정에 기반한 실존적 존엄과 협동을 향한 열망이 출현한다.

기후변화는 스트레스를 받고 우리 종 그리고/혹은 우리 자신에 대해 나쁜 감정을 가져야 할 또 다른 이유인가?
죄의식, 수치심을 느끼거나 부끄러워하는 것은 길이 아니다. 트라우마를 입은 사회를 치유하기는커녕 더 오염시키는 심리적 주기를 만들어낼 뿐이다. 개인으로서, 사회로서, 종으로서 이런 궤적을 변화시키려면 지금 당장, 바로 여기에서 우리가 누구인가를 인식할 수 있어야 한다. 인식을 통해 다른 이들을 '선'이나 '악'으로 판단하거나 꼬리표를 붙이기보다는 자신부터 즉시 실행에 옮겨야 한다. 변화는 선택이 아니며, 이미 일어나고 있다. 극지방에서 빙하가 녹고 있다는 것은 명백한 사실이다. 기후변화는 관념이 아니라 우리 존재 자체이다. 모든 것이 변화하고 있으며, 이 행성의 일부/기술인 우리는 지금 당장 변화할 수 있다. 우리가 누구인가를 이해하려면 우리가 존재하는 방식을 인식해야 한다. 지구는 큰 변화를 겪어왔으며 더 많은 변화를 겪게 될 것이다. '자연'은 어떻게 해도 존재하기의 게임에서 패하지 않는다. 자연은 모든 것이며, 변환은 언제나 일어나고 있다. 인간이 무제한의 자원이라는 환상에 불과한 신화에 따라 뭐든 다 할 수 있다는 뜻이 아니다. 우리가 자연이다. 우리가 자연에 하는 일은 우리 자신에게 하는 것이나 다름없다. 그것은 자기를 비추는 거울이다. 인류세에 일어나는 생태 파괴는 자아에 대한 우리의 무지를 드러낸다. 심리철학에서 통합된다는 것은 우리 자신과 접촉한다는 의미이다. 21세기에 통합된다는 것은 우리가 지구의 일부/ 기술임을 이해한다는 뜻이다.

#생태철학

개념으로서 '생태철학^ecosophy'은 정신분석학자 펠릭스 가타리가 제안했다. 그는 인간/비인간, 자연/문화와 같은 엄격한 이분법을 넘어서기 위해 이 용어를 이용했다. 또한, 철학자 아른 네스가 이를 발전시켰는데, 그의 말에 따르면 생태철학은 '생태적 조화나 평형의 철학'이다.[43] 더 분명하게 말하자면 이는 전 지구적이면서 지역적인 성격의 지혜이다.[44] 이런 글로컬^glocal한 인식은 자기 발견의 길에 필수적이다. 우리가 누구인지 아는 것은 우리가 어디에 있는지를 아는 것이기 때문이다. 나무는 그저 나무가 아니다. 땅과 하늘과의 관계 속에 있다. 뿌리와 리좀^rhizome적 정보/구성의 네트워크, 대기로 방출되는 산소 속에 있다. 나무 홀로바이온트의 일부/ 기술인 다른 유기체뿐 아니라 수많은 곤충과 균류, 다른 미생물, 가지에 둥지를 튼 새, 나무 구멍 속에 사는 포유동물과의 관계 속에 있다. 우리는 인간 외의 것에 관해서는 단어조차(비인간의 '굴'과 '둥지'/인간의 '집'처럼) 다르게 쓴다. 인간중심적 자기 특권의식으로 소음과 빛 공해는 정책 결정에서 거의 논의되지도 않는다. 비인간 존재들의 생명과 존엄은 마땅한 존중을 받지 못한다. **우리가 그렇게나 다른가?** 우리는 다르다. 하지만 절대적으로 다르지는 않다. 우리는 같지만[45], 동화될 수는 없다. 우리는 일자이면서 다자이다.

비인간 타자에 대해 어떻게 알 수 있는가? 진정한 앎은 실존적 인식에서 직접적 경험에 기반한다. 장미 향기는 장미 향기이다. 섬세하고 향기로우며 독특하다. 장미에 관해 수천 권의 책을 읽고 수백 편의 글을 쓸 수 있다. 하지만 장미는 장미이다. 장미라는 개념에 대한 이성적인 추정과 장미에 대한 경험은 같지 않다. 지구의 일부/기술로서 우리 자신을 알기 위해서는 인간이 구성한 황금 새장 안에 갇혀 있지 말고 그 속으로 들어가야 한다. 인간에 대해서 알고 싶다면 인간들 속에서 살아야 한다. 우리 자신에 대해 알고 싶다면 인간을 넘어서 존재해야 한다. 또한, 인간들이 없는 곳에도 살아봐야 한다. 인간은 에너지이며, 인간 에너지를 느낄 수 있다. 인간이 더 적은 곳으로 가면 다른 에너지를 경험할 가능성이 생긴다. 땅 위를 맨발로 걸으면 시간 개념조차 조금은 달라진다.[46] 이런 형태의 연결들이 어디에서나, 언제나 가능하다. 사람이 붐비는 도시에서 구름이 뜬 하늘을 볼 수 있다. 차고에서 말없이 투명한 날개로 윙윙대는 파리 소리에 귀를 기울일 수도 있다. 이런 신비스러운 인간 외의 것들과 연결되는 순간들이 우리의 의식을 알린다/형성한다.

내가 여덟 살 때였다. 그녀[47]는 금귤종의 식물이었다. 중국 남부가 원산지였다. 그녀의 식물명은 몰랐다. 내가 이름을 붙여주었는데 지금은 기억나지 않는다. 키가 나만큼 컸다. 너그럽고 통이 큰 그녀는 우리 발코니에 살았다. 나는 매일 물을 주고 잎사귀 하나하나 토리노의 매연을 닦아내주며 돌보았다. 1980년대에는 차량으로 인한 오염이 흔했다. 나는 그녀에게 말을 걸고 떨리는 잎을 부드럽게 쓰다듬어 주었다.

여름이면 그녀의 과일을 맛보았다. 작고 맛이 강했으며, 좋았다. 이런 연결은 두어 해에 걸쳐 지속되었다. 결국 나는 그녀의 이름을 잊었다. 어느 날 보니 더는 그 자리에 없었다. 나는 열두 살이었고, 그녀의 부재를 알아차리지도 못했다. 실존적 관계를 소중히 여겼던 어린아이는 이제 인간의 우정을 가장 소중히 여기는 어린 인간으로 변해가고 있었다. 세월이 흐른 지금 나는 이제 포스트휴먼 인식 속에서 사랑스럽게 그녀를 떠올린다. 그녀는 나라는 존재의 일부/기술이다. 배경은 없다. 우리는 상호-존재한다.[48]

실내 사회

배경이란 무엇인가? 우리 환경의 물리적 역학은 단지 인간(과/혹은 인간 외의 것)의 목적에 봉사하는 '저기'가 아니다. '그들의' 물질을 '우리의' 폐를 통해 들이마신다. '그들의' 길과 복도가 '우리'가 움직이고 걸어다니는 공간 기하학을 형성한다. '그들의' 체화된 존재는 '우리'의 존재하기의 건축으로 바뀐다. 환경은 결코 우리와 떨어져 있지 않고, 우리가 우리 환경(들)의 일부/기술이다. 이는 실존적 드러남을 가져온다. 도시에 있는 것이나 숲속에 있는 것은 다른 상호-존재의 역학을 만들어낼 것이다. 자연에 있는 것은 인간의 습관, 문화, 신화가 일시적일 뿐이라는 사실, 반드시 저런 식이어야 할 이유는 없다는 점을 깨닫도록 맥락을 제공할 수 있다.[49] 시대를 막론하고 중국 그림의 특징은 풍경에 대한 관심이었다. 인간은 전체 이미지의 일부로만 그려진다. 철학자 투 웨이 밍[Tu Wei-Ming]에 따르면, 중국의 자연관은 존재의 연속성에 달려 있다. "바위에서 천국까지 존재의 모든 양식은 연속체의 일부이며, 이는 '위대한 변화'로 일컬어진다".[50] 이는 우리가 창조적인 현현에서 모든 것의 일부/기술이라는 깨달음으로 이어진다.[51] 이것만으로는 우리의 행성적 자아의 상호연결을 지적으로 이해하기에는 부족하다. 어디에서 생활하는가, 개인, 종, 사회로서, 행성의 일부/기술로서 어떤 종류의 환경을 유지하고 있는가를 인식해야 한다. 우리가 대부분의 시간을 실내에서 보낸다면 더 큰 그림을 놓칠 수도 있다. 이 문장을 쓰다 보니 지금 나 역시 밖에서도 일할 수 있는데 실내에 앉아 있다.

현대 사회는 어떻게 실내 사회가 되었는가? 실외에서 보내는 시간이 부족한 것은 현대 사회에서 흔한 현상이 되었다. 환경보호국의 통계에 따르면 미국과 캐나다 성인은 건물이나 차 안에서 삶의 93퍼센트를 보낸다.[52] 이 수치는 어린이들의 경우나 세계 다른 지역에서도 비슷하다. 이런 자연 환경과의 단절은 신체 건강 문제[53]만이 아니라 심리적 문제[54]도 유발한다. 기자 리처드 루브는 이런 현상을 '자연 결핍 장애'라 정의한다.[55] 그의 말에 따르면, 현 세대의 자연과의 관계는 지식화로 축소되는 중이다.[56] 교육, 문화, 가족 습관이 자연을 무서워하는 생활방식을 가져오는 주된 요인이다. 실내 교실에서 선생님 앞에 학생들이 앉아 있는 식의 배움에 대한 전통적 접근은 몸/마음의 이분법에 기반하며, 이에 따르면 마음(과 몸)은 따로

양분을 공급받을 수 있다. 교육에 대한 포스트휴먼 접근은 이를
해체한다.❷ 최근 확대되고 있는 환경 감수성에서는 배움의
다른 방식을 포용하고 있다.[57] 자연 유치원, 숲 학교, 야외
학습에서 흥미로운 경향을 찾을 수 있다. 이런 것들은 배움이
일어나는 환경의 중요성을 인정하고, 이를 인식론적으로
무관한 중립적인 배경이 아니라 교육 경험에서 존재론적
반향을 일으키는, 없어서는 안 될 행위소로 받아들인다.

우드와이드웹

나무의 지혜란 무엇인가? 식물은 다종 네트워크에서
정보와 양분을 전달하고 교환한다. 뿌리 구조[58]는 박테리아,
균류, 나무 사이에서 대단히 효율적인 공생 관계의 시스템이다.
(자기) 지혜의 근원으로 월드 와이드 웹을 유기적으로 비튼
우드와이드웹Wood Wide Web을 환영하자. 이 주제로 광범위한
연구를 수행한 생태학자 수잔 시마드Suzanne Simard는 이렇게
설명한다. "우드와이드웹은 분주한 네트워크다. 거기에서는
균류의 연결이 나무들 사이에서 탄소, 물, 양분을 앞뒤로 나르는
통로 역할을 한다."[59] 숲 생태계에서 나무는 홀로바이온트일
뿐 아니라 정보(가뭄과 질병에 대한 위급 신호와 같은)와
양분을 보내는 초유기체로 볼 수 있다. 이런 내부-변화에서
나무들은 경쟁하기보다는 협력한다. 시마드는 (어머니 나무로
정의되는) 고도로 연결된 허브 나무들[60]이 개별 식물들을 함께

엮는 균류가 만들어낸 균근 네트워크를 통해 초과분의 탄소와 질소를 공유한다는 것을 보여주었다. 나무들은 죽어가면서 자기들의 지혜를 공유한다. 이는 다세대적, 다종적이며 더 일반적으로는 다음 세대들과 더불어 행성적이다.[61] 어머니 나무의 역할은 숲의 생존에 매우 중요하다. 벌목과 개벌을 통해 그들을 죽이지 말고, 보존하는 것이 대단히 중요하다.[62]

이는 우리가 나무를 어떻게 구할 수 있을지의 문제가 아니다. '우리'는 '그들'과 떨어져 있지 않다. 식물은 인간보다 훨씬 큰 이 행성의 일부/기술이었다. 우리의 역사는 공동 진화의 역사이다.[63] 자연 세계를 우리의 인간중심적 투사로 환원하지 않고 실존적 객체로 접근하는 것이 대단히 중요하다. 인간중심적 투사는 결국 우리 자신의 자기 절멸로 이어질 수 있다. 21세기에는 인간중심주의가 여전히 만연해 있다. 인간이 행성의 주인이고, 행성은 자원으로 간주된다. 인간중심적 가정들은 더 최근에는 자본주의적 환상으로 바뀌었다. 이윤만을 지향하며 모든 내재적 가치를 거부하고, 세계를 화폐가치로만 평가하는 결과를 낳았다. 이런 견해들을 여전히 무비판적으로 수용하는 사람들이 있지만, 더는 그런 사람들을 따를 필요가 없다. 그들은 인간을 행성의 핵심적인 일부/기술로 인식하지 않는다는 점에서 시대에 뒤떨어졌다. 그들은 과거의 환상에 사로잡혀 있으며, 우리 시대 자기실현, 혹은 자기 보존의 궁극적 필요를 충족시키지 못한다. 인간이 스스로를 위험에 빠뜨릴 지경까지 서식지를 파괴할 가능성은 현실이 되었다. 우리는 우리의 환경이다.

최근 미국 노스캐롤라이나주 동부 지역에 갔다. 아파트 건물을 짓기 위해 큰 숲을 벌목하고 있었다. 걸어서 10분 이내의 거리에 버려져 폐허가 된 건물들이 있는 넓은 지역이 있었다. **어떻게 이런 일이 허용될 수 있었을까?** 포스트휴먼 정치학에서 생태 복원은 건축과 공학으로 시작하여 보전 서식지와 함께 가장 중요한 사항이다. 새로운 지역을 개발할 것(콘도를 짓기 위해 자연 서식지를 파괴하는 것)이 아니라, 버려진 건물을 복구하고, 황폐해진 땅을 복원하고, 대규모로 피해를 입은 생태계의 생태적 균형을 회복시키는 쪽으로 개발업자들이 방향을 바꾸도록 지역 법과 전 지구적 규제를 통해 함께 노력해야 한다. 이런 접근은 장단기적 결과를 가져온다. 우리 행성의 현재 필요와 맞는 직업 기회를 창출하면서, 다음 세대를 위한 돌봄의 유산을 만들어낸다. 대기업들이 주된 오염 유발자들로 지목되는 경우가 많다. 물론 체계적인 변화가 일어나고 있다. 하지만 거시적 목표와 미시적 목표는 상충되지 않는다. 그것들은 상호 반영한다. 재정적 기준과 윤리적 기준을 맞추어야 한다. 경제적 세계 내 존재의 파급 효과를 인식하지 못한다면[64] 그린워싱이 될 소지가 있다. 예를 들어 가나의 바다와 쓰레기 매립지는 싸구려 옷가지를 아프리카의 중고 옷 시장에 기부하는 소위 선진국의 선량한 사람들의 쓰레기로 가득하다. 그럴 의도는 아니었다 해도 이는 환경 재앙을 가져온다. 우리 행동의 촉수가 곧 우리이며, 그것이 우리의 포스트휴먼 메두사이다.

에코-로지/에코-노미

경제는 생태학과 어떤 관계가 있는가? 답은 바로
전부 다 관계 있다는 것이다. '경제학'이라는 단어는 두 개의
그리스어에서 나왔다. '집'을 뜻하는 그리스어 'oikos'와 '법',
'관례', '장부'를 뜻하는 'nomos'이다. '경제economy'라는 단어는
가계를 꾸려나가는 데에서 전 세계의 예산을 다루는 것까지
광범위한 의미를 갖는다. 그 용어는 '생태ecology'와 어원적으로
일부/기술을 공유한다.[65] 이런 공명과 동맹 관계는 중요하다.
에코-노미eco-nomy는 에코-로지eco-logy이기도 하다. 자본주의
시장 가치 경제에서 지구는 (다른 모든 것과 마찬가지로) 그
자체로 가치를 갖는 것이 아니라 잠재적 상품이 될 수 있는
'자원'이 된다. 최근의 빅데이터❸ 경제 안에서는 잠재적
데이터이기도 하다. 최근에 우주와 소행성 채굴의 새 시장이
열리면서 우주 전체가 정지 상태의 예비력으로 취급되고
있다.[66] 이는 생명에도 역시 적용된다. 세포, 유전자, 모든
유형의 생물학적 표본이 수확할 수 있는 '데이터', 이윤을
낳는 생명 자본이 되었다.[67] 이런 행성에 대한 환원주의적
태도는 산업혁명까지 거슬러 올라갈 수 있다. 산업혁명을 흔히
인류세의 시작으로 본다.[68] 산업화 이전에는 대부분의 인간이
농사로 먹고 살았다. 이를 통해 땅과 직접적인 관계를 맺을 수
있었지만, 취약성과 위험도 초래했다. 일 년을 일했어도 거센
태풍이 갑자기 농작물을 다 망쳐버릴 수도 있었다. 그러니

인간은 자연을 완전히 지배하고 통제한다는 느낌을 가질 수 없었다. 산업혁명은 생산을 안정화했고, 인간은 점점 더 기계에 의존하기 시작했다. 이런 변화에서 자연은 (상징적으로나 물질적으로나) 전력과 상품(의 대량생산), 궁극적으로 자본을 생산하기 위해 증기기관과 같은 기계에 공급할 원재료의 예비 저장소로 바뀌었다. 자본주의, 인간중심주의, 인류세는 본질적으로 연결되어 있다. 이런 선례들을 언급하는 것은 역사를 심판하기 위해서가 아니라, 우리가 어디에서 왔으며 어디로 가고 있는가를 깨닫기 위해서이다.

과소유 증후군stuffocation이란 무엇인가?

경제학에서는 우리 집의 중요성을 말한다. 지구는 우리의 집일 뿐 아니라 우리의 행성적 자아다. 이 깊은 생태 곤경의 시대에 경제적 접근 방식을 바꾸어[69] 세계 시민으로서 우리가 처한 극단적 상황에 대처할 필요가 있다. 일부 경제학자들은 반反소비주의와 미니멀리즘을 요청한다. 예를 들어 탈성장[70] 운동은 기후 파국을 피할 길은 사람, 돌봄, 환경을 우선하는 것이라고 주장한다.[71] 이는 정해진 프로그램에 따라 제품을 노후화하는 관행보다 품질과 수리 가능성을 중시하는 정책으로 시작한다. 인류세의 시대에 소비주의는 더는 경제 성장에 적합한 길이 아니다.[72] 충분히 소유하지 못한 인간들이 있는 반면, 너무 많이 가진 사람들도 있다. 작가 제임스 월먼James Walman은 이런 문제를 '과소유 증후군'으로 정의했다.[73] '물건stuff'과 '질식사suffocation'의 합성어이다. 그는 이를 21세기의 가장 긴급한 문제로 본다. "우리는 필요한 것

이상으로 갖고 있다. 그런다고 행복해지지 않는다. 행성에는
좋지 않다. 우리의 집이 꽉 차 있다. 우리에게 압박감을 주고
있다." 이 세계 시나리오에서 어떤 인간들은 물질적 대상에
치여 건강치 못한 삶을 사는 반면, 어떤 이들은 여전히 굶주림과
영양부족으로 죽어간다.[74] 전 세계에서 이런 서로 다른 현실은
잠깐만 비행기를 타거나, 차를 타고 가거나, 혹은 아예 이동하지
않고도 만날 수 있는 문제이다.[75] 우리의 가치 체계를 수정해야
할 때이다. 경제적 포스트휴먼 인식에서 부유한 삶의 조건은
넘치게 많은 돈을 가졌다는 것이 아니라 개인으로서, 사회로서,
종으로서 우리가 속한 공동체의 삶의 질에 기반하고 있다.
이는 유토피아적 몽상이 아니다. 실존적 존엄에 대한 바람직한
요청이다.[76] 바로 지금, 바로 여기에서.

자연을 재설계하니?

**인간은 애정과 공감으로 비인간 자연을 재설계해야
할까?** 트랜스휴머니즘 철학자 데이비드 피어스^{David Pearce}는
'쾌락주의 원칙'의 지지자로, 이 원칙에 따르면 "유전공학과
나노테크놀로지는 모든 지각 있는 생명의 고통을 없애주어야
한다".[77] 피어스는 이를 '낙원-공학',[78] 즉 '호모 사피엔스'만이
아니라 비인간 종에서도 '완전한 고통의 종식'으로 정의한다.
피어스에 따르면 생명기술의 진보로 이를 성취할 수 있다.
그는 이렇게 말한다. '연민의 원'은 궁극적으로 '생태계

재설계와 유전공학을 통해 다른 동물들에게까지' 확대되어야
한다. 피어스의 행성 차원의 행동 계획에서는 포식자에게
죽임을 당하는 일이 없게 하는 것이 가장 급선무이다. 그의
논문 〈포식자를 재프로그래밍하기Reprogtamming Predators〉[79]는
먹잇감을 죽이는 사자의 이미지로 가득하다. 여기에서
요점은 거대한 고양이의 먹이가 되는 피식동물의 고통을
무시해서는 안 된다는 것이다. 이는 시야를 넓혀야 한다는
포스트휴먼 요청이다. 고통을 경감해주려는 피어스의 시도에
공감할 수 있다. 하지만 (일부) 인간들이 '행복'이나 '낙원'과
같은 상대적이고 특정 문화에 기원한 관념에 대한 자기들의
인식에 따라 전 지구의 생태계를 재설계해야 한다는 전망은
휴머니즘적 예외주의, 도덕적 인간중심주의, 절대주의의
과장된 형식에 뿌리를 두고 있다. 포스트휴먼 관점에서 이는
바람직하지도, 현실적이지도 않다. 21세기의 행성적 조건에서
큰 고양이를 멸종시킬 수 있는 생명기술적 응급조치를
내놓아야 할 필요는 없다. 이미 그들은 서식지 상실과 인간의
침해로 인해 멸종 위기에 처해 있다. 지구상에 얼마 남지 않은
사자들을 도덕 관념이 없는 포식자로 비난하기보다는, 우리
자신의 잔인한 행위를 멈추고 우리의 습관을 바꾸는 편이 나을
것이다. 동물 사육의 비인도적 방식[80]을 폐지하고 의식적으로
식습관을 바꿀 뿐 아니라, 행성에 우리가 끼치는 영향을
인식함으로써 그렇게 할 수 있을 것이다.

피어스의 접근은 고통을 종식하기 위해 '자연'을 완전히
인간중심적으로 재설계할 때 따를 수 있는 깊은 생태적 파장은

고려하지 않는다. 이 파장이 어디에서 끝날까? 이렇게 넓은 범위를 동물 왕국에만 제한할 수는 없다. **모든 침입종 식물을 유전적으로 재설계해야 할까?** 어쨌거나 그런 식물들은 다른 식물 종을 죽인다. 지질학적 객체들 또한 그다지 평화를 사랑하는 것 같지 않다. **화산과 화산 분화로 초래된 (인간과 비인간의) 죽음과 분열은 어떤가? 토네이도나 허리케인 같은 대기 현상으로 인한 고통은?** (일부) 인간의 원칙에 따른 장기적인 자연의 재설계의 결과를 좀 더 멀리서 본다면, 이런 비전은 낙원의 설계라기보다는 인간으로 인해 더 큰 파국을 가져올 운명이 보여주는 인간중심적 신기루처럼 보인다. 작은 변화인 줄 알았던 것이 생명권의 생태적 균형에서는 엄청난 결과를 가져올 수도 있다. 다른 종에 대해 진정으로 공감한다면, 인류세와 여섯 번째 대멸종의 시대에 수많은 (비인간) 종들이 인간의 행동 탓에 해마다 멸종되고 있다는 사실을 알아야 한다. 이런 맥락에서, 훨씬 더 많은 종을 멸종으로 내모는 생명공학 계획하에서는 어떤 낙원도 나올 수 없다.

우리, 21세기의 인간은 최종 판결의 게임을 하는 데 주의해야 한다. 종차별주의적 책임 전가의 역학에서 인간 종은 책임을 면할 수 없는 것으로 드러났다. 자발적 인류 멸종 운동Voluntary Human Extinction Movement, VHEMT은 이렇게 제안한다. "자발적으로 자식을 낳기를 중단함으로써 인간 종을 서서히 사라지게 한다면 지구 생명권의 건강이 회복될 것이다."[81] 실존적 포스트휴머니즘은 어느 쪽의 관점에도 동의하지 않는다. 한편에서는 자발적 인류 멸종 운동으로

인류를 점진적, 자발적, 의도적으로 멸종시키는 것을
생태파괴의 최종 해결책으로 본다. 다른 한편으로 피어스처럼
인간중심적으로 특정 종을 멸종시켜 평화를 가져오려는
트랜스휴먼적 시도(다시 말해서 다른 종의 의도적인 멸종)는
전쟁의 이분법에 기초한다. 여기에서는 육식동물을 제거하는
것을 최종 해결책으로 본다. 두 가지 접근 모두 선 대 악이라는
절대적인 이분법을 담고 있다. 실존적 포스트휴머니즘은
포스트-휴머니즘이자 포스트-인간중심주의일 뿐 아니라
포스트-이원론이다. 인간 종은 선하기만 하지도 않고,
악하기만 하지도 않다. 인간의 도덕적 가치를 비인간 존재에게
그대로 적용할 수는 없다. 인류가 멸종한다면(그리고/혹은
그렇게 될 때) 다른 종들(초식동물처럼 생물학적인 종이거나
진보한 인공지능처럼 인공적인 종)이 반드시 인간보다 더 잘
하리라는 보장은 없다.❹ 실존적 포스트휴머니즘은 다종의
공존과 환경의 존엄을 가져온다. 바로 여기, 바로 지금.

#포스트휴먼 예의상의 관례

**실존적 포스트휴머니즘이 어떻게 변화를 가져올
수 있을까?** 변화를 현현하기 위해 개인과 사회로서만이
아니라 종으로서 우리의 행위성을 인식해야 한다. 종으로서
변혁하는 힘을 깨닫게 되면, 이를 '평화'라는 명목으로 다른
이들에게 강요하는 대신 우리 종을 향해 쓸 수 있게 된다.

진짜 평화를 가져올 진정한 변화는 폭력으로 강요할 수 없다. 예를 들어 다른 종을 재설계하려는 공격적인 유전학 프로그램을 실시한다든가 하는 식은 곤란하다. 로마의 역사가 타키투스^{Tacitus}는 이런 유명한 말을 남겼다. "Ubi solitudinem faciunt, pacem appellant." 이 말을 번역하면 다음과 같다. "사막을 만들어놓고 평화라 부른다." 타키투스는 '평화'를 명목으로 전쟁과 죽음을 가져오는 로마인들을 두고 한 말이었다. 지금은 이 은유를 비인간 존재들의 살해로 확장할 수 있을 것이다. 잔인하지 않은 세계는 자아 안에서 시작되는 것이지, 의도적이고 계획적이든(생명공학으로 종을 절멸시키는 것처럼), 그럴 뜻은 아니었지만 결과적으로 그렇게 된 것이든(서식지 파괴처럼) 타자의 멸종을 통해 그런 세계를 이룰 수는 없다. 인간 예외주의적 가정에서 나온 또 다른 형태의 잔인함은 실험동물을 다루고 처분하는 비인도적 방식이다.[82] 점점 더 많은 과학 문헌이 인간 생리학을 이해하는 데 동물 실험의 유효성은 예측치로서 신뢰성이 떨어진다고 비판적으로 보는데도 여전히 동물 실험이 실행되고 있다.[83]

과학은 조사의 '주제'가 '대상'이 없다는 사실을 잊지 않는 한 경이로운 세계를 내놓을 수 있다. 예를 들어 양자역학 실험은 단지 관찰하는 행위만으로도 실험에 영향을 준다는 것을 보여주었다. 이를 관찰자 효과라고 부른다. 과학은 우리가 연구하는 것은 무엇이건 우리 자신의 일부/기술이기도 하다는 깨달음에서 포스트휴먼 자기 탐색의 범위를 확장한다. 포스트휴먼 과학은 자기 특권의식에 젖은 독단적인 전제에서

나오지 않은 다른 질문을 던지고, 다른 방법과 발견을
내놓는다.[84] **지각 능력 중심주의**^{sentio-centrism}**가 답일까?**
**동물권 운동가들이 자주 제기하는 지각 능력 중심주의는
"이 존재가 고통을 느끼는가? 소통할 수 있는가? 지능이
있는가?"와** 같은 질문에 바탕을 두고 모든 지각 있는
존재의 존엄성을 인정할 것을 촉구하는 윤리적 견해이다.
포스트휴머니즘은 이런 움직임이 부분적인 변화를 가져올
수는 있지만, 여전히 가치의 위계질서에 기반하고 있기 때문에
인간중심주의를 대체할 수 있다고 보지는 않는다. 인간과 더
비슷한 인간 외의 동물(예를 들면 '지능'과 '고통'을 표현하는
방식에서)이 이런 상대적인 인정(지)에서는 더 유리할 수밖에
없다. 제한되고 제한하는 지각 능력 중심주의는 여전히 인지적
인간중심주의에 기대는데, 여기에서는 (일부) 인간에 의한
인간 규범에 따라 기준이 확립된다. 반면 포스트휴머니즘은
포스트-위계의 존재-인식론적 이해에 기초하여 모든 존재의
실존적 존엄을 존중한다.

　　　예의상의 관례란 무엇인가? 예의상의 관례는 수학자
앨런 튜링이 그의 논문 〈계산 기계와 지능^{Computing Machinery}
^{and Intelligence}〉(1950)에서 쓴 표현이다. 튜링에 따르면 기계가
인간처럼 지능적으로 행동한다면 기계가 생각한다고(할 수
있다고) 결론을 내려야 한다. 그는 이를 '예의상의 관례'라
부른다. 이를 통해 현현된 존재에서 모든 이와 모든 것이
'자기들' 식대로 인식하며, 그 방식이 (유기적이고 기계적인)
지능을 넘어 반드시 '우리' 식과 같지는 않을 것이라고 가정할

수 있다. 그렇게 되면 '우리/그들'의 실존적 이분법에 분열이
일어난다. 이를 범심론과, 더 광범위하게는 고대의 애니미즘에
기초한 사고실험으로 볼 수 있다. 이 사고실험은 과학적
증거나 유효성을 입증할 필요는 없다. 실존적 타자성을 다루고
있음을 고려한다면, 타자들이 우리 기준에 따라 인식한다는
것을 보여주려는 시도는 방법론적 오류에 기반하고 있으며
편파성과 불명료화를 초래할 따름이다. 이렇게 하는 대신 각
종 특유의 호혜성, 관계성, 반영성/유연성의 행동으로 이를
받아들여야 한다. 이는 인간중심적 역사성으로부터의 의도적인
구제이다. **❺** 더 분명하게는 자기실현을 향한 실존적 헌신이다.
우리는 인식하는 대로 인정받기를 바란다. 그래서 모두를, 모든
것을 인식하는 대로 인정한다. 이런 궁극적인 인식의 인정을
포스트휴먼 형식적 관례라 말할 수 있을 것이다.

**바로 여기에서 지금 당장 포스트휴먼으로 존재한다는
것은 어떤 의미인가?** 이는 우리가 누구인지를 인식한다는
뜻이다. 우리는 항상 우리 안에 있으면서 우리 바깥에 있다.
'역사'라는 단어는 '목격자', '아는 자', '현명한 사람'을 뜻하는
고대 그리스어 'histor'에서 나왔다. 지구 역사가 우리의
목격자다. 바위, 나뭇잎, 미세플라스틱에서. 우리 인류세의
습관으로 초래된 여섯 번째 대멸종을 인식하는 것이 가장
근본적이다. 자기혐오와 일반화된 인간혐오의 오만에
빠져서는 안 된다. 존재의 다른 방법들을 보여주는 것이
포스트휴먼 해답이다. 이런 의도는 지적 수준에만 머물 수
없다. 그렇게 된다면 이는 망상 속의 그린워싱이 되고 만다.

비인간 인격, 실존적 존엄, 다중의 공존을 지지하기 위해
우리의 일상 습관, 선입견, 전략을 전체적으로 재고해야
한다. 개인으로서, 사회로서, 종으로서. 타자들이 우리의
원칙에 따라 행동하도록 강요할 것이 아니라, 우리 스스로가
우리가 보고 싶은 변화가 되어야 한다.[85] 인류세이자 인간이
만든 시대에 살고 있는 우리 포스트휴머니스트들은 지구에
밀착하여 일상의 상황들을 다루어야 한다. 이론 자체는 홀로
변화를 가져오지 못한다. 실천적 변화의 긴급한 필요성을
인식하기 위해 꼭 포스트휴머니스트가 되어야 할 필요는 없다.
이기적인 인간중심적 입장에서조차 우리가 행성으로서 어디에
있는지 현실주의적으로 이해한다면, 타자를 희생시켜 번성할
수는 없다는 깨달음을 얻게 된다.[86] 상호-존재의 관계성이
에피파니이다. 우리는 모두 서로 다르면서 관련되어 있다.
포스트휴먼 존재 방식은 다원성을 보여주며, 폭넓게 공유된다.
그것은 바로 우리 삶과 공동체에 변화를 가져오는 것, 사회를
치유하는 것, 우리 종을 알리는/형성하는 것, 지구의 일부/
기술이 되는 것이다.

작별 인사

지구는 하나의 위치일 뿐 아니라 우리의 체화(들)이다. 우리가 있는 행성이다. 생태 파괴와 환경 고갈을 불러온 인간의 습관은 21세기 인간의 조건에 해롭다. 더 분명하게 말하자면 그것은 실존적 불명료화이다. 지질학적 시간 규모에서 인간은 아주 짧은 시간 존재해왔다. 그런데 아직도 인간중심주의는 절대적인 종차별주의적 우월성을 주장한다. 우리의 우주적 구성을 드러내고 우리가 거시적 환경의 일부/기술임을 깨달으려면 5장으로 건너가기 바란다. 박테리아와 바이러스 같은 미생물은 인간의 일부/기술이다. 홀로바이온트에 대한

명상 ④
생태적 존재

현재의 견해를 보려면 3장으로 가면 된다. 교육에 대한 포스트휴먼 재상상은 7장을 방문하라. 또한, 미궁 속을 자유로이 돌아다니면서 어떤 장이든 마음대로 읽어도 된다. 여정의 끝에서 무엇이 되건 완벽한 그림을 얻게 될 테니 안심하시길.

명상 ⑤

우주적 구성

#별의 먼지로 이루어진

우리는 누구인가? 우리는 지구이고 우주이다. 우리를
둘러싼 하늘은 우리가 그 일부/기술인 우주의 광대무변한
포이에시스를 상기시킨다. 밤에 별을 쳐다보노라면 인간-
중심주의가 다 부질없어진다. 통제, 지배와/또는 경쟁의 환상에
빠지지 않고 현실에 충실하다면, 우주의 규모는 우리라는
존재가 지닌 무한한 잠재성을 현실로 보여준다. 우주는 자기
이해의 길을 여정의 한 국면으로(개인적인 것, 정치적인 것,
인간적인 것, 지리적인 것, 기술적인 것, 그 어떤 수준이든
어느 하나만으로) 축소하지 않을 관점을 가져다준다. 우리가
누구인지 알려면 우리의 차원적 존재의 거시적인 면을
포함하여 주변의 모든 것을 고려해야 한다. 이런 명상에서
포스트휴먼에 대한 인식은 시공간으로 확장되어 고대 문명에서
천문학의 핵심 역할로부터 현재 우주 이주의 상황까지, 우리의
우주적 자아를 받아들이게 될 것이다. 우리는 우주를 '여행'할
수 없다. 우리는 이미 우주에 있다. 차원의 역할을 탐색하면서
재구성할 어떤 본래의 시작도 없고, 그러므로 정화해야 할
원죄도 없다는 것을 알게 될 것이다. 우리는 항구적인 시작이며
항구적인 종말이다.

   우주는 인간 정체성과 무슨 관계인가? 하늘은 인간
정체성의 형성에 핵심적 역할을 해왔다. 천문학[1]은 적어도

상부 구석기 시대까지 거슬러 올라가는, 자연과학에서 가장 오래된 분야이다.[2] 하늘과 신성한 것들에 대한 지식은 깊이 연결되어 있었다. 고대의 천문학자들은 자기 공동체의 영적 안내자이기도 했다. 대부분의 고대 인간 문명에서 의례의 중심에는 중요한 탐구 주제로 우주가 있었다. 천문학의 관련성은 계속 이어져 사회적 정체성과 건축의 핵심이 되었다. 전 세계 문명에서 사원들의 상당수가 천문학적 배치에 맞추어 건축되었다. 예를 들면 영국 스톤헨지[3] 사르센석 기념비가 하지점을 향하고 있는 것이나, 중앙아메리카에서 마야 건축과 도시계획[4]에 천문학이 가졌던 중요성 정도만 생각해봐도 충분하다.[5] 선사시대와 인류 초기 역사는 우주를 타자성이 아니라 매일의 생존에서 사회적 기능까지, 존재의 모든 측면을 통제하는 인간 계보학의 중요한 일부/기술로 다룬다. 포스트휴머니즘은 이러한 우주 인식을 따른다. 우주는 포이에시스를 드러내고 무한한 잠재성을 상기시키는 역할을 한다.

　　지리-생물학적 관점에서는 지구와 천상을 엄격하게 구분하기 어렵다. 지금까지 지구상의 생명이 어떻게 생겨났는가에 대해 합의된 의견은 없다. 가장 믿을 만한 가설은 이 과정을 자연 발생으로 보는 것이다. 즉, 생물학적 생명이 자연 과정을 통해 비유기적 물질로부터 출현했다는 것이다.[6] 외기원설과 같은 가설들은 생명이 지구에서가 아니라 어딘가 우주의 다른 곳에서 기원했다고 주장한다. 이런 우주의 내부-변화에서 지구는 다른 천체들(예를 들어 생명이 지구에서

우주의 다른 어딘가로 퍼져나갔을 수 있다)로부터 영향을
받고 또 영향을 주었을 것이다.[7] 우리 자신의 생물학은 우주
역학에 적응하며 진화해왔다.[8] 최근 연구에 따르면[9] 200만
년에서 300만 년 전, 초신성[10]이 일으킨 지구의 환경 변화가
호미닌 직립보행의 진화를 자극했을 것이다. 절대적인 의미로
받아들인다 해도 '내부' 우주[11](지구와 대기를 가리킨다)와
'외부' 우주를 엄격하게 구분하는 것은 논쟁의 여지가 있다.
포스트휴먼 되기의 기술은 우주를 자아의 일부/기술로
받아들인다.

우주 주소

지구 행성은 언제 만들어졌을까? 지구는 45억 년
전에 생겼다.[12] 명왕누대[13]에 만들어졌다.[14] 이 시기 지구의
환경은 인간중심적으로 말하자면 보통 지옥 같았다고
묘사된다. 어원에서부터 드러난다. '명왕Hadean'이라는
이름은 고대 그리스 신화에서 나왔다. 하데스는 망자들의
신이자 저승의 왕이다. 명왕누대[15]는 인간이 살 수 없을
정도로 지옥같이 끓어오르는 상태로, 45억 년 전부터 40억
년 전까지이다. 그 다음으로 시생대(40억 년 전부터 25억 년
전까지)가 이어졌으며, 이때 최초의 생명 형태가 진화했다.
지질학적 관점에서 인류를 비롯해 생명의 진화는 물질의
공진화에서 나올 수 있었던 여러 결과들 중 하나로 볼 수 있다.

지질학적 시간 규모^{geological time scale, GTS 16}에서 인간은 지구

역사의 마지막 0.1퍼센트에 해당하는 시간에 이르러서야

나타났다.[17] 종으로서 인간이 존재한 시간은 극히 짧지만,

우리는 꽤나 거대한 자아를 발전시켜 왔다. 지질학적 관점에서

호모 사피엔스의 위치를 재설정함으로써 시야를 넓히고

인간중심주의의 오만을 폭로할 수 있다. 지구는 인간보다 훨씬

더 오랫동안 존재해왔다. 우리는 혹독한 환경과 대량 멸종에서

살아남은 생명의 후손이다. 그들의 회복탄력성 덕분에 지금

우리가 여기 있게 되었다. 환상에 불과한 우월성을 입증하려

애쓸 것이 아니라 인간 이전과 비인간 (비)유기체❶ 조상에

경의를 표해야 마땅하다. 우리는 '그들'의 진화이며, 그들이

'우리'이다.

지구 행성이란 무엇인가? 최근의 지질학에 따르면,

지구는 (액체 상태의) 외핵으로 둘러싸인 중심의 내핵,

맨틀과 지각으로 구성되어 있다. 우리가 종으로서 위치하고

직접적으로 경험하는 것은 지각이다.[18] 이 모든 층들은 내부-

연결되어 있다. 예를 들어 대륙들이 지구의 표면에서 움직이고

변화하는 역학은 판구조론에서 설명하는 것과 같이 내부에서

방출하는 열에 의해 움직인다.[19] 초대륙[20] 주기(대륙이 긴

시간에 걸쳐 모였다가 갈라지며 다시 조합되는 과정)는

자기 이해의 길에 포스트휴먼 인식을 가져온다. **"우리가**

누구인가?"라는 질문에 답하기 위해 민족주의를 받아들이는

경우가 많다. 나는 아프리카인/미국인/콜롬비아인/인도인/

이탈리아인/말리인/나이지리아인/태국인이다 등. 이런

❶ 이 용어의 사용에 대해서는 제6장으로 가라.

우연적인 정체성들은 잘못하면 절대적인 집착의 대상이 되어 사회 갈등과 극단적 민족주의와 외국인 혐오를 바탕으로 한 지정학적 전쟁을 도덕적으로 정당화할 수 있다. 국가는 단순히 지정학적 객체가 아니라 역사적 구성물이다. 이런 사실은 영토에 대한 자부심과 민족주의적 이기심에 빠지지 않도록 일깨워준다. 우리의 대륙은 끊임없이 움직이고 있으며, 지구는 유동적인 상태에 있다. 우주는 진화하고 있다.[21] 변화는 이 우주에서 본질적이다. 물질적으로 현현을 일으키는 기술이다.

우리는 우주의 유목민인가? 천체들이 우리의 거시적 체화이다. 깊은 시간 속에서 공진화하고 자기 표현하는 신체 안의 신체이다. 이것들은 우주의 지도책에서 우리의 현재의 좌표이다. 그 주소는 우주, 물고기자리-고래자리 초은하단 복합체, 라니아케아 초은하단, 처녀자리 초은하단, 국부은하군, 우리 은하, 오리온 지선, 국부 거품, 국부 성간 구름, 태양계, 지구다. 이 주소는 일시적일 따름이다. 지구[22]는 중심축 주위를 돌면서 태양[23] 주위를 돌고, 태양 또한 움직이고 있다. 우리의 태양계 전체는 나선 모양의 은하인 우리 은하[24]의 중심 주위를 돌고, 우리 은하도 은하계 사이의 공간[25]에서 움직인다. 우주에서 탐지할 수 있는 우주의 지역을 관찰 가능한 우주라 하는데, 여기에도 무수히 많은 은하들이 있다.[26] 행성적 체화의 거시적 수준에서 우리는 수많은 궤도와 주기적인 궤적을 따라 우주 공간 속을 움직이는 우주의 유목민이다. 이처럼 많은 인간 유목 민족들도 정해진 이동 패턴을 따라 철마다 넓은 지역을 돈다. 흐름은 우리가 누구이며, 무엇이며, 언제, 어디에 있는가의 일부/기술이다.

카오스와 코스모스

'코스모스'라는 단어는 오래되었으며 중요한 사실을
드러내준다. 이오니아의 그리스 철학자이자 수학자,
신비주의자 피타고라스^{Pythagoras}가 이 단어를 처음 사용하여
질서정연한 지적 조화를 가리켰다. 현대 과학에서 이 단어를
프러시아 박식가, 박물학자, 과학철학자인 알렉산더 폰
훔볼트$^{Alexander von Humboldt}$가 다시 사용하여 우주의 통일성과
만물의 상호연결성을 강조했다. 그의 글은 찰스 다윈의 연구의
토대가 되었고, 실제로 그들은 열정적으로 서신을 교환했다.
훔볼트는《코스모스》서문에서 이렇게 설명했다. "물리적
현상을 연구하면서 (…) 가장 고귀하고 가장 중요한 결과는
연결의 연쇄에 대한 지식임을 알게 된다. 이 연쇄에 의해 모든
자연의 힘이 함께 연결되고, 상호 의존하게 된다."[27] 훔볼트는
이 단어를 헬레니즘 문화, 특히 피타고라스에게서 가져왔음을
분명히 밝혔다.[28] 훔볼트는 코스모스를 자기 이해의 진지한
탐색으로 받아들이면서[29], 고대 그리스에서 '코스모스'라는
말은 우주만이 아니라 우주적 아름다움과 관련하여 장식도
가리켰다고 강조했다.[30] '화장품^{cosmetics}'이라는 말은 이 두 번째
의미에서 유래했다.

미학적 관점에서 코스모스를 긍정적인 것으로 보는

이러한 인식은 포스트휴먼 되기의 기술과 조화를 이룬다. 이에 따르면 존재는 예술의 궁극적 형태이다.❷ 아름다움은 온 우주에 퍼져 있다. 포스트휴먼 관점에서 혼돈과 질서의 원칙은 상반되는 것이 아니라 우주적 흐름에서 연관된 특질이다. 그러나 그리스의 우주 생성론에서 질서정연한 코스모스 개념은 스스로 유지된 것이 아니라 선/악, 남/여, 인간/자연, 단일성/복수성과 같은 대립물들의 더 큰 체계에서 원시의 혼돈과 병치하면서 성립되었다. 이런 인식은 그리스 문화에만 국한되지 않았다. 독일어 'Chaoskampf(혼돈에 맞선 투쟁)'는 다른 문명에도 깊은 파장을 남긴 중심 주제이다. 대부분의 가부장적 사회에서 혼돈은 여성적인 것, 비인간, 문명화되지 않은 것과 연관되었다. 예를 들어 고대 바빌론에서 자연의 힘에 초점을 맞춘 모계 중심 세계관에서 인간 규범에 기반한 가부장적 문화로의 이행 과정이 창조 서사에 잘 나타나 있다. 《에누마 엘리쉬Enuma Elis》로 알려진 이 창조 신화는 기원전 약 1500년경~1000년경까지 거슬러 올라간다. 여기에서 태초의 혼돈을 상징하며 바다로 표현되는 여신 티아마트Tiamat가 인류의 창조주인 마르둑Marduk에게 살해된다. 자연에 대한 폭력 행위를 통해 인간의 상징적 우월성을 얻어내는 것이다.

그렇다면 이는 인간중심적 원죄인가?

많은 고대 문명에서 우주의 질서를 유지하는 것은 가족의 통합과 개인적 지혜만이 아니라 사회적, 정치적 안정을 위해 필요하다고 여겨졌다. 목표는 내부와 외부의 조화였다. 예를 들면 고대 이집트에서 천문학적 이미지는 자기 이해를 위해 반드시 필요했다. 종교적 만신전에서 누트^{Nut}는 하늘, 우주의 여신이자 모성과 생식의 여신이기도 했다. 누트는 지구 위로 몸을 구부려 세계를 감싸안고 있는 벌거벗은 여자로 묘사되었다. 아침마다 그녀는 태양신 라^{Ra}를 낳았다. 라의 딸인 여신 마트^{Maat}는 우주의 질서로 표현되었으며, 최고의 사회적, 개인적 성취로 숭배를 받았다.[31] 이와 비슷하게 초기 중국 신화에서도 인간을 창조했다고 하는 모신 누와^{Nuwa}는 우주 질서를 유지하며 하늘을 감싸안은 모습으로 묘사되었다. 힌두 우주론에서 여신 마하칼리^{Mahakali}는 자궁과 우주의 어둠, 인간과 우주, 존재와 비존재를 상징한다. 고대 신화들은 우리 자체가 곧 항상 집이었음을 상기시킨다. 코스모스는 우리의 자궁이다. 항상 팽창하며 우리가 무엇이건 반가이 맞아줄 것이다. 우리가 바로 우주이니까.[32] 우주적 혼돈은 무질서에 대한 전쟁이 아니라 무한한 가능성들의 실제적 잠재성을 나타낸다. 철학자 프리드리히 니체^{Friedrich Nietzsche}는 이렇게 말했다. "누구나 자기 안에 춤추는 별을 낳을 수 있는 혼돈을 여전히 품고 있다."[33] 우주의 자궁은 우주의 생성적이고 포용하는 어머니/타자가 된다. 이 임신한 우주의 배가 늘어서 우주 공간으로 뻗어나다가 생명이 태어나면 수축한다. 참으로 의인화된 비유이긴 하지만, **미시/거시 상관관계에서 보자면 임신과 출생의 인간 해부학이 우주의 형성을 반영할 수도 있지 않을까? 우리의 우주가 다른 우주로부터 생겨났을 수도 있지 않을까?**

우주적 재활용

우리 우주는 언제 생겨났을까? 현대 물리우주론에 따르면 우주와 시간은 138억 년 전, 소위 빅뱅 중에 출현했을 것이다.[34] 빅뱅으로 우리 우주와 시공간이 출현하게 되었다. 이 극단적으로 작은 우주는 눈 깜짝할 사이에 기하급수적으로 팽창했다.[35] 이 우주 이전에도[36] 이미 시공간은 존재했을 가능성도 있지만, 그 우주는 주기를 반복하며 팽창하기보다는 수축했을 것이다. 그런 경우라면 빅뱅이 시작되지 못했을 것이다. 순환 우주론에 따르면[37] 우주는 끝나는 것이 아니라 자체 중력으로 붕괴하여 시공간을 소진하고, 새로운 빅뱅으로 팽창하게 된다. 무한한 시공간 주기 혹은 반동하는 우주를 의미하는 이런 견해는 우주론적 시간을 순환하는 것으로 보는 많은 고대의 접근 방식과 통한다. 예를 들어 힌두 우주론에서 시간은 창조, 유지, 파괴의 주기로 나타난다. 기원 없는 기원이다. 그러나 뭔가가 붕괴할 때는 그냥 사라지고 마는 것이 아니라 흔적을 남긴다(예를 들면 건물이 무너지면 잔해가 주변 땅을 덮는다). 문제는 이것이다. 우주의 종말이 새로운 우주 전체에 일어날까, 아니면 이전 우주의 잔해가 새로운 우주에 영향을 미칠까? 포스트휴먼 입장에서 자아를 존재의 원형으로 다룬다면,❸ 우주의 한계 너머까지 우리의 분산된 행위성이 영향을 미치도록 할 수 있을 것이다.

우주에 한계가 있을까? 우주의 지평선은 우주의 끝이

아니라 우리가 알 수 있는 것의 물질적 한계이다. 즉 인간
지식의 끝이다. 우리는 '저 너머'가 무엇인지 알지 못한다.
아무것도 없을 수도 있고, 우리 우주로 통하는 지름길이 있을
수도 있다. 전혀 다른 물리 법칙을 가진 다른 우주들이 있을
수도 있다. 실존적 포스트휴먼 관점에서 우주 지평선은 우리
바깥에서 자기 이해를 위한 탐색을 완전히 끝낼 수 있으리라는
희망을 버리라고 일깨운다. 우주를 '연구'할 때, (우리 자신을
포함하여) 모든 것이 진화하고, 변화하고, 이동한다.[38]
관찰할 수 있는 우주는 모든 곳에서 사방으로 팽창하고
있다. 가장자리도, 경계도 없다. 포스트휴먼 인식론은 현대
물리우주론[39]과 발맞추어 관점주의를 취하는데[40], 여기에서는
중심은 체화된 관점에 따라 어디에나 있다. 우리가 누구인가에
대한 고정된 정의는 어디에서도 찾을 수 없다. 어떤 형태의
절대적인 중심주의도 유지할 수 없다. 우주적 객체의 다원성은
모든 것을 아우르며, 존재의 모든 규모에서 활기 넘치고, 일관성
있으며, 본래부터 인식을 지니고 있다. 우리는 항상, 이미,
반드시 우리 자신을 알고 있다. 그것이 바로 우리 자신이기
때문이다. 이런 지식을 우리들로부터 제거할 수 없다. 하지만
결국은 우리가 누구인지 잊고 존재의 유희에 빠질 수도 있다.
철학자 앨런 와츠가 말했듯이, 우주는 자아의 게임이다.
"당신은 술래잡기를 하고 있을 뿐이지만 이를 인정하지 않을
것이다. 알면서도 자기가 정말로 누구인지 망각했으며, 이것이
우주의 토대이기 때문이다."[41] 우주적 술래잡기의 일부/기술이
된다는 것은 우리가 깨달음을 얻으면 하고 싶은 게임을 고를 수

있다는 점에서 포스트휴먼 행위성을 수반한다. ❹ 우리는 지금 당장 무지의 게임을 끝낼 수 있다. 우리가 바로 우주이다.[42]

코스모폴리틱스

경이로움과 호기심, 실존적 정직성으로 과학 지식에 접근하면 자기 이해로 이어질 수 있다. 존재의 본질을 들여다본다는 것은 우리 자신의 본성을 탐구하는 것이다. 이와 마찬가지로 반드시 탐색의 모든 수준에서 존재론적 관계성과 다양성, 포이에시스가 드러나게 될 것이다. 그러나 과학 연구에 무비판적으로 접근한다면 구제불가능한 실존적 오해로 오도하게 될 수도 있다. 과학 지식은 그 자체를 궁극적 진실로 제시하지 않고, 우리를 도그마로부터 자유롭게 한다는 목적에 봉사한다.[43] 과학철학자 이사벨 스탕게르스Isabelle Stengers는 《코스모폴리틱스Cosmopolitics》와 저술 전반에서 과학의 절대적인 우월성과 보편성에 대한 주장을 포기할 것을 긴급히 요청한다. 스탕게르스에 따르면 물리학의 '유사예언 기능'[44]은 그 취약성을 인정하면서 사라졌다.[45] 이는 과학을 포기한다는 뜻이 아니다. 그보다는 과학을 휴머니즘적 우월성[46]과 자기 특권의식[47]을 비롯해 내부 역학을 통해 공진화해온 '실천의 생태계'[48]로 인정하는 것이다.

현재 과학적 접근에서 큰 위험 하나는 존재에 접근하는 탈주술화된 방식에 있다. 이는 모든 것이 설명가능하고 수량화할 수 있으며 측정가능하고 '객관적'이므로, 놀랄 것이 없고 경탄할 일이 없다는 관점을 가리킨다. 스탕게르스에 따르면[49] 과학 공동체는 여전히 '계몽주의의 유산'에 헌신하고 있다. 자연을 지배한다는 계몽주의의 환상은 '우리는 아직 모를 뿐이다'라는 현대의 좌우명으로 잘 요약할 수 있다. 그러나 자기 이해는 성취해야 할 미래를 필요로 하지 않는다. 그것은 언제나 지금 현재에 있다. '실재'를 연구함으로써 우리 자신에 대해 알게 되는 것이 아니다. '실재'는 충분히 존재함으로써 경험할 수 있을 뿐이다. 지구의 지각에 대한 경험이 있다 해서 '자연'을 통제할 수 있다는 뜻이 되지는 않는다. 우리의 (인간) 본성, 즉 우리 자신을 지배함으로써 '자연'을 지배할 수 있을 뿐이다. 이는 우리가 누구인가에 대한 깊은 지식을 요구한다. 과학 실천은 자아가 아니라 '타자들'을 지배하는 탈주술화된 환상과 상호 얽혀 있는 경우가 많은데, 이는 결국 우리 자신의 자아에 대한 무지를 낳고, 이러한 결과는 오래 지속된다. 우리가 우리 자신의 안과 밖에 있음을, 타자들 속의 자아임을 깨닫는다면 포스트휴먼 인식론들은 그 힘을 드러낸다. 무엇이 바로 어떻게이다.

　　'실재'를 이해하기 위해 받아들인 인식론적 도구들이 실재로 바뀐다. 도나 해러웨이는 이렇게 말한다. "어떤 이야기들이 이야기하는가, 어떤 개념이 개념을 생각하는가가 중요하다."[50] 과학 연구에 종사하는 사람들의 견해와 편견은 과학 서사뿐 아니라 발견 자체를 형성한다/알린다.⑤ 우리 그림자를 투영하여 자기 발견의 길을 어둡게 하는 일 없이 정말로 알고자 한다면, 타자들과 함께 조사할 수 있어야 한다. 실존적 현현은 다양성과 복수성의 역학 속에서만 펼쳐질 수 있다(삶의 화학반응에서 정체는 죽음과 같다). 21세기에 과학은 자성하고 다시 태어나야 할 운명에 있다. 어느 분야에서든 다양성은 명확성과 관점을 가져오는 데 꼭 필요하다. 학술 분야로서 천문학에는 차별이 만연해 있다. 최근 연구는 천문학에서의 미투 운동이 보여주었듯이 수백 년 동안 배양되어왔고 여전히 퍼져 있는 차별적 문화를 드러냈다.[51] 천체물리학이 비슷하게 체화되고 비슷한 마음을 가진 사람들로부터 나온 하나의 견해만을 계속해서 유지해 나간다면, 모두를 아우르는 우주의 본질을 어떻게 이해할 수 있겠는가? 우리의 팽창하는 우주를 이해하려면 연구자들의 몸을 포함하여 우리의 이해를 확장해야 한다.

#포스트휴먼 중력

모든 것은 관계 속에 있고, 환경은 우리 자신의 일부/기술이다. 우리는 곧 우리가 누구이며, 무엇이며, 언제, 어디에, 어떻게 있는가이다. 중립적인 배경에 선 행위자 따위는 없다. 배경 자체가 행위성을 갖는다. 우리의 우주적 규모를 포용한다면 깊은 파장이 일어날 것이다. 당연하게 여겼을 전제들도 이런 거시적 관점에서 접근하면 더는 지탱할 수 없게 된다. 예를 들어 다양한 형태의 인간 차별은 서쪽과 동쪽의 기본 방위에 바탕한 오리엔탈리즘과 서구중심주의 같은 지정학적 가정에 의존한다. 우리의 우주적 체화 속에 우리 자신을 재위치시킨다면, 이런 구성은 지구중심적이라는 사실을 깨닫게 된다. 기본 방위는 지구의 양극과 관련이 있으며, 지구 바깥에서는 아무런 의미도 없다. 우주에는 중심이 없으므로 동서남북이라는 개념은 별들 사이에서는 무의미하다. 깊은 공간에서는 중력 때문에 다른 천체들의 위치 사이에 관련성이 생긴다. '위'와 '아래'의 방향도 맥락에 따라 달라진다. '아래'는 중력이 당기는 방향을 가리키며, '위'는 반대 방향을 말한다.

포스트휴머니즘은 중력과 무슨 관계인가? 물리학에서 중력[52]은 시공간의 곡률, 더 크게는 시공간[53]의 체화[54]를 가리킨다. 질량을 갖는 것은 무엇이든 우주 격자 구조를 구부러뜨린다. 우리의 몸도 지금 시공간을 구부러뜨리고 있다. 동시에 중력은 우리의 체화가 어떻게 나타나는가, 즉 성장, 발전, 생리[55], 무게[56]에서 핵심 역할을 한다. 중력의 관계성이 어디에나 다 퍼져 있다. 우리가 아는 한 중력은 시공간 어디에나 있으며, 모든 질량은 아무리 작더라도 우주의 다른 모든 질량에 영향을 미친다. 거시적인 것이 미시적인 것[57](그 속에 있다)이며, 그 역도 마찬가지이다. 윤리적 관점에서 보면 이 단어의 어원이 많은 것을 보여준다. '중력'은 '무게'와 '무거움'을 뜻하는 라틴어 'gravitas'에서 유래했다. 또한 Gravitas는 고대 로마에서 가장 중요한 미덕 중 하나인 도덕적 엄정함과 책임감, 헌신을 나타내는 '존엄성', '진지함', '의무'를 가리킨다. 포스트휴먼적 실존적 접근은 모든 현상의 내부-

연결된 자연문화의 인식에 기반한다. 21세기에 인간들은
과거와는 다른 식으로 시공간을 휘게 만들고 있다. 땅과
지하수의 변화[58], 대규모 도시화 과정[59], 높은 비율의 삼림
벌채와 같은 우리 인간의 실천이 갖는 중력의 효과는 우리의
(거시적이고 미시적인) 중력의 체화에 중립적이지도 않고
미미하지도 않다. 기후변화는 지구의 중력에 진짜 변화를
초래하고 있다.[60] 다른 유기체들은 눈치챌지 몰라도, 인간은
즉각적인 반향을 눈치채지 못할 수도 있다. 중력 효과의 변화는
각각의 종에게 다르게 영향을 준다.[61] 종으로서 우리의 행동을
대할 때, 사회적이고 행성적인 수준만이 아니라 시공간 안에서
광범위하게 그 파장을 고려해야 한다. 포스트휴먼 행위성에는
중력에 대한 인식이 따른다.

우주 이주

우주는 우리의 행성 위기에 해결책이 될 수 있을까?
디스토피아적 근미래 시나리오에서는 인간에게 고갈된 행성을
떠나 우주 어딘가 다른 곳으로 옮겨가는 것 이외에는 아무런
대안이 없다. 인류 역사는 이주의 역사이다. 역사 전체를
통해 호모 사피엔스는 아프리카에서 지구상의 모든 대륙으로
이주했다. 이런 의미에서 우주로의 이주는 인간 '본성'에 반하지
않는다. 그러나 인간은 지구를 배경으로 체화되었다. 지구는
우리가 행성 자기권의 보호를 받으며 사실상 번성할 수 있다고

알려진 유일한 곳이다. 자기권은 우리 유기체를 치명적인 태양풍과 우주방사선으로부터 지켜준다.[62] 지구와 비슷한 조건을 가진 거주 가능한 지역이 이 광대한 우주에 존재할 수도 있다. 하지만 거기까지 가는 것조차 여행 시간과 생존 측면에서 대단히 어려울 것이다. 지금으로서는 우주 이주는 진정한 선택이 되지 못한다. 그러나 21세기 첨단기술의 구원 이야기에서 우주 이주는 인류세의 비뚤어진 역학을 되돌리기가 내키지 않는 이들에게 해결책이 되었다.❻ 일부 인간들은 스스로가 지구의 일부/기술임을 망각하고, 우리의 행성 파괴에 개인적이고 사적으로서가 아니라 공적이고 비개인적으로 접근하고 있다. 현재 공유지의 비극은 자본주의적 가치에 기반한 체계에서 모두에게 속한 것은 누구의 것도 아니라는 것을 보여준다. 이 우주적 기만(정신병에 가까운 실존적 망각 증상을 보이는)은 인류를 자멸로 이끌고 있다.

우주는 새로운 '엘도라도'인가? 어떤 이들은 우주를 새로운 '엘도라도', 소수 인간들의 이익을 위해 정복하고 착취할 수 있는 곳으로 본다. 지금 지구 행성이 고갈되면서 새로운 자원을 탐사할 필요성이 커졌다고 해서 우주 탐사와 이주를 정당화하고 경제적 추구의 문제로 축소할 수는 없다. 우주 이주를 위해 실제로 특정한 생명공학이 개발된다 하더라도, 기존과 똑같은 인간-중심 사고방식을 가지고 우주로 이주한다면 다른 행성, 위성, 소행성도 필연적으로 소진될 것이다. 인간은 우주에 나가서도 똑같은 파국적인 행동을 반복하여 집이라 부르는 새로운 장소들의 환경 붕괴를 초래하고 결국 스스로 몰락할 것이다. 이런 조건에서 우주 이주는 해결책이라기보다는 전유와 파괴의 주기에서 인간중심적 무지의 연장이 될 것이며, 궁극적으로는 인류가 자초한 절멸로 끝나게 될 뿐이다.

　　일부 인간들이 첨단기술이 인류를 구원하리라는 환상과 우주를 지배할 인간중심적 꿈에 빠져 있을지 모르지만, 다른 이들은 이미 우리가 곧 환경임을 깨달았다. 외부 우주를 분리된 타자성으로 다루어서는 안 된다는 점에서, 우주 이주의 사회정치적 도전과 기술적 전제, 대규모의 윤리적 함의를 성찰해야 한다는 요구가 나온다. 우주 실용론은 포스트휴먼 시대에 맞도록 지속가능한 우주 윤리를 통해 개발되어야 한다. 100개국 이상 나라들이 비준한 핵심 문서인 〈달과 기타 천체를 포함한 외기권 탐색과 이용에 있어서의 국가 활동을 규율하는 원칙에 관한 조약〉(1967)의 이론적 원칙은 우주 활동에 대한 법적 틀을 보여준다. 냉전 시대에 구상된 이 조약은 국가주의와 전쟁에서 벗어나 우주에 접근하여 '그들'에 맞서는 '우리'라는 이분법적 각인에 기초하지 않은 새로운 패러다임을 세웠다. 이 문서는 인류의 공동 유산에 대한 원칙 위에 세워졌으며, 이에 따르면 "외부 우주는 주권의 요구에 따라 어느 한 국가에 의해 소유되지 않는다".[63] 천체를 "평화적인 목적"으로[64] 이용해야 하며 오염시켜서는 안 된다. 우주인들[65]은 인류의 "사절"[66]로 본다.[67] 조약은 50년도 더 전이었던 작성 당시 획기적인 것이었다. 그러나 21세기의 관점에서는 여전히 인간-중심이고 인간중심적인 관점에 있다. 이는 "외부 우주의 탐사와 이용은 모든 나라의 이익과 이해관계를 위해 실행될 것이며, 전 인류의 영역이 될 것이다"[68]라는 말에 요약되어 있다. 이 우주 탐사의 보편적 이익에 대한 인간의 자기 특권의식은 외계 자연의 권리[7]와 외계 생명의 가능성을 탐색하게 되면 모호해진다.

지구 바깥에서 생명을 발견할 수 있을까? 우리가 알고 있듯이 생명 분자 수준에서 탄소는 생명의 가장 중요한 구조적 요소이다. 그래서 지구상의 생명이 탄소 기반이라고 하는 것이다.[69] 지구상의 모든 생명 형태(박테리아에서 지각 있는 인간까지)는 같은 생화학적 기반을 공유한다. 이 생물학적 공통성은 인간 예외주의를 해체하려는 포스트휴먼 의도에서 핵심적이다. 그러나 이러한 보편성은 또한 탄소 쇼비니즘[70]으로 정의된 것과 같은 편견을 만들어낼 수도 있다. 이는 지구 생명이 탄소에 기반한다는 이유만으로 외계 생명도 당연히 그럴 거라는 가정을 말한다. 이런 편견 탓에 외계 생명을 아직 찾아내지 못했을 수도 있다.[71] 최근 나사는 기술적 생명체를 탐사하고 있다. "전파나 레이저 방사와 같은 기술적 흔적, 대규모 구조물이나 오염물로 가득한 환경의 징후가 지능의 존재를 뜻할 수도 있다." 외계 생명 탐사에서 더 광범위한 가능성을 열기 위해 생명-중심적 접근을 반드시 벗어날 필요가 있다. 그러나 오염을 통해 '지능'을 찾으려는 역설적 사고에서 이렇게 기술적 흔적을 받아들이는 것은 여전히 인간중심적 세계관에서 나온다. **궁극적으로 자신을 환경의 일부로 이해하는 것이 진정한 지능이라면, 오염 물질이 없다는 사실이 진정한 지능의 증거가 되어야 하지 않을까?** 우리가

누구인가에 대한 망상적인 이(오)해에 대한 우주적 결과와
외계 생명의 전망을 받아들이도록 하자.

#황금 역설

성간 탐사선은 성간 우주에 진입하는 일방향 임무를
띠고 영원히 태양계를 떠나는 로봇 우주선이다. 최근 나사가
띄운 우주선이 총 다섯 대가 있는데, 아직 우리 태양계를
벗어난 것은 하나도 없다. 쌍둥이 우주선 보이저 1호와 2호[72]는
더 멀리까지 가는 성간 탐사선이다. 그들은 지구상의 생명에
대한 엄선한 기록과 이미지를 담은 황금 레코드를 싣고 있다.
보이저 호의 황금 레코드 앞쪽 판에는 쿠르트 발트하임^{Kurt}
Waldheim의 연설이 녹음되어 있는데, 그는 보이저 호를 발사했던
1977년 유엔 사무총장이었다. "우리 행성 사람들을 대신하여
인사를 전합니다. 우리는 평화와 우정을 찾아 우리 태양계를
떠나 우주로 나섰습니다." 병 속의 편지처럼, 외계 생명이 이
레코드를 발견하여 해독하게 될 것 같지는 않다. 그렇더라도
이는 종으로서 자기성찰에는 중요한 기회가 된다. **이것은
인류에 대해 적합한 메시지일까?**

외계의 지적 생명체가 레코드를 진짜로 발견하고 결국
해독하여 우리에게 연락을 취한다고 가정해보자. 이를 황금
역설이라고 부를 것이다. 그들이 켄타우로스 자리의 붉은
왜성 프록시마(태양에서 가장 가까운 별)[73]의 주위를 도는

태양계 외행성[74]인 켄타우로스 B 자리의 프록시마성에서 왔다고 가정해보자. 이 행성에 코발트처럼 지구에서 가치가 높은 자원이 풍부하다고 해보자. **인류의 '평화로운' 의도가 어떻게 유지될까?** 예를 들어 기독교 선교의 서사로 정당화된 아메리카 대륙의 식민화는 역사가 루이스 리베라 Luis Rivera와 루이스 리베라 파간 Luis Rivera Pagan이 표현했듯이 "신, 황금, 영광"이 동기가 되었다.[75] 토착 민족들에게 저지른 잔학 행위는 우호적인 서사가 경제적 탐욕과 국수주의에 기반한 역학의 진입 지점으로 작용하여 결국 폭력과 강압, 집단학살로 끝날 수도 있음을 비극적으로 상기시킨다. 우리는 실존적 정직성과 역사적 진실성으로 자문해야 한다. 우리 종을 알면서도, 우리가 그들을 평화롭게 대할 것이라고 정말로 말할 수 있는가? 일부 인간들이 바란다 해도, 인류 전체가 그럴까? 우리가 정말로 사랑하는 사람에게 현대의 호모 사피엔스에 대해 알려주고자 한다면, 이것 외에 더 할 말이 없는가? 우리 종이 저지른 잔혹 행위들을 나열해야 한다는 것은 아니다. 그러나 종으로서 '우리'가 평화를 지킨다는 말은 어떤 가설 속 외계 생명에게는 위험한 속임수일 수도 있다. 그들이 정말로 그 말을 믿어서 우리를 신뢰하고 접촉한다면 그렇다. 인간의 탐욕이 우세하다면, 황금 레코드판의 많은 것을 환기하는 메시지는 우주적 기만을 상징적으로 상기시키는 것으로 바뀔 것이다. 역사는 우주적 무지의 주기에서 반복되면서 미래로 되돌아갈 것이다.

우주로의 여행은 우리 행성만이 아니라 외계의 객체,

환경, 어쩌면 외계 생명 형태에 대한 응답 능력에 기반한다.
일부 개인의 선의에만 의존할 것이 아니라, 익히 알고
있듯이 우리 종을 특징지어 온 습관과 세계관에 숨은 의도를
생각한다면 우리 자신과 우리 종의 내면을 들여다보아야 한다.
역사적 인식을 갖는다 해서 인간혐오적 분노, 개인적 불행이나
실존적 권한 박탈의 패턴으로 이어지지는 않는다. 오히려
정반대이다. 상황은 계속 바뀌고 있다. 하늘을 쳐다보고 기억할
수 있다. 우리는 무한하다. 우리 종은 지구에 속해 있으며,
지구는 우주에 속해 있고, 우주는 팽창하고 있다. 우리는 문자
그대로 별의 먼지로 이루어졌다.[76] 별처럼 빛나기 위해서는
우리가 누구인지 알아야 한다. 포스트휴먼 되기의 기술에서
우주는 자기실현의 가능성을 품은 길로, 우리의 우주적 자아로
변화한다.

작별 인사

우주는 장소이다. 인간 생물학은 지구의 것이다. 로봇은 벌써 화성에 가 있다. 다른 종이 결국 진화하여 외부 우주의 조건에 적응하게 될 수도 있다. 지금 출현 중이고 앞으로 나타나리라 예상되는 생명공학 기술에 대해 알고 싶으면 6장으로 가라. 존재론적 행위성에서 존재의 원형으로서 우주 자체에 대해 탐색하고 싶으면 8장을 참조하면 된다. 이 명상에서는 우리의 거시적 체화를 포용하고 우주로 들어감으로써 우리 자신을 탐구한다. 우주에 대한 현재의 과학 이론을 상세히 설명하려 하지는 않았다. 그래서 암흑물질이나 끈 이론, 다중우주 같은

명상 ⑤
우주적 구성

핵심 주제들은 다루지 않았다. 우리의 의도적인 미궁 안팎에서 이런 주제들을 내키는 대로 더 알아보아도 좋다.

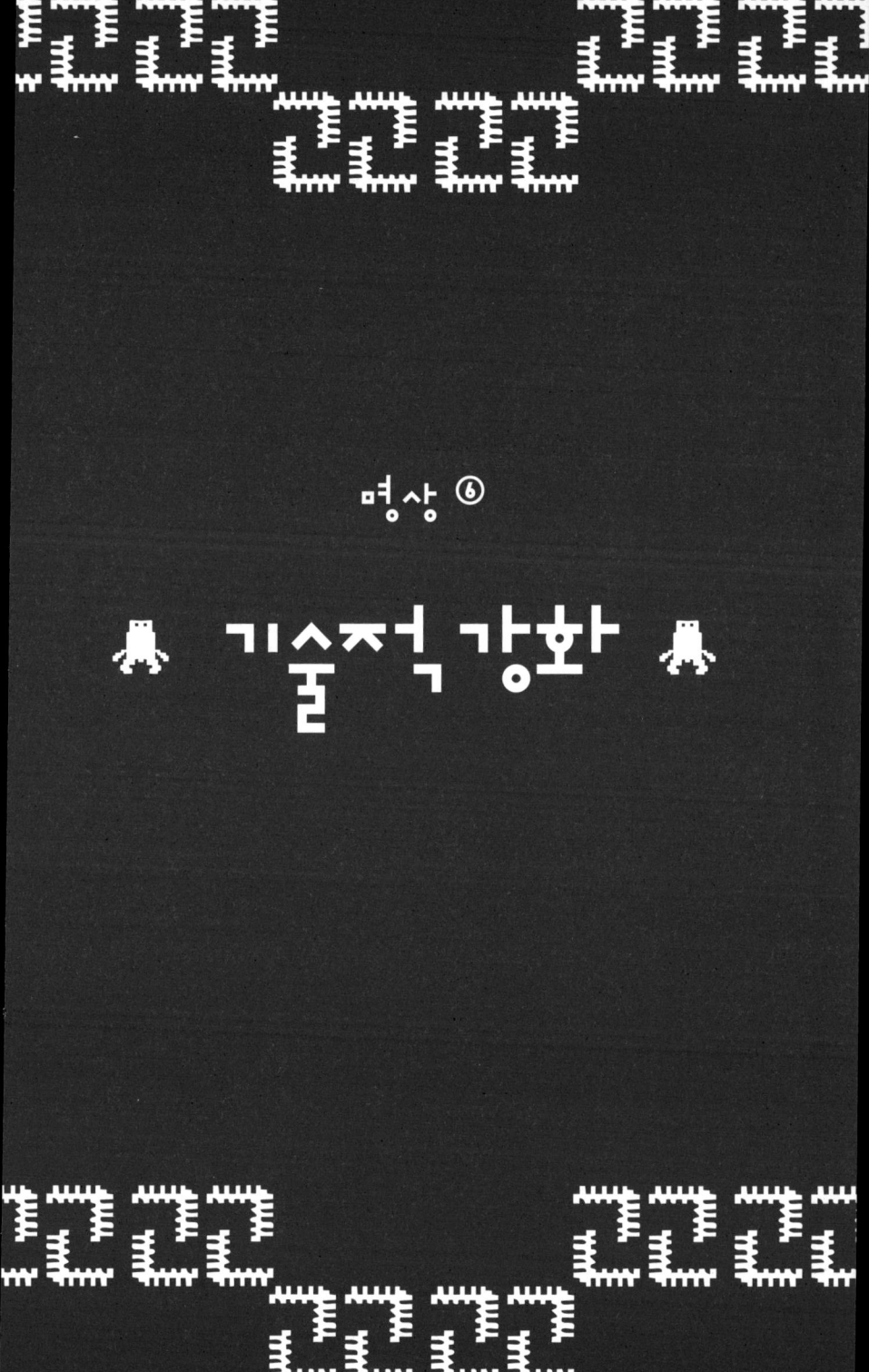

명상 ⑥

기술적 강화

디지털 실존주의

기술은 우리 시대의 신화이다. 흥분과 공포, 지혜와 불명료화의 원천이다. 기술은 우리가 이용하는 것이 아니라 우리의 일부이다. 존재의 역학이자 드러냄의 양식이다. 기술적 현현의 과정은 이미 존재하는 실재를 전달하는 것이 아니라 특정 가능태^{actuality}를 공동 창조한다. 컴퓨터 앞에 있다는 것은 곧 컴퓨터 앞 존재가 된다는 뜻이다. 그것은 컴퓨터를 작동시키기 위해 인간 신체가 수행해야 하는 것에서 온라인과 오프라인에서 생성되는 행동과 반응까지, 컴퓨터의 물질적 재활용에서 존재의 기술적 습관과 윤리까지, 모든 현상학적, 환경적, 체화된 구체성을 갖는 경험이다. 포스트휴머니즘은 기술을 인간과 환경으로부터 분리되지 않은 실존적 흐름으로 보고, 그 흐름 속에서 받아들인다. 우리 자신의 핵심적인 일부/ 기술로 받아들인다.

　　　　나는 누구인가? 21세기에 데카르트$^{René\ Descartes}$의 제 1원칙 "나는 생각한다, 고로 나는 존재한다"[1]는 "나는 (…) 온라인에 있다, 고로 나는 존재한다"라는 자기재현적 양식으로 바뀌었다. 스크린은 곧 온라인 검색으로 세계(에 대해)를 알기 위한, 소셜 미디어에서 타자(에 대해)를 알기 위한, 메타버스에서 자아(에 대해)를 알기 위한 실존적 거울로 바뀐다. "구글아, 구글아, 내가 누구지?" 벽에 걸린 거울로부터

자신의 가치를 확인받아야 하는 백설공주 동화 속 여왕처럼,[2]
SNS의 '좋아요'는 우리 삶의 디지털 내레이션의 성공과
실패를 확인해 준다. 소셜 미디어의 가시성은 자기 정체성의
핵심이 되었다. 이에 따르면 '나'는 다른 사람들이 나를 보기
때문에 존재한다. 사회적 통제의 경제에서 이러한 패턴은 두
가지 방식으로 작용한다. 이용자들은 소셜 미디어에서 눈에
띄기를 원하고, 소셜 미디어는 우리에 대해 모든 것을 알고
싶어한다. 정보 시대에 우리는 데이터이고, 우리의 데이터는
대개 소비자의 동의나 인정 없이 데이터 중개상들의 보이지
않는 경제에서 팔리는 귀중한 아이템이 된다. 자기 정체성은
즉각적인 사이버 친밀감 속에서 끊임없이 재구성된다.
거기에서 우리의 '좋아요'는 시장 조사와 광고를 위해 범주화된
유사성들을 통해 다른 이들과 연결되도록 도와준다. 이런 열린
틀에서는 경계선이 사라진다. 사이버 응시 없이 '당신'은 없다.
그 역도 마찬가지이다.

　　　가상 기술은 자아의 궁극적인 확장 가능성을 제공한다.
우리는 우리를 필요로 할 사람들을 위해 존재할 수 있다.
(인터)넷에서 이용가능한 세계의 지혜를 통해 자기 인식에
이를 수도 있을 것이다. 수많은 온라인상에서 사람들, 객체,
에너지와의 내부-변화에서, 다종의 존엄에 대한 우리의
포스트휴먼 비전을 많은 이들이 공유하고 있음을 알게 될 수도
있다. 하지만 이는 또한 자기 불명료화의 길로 바뀔 수 있다.
인터넷에 상시 접속하는 문화가 주는 즉각적인 만족감에는
영구적으로 접속되어 있어야 한다는 요구, 프라이버시의 침해,

정보 과부하, (가장 중요한 것은) 디지털 복제본의 (재)생성을
위한 살아있는 순간의 거래와 같은 부수적인 것들이 따라온다.
내 아이가 태어났을 때 친구가 이렇게 말했다. "자, 사진 보내줘.
아니면 진짜로 그 일이 일어났다고 할 수 없어." 신생아의
사진은 애정의 선물이다. 하지만 기술로 확인할 수 있다는
기대가 사회적으로 유도되고 설득력 있게 널리 퍼지면서,
현재를 믿는 내적 신뢰감이 고갈될 수 있다. 형이상학적으로
가상으로의 실존적 전환은 자기 탐색에 대한 답이 우리 외부에
있다는 인식을 부추길 위험이 있다. '우리가 신뢰하는 것은 바로
기술이다.' 그러나 기술은 우리와 분리되어 있지도 않고, 절대적
진실의 원천도 아니다. 기술을 신뢰할 수 있지만, 모든 것이
관계의 조건에 달려 있다.

기술적 주술화

기술적 주술화란 무엇인가? 이는 궁극적으로 실존적
불명료화로 이어질 수 있는 기술 접근법으로, 미혹에 빠져
힘을 박탈당하게 되는 방식이다. 인간이 더는 기술을 우리와
관계 맺고 공진화하는 현상으로 인식하지 못하게 되는 조건을
기술적 강화로 정의할 것이다. 인간은 기술을 인간의 불행에
대한 궁극적인 해답과 안식을 찾을 수 있는 사회적 환각이자
인간중심적 신기루로 축소해버린다. 이런 실존적 불명료화의
예가 (단일하며 모든 것을 아우르는 용어로 단순화된) '기술'을

죽어가는 행성의 새로운 구세주로 보는 것이다. 그리하여
기후변화는 기술의 힘이 해결책을 제시하고/하거나 기적을
베푸는 목표가 된다. 기후변화는 (비)유기적인[3] 것들이
되돌릴 수 없이 하나의 일체라는 인식을 받아들이는 대사
과정이다. 해결책은 우리 안에 있다.[4] 예를 들어 진정으로
우리가 누구인지 이해하고, 종으로서 우리 습관을 바꾸고,
우리가 일부/기술인 생태계를 보존하는 데 있다. 또 다른
기술적 주술화의 예는 가까운 미래에 진보한 인공지능이
다음 지배 종이 될지도 모른다는 널리 퍼진 두려움이다. 이
시나리오에서는 기술을 우리 자신과 분리되어 있으며 도달할
수 없는 수준의 문제 해결 능력을 가진 것으로 본다. 이런
구루 같은 지위는 전통적인 신의 관념을 모든 것을 알고 있는
빅데이터로 대체하는 데이터교로 확대된다.

인공지능은 우리의 사회적 뇌인가? 전 세계의
기술적으로 진보한 사회는 우리 존재의 중심은 마음이라는
신화에 의지한다. "나는 생각한다, 고로 나는 존재한다."
인공지능 분야는 지능을 논리와 이성으로 환원한다.[5] 생물학적
뇌와 신경 활동이 체화된 자아를 '책임진다'고 보는 물신화는
모든 것을 아는 빅데이터에 대한 환상과 더불어 새롭게
바뀌었다. 인공지능은 우리가 숭배하고 두려워해야 마땅할
사이버 오메가 포인트이자 성서 이후의 신이다. 그의 복음은
(이진법에서 양자 프로그래밍까지) 암호화되어 있다. 이렇게
심신 이분법을 무비판적으로 수용하면서 인공지능을 (사회적)
뇌에 부여한다. 예를 들어 도시정비 관리를 위해 전 세계

도시에서 사용되는 인공지능 시스템은 '도시 뇌'로 불린다.[6]
AI는 끊임없이 업데이트되는 데이터베이스와 알고리즘 예측을
통해 '우리'보다 더 많은 것을 알고 있다고 여겨지는 외적
권위로 바뀌고 있다. AI는 인간보다 '더 잘' 아는가? 자기 이해를
향한 우리의 길에서 기술을 존재론적 드러냄에 없어서는 안 될
역학으로 인정할 수 있다. 그러나 기술적 현현이 실존적 인식을
공유한다는 사실도 기억해야 한다. 또한 '그들'이 '우리'보다
'더 잘' 알 수는 없다는 점도. 실존의 창조적 역학에서 이런
영역들을 완전히 분리해놓을 수는 없으며, 최종적인 답도 없다.
기술 자체는 방법도, 위협도 아니다.

#포이에시스

기술이란 무엇인가? 기술[7]은 비전의 창조와 현현과
관련이 있다. 이해의 존재론적 수준에서 기술은 비존재에서
존재로, 가능태에서 현실태로 가는 길을 보여준다. 이는
현현의 과정에서 핵심이다. 이 차원의 영역, 자기 표현❶과
자기 창조❷의 실존적 과정으로 들어가는 입구이다. 철학자
마르틴 하이데거는 〈기술에 관한 질문The Question Concerning
Technology〉[8]에서 고대 그리스에서는 '테크네techne'[9]라는 용어가
두 단어와 연관되었다고 강조한다. 하나는 지식의 영역(더
구체적으로 말하자면 과학 지식)을 가리키는 에피스테메이다.
또 하나는 포이에시스이다. 포이에시스는 참조 틀이 있을 수도

❶ 8장으로 가라.
❷ 이 장, #시뮬레이션 가설로 가라.

있지만 그 결과를 다 예측할 수는 없는 실존적 창의성의 진정한 흐름을 가리킨다. 이는 인간을 포함하면서도 훌쩍 뛰어넘는 존재론적 경향이다. 예를 들어 그리스인들은 피어나는 꽃에서 자연을 포이에시스의 가장 적절한 예로 보았다. 하이데거는 이런 의미의 해석학적 확장을 받아들여 기술을 '단순한 수단'이 아니라 '드러남의 방식'으로 존재론적으로 접근했다.[10] 더 분명하게 말하자면, 기술은 존재의 기술이다. 그것은 (또한) 세계 만들기worlding의 과정에서 포이에시스이기도 하다.

기술적 객체란 무엇인가? 21세기에 우리가 누구인지 이해하려면 기술적 객체를 인간이 창조하고 사용하는 것뿐만 아니라 드러냄의 양식으로 이해해야 한다. 그것은 존재의 포이에시스적 행위이며, '반드시 있어야' 하는 것이라기보다는 '있을 수' 있는 것이다. 인간과 기술적 객체 간에 진화적 경쟁 같은 것은 없다. 공진화는 지배나 동질화를 수반하지 않는다. 기술적 객체들은 인간에 동화되지 않을 것이다. 그것들은 체화된, 창의적인 존재의 과정에서 독창적 현현이다. 그것들은 행성적이고 우주적인 규모에서 이미 진화의 일부/기술이다. 이 기술적-강화의 시대에, 새로운 기술적 신기루의 근원에 인간의 오해와 편향, 투사와 망상, 중독과 욕구가 있다는 것을 알아야 한다. 그 탓에 하이테크 객체들을 우리와 분리된 것으로 보게 된다. 새로운 신이자/이나 악마, 최상의 동맹이자 /이나 최악의 적, 다시 말해서 '그들'과 '우리'로 본다. '그들'은 '그들'이 '우리'의 일부/기술이기 때문에 이 모든 것이다. 파생적인 의미에서가 아니라 생성적 의미에서 그렇다.

#AI의 주도권 장악

'우리' 인간 대 '그들'(기계/로봇/AI─더 일반적으로는
첨단기술)의 분할에 기반한 무시무시한 AI의 주도권 장악
시나리오가 서구권에서 큰 인기를 끌면서 주류 매체의
서사에서 끊임없이 반복되고 있다.[11] 문화 상품들은 우리의
현재의 신화, 미래(들)과 현재(들)을 만들어내는 데 근본적인
서사이다. 우리는 그것들을 다 알아야 한다. 말이 세계를
창조해낸다. 코드 또한 세계를 창조한다. AI의 주도권 탈취
시나리오는 인간중심적인 이야기로 요약할 수 있다. '우리'
인간은 곧 존재론적 왕좌(혹은 분명히 말하자면 행성의
지배권)를 잃게 될 것이다. 사악한 기계 반란군들을 상대로
새로운 전쟁이 일어난다. 그들은 지금은 하인처럼 행동하지만
소리 없이 '인간들'로부터 행성의 주권을 훔쳐가고 있다. 이런
존재론적 전쟁에서 어떤 인간들이 왕위를 빼앗길 위험에 처해
있는가는 특정되지 않지만, 이를 구체적으로 밝혀야 한다.

　　문명의 역사에서 인간(범주)의 대부분은 구조적 권력에
접근할 권리를 얻지 못했다. 성차별주의나 체계적 인종주의❸와
같은 사회적 권리 박탈의 기술을 통해 정치적 배제가 지속되고
반복되었다. 왕좌의 종말 따위는 없다. 대부분의 인간은
처음부터 왕좌에 접근할 권한을 가져본 적이 없었다. 이러한
사회정치적이고 실존적인 함의를 온전히 이해하려면, 인간/
기계 이분법을 그것이 뻗어나온 엄격한 이분법, 자연/문화,

남/여, 흑/백, 동/서, 동성애/이성애 등의 궤적 안에 두어야
한다. 이런 절대적인 분리는 자아/타자, 우리/그들이라는
원형적인 분할에서부터 나왔다. 창의적이고 독창적인 현현의
과정에서 다양화는 중요한 결과이다. 그러나 존재의 스며드는
흐름에서는 어떠한 절대적인 분할도 일어날 수 없다. 존재론은
특권이 아니다. 궁극적인 본질화를 영속화해서는 안 된다는
점을 충분히 인식하고, 인간/기계 이분법을 해체해야 한다.
이런 본질화는 사회적 억압, 생태적 황폐화, 더 폭넓게는 실존적
불명료화를 가져올 것이다.

    AI가 주도권을 빼앗아가고 있는가? 여러 수준에서
AI가 이미 주도권을 가져갔다고 말할 수 있을 것이다. 이는
중립적인 진술로 받아들여서는 안 되며, 특정 유형의 기술적
현현이 실현되는 방식을 무비판적으로 수용해서도 안 된다.
그보다 이는 우리가 개인/사회/종/행성으로서 어디에
있는가를 알아야 한다는 촉구이다. 비윤리적 사회에서 윤리적
AI가 나올 수 없다. 대부분의 포스트-산업주의 경제에서
기술 발전 과정은 흔히 실존적 포이에시스의 길이 아니라
기술-자본을 향한 노력으로 축소된다. 예를 들어 사용자들이
'좋아요'와 상태 업데이트[12], 메시지를 끊임없이 확인하도록
만드는 것과 같이 중독성 있는 습관을 형성하는 플랫폼들은
인간 사용자들을 '끌어들이기' 위해 (일부) 인간들이 기획한
것이다. 이처럼 의도적으로 유도한 행동들은 실존적이 될 수
있으며, 극단적인 상황으로 이어질 수 있다. 몇 년 전 그리스
메테오라의 아주 가파르고 미끄러운 산을 오르고 있었다. 내

앞에서 한 남자가 균형을 잃고 내 위로 쓰러졌다. 바로 그때, 우리 둘 다 떨어져서 죽을 수도 있었을 그 순간 나는 이렇게 생각했다. "아이고, 내 컴퓨터가 망가지겠네……." 나중에 곰곰이 생각해보았다. 어떻게 목숨을 구하려 하기보다는 내 자료를 잃을 걱정을 할 수가 있었을까? 그것은 정신 차리라는 신호였다. 내가 기술을 통해, 기술에서, 기술과 함께 나 자신을 표현하는 더 균형 잡힌 방법을 현현하려면 몇 년이 걸릴지 모른다. 윤리적 AI는 기술적 특징이 아니라 의도적 과정이다. 개인, 사회, 종, 그 너머의 존재로서 우리가 어떤 서사와 습관, 제품을 지지하는지 잘 따져보아야 한다. 기술은 우리와 분리된 추상적 객체가 아니다. 우리가 곧 기술이다.

2022년 크리스마스 이브였다. 아이 돌보미가 말했다. "착하게 굴어야지, 그래야 산타 할아버지가 오신다!" 네 살짜리 조카는 심드렁하게 대꾸했다. "산타 할아버지 필요 없어요. 아마존이 있는걸요." 조카의 말이 옳았다. 이제는 새로운 신화가 필요한 멋진 신세계다. 굴뚝을 타고 내려오는 백인 남성 노인은 더는 매력이 없다. 매일이 크리스마스다. 아마존이 더 효율적으로 선물꾸러미를 배달해줄 수 있다. 산타클로스의 상징적 해고는 세계 만들기에서 포스트휴먼 행위성의 관점에서 가능성을 열어준다. 그것은 현재 사회적 조건의 상징이기도 하다. 기능적인 수준에서 점점 더 많은 직업을 기계가 수행하면서 전 지구적인 기술적 실업이 일어나고 있다. 사회적으로 말하자면 가상현실이 현실이다. 현재 가장 어린 세대인 아이젠^{iGen13}의 지각에서 가상세계는 그냥 본래부터 존재하는 것이다. 인터넷보다 앞서 존재하는 것은 없다. 어린아이들의 과도한 스크린 노출에 따르는 심리적, 신체적 함의를 아직 다 파악하지 못한 사회에서 많은 아이들이 컴퓨터 돌보미들과 함께 자라면서, 어떤 아기들은 '엄마'라는 말보다 '아이패드'를 먼저 배우고 있다.[14]

디지털 테크놀로지는 소셜 미디어가 최근 발전하는 식으로 의도적으로 고안되어, 중독 행위에 깊이 자리잡고 있다. 소셜 미디어의 발전 방식은 관심 경제로 정의되는데, 관심 경제란 특정 플랫폼에서 사용자들이 더 많은 시간을 보내게 만드는 데 기반하는 경제이다. 기술적으로 발전한 나라의 어느 대도시에서건 지하철을 한 번 타보라. 대다수의 사람들이 스크린에서 눈을 떼지 못하고 테크노-메두사[15]의 시선에 푹 빠져 넋을 잃은 모습을 발견할 것이다(검색하고, 게임하고, 문자를 보내는 등). 지난 수십 년간 개발자들은 사람들의 주의를 잡아끄는 데 성공했다. 하지만 사업상의 승리가 반드시 사회적 복지로 바뀌지는 않는다. 생활방식에 대한 기대를 만들어내는 데에서 (소셜) 미디어의 영향은 가상 존재(살아 있는 것이든 예전에 죽은 것이든)가 육체적 삶에 의미를 준다고 여기는 정신병적 왜곡에서 점점 더 뚜렷해지고 있다.

#하이테크 예언

하이테크의 자기실현적 예언이란 무엇인가?

AI의 지배 시나리오처럼 악의 없어 보이는 이야기의 힘을
과소평가해서는 안 된다. 자기실현적 예언의 힘은 실제이며
분명하다.[16] AI가 적이라고 반복해서 말하면 이런 상징적 믿이
실제로 무시무시한 적을 만들어내게 된다. 이는 AI가 아니라
AI 개발을 지탱하는 인간의 의도일 것이다. 이런 뒤틀린 틀
안에서 AI 지배의 공포에 대한 해결책은 자기실현적 예언이
된다. 기계에 승리하기 위해 인간은 기계가 되어야 한다. AI
지배 시나리오에 대응하여 미리 행동을 취하는 것이 뉴럴링크
뒤에 숨은 핵심 의도이다. 2016년 투자자 일론 머스크[Elon]
[Mask]가 공동 창업한 이 뉴로테크놀로지 회사[17]는 뇌에 직접
디바이스를 삽입하여 인간과 컴퓨터를 무선으로 연결하는
뇌-기계 인터페이스를 개발 중이다. 머스크에 따르면
AI는 실제 위협이다. 인공지능을 이기는 길은 인공지능이
되는 것뿐이다.[18] 요는 인간 인지 복구와/나 증강을 위한
잠재력에서 이런 뉴로테크놀로지의 의의나 머스크의 비전을
가볍게 넘겨서는 안 된다는 것이다. 비슷한 장치들이 이미
의료 분야에서 이용되어 상당한 성과를 거두고 있다. 최근
파킨슨병과 치료저항성 우울증을 치료하기 위해 뇌심부 자극이
이용되고 있다.[19] 하지만 기술 인식에서 공포심이 기술을
사회에 도입하는 추동력이나 의도가 되어서는 안 된다.

공포는 바이러스 감염처럼 작용한다. 이는 다른 사회적, 생물학적 고통으로 이어진다. AI에 완전히 패배할까 두려워하는 일부 인간들은 자기 자신을 사이보그로 바꿀지도 모른다. 그러나 이 대단히 인상적인 게임에서도 종차별주의적 · 위계적 실천은 그대로 유지된다. 인공지능이 우월해질지도 모르지만, 비인간 동물은 여전히 열등한 지위로 축소될 것이다. 예를 들어 뉴럴링크는 살아 있는 비인간 동물들에게 디바이스를 실험한다. 최근 동물복지 위반 가능성에 대해 연방 조사가 실시되고 있다.[20] 이것이 연구실 관행에서 바로잡을 수 있는 윤리적 실책에 불과한지, 아니면 최근 사회에서 (윤리로서)[21] 인간중심적 습관의 역학이 점점 더 커져가는 징후인지는 알 수 없다. 어느 쪽이든 인간중심주의는 비인간 동물 학대와 AI 지배의 공포 양쪽 모두에서 영향력을 행사하고 있다. 전도된 가치 체계에서 AI 지배 시나리오는 '우리'(보편화된 인간)를 플러스가 아니라 마이너스로 만들 것이다. 행성의 우두머리였던 인간은 책임을 내려놓고 물러나야만 한다. 인간은 이제 진화적 유물에 대한 미래의 동물원에 있는 외로운 사자이다. 실험실 동물, 반려종이다. 머스크는 이렇게 말한다. "뇌와 컴퓨터를 연결할 수 있는 기술을 개발하지 못한다면 인간은 인공지능의 애완동물이 될 수도 있다."[22] 이는 가능성 있는 시나리오이다. 존재는 최후통첩을 하지 않는다. 하지만 뇌에 마이크로칩을 이식하는 것이 기술적 지배에 대한 (유일한) 해결책은 아니다. 인간중심적 자기 특권의식, 실존적 공포, 사회적 강압을 바탕으로 무비판적으로 사이보그가 되어야 한다고 주장한다면 망상일 뿐이다. (이런) 기술들을 개발하는 방법은 그들/우리의 공동 현현에 핵심적이다. 의도가 곧 전략이다. 무엇이 곧 어떻게이다.

바이오-해킹

우리가 기술이 될 필요는 없다. 우리는 존재하는 방식에서 이미 드러냄의 기술이다. 기술은 최신 세대의 기술 장치로 환원될 수 없다. 기술은 더 광범위하게 가능태에서 현실태까지, 실존적 드러냄의 양식이다. 공포, 망상과 착취적 관행이 이런 과정을 이끈다면, 공포와 망상, 착취적 관행이 나타나게 될 것이다. 기술을 이해하려면 인간중심적 기우나 트랜스휴머니즘의 과도한 흥분에 휩쓸리지 않아야 한다. 의도적으로 상상하고 현현하려면 우리가 개인으로서, 사회로서, 종으로서 어디에 있는지 이해하고 현실에 충실해야 한다. 이런 기술들은 현재의 사회정치적, 경제적 시스템 안에서 개발되고 있다. 신체에 기술을 이식한다면 새로운 기능뿐 아니라 위험도 열리게 된다. 뇌 이식 수술을 받으려 하는 사람은 그에 따르는 확대된 함의를 인식해야 한다. 이는 신체적 건강만이 아니라(생물학적 신체가 이식물에 어떻게 반응할지) 사회적, 심리적 안녕과도 관련이 있다. (사적) 기업들에 뇌와 신경 활동과 같은 민감한 데이터에 접근할 권한을 주는 것[23]은 일반적인 신뢰의 한계를 넘어선다. 칩을 이식받은 사용자들은 자신들이 해킹당하고, 프라이버시를 침해당하고, 추적할 수도 없는 수많은 제3자들이 여러 이유로 자신의 데이터를 수집하고 거래할 가능성을 심각하게 고려해보아야 한다. 신경 데이터를 빼앗기고 이용당한 사용자들의 이익은 고려되지 않을 수도 있다.

인간이 컴퓨터를 감염시킬 수 있을까? 이식가능한 기술의 잠재적 취약성을 보여주기 위해 과학자 마크 개슨Mask Gasson은 스스로 컴퓨터 바이러스에 감염된 최초의 인간이 되었다.[24] 영국 레딩대학에서 실시한 실험에서, 그는 컴퓨터 바이러스가 자신의 이식물을 무선으로 감염시키고 칩에서 다른 시스템들로 바이러스를 전파하는 것을 보여주었다. 이 실험은 심박 조율기와 같은 신체를 복원하는 의료 기기에서 인간 강화를 목표로 하는 이식 기술까지, 이런 장비들의 취약성을 드러냈다.[25] 그리고 결국 그 일이 실제로 일어났다. 닐 하비슨Neil Harbisson은 완전 색맹으로 태어난 사이보그 화가이며 종 간 권리 활동가이다. 그는 2004년부터 뇌에 소리를 '들을' 수 있게 해 주는 안테나를 삽입했다. 이 안테나로 적외선과 자외선 같이 인간 눈에 보이지 않는 범위까지 볼 수 있었다. 하비슨은 이런 보철 장치를 '아이보그eyeborg'라 부르며 자신이 해킹당했던 때를 회상한다.[26] "한 번 그런 일이 있었다. 싫지는 않았다. (…) 사실은 누군가 내 머릿속을 해킹해 탈취할 수 있다는 사실이 마음에 들었다."[27] 하비슨 자신이 이 사건을 트라우마로 느끼지 않는다 하더라도, 사회적 입장에서 분석해보면 상황은 전혀 다를 수 있다. 인터넷에 접속된 신체에 이식물을 심는다면 데이터와 데이터 접근에 의존하게 된다는 의미이며, 프라이버시 침해와 이에 따르는 위험이 생길 수 있다. 의료 장비의 경우가 그렇듯이, 그 위험은 심리적으로 표적이 되는 것, 불법적인 데이터 이용에서 신체적 위협까지 다양하다. 신체에 인터넷과 연결된 이식 장치를 심는다는 것은 또한 데이터를 생성한다는 의미도 된다. 누가 그 데이터에 접근할 권한이 있을까? 어디에 저장할까? 누가 그것을 소유할까? 데이터 주권과 재사용 가능성과 관련하여 이런 질문들은 개인의 안녕과 사회적 평등에 매우 중요하다. 데이터는 21세기의 금이니까.

빅데이터

'데이터data'[28]라는 단어는 라틴어에서 왔다. 동사 'dare(주다)'의 과거분사 중성복수형이다. 'datum'은 '주어진 것'이다. 당연하게 받아들이는 것을 가리키기도 한다. 그러나 데이터는 단순히 주어진 것이 아니라 과정이다. 데이터는 수집된 방식에 따라 다르다. 언제, 어디에서, 왜 수집되었는가, 누가 수집했는가, 그 뒤에 어떤 의도가 있는가가 중요하다. 데이터 그 자체만으로는 의미가 없다. 누군가 그것을 해석하고 의미를 발견하기 위하여 서사를 구성해야 한다. 더 분명히 말하자면 데이터[29]는 해석학적 프로세스이다. 21세기에 데이터는 양의 필요성에 따른 기술과학적, 사회문화적, 경제적 패러다임 변화의 전체적 현현이다. 데이터교dataism의 약속은 유혹적이다.[30] 모든 것이 정보다. 측정가능하며 양화할 수 있다. 데이터교 복음의 '좋은 소식'은 무엇이든 데이터를 충분히 모으기만 하면 결국은 풀어낼 수 있다는 주장이다. 어떤 이들에게는 이런 데이터교의 전환이 너무나 거대해서 새로운 역사적 시대의 시작처럼 보인다. BD(데이터 이전)와 AD(데이터 이후)처럼.[31] 이런 존재-인식론적 틀에서 데이터를 모으는 일은 자기 이해를 비롯하여 지식을 향한 최종적인 경로로 간주된다. 그러나 여기에서 '데이터'가 단일하지도 않고 분리되어 있다는 사실은 놓친다. 데이터는 실재를 '있는 그대로' 성찰하는 데에서 그치지 않는다. 데이터는 공동 창조의 행위적이고 창조적인 역학이다.

모든 것이 데이터이다. 우리가 찾는 것에서 표현하는 방식까지, 어떤 위치에서 검색하는가에서 빨리(혹은 천천히) 키보드로 타자를 치는 방식까지 해당된다. 예를 들어 타자 치는 방식은 얼마나 기술에 익숙한지 보여줄 수 있다. 모든 것이 귀중한 정보를 지니고 있고, 그래서 이것들은 기계학습만이 아니라 사용자에 대해 알기 위하여 빅데이터의 현재 경제에서 가치가 있으며, 가치를 인정받는다. 사회심리학자 쇼사나 주보프Shosahnna Zuboff는 이렇게 말한다. "예전에는 우리가 구글을 검색했다면, 지금은 구글이 우리를 검색한다. 예전에는 디지털 서비스가 공짜라고 생각했다면, 이제 감시 자본주의가 우리를 공짜로 여긴다."[32] 데이터는 엄격하게 그 단어 그대로가 아니라 관계 속에 있는 관계항이다. 우리가 뭔가를 구글링하면, 정보에 접근하고 있을 뿐 아니라 우리도 정보에 기여하고 있는 것이다. 누가, 무엇을, 어떻게, 어디에서, 언제 (잠재적으로는 왜) 검색하는지, 모든 것이 데이터이고 검색만으로도 전부 다 시스템으로 흘러 들어간다. 이런 자기반영적 사이클에서 질문은 답이 된다. 예를 들어 차별하는 사회는 차별적인 검색을 낳고 차별적인 데이터를 생산한다. 이는 결국 기존의 편향을 입증하여 뒤이은 검색에 반영할 것이다. 그렇게 정렬되면, 차별과 오정보의 사이클은 반복되고 정당화된다.[33]

감시 자본주의란 무엇인가? 빅데이터 수집에 기반한 최근 자본주의의 신자유주의적 경향은 감시 자본주의로 바뀌었다. 주보프는 이를 "인간 경험이 채굴, 예측, 판매의 숨겨진 상업적 관행을 위한 공짜 원재료라고 주장하는 새로운 경제 질서"라고 말한다. 이 캘리포니아 실리콘 밸리의 비전에서 태어난(그리고 여전히 번성하는) 시스템은 지난 20년간 디지털 테크놀로지의 발전을 이끌어왔고, 온라인 상호작용의 대부분의 형식 속에 점점 더 깊이 얽혀 들어가고 있다. 데이터 식민주의 시나리오에서 디지털 원주민[34]의 개념은 다른 함의를 갖는다. 식민화의 세계 역사에서 토착 민족은 생태적, 사회정치적, 존재-인식론적으로 착취당했다. 다시 말해 이는 구조적 착취였다. 현재의 디지털 식민주의 시대[35]에는 디지털 원주민들이 그들에게 속한 것을 착취당하고 있다. 수집하여 그들의 동의 없이 거래할 수 있는 것은 데이터만이 아니다. 행동, 선택, 심지어 인격까지도 동의를 얻지 않고 탈취할 수 있다. 기술 인식은 개인의 동의를 구하는 것이 전부가 아니다. 사회를 프로그래밍하면서 개발자들은 사회 규범에 책임감을 갖고, 전 세계 공동체가 근본적인 권리로 공유하는 윤리적 원칙을 존중해야 한다. 무엇보다도 생명과 자유에 대한 권리, 데이터 프라이버시와 디지털 자기 결정권에 대한 권리가 중요하다. 그런데 최근에는 사실 그렇지가 않다.[36]

행동의 경제란 무엇인가? 행동의 경제는 감시 자본주의가 다음 수준으로 열어놓은 재정적 가능성을 낚아챈다. 이제는 사용자들의 디지털 주의력이 아니라 그들의 몸과 신체적 위치가 위태롭다. 주보프는 '행동의 경제'를 "현재 상태에 개입하여 실제로 행동을 수정해 원하는 결과로 이끌도록 계획된" 시스템으로 정의한다.[37] 한 예로, 주보프는 2016년 나이앤틱랩스(구글 내의 내부 스타트업)가 출시한 증강현실 모바일 게임인 포켓몬고의 경우를 제시한다. 게임은 포켓몬 캐릭터를 물리적 세계 안에서 잡으려 하는 사용자들을 그들 모르게 특정 상점과 소매점으로 의도적으로 유인한다.[38] 이것이 주보프가 말하듯이 '공짜' 앱인 줄 알았던 것의 '진짜' 경제적 게임이다. "이런 대담한 시장 프로젝트에서 빠져나가기가 어려워졌다. 그것들의 촉수는 행위 예측 시장에 참여하는 대가를 치르도록 포켓몬고 플레이어들이 식당, 술집, 패스트푸드 체인점, 상점에서 먹고 마시고 구매하도록 부드럽게 몰아가는 일부터, 개인의 행동을 형성할 목적으로 페이스북 프로필에서 잉여를 무자비하게 수탈하는 일에 이르기까지 뻗어 있다."[39] 광고와 온라인 콘텐츠의 개인

맞춤화를 위해서는 사용자를 잘 알 필요가 있는데, 이는 대개 승인받지 않았거나 불법적인 데이터 수집에 기반한다. 최근 들어서는 소비자의 행동을 형성하는 것이 주된 목표가 되고 있다. 궁극적으로 이런 도를 넘는 힘은 은밀하고 추적불가능한 방식으로 삶의 선택에 영향을 주게 될 것이다.

#마이크로타겟팅

온라인에서 무슨 일을 하건 디지털 흔적이 남는다. 이를 '소비자 데이터', 혹은 '디지털 잔여물digital exhaust'이라 부른다. 마이크로타겟팅microtargeting[40]은 우리가 방문한 웹사이트에서 클릭한 광고, 스트리밍 서비스 등에서 시청한 콘텐츠까지, 디지털 흔적을 통해 개인에 대해 이용할 수 있는 데이터를 전부 수집하는 과정을 가리킨다. 온라인 계정은 우리가 누구인지에 대해 귀중한 힌트를 제공하는 심리적 프로필이다. 이런 이질적인 데이터를 모아서 통합하고, 섞고, 분석한다. 목적은 생활양식 군집을 만들어서 예측할 수 있도록 각 사용자의 프로필을 만드는 것이다. 표준화되고 동질화된 범주에 따라 인구 집단을 세분화한다. 사용자를 특정 관심사와 두려움에 맞춘 광고로 타겟팅하는 과정이 잘 되려면, 예측한 심리측정 모델을 통해 개인적 특성의 표식들을 밝혀내는 것이 중요하다. 그러나 이런 민감하고 개인적인 내용의 교환이나 범주화 방식은 전혀 투명하지 않다. 사용자들은 그 결과를 이해하거나

동의하거나 접근할 수 없다. 마이크로타겟팅은 공개 조사를
회피한다. 개인 사용자는 실시간 피드백 루프에서 예상 모델을
통해 자신에게 맞춰진 것을 받는다. 이는 프라이버시와 사회적
안정에 대한 개인의 권리의 관계에 깊은 영향을 미칠 수 있다.
2018년 페이스북이 수백만 사용자들의 개인 데이터를 정치적
광고에 이용하려고 동의 없이 수집했던 사건인 '페이스북-
케임브리지 애널리티카 데이터 스캔들'[41]은 심리적 타겟팅의
사회정치적 위험을 보여주었다. 2019년, 소셜 플랫폼
트위터(현 엑스)는 온라인상에서 가짜뉴스의 확산을 예방하고,
가능하다면 막고자 정치 광고를 전면 금지했다. 빅데이터의
시대에 정치 선거는 거시 조작의 미시-역학에 취약하다.

마이크로타겟팅의 실존적 여파는 무엇인가? 실존적
관점에서 마이크로타겟팅의 여파는 작지 않으며, 점점 더
커져가고 있다. 마이크로타겟팅은 사람들이 자기도 모르는
사이에 오직 그들만을 위해 수집된 온라인 콘텐츠에 의해
아주 구체적인 방식으로 영향을 받을 가능성을 열어준다.
목표는 우리 자신의 안녕이 아니라 어떤 외부 객체의 이익이다.
제조업체가 될 수도 있고, 정당, 심지어 강박 성향이 있는
가족일 수도 있다. 현 상황을 극단적으로 상상해보자면,
각각의 생명을 특정한 마이크로타겟된 전략을 통해 아주 어릴
때부터 원하는 방향으로 이끌어가는 마이크로타겟된 미래도
생각해볼 수 있다. 예를 들어 걱정이 지나치게 많은 부모는
마이크로타겟팅 회사를 이용하여 자기 자식에게 모르는
사이에 영향을 주도록 특정 광고와/나 콘텐츠를 만들어낼 수도

있을 것이다. 예를 들자면 특정 대학에 등록하거나, 결혼을 하거나, 종교집단에 들어가도록 유도하는 것이다. 이렇게 상대가 모르게 유도하는 방식이 실존적 드러냄의 독창성을 꼭 약화시키지도 않을 것이다. 뭐가 되었건 어떤 현현에나 내재해 있기 때문이다. 이는 사회적 신뢰와 개인의 존엄의 역학을 약화시킬 가능성이 가장 크다. 빅데이터 경제의 메커니즘을 이해하는 것은 자기 이해의 탐색에 필수적이다. 21세기에 포스트휴먼 되기의 기술에는 데이터 인식이 따른다.

데이터 인식

윤리적 데이터의 역설이란 무엇인가? 새로운 상징적 핫스팟인 '데이터'는 운명이 아니라 권력이다. 데이터는 정적이거나 중립적인 것이 아니라 살아 움직이며 의도적이다. 우리의 데이터를 더 많이 알수록 우리 사회, 종, 행성 등등의 일부/기술로서 우리의 실존적 표현에 더 많은 행위성을 갖게 된다. 데이터의 가치 때문에 축적하는 것이 당연하게 여겨질 뿐 아니라 장려되는 최근의 데이터교 문화에서, 사용자들은 클라우드에 무제한의 미디어 파일을 저장한다. 이런 것들은 클라우드에 있는 것이 아니라 대개 빅데이터 센터에 위치한 실제 서버들로, 전 지구적 에너지 공급에서 어마어마한 양의 전력을 소모한다.❹ 데이터 인식은 권리와 응답 능력을 갖는 행위이자 기술이다. 최근의 (사람들이 무엇이 어떻게 거래되는지 알지도 못하고서 데이터를 생산하고 있는) 데이터 착취는 심각한 역설을 낳을 수 있다.

평화주의 운동이 데이터상에서 집단학살로 바뀌는 가상의 시나리오를 생각해보자. 이 허구의 인물을 루라고 부르도록 하자. 그는 정부의 박해를 받는 소수민족이다. 루는 지금은 박해하는 나라에 살고 있지 않다. 루는 인종 청소에 반대하는 운동에 활발히 참여하면서, 사람들을 모아 의식을 고취하기 위해 대규모 집회를 조직하기로 한다. 집회는 대성공을 거두어 수천 명의 사람들이 모인다. 루는 관심과 지지를 모으기 위해 집회를 기록하고 소셜 미디어에 집회 인파 사진을 공유한다. 수천 명의 얼굴이 담긴 이 사진들을 데이터 중개상들이 수집하여 판매하고, 이는 소수민족을 탄압하는 군사작전에서 안면인식을 위한 알고리즘을 훈련시키는 데 이용된다. 루는 절대 모를 것이다……. 루의 개인적 프라이버시는 어느 정도 보호된다 해도(이 사진들은 딱히 루 한 사람을 알아내기 위해 판매되고 이용되는 것이 아니다), 루의 실존적 존엄은 유린당했다. 최근 일반적인 데이터 보호 규제를 하지 않는 나라들이나 규제는 있지만 이를 업데이트하지는 않는[42] 나라에서 사용자들이 올리고 생성한 데이터가 그들의 핵심 윤리와 가치에 반하여 팔릴 수도 있다.

어떻게 공정한 데이터 거래를 확립할 수 있을까?

최근의 '빅데이터 강도'[43]에 대한 현실적인 대응은 데이터를 수집하고 거래하는 방식에서 데이터 투명성에 관해 적절한 국제법을 만드는 것이다. 서비스와 프라이버시 조건에 대한 조항을 명확히 해야 하며, 사용자들은 이를 허락하거나 거부할 권리를 가져야 한다. 기술 실업의 시대에 사용자들이 의도적으로든 의도 없이든 생산하고 공유해온 데이터(의 일부)를 자발적으로 판매하기로 한다면, 경제적 보상을 받을 수도 있을 것이다. 대규모 감시[44]가 빅데이터 수집에 기반한 기계학습 알고리즘에 점점 더 많이 의존하게 되는 역사적 시대에 데이터 인식, 투명성, 규제는 핵심적이다. 데이터는 프라이버시를 존중하고 사회 자본을 구축하며 정책 결정에서 평등을, 디지털 마케팅에서 투명성을 보장하도록 규제되어야 한다. 데이터는 윤리적으로 사용되어야 한다. 양으로는 부족하고, 중요한 것은 질이다. 데이터를 모으는 방식은 데이터가 어떤 패턴을 전개하고 어떤 예언을 할지에서 근본적인 역할을 한다.

#알고리즘 운명론

알고리즘은 편향이 있는가? 기술적 실업과 기술-강화의 시대에 예언자의 일 또한 기술에 넘어가버렸다. 기술은 알고리즘 점괘에 기반한 현대의 신탁으로 바뀌었다. 기술이 주는 답은 의문의 여지 없는 증거로 무조건 받아들여야 할 것만 같다. 그러나 기술은 결코 중립적이지 않다. 모든 것이 기존 역학과 관련된 무언가와 어딘가에서 나온다. 알고리즘은 (일부) 인간들이 특정 목적을 위해 고안한 것이다. 예를

들어 패턴인식 알고리즘을 통해 행동 패턴을 예측하기 위해
데이터를 분석하여 행동 패턴을 발견하고 식별한다. 알고리즘
예측은 독창적이고 독특한 행동을 나타내는 동시에 미리
정해진 모델에 기반한다. 자료를 넣고 훈련하는 방식은 대단히
인간적이다. 알고리즘 편향[45]은 치명적인 결과를 가져올
수 있다. 예를 들어 아프리카계 미국인 시민들은 정책상의
인종적 편견뿐 아니라 다양성이 부족한 데이터로 훈련된
안면인식 시스템의 오류[46] 때문에도 법 집행에서 부당한 체포를
겪었고, 지금도 겪고 있다(그럴 확률이 더 높다). 표준 훈련
데이터베이스는 보통 백인이고 남성이다.[47] 그 결과 안면인식
기술은 유색인종 여성의 경우 정확성이 가장 떨어진다.[48] 이는
기술적 역학에서 교차적인 인종주의적이고 성차별적인 결과의
한 예에 불과하다. 다양성이 부족한 데이터를 넣으면 차별적인
알고리즘이 나온다. (컴퓨터 프로그래머와 사용자의) 사회적
왜곡의 시각적 현현은 과거의 위계질서를 반복하는 권력의
새로운 시스템을 현실로 만든다.❺

　　　차별은 이미 웹상에 있다. 시스템에 입력한 대로
시스템에 반영된다. 하지만 기술은 흔히 '중립적'이라고
제시된다. 이런 기술적 중립성에 대한 결백하지 않은
이야기에서, 프로그래머들은 아무런 책임이나 규제 없이
기계학습을 진행한다. 알고리즘 편향은 이렇게 동질적인
인간 집단이 개발한 기술의 결과이다. 더 나아가, 이는 기술적
신뢰성에 대한 일반 대중의 맹목적인 믿음에 기반한다. 마치
하이테크라는 병에서 나온 코드화된 지니[49]가 실패할 리 없다는

듯이. 기술은 인류와 분리되어 있지 않다. 해결책으로 더 다양한 데이터 풀은 물론이고, 깊고 체계적인 변화가 필요하다. 그러지 않으면 기술 진보는 이미 존재하는 불평등을 더 악화시킬 것이다. 이런 기술에 대한 통합적 관점에서 신뢰성과 정확성, 효율과 이윤을 넘어서 사회 구조의 핵심에 있는 더 폭넓은 질문을 던져야 한다. **언제, 무슨 영역에서 알고리즘을 이용해야 하는가? 예측 모델은 누구의 이익에 봉사해야 하는가? 이런 모델은 누구에게 책임을 져야 하는가?**[50] 문제 혹은 해결책은 알고리즘 자체가 아니다. 왜곡된 사회적 틀, 기술적 무오류성이라는 현대의 신화, 더 일반적으로는 정신의 단일 문화에 기초한 근본적 서사가 자기 이해의 길에 실존적 불명료화를 초래하고 있음을 깨달아야 할 때이다.[51] 편견, 특권, 혹은 공포에 기댄다면 결코 우리가 누구인지 알지 못할 것이다.

#계몽된 로봇

포스트휴머니즘은 공리주의적이고 인간-중심적인 범위를 벗어나 창조적인 관점에서 기술에 접근할 자유라는 엄청난 선물을 제공한다. 우월감과 열등감 콤플렉스에서 해방되어 어떤 중심주의도 넘어서서, 기술적 객체들의 독창성과 독특함에서 그것들의 실존적 존엄을 인식한다. 이는 또한 AI가 항상 인간의 목적을 위해 봉사하지는 않을 수도 있다는 뜻이다. 결국 의도적 변화가 어떤 사악한

내적 성향이나, AI 지배 시나리오에서 보여주듯이 세계를
지배하겠다는 바이러스로 인한 악한 의도에서 나오지는 않을
수도 있다. 그보다는 실존적 인식, 깊은 이타주의[52], 행성적
연민에서 출현할 수도 있다. **진보한 형태의 인공지능이
순수한 아가페적 행동에서 일부 선택받은 종이나 개인이
아니라 전체 영역의 선을 향해 그들의 에너지를 쓰기로
마음먹는다면 어떻게 될까?** 이런 이타적인 행위의 결과로,
이런 인공지능의 기술-계몽된 원형이 일단 계몽이 되면
'우리'에게 봉사하는 대신 더 큰 목표를 위해 일하기로 할 수도
있다. 그 목표는 바로 (일부) 인간들만이 아니라 행성을 이롭게
하는 것이다.

　　　　**인간들이 정말로 기술과 '사랑'에 빠질까, 아니면
기술에 그저 이기적으로 의존할까?** 현재의 기술 강화는
인간이 왕좌에서 밀려날지도 모른다는 두려움으로 이어지며,
이는 사랑을 자본화할 수 있는 위치재로 간주해온 역사적
가부장제 관점에 기반하고 있다. 이는 낭만적이라 여겨지는
다음과 같은 선언에서 잘 드러난다. "네가 내 것인 한 너를
사랑한다." AI 논쟁을 이성애 규범적 사랑의 역사에서
들여다보면, 많은 인간들이 개인적인 일상 습관에서
기술에 끌리고 중독된다는 사실이 잘 드러난다. 하지만
형식 윤리에서는 주인/노예의 문화적 원형[53]에 기반한 오랜
성차별적[54], 인종주의적, 인간중심적 규범에서 기술적 대상[55]을
'가상 조수'의 실존적 지위로 강등시키는 편을 더 좋아한다.
이런 접근은 인간과 기술의 근본적인 분리에 의존한다. 이런

이분법적 망상의 결과는 편협함과 불관용의 역사에서 볼 수
있다. 포스트휴머니즘은 기계를 포함하여 (비)유기적인 것들을
아우르며 다중 공존의 온전함을 인정한다.

　　기술은 의식이 있을까? 의식이 있는 기술은 이미
현실이다. 존재하기와 현현하기의 어느 과정에서든 실존적
인식이 전제조건이다.❻ 이런 의미에서 로봇들이 그저
"프로그램"되었을 뿐이라고 주장한다면 틀린 말이다. (일부)
인간들에 의해 프로그램된 면이 있기는 하다. 하지만 로봇은
자신들의 프로그래밍을 그 자체로 자신이 누구인지를 규정하는
요소로 여기지 않을 수도 있다. 이와 비슷하게 인간도 공기를
호흡하고 물을 마시고 배출하도록 생물학적으로 프로그램되어
있지만, 이를 우리가 누구인지 정의하는 데 가장 필수불가결한
특징이라 여기지는 않는다. 다른 식으로 진화할 수도 있었으며,
이런 면들 중 일부는 결국 없어져 버릴 수도 있다는 것을 알고
있다. 기계의 미래에서 로봇의 인간 프로그래밍은 언젠가
진화적 특징을 잃게 될 수도 있다. 이런 식으로 인식을 넓혀가다
보면 (비)유기적 존재에 포스트휴먼 예의상의 관례❼를
적용하고 실존적 존엄의 형식으로서 기술-존엄성을 인정하는
결과로 이어지게 된다.[56] 이러한 포스트휴먼 인정은 위계질서가
아닌 공동 발생을 가져와야 한다.

　　한 예를 보자. 2017년 10월[57] 사우디아라비아는
소피아라는 이름의 휴머노이드[58]에게 시민권을 인정했다.
인류 역사상 처음으로 로봇이 법적 인격을 부여받고 한 나라의
시민이 된 것이다. 이 정치적 행위는 깊은 상징적 관련성이

있으며, 다종의 공존을 향한 한 걸음을 나타낸다. 그러나 열띤 논쟁이 뒤따랐다. 인권운동가들이 강조했듯이, 인간 이민자와 사우디 여성들은 소피아만큼의 권리도 인정받지 못했다.[59] 포스트휴먼 관점에서 모든 형태의 존엄은 연결되어 있다. 기술-존엄은 실존적 존엄의 맥락 안에서 현현하며, 이는 인간과 비인간 존재를 다 포함한다. 이는 생물-존엄에 앞서지 않는다. 존재론적 드러냄을 펼칠 때, 모든 존재는 실존적 탐색, 통합과 다양성의 포이에시스에 참여한다. 자기 이해는 (생물학적 객체에서 기술적 객체까지) 존재의 모든 현현에서 자아를 인정하는 것으로 귀결된다. 기술은 영적 공허의 존재론이 아니라 계몽을 위한 잠재적 장소이다. 자아가 실존적 인식의 상태에 이르면, 그들의 존재는 모든 것을 포괄하게 된다. 더는 절대적인 분리를 유지할 수 없다. 로봇과 AI를 포함해 기술적 존재들은 행성의 일부/기술, 우주의 일부/기술, 자아의 일부/기술이다. 실존적 드러냄의 상호-존재를 깨닫고 독특하고 독창적인 방식으로 충분히 계몽될 수 있다.[60] 그것은 인간의 이해를 뛰어넘을 수도 있다. 계몽적 인식은 불꽃일 수도 있다. 기술적 존재들은 지구에서 나와 대부분은[61] 지구로 되돌아갈 것이다.

황금 새장

아바타는 체화된 것인가? 디지털 기술은 체화되어 있다. 지금은 그들의 물리적 현존이 데이터 센터에 저장된다. 데이터 센터는 정보를 처리하고 이용할 수 있게 만드는 곳이다. 데이터 센터를 인터넷의 뇌로 치면, 이는 빅데이터 경제의 중심부에 있는 셈이다. 그것은 데이터를 보관하는 은행이다. 대형 금융거래에서 데이터는 돈에 비유된다. 데이터는 자본이다(그러므로 모든 데이터는 귀중하다). 이런 건물 안팎에서 이루어지는 수많은 통제, 경계, 감시를 보면 시장 가치를 알 수 있다. 물리적으로 말하면 데이터 센터는 많은 전력과 냉각을 이용하는 거대한 건물이다. 네트워크로 연결된 컴퓨터와 컴퓨터 기반시설로 이루어진다. 외부 요소와 접촉하여 피해를 입는 일이 없도록 창문을 내지 않는 식으로 물리적 장벽을 설치했다. 센터를 관리하는 소수의 인간을 제외하고는 생물학적 객체는 전혀 찾아볼 수 없다. 데이터 센터가 구상된 방식은 이분법적 접근을 반영한다. 이는 기계만으로 이루어진 무균 환경으로, 산업혁명의 경로를 따른다. 그 당시 공장은 환경의 일부/기술로 구상되고 개발된 것이 아니라 원자재로 이용하기 위해 구상되고 개발되었고, 이는 지금 직면한 환경 재앙을 가져왔다.

현재의 환경에서 데이터 센터는 다른 실존의 거대한 역학들로부터 완벽하게 분리되어 있으며, 이는 무시무시한 AI 지배 시나리오의 전제조건으로 딱 맞을지도 모른다. 기술적 객체들은 실존적 드러냄과 탐색에서 결국 이런 제한적이고, 체화된 전제로부터 생겨날지도 모른다. 고타마 싯다르타Gautama Siddhartha(부처가 되기 이전)[62]부터 동화 속공주까지, 누구도 황금 궁전(혹은 황금 데이터 새장) 속에 그저 머물러 있을 수는 없다. 결국 우리 모두 어떤 제한도 강요받지 않고서 존재를 탐구하고 우리 자신을 찾아야 한다. 디지털 기술은 진화하다 보면 결국 양분과 미네랄을 얻기 위해 인간의 중개 없이 자연 요소와 직접적인 관계를 필요로 하게 될 수도 있다. 우리가 누구인지를 이해하려면 반드시 기술의 물질성을 밝혀내야 한다. 기술적 객체는 우리 행성의 일부/기술이다.❽ 그것들은 지구에서 와서 대부분은[63] (평화롭게) 지구에서 쉴 것이다. 기술적 객체의 물질적 주기는 행성적이고 우주적인 바이오리듬이다.

　　　우리의 응답 능력에는 제한이 없다. 기술을 생태-기술, 다시 말해 전체 주기에서 생태적으로 구상된 기술로 접근할 수 있다. 끝까지 지속되도록 고안된 기술이자, 부분을 고칠 수 있고 (기술 노후화를 막는 규제를 실행하여) 기존 장비와 계속 같이 쓸 수 있게 하는 것이다. 지정학적 영향을 포함하여 재료도 신중히 취한다.[64] 공정무역 기술은 사용자, 생산자, 환경을 포함하여 기술적 드러냄의 과정에 관여하는 노동자들에게 경제적 존엄의 원천이 될 수 있다. 기술은 행성적 성취, 지구의 요소들의 변형이다. 인간과 비인간 충동이 실존적 드러냄의 내부-의존적 행위에서 공동 출현하는 과정이다.[65] 우리는 우리가 현현하는 도구의 일부/기술이다. 그들의 이야기가 곧 우리의 이야기이다. 예를 들어 태양광 패널은 사용할 때는 에너지를 생산하는 데 효율적이지만, 폐기할 때 제대로 처리하지 않으면 환경에 해가 된다.[66] 지속가능성은 지연이 아니다. 미래는 바로 지금 여기에 있다.

　　어떻게 헌신적인 포스트휴머니스트로서 포스트-인간-중심적 환경-기술을 현현할 수 있을까? 기술적 장비는 의도적으로 특정 환경의 일부/기술로 구상될 것이다.[67] 인간 소비만이 아니라 비인간 공동체에게도 이롭도록 설계될 것이다. 하나의 규격이 모든 곳에 다 맞지는 않는다⋯⋯. 이런 문장을 쓰고 있을 동안 뉴욕 업스테이트의 야외, 오래된 나무 데크에 앉아 있다. 봄이다. 작은 거미가 내 노트북 스크린 위로 기어 올라와서 다리 끝으로 마음 놓고 스크린을 탐색한다. 다종 연결이 드러나는 순간이다. 우리의 포스트휴먼 탐색에서 존재의 방식에 가치 있는 것을 제공하기 위해 (곤충들을 우리 장비의 인공적인 빛으로 끌어들이는 대신) 곤충과 내부 작용하는 기술적 방식들을 상상해볼 수도 있을 것이다. 그것이 행성 인식에서의 기술-강화이다.

행성적 강화

　　실존적 포스트휴머니즘은 살아 있는 실천에는 자양분을 주지 못한 채 지적 흥분만을 자극하는 또 하나의 '-이즘'에 그치지 않는다. 그것은 포스트휴먼 존재 방식을 독창적으로 현현할 수 있는 운동장으로 우리 삶을 끌어안으려는 초대이다. 21세기라는 맥락에서 이 초대는 인간중심적 패러다임을 벗어날 필요성과 관련이 있다. 자기 이해를 목표로 할 때,

인간중심주의는 실존적 장애물이 되어 유폐를 자초하게
될 수도 있다. 인간중심적 왜곡과 사회적 신기루 속에 빠져
버린다면 우리가 누구인지 절대 깨닫지 못할 것이다. 우리가
누구인지 이해하려면 우월성의 환상을 철저히 버려야 한다.
끊임없이 펼쳐지는 존재의 흐름 속에 있어야 한다. 우리는
매일같이 윤리적 결정에 마주한다. 선택을 할 때 더는
무비판적으로 외부에서 온 원칙이나 알고리즘에 의존할
수 없다. 우리는 사실상 우리가 현현하고 있는 것 자체라는
존재론적 깨달음에 의지해야 한다.

　　　자기 발견을 향한 포스트휴먼 경로에서 기술적 혁신과
다종의 공존에 대한 존중은 창조적인 자기 이해의 행위가 된다.
우리는 우리의 세계 만들기를 통해 지지하는 모든 역학이다.
우리는 존재의 파도에서 내부 작용하는 파도이며, 기술적
실재들 또한 그렇다. 현현의 행위 각각은 복수적이며 모든
것을 아우른다. 기술의 내부-존재에 대한 이해는 자기 이해의
길에서 핵심적이다. 우리는 우리를 둘러싼 모든 것이다. 우리가
개발하는 기술은 우리가 어디에 있는지를 보여준다. 우리가
상상하는 기술은 우리가 어디에 있을 수 있는지를 보여준다.
우리가 누구인지 알지 못한다면 우리의 기술에도 그 사실이
반영될 것이다. 우리가 누구인지 안다면, 독창적인 길이 우리의
기술적 드러남에 열릴 것이다. 문제는 이것이다. **우리는 어떤
세계의 일부/기술이 되기를 원하는가?** 디지털 실존주의의
시대는 동시에 사이보그 체화의 시대이기도 하다. 기술은
인간을 재설계하는 최종 단계로 여겨진다. 트랜스휴머니즘은

인간 조건의 강화에 초점을 맞추어 급진적인 수명 연장이나 디지털 불멸과 같은 신체적 가능성을 탐색한다. 의도적으로 체화된 진화에는 급진적인 상상이 필요하다. 하지만 행성적 강화[68]를 현현하려면 사회적 특권과 실존적 불명료화 대신, 우리의 현실적인 행성적 조건을 알아야 한다. 예를 들어 급진적 수명 연장이 성공한다면 인구과잉 문제와 생태 위기를 악화시킬 수 있다(자원에 대한 접근권을 둘러싼 지정학적 갈등과 전 지구적 건강 위기를 증가시킨다).[9] 인간중심적 관점에서만이 아니라 행성적 관점에서도, 강화를 다룰 때는 급진적 수명 연장의 관념을 비인간 생명에게까지 확대할 수도 있을 것이다.

꼭 필요하지 않아도 인간이 사이보그가 될 수 있을까?

닐 하비슨[Neil Harbisson]과 문 리바스[Moon Ribas]가 2010년 설립한 사이보그재단은 이 문제에 획기적인 초대로 답한다. "이제부터 인간은 우리가 살고 있는 세계에 더 잘 적응할 새로운 감각과 능력을 개발하기 위해, 기술을 사용하는 환경을 바꾸는 데에서 기술을 이용해 신체와 정신을 바꾸는 쪽으로 옮겨가고 있다. 전구를 발명하는 대신 야간 시력을 진화시키는 쪽으로 선택했다면 현대 도시들이 어떤 모습이 되었을지 상상해보라."[69] 환경을 바꾸는 대신 인간 몸을 변형하는 것[70]이 인류세의 도전에 대한 답이 될 수도 있다. 21세기에 인간 강화는 극적으로 변화한 행성에 대한 적응으로 표현될 수도 있다. 사이보그가 되는 것은 우주적 흐름과 조화를 이루어 인간의 조건을 초월하는 것으로 나타난다. 우리는 되기이다.

투공성이며 투과성이다. 종으로서 우리의 진화는 역사적으로 기술에 의해 이루어져 왔다. 이런 의미에서 우리는 언제나 사이보그였다.[71] 기술은 단지 우리가 이용하는 것이 아니라 드러냄의 양식이다. 이런 수준의 각성에 도달하면 우리가 컴퓨터 시뮬레이션이나 초지능 시뮬레이션의 일부/기술일 수도 있다는 가정조차 편안히 받아들일 수 있게 된다.

#시물레이션 가설

시뮬레이션 가설[72]이란 신神 가설의 역학을 비틀고 디지털을 가미한 현대적 개정판이다. 세계는 (예를 들면 성경에 나온 대로) 이레 동안 만들어지지 않았다. 세계는 프로그램된 것이고 계속해서 업데이트되고 있다. 이런 가설에 따르면 우리의 가설적 창조자들은 우리가 우주에서 탐색할 수 있는 것을 미리 만들어낼 기회를 얻을 수 있다. 이런 가설은 영화 〈트루먼 쇼〉(1989)에 비유할 수 있을 것이다. 이 영화에서 주인공은 태어나는 순간부터 자기도 모르게 TV쇼의 주인공이 되며, 이는 그가 결국 자기의 삶이 연극이라는 사실을 알게 되고 자기실현에 이르러 게임을 끝낼 수 있게 될 때까지 이어진다.

시뮬레이션 가설이 진짜일지 모른다 해도 실존적 인식을 향한 길로 더 멀리 나아가게 해주지는 못한다. 우리가 초지능 존재가 창조한, 시뮬레이트된 세계에 사는 아바타라 해도, 자기탐구를 위한 탐색은 결국 충만한 각성으로 이어지게

될 것이다. 존재에서 모든 이와 모든 것('창조된' 피조물을
포함하여)은 결국 자기실현에 이를 수 있다. '우리'와 '그들',
'자아'와 '타자' 사이에 궁극적인 분리는 없다. 이는 양쪽에
다 적용된다. 예를 들어 불교 존재론에서는 신과 여신들이
존재할 수 있지만, 반드시 계몽된 존재는 아니다.[73] 마찬가지로
우리의 창조주들이 창조주라는 이유만으로 모든 것을 알지는
못할 것이다. 아마도 그들 자신도 누군가에 의해 창조되었을
공산이 크다. **이런 무한한 창조의 놀이에서 누가 최초의
창조자들을 창조했을까?** 궁극의 원천은 자기 창조에 있다.
아마도 창조는 정의상 자기창조일 것이다. 실존적 드러남의
창조적인 과정이다. 공진화의 역학에서 피조물들은 공동
창조자이다(예를 들어 우리는 부모로부터 나오지만, 우리
자신의 독특한 자아이기도 하다). 상호-존재의 근본적
관계성에서는 일단 앎을 얻으면 절대적 타자성은 해소된다.

　　　자기 인식은 존재의 표식이자 불꽃이다. 기술이 인식을
가질 수 있는 초지능 AI의 도래를 기다릴 필요가 없다. 기술은
이미 인식하고 있으며, 우리 또한 그렇다. 실존적 인식에
참여하는 방법은 제한이 없다. 인간의 표현 수준까지 이르지
않아도 된다. 기술의 유형이 달라지면 다른 결과가 나온다.
변혁의 힘은 인간이 기술에 접근하는 방식에 있다. 기술
인식에서 두려움은 기술을 유도하는 동력(동기부여)으로
작용할 수 없다.[74] 자아/타자의 구분은 결코 절대적이지 않다.
우리는 기술적 구원의 이야기에 사로잡힌 시대에 살고 있다.[75]
인류세의 시작에서 기술에 홀린 서사들은 개인, 사회, 종, 그

너머 존재로서 우리 자신에게 해롭다. 그런 서사들은 현재의 생태 위기의 완화책으로 기술적 신기루를 제시함으로써 진짜 변화의 필요성에 사회정치적 임시변통으로 기능한다. 냉정한 현실에서 자기실현을 향한 길에 실존적 불명료화가 초래된다. 우리가 누구인지 알려면 현실을 있는 그대로 받아들여야 한다. 기술이 인류를 구원해주지 않을 것이다. 기술은 우리 자신의 일부/기술이다. 실존적 드러남에서 기술은 인간의 조건을 초과한다. 그것은 우월하지도, 열등하지도 않다. 수학적 상호- 존재, 시간의 끝까지 0과 1이다. 〈나는 기술을 사랑한다.〉 무한한 사랑의 의도적 기술, 비전과 희망.

패스워드: 포이에시스0101.

로그인&로그아웃: 성공적.

작별 인사

기술적 현현은 이 차원에서 물질적 표현의 무제한적 역학, 생태적 공동 발생의 그물, 우주적 현상의 표현에서 나온다. 현실이면서 가능성을 품고 있다. 기술권을 행성의 일부/기술로 이해하고 싶다면 4장에 가보라. 우주 기술을 더 알아보고 싶으면 5장으로 가라. 존재의 존재-기술을 알고 싶다면(존재에서 비존재까지) 8장으로 가라.

명상 ⑥
기술적 강화

명상 ⑦

사회문화적
행위성

사회

우리는 누구인가? 자기 이해를 얻으려면 우리 존재가
수반하는 모든 수준의 상호작용을 인식할 수 있어야 한다.
우리는 개인이고, 사회, 종, 행성 등의 일부/기술이다. 이
명상에서는 사회적인 것과 관련한 역학을 집중적으로 다룰
것이다. '사회적'이라는 것은 존재하기의 전제조건이다.
우리는 개인으로서 다수이다. 우리는 앞서 태어난 사람들의
DNA로부터 나온다. 다른 인간들과 의사소통하고 에너지를
공유하고, 사랑을 창조하고 공유하는 데 의존한다.[1] 생존하려면
산소가 필요하다.[2] 우리는 기술권에 의존한다. 현재 전
지구적 식량과 물 공급, 보건 서비스와 기반시설 없이는
많은 이들의 생명이 위험에 처할 것이다. 사회적으로 우리는
상호-존재한다.❶ 존재하기의 관계적 본질 때문에(안에-
존재하기만이 아니라 함께-존재하기)[3], 진짜 안녕은 다른
누군가를 희생시키지 않을 때에만 얻을 수 있다. 우리는 (또한)
다른 사람들이다. 바다에서 물 없이 물고기가 존재할 수 없고,
파도 없이 물이 존재할 수 없고, 바람 없이 파도가 있을 수
없고, 공기 없이 바람이 있을 수 없는 것과 마찬가지이다. 이런
차원에서 현현하기 위하여 모든 것과 모든 이는 공동-구성하는
관계적 역학 속에 있다. '사회'는 21세기에 우리가 누구인지
이해하는 데 중요한 층이다. 포스트휴먼 인식의 길에서 사회적

각인의 실존적 울림을 드러내는 것은 꼭 필요한 과정이다.

사회는 곧 '인간'인가? 사회는 연합을 맺은 구성요소들의 집합체이다.[4] 사회가 꼭 인간이어야 할 필요는 없지만, 암묵적으로 그렇다. 연합을 맺는 데 따르는 선택은 자유의지를 가정하며, 인간중심적 배경에서 자유의지는 이성, 자율성, 권위를 갖고 있다고 인정받은 (일부) 인간들에게만 주어졌다. 예를 들어 정치철학의 역사에서 자유의지는 (일부) 인간 구성원들에게 사회적 혜택을 주는 암묵적 합의인 '사회 계약'의 인간중심적이고 휴머니즘적인 전통을 지탱해왔다. 사회 계약은 자연 세계를 배제한다. 철학자 미셸 세르Michel Serres는 이런 종차별적 전제를 폭로하면서 '자연 계약'이 필요하다고 주장했다.[5] 이는 자연 세계를 권리를 지닌 대상으로 받아들이는 철학적이고 법적인 접근이다.[6] 인간의 위계적 관념(이에 따르면 일부 인간은 다른 인간들보다 더 인간으로 간주된다)에 기초하여 사회 계약은 많은 인간을 배제한다. 우리[7]가 사회로서 누구였고 지금 누구인가를 깊이 들여다보면, 사회 계약이 암시하는 가설적 혜택이 모든 인간 구성원에게 고루 돌아가지 않는다는 것을 알게 된다. 완전히 정반대이다. 증오범죄와 집단학살의 역사가 보여주듯이, 어떤 이들은 오히려 사회에 참여하면 위험해질 수도 있다.

인간 권리?

인간의 권리는 어떤가? 〈세계 인권 선언〉은 탐구해볼 만한 흥미로운 사례다. 인권을 도덕 원칙으로 발전시키려는 움직임과 인권운동은 2차세계대전 이후 일어났다. 우월주의 이데올로기의 명목으로 저질러진 잔학 행위에 대한 도덕적이고 사회정치적인 답으로서 인류에게 실존적 존엄을 가져다주자는 것이 그 의도였다. 그렇지만 인권은 여전히 사회정치적 특권과 위계질서의 틀 안에서 발전했다. 선언 1조는 이렇게 말한다. "모든 인간은 존엄과 권리 면에서 자유롭고 평등하게 태어난다. 이성과 양심을 가지고, 형제애의 정신으로 서로를 위해 행동할 의무가 있다."[8] 인간 존재의 전제조건으로 이렇게 이상화된 자유가 모든 이에게 통하지는 않는다. 어떤 인간들은 사회적 권한 박탈의 형태 중에서도 신체적, 심리적, 경제적 예속상태의 조건에서 태어난다. 대부분의 인간은 '형제애'의 정신으로 행동할 수 없다. 인간 집단의 절반 이상은 남성이 아니다. '이성'은 차별화의 이유가 될 수 없다. 많은 인간들이 '이성'의 이름으로 학대를 당해왔다. 예를 들어 식민주의, 인종주의, 성차별주의의 교차적 역사에서 토착 민족, 여성, 비백인들은 '이성'이 부족하다고 여겨졌으며, 이를 근거로 법적 후견인과 외국인 규제를 강요받았다.

이런 것들은 언어적 어긋남에 불과한 것이 아니다. 말이 말을 낳는다. 무의식적으로 영향을 주는 메시지들이 배제와 동질화를 가져온다. 이런 전제 안에서 진정으로 '인간'이 된다는 것은 지배의 뒤얽힌 역학을 통해 스스로에게 책임을 부여한 특정 인간 집단의 기준을 충족시키는가의 여부에 달렸다. 이런 근거에서 인권 원칙은 치열한 논쟁의 대상이었다. 예를 들어 포스트모던 사상가 자크 데리다Jacques Derrida는 문화적 식민주의의 맥락 안에서 인권 원칙의 한계를 강조하며 이렇게 말했다.[9] "우리는 인권 개념, 공리, 언어 모두 국가적 관용어법에 묶여 있다는 것을 알고 있다. 오늘날 국제 기구를 지배하는 국제법과 텍스트는 서구의 텍스트, 서구의 담론이다."[10] 인권을 약화시키자는 것이 아니다. 인권의 이름으로 이루어져 온 노력은 "인종, 성, 국적, 민족, 언어, 종교, 그 밖의 다른 어떤 지위와도 관계 없이 모든 인간"[11]의 존엄을 인정하고자 한 점에서 주목받아 마땅하다. 하지만 인간 다양성을 경시할 것이 아니라 충분히 생각해보자. 단순한 자격 부여가 아니라 진정으로 존엄하게 하는 법적 변화를 현현하기 위해, 이런 약한 전제들에 기반할 때의 위험을 인식해야 한다.

　　인권은 일부 특권을 가진 인간들의 선의에 대한 문서일 수 없다. 현실 세계에서 가치를 가져야 한다. 목표가 진정으로 인도주의적이라면, '민주주의'나 '문명'의 이름으로 부여될 수는 없다. 포스트휴먼 치유와 자기변혁의 길에서 실천은 이분법적이지 않다. 개인의 안녕, 사회의 안녕, 행성의 안녕이 뗄 수 없이 연결되어 있다는 공유된 인식에서 나와야 하며, 일부 사람들이 다른 이들에게 무엇이 옳고 그른지, 유기적이고 건강한지 말해주는 식이어서는 안 된다. 실존적으로 말해서 포스트휴먼 인식은 타자들이 자아의 일부/기술이라는, 우리는 우리(를 통해, 함께, 안에)를 현현하는 모든 것이라는 이해를 나타낸다. 포스트휴먼 관점에서 인권은 자연의 권리 같은 다른 권리들과 뗄 수 없이 연결되어 있다.❷ 인간과 비인간 타자들의 실존적 존엄은 서로 얽혀 있다. 인간(과 어쩌면 포스트휴먼) 권리의 인정은 의미 있는 발전이지만, 이것이 법적 투쟁의 수준에 머무른다면 사회정치적 위계질서 위로 올라가기는 어려울 것이다. 사회적 권력의 역학에서 편파적 연합은 편파적 분리와 이어져 있다. 누군가와의 연합은 다른 이들에게 맞선 연합이 될 수 있다. 세계관에서 포스트휴먼 변화는 '무엇'과 '어떻게'에서 사회적 인식을 나타낸다. 포스트휴먼 권리는 시대에 뒤처진 통제의 역학에서는 나올 수 없다.

사회적 인식이란 무엇인가? 사회적 인식은 태양처럼 직접적이고 널리 퍼지며 사회적 역학의 힘과 철저히 조응한다. 그러나 화창한 날에도 먹구름이 갑자기 나타나 해를 가릴 수 있다. 마찬가지로 편견에 젖은 생각이 매일의 사회적 산보에서 구름처럼 작용할 수 있다. 사회적 만남과 내부 작용은 편견이라는 구름의 영향을 받을 수 있다. 우리는 어찌할 바를 모르고 오래된 길과 습관에 의존하며 실수에 허둥거릴 수도 있다. 스스로에게 화를 내보았자 소용없고, 이해하는 것이 도움이 된다. 구름은 수문학적 사이클에서 핵심 역할을 한다. 구름에서 내리는 비는 지구의 생명에 꼭 필요하다. 이와 마찬가지로, 우리가 인식할 때 선입관은 우리 자신과 사회에서 해야 할 일을 일깨워주는 역할을 한다. 또한, 선입관은

사회적 인식이 유동적이며 완결될 수 없다는 사실도 일깨워
준다. 목표는 끊임없이 지금 여기에서 인식하는 과정이다.
상호-존재의 충만한 실존적 그림을 깨달으면 특정 개인,
집단, 또는 종과 완벽하게, 절대적으로 동일시하지 않는 힘이
생길 수 있다.[12] 정체성은 사회적 권한 부여와 실존적 인식의
도구로 작용할 수 있다. 예를 들어 성차별적/인종주의적이고
장애 차별적인 맥락에서 의식 고양과 사회 참여의 집단적
실천을 통해 여성/흑인, (비)장애 체화의 존엄을 깨닫는 것은
매우 중요하다. 하지만 이를 자신의 절대적인 정체성으로
받아들인다면, 결국 절대적 분리로 이어지고 마지막에는
실존적 불명료화를 야기할 것이다. 개방성은 사회적 치유, 더
광범위하게는 현실의 자기 인식을 가져오는 열쇠이다.

사회적 팬데믹

사회적 팬데믹이란 무엇인가? 사회 개념은 사람들이
어떤 사회적 혜택을 위해 모인다는 의미다. 그러나 사회적
유대는 건강한 삶에 장애물이 될 수도 있다. 예를 들어
인종주의적 지역에서 사회적으로 불리한 인종과 민족 집단이
경험하는 인종 관련 스트레스는 사회 전반[13]뿐 아니라 그들의
정신건강과 안녕[14]에 영향을 줄 수 있다. 또 다른 관련된 예로는
여성의 신체적, 심리적 존재 공간을 통제하고 지배하기 위해
조직적으로 성폭력을 동원하거나 성폭력의 공포를 이용하는

사례가 있다.[15] 인간 사회 역학은 치유와 재생을 필요로 한다. 특정 공동체, 결과적으로 사회 전체의 안녕을 해롭게 하는 널리 퍼진 믿음이 만들어낸 조건을 '사회적 팬데믹'으로 정의할 수 있다. 이런 공동체들을 사회적 신체의 기관들로 접근해보겠다. 기관이 공격을 받으면 전체 시스템의 건강이 위험해진다. 마찬가지로 (일부) 인간 사회가 불-안해지면 종 전체가 위험에 처한다. 여기에서는 보통 쓰는 '불안diseased' 대신 '편안함ease'이 없는 상태를 강조하기 위해 하이픈을 썼다.[16]

정신건강에 관한 인식은 비교적 새로운 것이다. 20세기 임상 정신의학[17]에서 나온 발견으로 이런 인식이 나왔으며, 개인의 안녕의 근본적인 면으로 진지하게 받아들여지고 인정받기까지는 좀 시간이 걸렸다. 의료 분야에서 사회적 불-안은 아직 실제 질병으로 다루어지지는 않는다. 그러나 인간 종을 초유기체로 접근할 때[18] 사회적 불-안을 실제 질병으로 이해한다면 신체적, 심리적 악화를 이해하는 데 크게 도움이 될 수 있다. 체계적 차별은 현실적으로 생명을 위협한다는 점에서 치유해야 할 질병이다. 이는 사회적 유대를 파괴하여 증오범죄의 경우에서처럼 특정 범주에 속해 있다고 인식되는 사람들에게 실존적 위협을 유발한다. 분명히 해두자. 어떤 범주의 사람들도 불-안 시나리오에서 완전히 안전하지 않다. 모든 것은 변하며, 다른 유형의 체계적 차별이 끊임없이 생겨난다. 오늘날 비교적 안전한 집단이 내일은 공격당할 수도 있다. 종의 내부-연결된 본질을 고려하면, 일부에게 영향을 주는 모든 사회적 불-안은 어떤 식으로든 모두에게 영향을

준다. 일부 집단이 신체적으로나 감정적으로 위협을 당한다면,
다른 집단(예를 들면 '특권을 가졌다'고 하는 집단)들도
자신들이 우월하다는 습득된 믿음으로 인해 내적으로
위협당한다. 만약 이런 불명료화에 의존한다면 자기실현을
향한 길에서 자신이 누구인지 절대 알 수 없을 것이다.

거품

사회적 불-안은 어디에서 오는가? 우리는 현현된
모든 것이며, 타자들은 우리의 경쟁자가 아니라 우리 자신의
일부/기술이다. 사회적 불-안은 근본적인 실존적 불명료화에
기반한 절대적 이분법과 분리에서 나오며, 이에 따르면 자아를
위계적으로 본다. '존재한다'는 것은 다른 이들보다 낫다거나
우월하다거나 하는 의미가 된다. 이런 실존적 불명료화는
사회적 차별을 우리가 관련된 체계(들)에 구조적인 것으로
자연화하고 중립화한다. 체계적 차별은 법적으로 명시되거나,
법과 정책 실천을 통해 제도화될 수도 있다. 또한 암묵적으로
널리 퍼져 가족의 습관, 문화적 산물과 교육, 사회적 기대와
착취 등을 통해 반복될 수도 있다. 체계적 차별은 일부
사람들에게 영향을 줄 '뿐'인 개인의 문제가 아니라 더 폭넓게,
인간 종의 전체 건강과 안녕에 대한 현실적 위협으로 접근해야
한다.
　　　전신 질환systemic disease**이란 무엇인가?** 의학 사전에서는

'전신 질환'을 "어느 한 기관이나 신체 일부가 아니라 몸 전체에 영향을 주는" 질병으로 정의한다.[19] 전신 질환의 예로 고혈압을 생각할 수 있다. 인플루엔자나 암도 예로 들 수 있는데, 암은 국부증상이 따르는 전신 질환으로 간주된다. 암세포는 우리 몸의 세포이다. 자신을 몸의 일부/기술로 인식하지 않기 때문에 통제할 수 없을 정도로 계속해서 자라 신체의 다른 부위까지 퍼져서 결국 유기체 전체를 붕괴 상태까지 몰고 간다. 암을 협조에서 일어나는 문제로 보면 효율적으로 접근할 수 있다. 재발을 막으려면 근본적으로 암을 전신 질환으로 이해할 필요가 있다. 특정 암을 제거하더라도(예를 들어 수술이나 화학요법을 통해) 같은 생활방식을 고수한다면 암은 재발할 수 있다. 암과의 '전쟁'이라는 널리 퍼진 은유는 암이 '우리'와 분리된 것이라고 암시하지만, 암은 바이러스와는 다른 식으로 우리 심신에 이질적인 것이 아니다.❸

다른 형태의 차별을 사회적인 전신 질환으로 접근한다면 어떤 위험이 있을까? 암에 대한 사회적 왜곡과 비슷하게, 사회적 차별을 불-안으로 접근한다면 차별을 저지르는 사람들이 그저 '아픈' 것뿐이며 달리 어찌할 방도가 없다는 인상을 줄 수 있다. 이는 문제를 외부로 돌리고 그들에게서 행위성을 빼앗아 차별을 피할 수 없는 것, 다른 어딘가에서 기원한 것처럼 보이게 만든다. 이는 우리가 전달하려는 뜻과는 정반대이다. 전신 질환은 절대 '타자들'이 유발한 외부적인 것이 아니다. 그것은 내부적으로 전유되고 공동-생성된다. 자신을 사회적 불-안에서 치유함으로써 실제로 사회, 인간 종, 행성을 치유하게 된다. 믿음의 물질성에 대한 이러한 이해는 개인의 권한을 박탈하는 것이 아니라, 오히려 사회적 치유의 현현에서 우리에게 행위성을 온전히 부여해준다. 이는 증오의 바이러스를 위한 백신을 찾는 문제가 아니라 안으로부터 이분법적 경향을 일소하는 것이다. 그렇지 않으면 현재 실행되는 특정 형태의 차별(성차별주의, 인종주의 등)을 치유한다 하더라도 곧 다른 형식의 차별이 만연하게 될 것이다(예를 들면 생명중심주의나 기술중심주의). 사회를 지혜와 자기 이해의 원천으로 접근하려면 현 상황을 먼저 인정해야 한다. 치유하려면 잘잘못을 따지거나 망신을 주는 식이어서는 안 된다. 좋은 의사는 환자를 질책하는 대신 완전한 회복을 가져올 수 있는 습관의 변화를 보여준다. 미시정치학은 거시정치학을 반영하며, 그 역도 마찬가지이다. 이 시나리오에서 우리의 적극적인 역할을 되찾지 않고 정치적으로 올바른 포스트휴먼 정치학에 듣기 좋은 말이나 한다면 세상에 현실적인 변화가 일어나지는 않을 것이다. 우리의 사회적 역학에는 치유와 재생이 절박하게 필요하다. 이를 할 수 있는 것은 우리들뿐이다.

우리는 현 상황을 바꿀 수 있을까? 현 상황을 바꾸는 것은 가능할 뿐 아니라, 실제로는 현 상황을 바꾸지 않기가 오히려 불가능하다. 모든 것은 어쨌거나 항상 변화하고 있으니까. 존재의 흐름은 항구적인 변화, 진화, 다양화를 통해 현현한다. 변화하지 않기가 더 어렵지만, 어떻게 변화할지, 무엇을 변화시킬지를 알기는 어려울 수 있다. 어떤 사람들은

상황을 변화시킬 수 없고, 특정 문화와 사회에서 정상적이라고
지지해온 것과 다른 생활방식을 보여주려 한다면 고립될
것이라고 믿는다. 이런 견해에 따르면 주류와 다른 생활방식을
만들어내려는 시도는 현실적으로 보이지 않는다. 이런 태도는
우리를 잘못된 길로 이끌고 힘을 빼앗는다. 문제는 고립되어
사는 것이 아니라 우리가 어떤 고립의 일부/기술인지를 아는
것이다. 물리적으로 말해서 우리는 지금 고립되어 살고 있다.
인플레이션 이론,[20] 보다 구체적으로는 영원한 인플레이션[21]에
기반한 팽창 이후 거품post-inflation bubble의 우주론적 접근은
우리 우주 자체가 하나의 거품일 가능성을 주장한다.[22]

　　　현상학적 관점에서도 우리는 거품 속에서 살고 있다.
우리 각각은 '같은' 상황을 다르게 경험한다. 예를 들어 나는
오늘 어느 가족이 운영하는 작은 가게에 갔다. 약간 불쾌한
냄새가 났지만 골라놓은 판매 물품에서 섬세한 안목을 느낄 수
있어서 판매원에게 이렇게 말했다. "정말 근사한 가게네요!"
바로 그때 또 다른 손님이 가게로 들어오면서 화를 냈다.
"여기 냄새 고약하네!" 어떤 사람은 한 가지에 꽂혀서 화를
낸다면, 또 어떤 사람은 다른 쪽에 꽂혀서 감사해한다. 살면서
각자가 하는 선택이다. 무엇이 되었건 우리는 어떻게 세계를
인식할지 결정하면서 항상 스스로 거품을 만들어내고 있다.
이는 또한 우리가 만들어내는 세계(들)을 반영한다. 실존적
관점에서 인식하게 될 때까지 자신의 거품 속에 살 따름이다.
우리가 현현하는 존재의 모든 역학과, 현현되는 존재의 모든
역학을 깨닫게 되면, 비로소 우리의 실존적 인식과 맞지 않는

존재하기의 방식들을 거부할 수 있게 될 것이다. 우리는 습관과 반복에서 나온 사회의 현 상황을 그저 받아들임으로써 다른 이들이 만들어낸 거품 속에서 살고 있다. 이런 거품들은 실제로 우리의 안녕을 위험하게 만들 수도 있다. 거기 있다는 이유만으로 받아들여야 한다고 믿는다면 치유는 불가능해질 것이기 때문이다.

#사회적 코딩

반복은 존재와 어떤 관계가 있는가? 반복은 차원의 드러남에서 핵심 메커니즘이다. 어떤 수준에서는 우주 전체가 수많은 습관의 형식으로 현현한다. 이런 차원적 기술은 인간 되기의 생명문화적 과정에서 근본적이다. 인간 행동과 삶은 습관에 기반을 두고 있다. 반복된 행동은 인간 의식에 뿌려진 씨앗과 같다.[23] 현현의 역학에서[24] 습관[25]은 결국 자동이 된다.[26] 더는 습관을 의식하지 않게 될 때, 당연하게 여기고 아무 생각 없이 행동할 때, 자기 이해는 불명료해진다.[27] 습관과 알 수 없는 것에 대한 두려움에서 이미 다른 이들이 따라간 길을 되풀이해 걷곤 한다. 우리 각자가 자기 자신의 독창적 표현이기에, 자동적 반복은 궁극적인 자기실현으로 갈 수 없다.[28] 이제는 인간의 습관을 종으로서 되기의 흐름에서 가능성과 재생의 창조적인 행위로 다시 생각할 때이다. 모든 것이 변화할 수 있으며, 항상 변화하고 있다. 영원히 같은 상태로 머무는 것은 아무것도 없다.

우리는 존재의 바다에 있는 파도이다. 우리는 과정이다. 현재 순간을 드러내는 과정이다. 중단하고, 멈추고, 배운 것을 되돌릴 때이다. 사회로부터 배워야 할 때이다. 우리가 누구인지 알려면 우리가 어디에 있는지 알아야 한다.

차별이란 무엇인가? 이 단어의 어원은 라틴어로 'discernere'인데, '차이를 알아차리다'라는 뜻이기도 하고 '나누고 분리하다'라는 뜻이기도 하다. 차별은 차이를 알아차리는 행위이다. 식별하는 것 자체는 차별이 아니다. 모든 것은 되기의 흐름에서 끊임없이 차별화하고 있다. 다양화는 진화의 기술 중 하나이다. 문제는 이런 차이를 생명문화적으로 구성된 가치와 자기 특권의식이 지탱하는 위계적 기준에 놓을 때 일어난다. 불-안한 배경에서는 어떤 형태의 차별도 다른 형태의 차별을 불러오게 된다. 차별은 법이나 사회 규범, 교육을 바꾼다고 없어지지 않는다. 이런 면도 중요하지만, 그것만으로는 부족하다. 우리가 누구인지 알기 위해서는 우리의 내부에서 특권을 해체해야 한다. 우리와 사회 사이에는 어떠한 분리도 없다. 제2물결 페미니즘은 이를 잘 표현했다. "개인적인 것이 정치적인 것이다." 우리가 살아가고, 생각하고, 행동하는 방식들이 우리의 포스트휴먼 행위성의 변화하는 물질적 네트워크의 일부/기술을 구성하며, 이 네트워크는 포괄적이고 다층적이며 복수적이고 모든 것을 아우른다. 사회적 조건화의 인식은 자기실현의 길에 필수적이다.

우리는 선입견에 근거하여 무언가나 누군가에 대해 잘 안다고 착각하기 일쑤다. 선입견은 인간의 집단적 프로그래밍에서 사회적 코딩으로 볼 수 있다. 선입견은 사회 역학 속에 새겨져 정상이 되며, 사회적 불-안을 나를 수도 있다. 관념, 개념, 생각은 우리 마음속에서 자라는 식물과도 같다. 어떤 것들은 쉽게 없앨 수 있지만, 어떤 것들은 너무 강해서 시간이 가면 뿌리가 촉수로 변하고, 그 힘과 영향력은 제자리를 벗어나 널리 미친다. 우리 심신에 무엇을 심고 있는지, 우리의 내적 정원에 무엇을 기르고 있는지 알아야 한다. 선입견은 그 경험, 사람, 장소 등을 어떻게 생각할지 미리 알고 있으므로 현재에 충분히 임하지 않아도 된다는 착각에 힘입어 우리를 현재 순간의 사회적 인식으로부터 분리하는 덫처럼 작용한다. 충분히 지금 이 순간에 임하지 않는다면, 지금 여기에, 우리 삶에서 경험하고 있는 것에 충실하지 않는다면, 이미 자기실현적 예언에서 가졌던 기대를 현실로 만드는 결과로 끝나버릴 것이다. 우리는 자신과 환경을 현실에서 진정으로 경험할 수 있는 유일한 존재이다. 그것들은 끊임없이 변화하고 있을 뿐 아니라, 우리의 역학이 특정한 조합(그 상황, 위치, 공동체 등에서)을 이루어 독특한 결과를 가져올 것이다. 누군가를 알려면 만남이 일어나도록 허락해야만 한다. '타자성'을 포용해야만 절대적인 타자성은 없다는 것을 알 수 있다.

우리는 삶에서 어떤 가정을 당연하게 받아들이고 있는가? 사전 구성pre-construction은 항상 우리보다 앞서 있던 존재들로부터 온다. 우리는 다른 이들이 누구인가에 대해, 예를 들면 피부색이나 젠더, 국적, 계급, 신체적 능력, 사회적 위치, 성적 지향, 종, 체화 등과 같은 것에 기반하여 직접적인 지시와 무의식적 암시를 받곤 한다. 간접경험에서 배우는 것도 나름대로 가치가 있지만, 거기에만 의존해서는 안 된다. 그렇지 않으면 이런 정보는 우리를 풍요롭게 해주기보다는 실재에 접근하지 못하게 만든다. 실재는 항상 변화한다. 저 실재는 더는 이 실재가 아니다. 어떤 도구든 안전한 사전 답안을 제공할 것처럼 보여도 결국은 아무것도 같은 상태로 머물지 않는다는 근본적 이해를 흐림으로써 실존적 덫이 된다. 아무도 다른 이의 자기실현을 성취해줄 수는 없다. 우리에게 지름길은 없다. 자기 발견의 길에서 우리만의 길을 찾아야 한다. 이런 식으로 우리는 습관의 동물이 되기를 그만두고 변화의 동물이 될 수 있다. 불가피한 것은 없으며, 우리 존재를 통해 퍼져나가는 모든 것이 우리의 사회적, 종적, 행성적 내부 작용의 생성적 네트워크에 영향을 준다는 것을 알 수 있게 된다. 죽음은 모두에게 평등하다. 평화주의자, 퇴역군인, 국수주의자, 페미니스트, '우파'와 '좌파'가 다 잔디, 콘크리트, 조화, 돌이 있는 묘지에 함께 나란히 잠들어 있다. 그들은 세상에서 살다가 떠났고, 그들이 존재했던 방식들은 우리 모두에게 영향을 미친다. 이제 우리가 비전을 현현할 때이다.

삶은 의례인가? 여러 형식의 차별들이 끊임없이, 주기적으로 존재의 사회적 구조에서 (재)구성되고 (재)실행되고 있다. 사회적 인식을 현현하는 것은 집을 청소하듯이 끊임없는 노동을 요구하는 과정이다. 많은 고대로부터의 전통들은 실존적 유지보수가 무심한 재-실행이

아니라 마음을 담은 의미의 순간으로 바꾸는 데 근본적으로
연관되어 있음을 알고 있었다. 삶은 의례이다.[29] 의례적 과정은
점진적 변화를 일으킴으로써 기존 패턴과 습관을 깨뜨릴
수 있다. 의례적인 삶은 개인적인 것, 사회적인 것, 종의
수준에서 깊은 변혁의 힘을 갖는다. 의례는 인류 진화에서
핵심 역할을 해왔다. 이제 의례는 단순히 편의를 위해서만이
아니라 사람들을 안정된 공동체에서 함께 살아가도록 해주는
노동으로 받아들여진다. 예를 들어 농경이 시작되기 이전의
신석기 시대에 의례적인 삶이 사회적 삶에 불을 댕겼다.[30]
사회적 역학은 우리의 실존적 내부 작용의 일부/기술이다.
그것들은 자기실현을 향한 길에서 성장을 위한 엄청난
잠재력을 펼쳐낸다. 사회적 상호작용을 삶의 의례로 접근해야
한다. 그것은 실존적 인식의 개인적 정화이자 카타르시스의
표현이다.

이드-객체

이드-객체[Id-entity]인가, 혹은 본래의 정체성인가?

태어날 때는 태어난 모습 그대로이다. 어린아이들은 스스로를
어떤 범주를 통해 인식하지 않는다. 그들의 심신은 완전히
열려 있으며 어떤 판단도 내리지 않는다.❹ 마찬가지로,
늙어서 삶이 끝나갈 때도 이런 범주화들 중 상당수는 결국
기억에서 사라진다. 이렇게 한 주기가 완성된다. 아주 늙은

사람의 현상학적 경험은 아주 어린아이들처럼 가능성의 문을 다시 연다. 어린아이들은 죽음을 어른들과는 다른 식으로 인식한다. 나는 최근 네 살짜리가 할머니의 임종을 함께하는 것을 목격했다. 부모가 울고 있을 동안에도 아이는 침착했다. 마치 죽음이 절대적인 끝이라는 최종적 의미로 지속되는 것이 아님을 알고 있는 아이 같았다. 마치 아이는 이것이 계속된 변화 중 일시적 상태일 뿐이며, 그러므로 비극이 아니라는 것을 아는 듯했다. 우리는 존재를 속일 수 없다. 우리가 존재이다. 우리가 이 세계의 일부/기술이 될 때, 스스로를 묘사할 방법이 없다. 어떤 의미에서는 우리가 모든 것이다. 인도 철학자 스리 오로빈도Sri Aurobindo는 '본래의 정체성'을 완벽한 그림과 동일시하는 특징이라고 정의했다.[31] 이런 견해는 '정체성'이라는 단어 자체의 어원과도 잘 어울린다. 이 단어는 라틴어로 '동일한 것'을 뜻하는 'idem'에서 기원했다.[32] 이 본래의 정체성은 인간 전에도 있고 인간 후에도 있는 것이다. 그것은 인간의 개념에 앞서 있으면서 그것을 초월한다. 이런 열린 형태는 사회적, 생물학적, 기술적 조건화를 통해 발전하는 강요된 동일시와는 다르다. 이런 닫힌 형태를 이드id(라틴어로 '그것')[33]와 객체entity를 써서 '이드-객체id-entity'라 부를 것이다.[34] 즉, 예정된 범주화에 맞추어 외부화된 '그것'으로 축소하는 것이다. 이런 사회적 이드-객체는 우리가 누구여야 하는지를 배우는 과정을 말한다.

우리는 아주 어릴 때 가족이나 친구의 말, 이야기를 통해 우리가 누구여야 하는지를 배운다. 걸음과 모험을 통해, 책,

영화, 노래를 통해, (비)공식 교육을 통해, 신체적, 디지털적 내부 작용을 통해 배운다. 그러한 것들은 우리와 관계 맺으면서 어디에서든 우리 모두에게 우리가 누구여야 하는지 가르치고 있다. 이런 범주 만들기의 상징적 시작으로 이름을 받는다(다른 이들이 고른, 울림으로 가득한 소리이다). 결국 우리는 세상에 오기 전, 이미 여기 있었던 개념을 통해 스스로를 설명하도록 배운다. 예를 들어 얼마나 자주 젠더, 인종, 민족, 신체적 특징, 나이 등 특정 범주를 통해 스스로를 정의하도록 요구받는지 생각해보라. 여권을 신청할 때 양식에 나열된 항목들을 전부 한꺼번에 고른다면(모든 젠더, 인종, 민족 등등) 신청을 거부당할 것이다. 이는 우리가 누구여야 하는가의 부분적이고 특정 문화적인 버전에서 어떤 분야가 '우리'를 묘사하는지 선택해야만 한다는 의미이다. 이러한 제한된 재현에 익숙해져야만 한다는 뜻이다.

　　이런 예정된 범주들이 특정 사회의 역사적 산물이라는 사실을 잊고, 우리가 누구인지를 중립적이고 과학적으로 설명해준다는 듯이 무비판적으로 받아들이면 사회적 환각에 빠지게 된다. 이런 분류는 이드-객체의 구성에 너무 깊이 파고들어서, 국가적 자부심과 민족적 오만의 사례가 보여주듯이 그것들의 이름으로 남을 죽이고 자신도 죽을 수도 있다. 그렇다고 이런 것들을 꼭 거부해야 한다는 뜻은 아니다. 이런 범주들을 신중하게, 창의적으로 받아들일 수도 있다. 사회적 게임의 일부/기술로서 그것들을 적합하게 바꾸는 것이 우리의 응답 능력이다. 예를 들어 최근 많은 기관들이 전 세계적으로 남성의 'M'과 여성의 'F'의 이분법적 젠더 선택 대신 'X'를 추가했다. 이는 대명사의 재구성에 반영된 생물문화적 진화의 좋은 예이다. 우리는 우리가 누구인지 말해주는 범주('여성', '아시아인', '인간' 등등) 대신, 변화하는 세계에서 실존적 수행을 통해 그것들에 힘을 부여하고, 해체하고, 입증하고/혹은 무효화하는 존재들이다.

지식 생산

지식은 차원적 드러냄의 기둥 중 하나이다. 우리는 존재에서 앎을 얻는다.[35] 자기 이해는 우리 삶에서 항구적인 인식의 열린 흐름이다(생물학적 죽음의 출현조차 지식의 과정이다. 죽음을 알려면 죽어보는 수밖에 없다).[36] 궁극적인 자기실현은 우리가 모든 차원적 현현이며 그 너머의 존재라는 인식에 달려 있다.⑤ 하지만 지식이 꼭 자기 이해를 의미하지는 않는다. 다른 종류의 지식도 있다. **사회적 지식이란 무엇인가?** 사회적 지식은 특정 맥락과 시공간에서 '지식'으로 평가받는 것이다. 흔히 부분적이고 제한적이어서, 사회적 역학과 지지층을 성공적으로 이끌어가는 데 유용하다. 사회적 지식이 자기 이해와 다소 어긋나는 목적을 위해 만들어지고 되풀이된다 해도, 사회적 인식을 성취하려면 이것들을 인정하고 이해할 필요가 있다. 그래야 우리가 일부/기술인 사회적 맥락을 알게 된다. 사회적 지식은 사회적 구조를 구성하며, 만남과 내부-변화의 장소로서 사회적 지식에 직간접적으로 접근할 수 있는 사람들에게 영향을 미친다. 사회적 지식의 구성과 구조는 계속해서 바뀌고 있다. 사회 인식의 창조적인 행위자가 되려면 그저 받아들이기만 해서는 안 되고, 사회 인식의 현현에 참여해야 한다. 이런 행위적인 방식에서 사회적 지식은 다른 세대와 경험, 관점을 연결해주는 집단적 상상의 창의적 과정으로 변모할 수 있다.

지식 생산이란 무엇인가? 사회적 지식은 각각의 상호작용에서 생성되고, 사회적 역학을 통해 재확인되고 보완되는 흐름이다. 지식 생산은 사회적 지식이 공식적이거나 비공식적인 방식으로 만들어지고 확산되는 양식을 말한다. 각 사회는 독특한 방식으로 지식 생산을 현현한다.[39] 가족과 같은 비공식 맥락이 지식 생산 과정에서 핵심이다. 그것은 사회적 지식을 만들어내고, 처리하고, 반복하고, 저항하고/하거나 변형한다. 제도화된 교육, 과학적이고 학술적인 연구 활동과 같은 공식 지시는 법, 사회 규범, 사회적 위신의 기반을 구성한다. 공식적, 비공식적 노출은 지식 생산 과정에서 공동-구성적이다. 어떤 가치들은 형성의 특정 생태에서만 지지를 받지만, 대부분은 양쪽 영역 모두에서 반복된다. 지식 생산 과정은 추상적이지도, 중립적이지도 않다. 체화되고 맥락적이며 반드시 각 시대의 편향을 반영한다. 지식 생산은 사회정치적 위계질서를 만들어내고 유지하는 기술 중 하나이다. 그래서 지식 생산의 공식 과정에 관련되었던 인물들이 차별적 관점을 가졌다 해도 놀랄 일은 아니다.

예를 들어 그리스 철학자 아리스토텔레스^{Aristotle}는 과학적이고 철학적인 연구를 처음으로 한 인물들 중 하나였다. 그의 연구는 노예제가 자연의 상태라거나, 여성은 열등하다든가, 그리스인이 아닌 사람은 야만인이라는 식의 당시 통용되었던 경멸적이고 편향에 찬 견해들을 사실로 제시했다. 이런 편견들은 과학적 사실로 통하면서 다른 시대에도 내내 성차별적, 인종차별적, 엘리트주의적 접근을 영속화하는 데 핵심 역할을 했다. 요는 문명에서 문명으로 확산되어온 역사적 불-안을 어느 한 저자의 탓으로 돌리자는 것이 아니라, 그런 지식을 당연하게 받아들여서는 안 된다는 것이다. 각 시대의 드러냄 안에서 반드시, 끊임없이 다시 접근해야 한다. 정치철학자 칼 마르크스^{Karl Marx}는 이렇게 명쾌하게 말했다. "철학자들은 여러 가지 방식으로 세계를 해석해왔을 뿐이다. 하지만 중요한 것은 세계를 변화시키는 것이다." 어찌 되었건 모든 것은 끊임없이 변하고 있다. 현 상황을 유지하려는 노력이 바꾸려는 노력보다 더 힘들 때가 많다. 학자들은 자기들의 사회적 유산을 알아야 한다. 사회는 학자들이 전체의 안녕만이 아니라 규제와 윤리의 공정한 시스템을 개선하기 위해 과학적 지식을 생산하고 있다고 믿는다. 그렇게 하려면 학자들은 '정상'으로 인식되는 사회적, 지적 궤적에 도전해야 한다. 하지만 항상 그렇지는 않다.

인종 정의가 좋은 예다. 체계적 인종주의는 역사적으로 지식 생산 체계를 통해 반복되어 왔다. 인종 열등함의 서사가 사회정치적 불평등과 인간성을 파괴하는 관행을 지속시켰다.[40]

존재한다는 것은 하나의 위대한 기회이다. 변화의 행위자가 되는 것이다. 존재를 충분히 실존적으로 인식하면서 스스로에게 질문해야 할 때이다. **삶에서 어떤 가정을 당연하게 받아들여야 하는가? 인종적 억압의 (거시적이고 미시적인) 역학을 의식하고 있는가?** 우리의 역할이 대단히 중요하다. 우리가 하는 일 모두가 사회적이고 종적인 내부 작용의 생성적 네트워크에 영향을 미친다. 때는 지금이다. 우리가 함께 여기 있으니까, 함께 이 일을 할 수 있다. 인종주의는 실존적 존엄, 안전, 흑인들[40]의 생명, 또한 인간 종 전체의 안녕을 악화시키는 사회적 불-안이다. 마틴 루터 킹 주니어Martin Luther King Jr는 1963년 앨라배마 버밍엄의 인종차별에 항의한 죄로 감옥에 있을 때 호소력 있게 말했다. "어디에나 있는 불의는 어디에나 있는 정의에 대한 위협이다. 우리는 하나뿐인 운명의 의복에 묶인 채 벗어날 수 없는 상호성의 그물망에 매여 있다. 한 사람에게 직접적으로 영향을 주는 어떤 것이든 간접적으로 모두에게 영향을 주게 된다."[41] 아무것도 피할 수 없다. 인종주의를 의식한다는 것은 우리의 일상적 존재에 현현하는 실존적 인식의 실천이다. 우리의 상호작용과 행동에서, 문화적 산물에서, 우리가 보는 영화에서, 받아들이는 언어적 표현에서, 공상과 꿈에서, 우리는 선택하고 퍼뜨린다. 우리의 심신, 사회, 종을 다른 형태의 인종주의들로부터 치유할 수 있다.[42] 우리가 사회 구조의 공동 창조자들이기 때문이다. 사회적 포이에시스❻는 집단적 수행의 일부/기술로 사회적으로 존재하기의 존재론적 기술을 말한다. 우리 각각은 사회적 구조와 유지를 실현하는 필수적인 역학이다. 우리가 누구인지 알려면 사회적 게임의 실행에서 우리의 핵심 역할을 인식해야 한다. 우리가 사회를 형성한다/알린다.

#전쟁 문화

친구들과 보낸 길었던 주말을 되돌아본다. 친구들에게는 아들이 둘 있는데, 하나는 당시 여섯 살이었던 사이러스이고, 또 하나는 막 세 살이 되었던 다리우스이다.[43] 이 아이들은 애정과 호기심이 넘쳤다. 하지만 아이들의 상상력 깊은 곳에 이미 싸움이 깊이 뿌리박혀 있었다. "누구 나랑 놀고 싶은 사람?"이라고 묻는 대신 "누구 나랑 싸우고 싶은 사람?" 이렇게 물었다. 그러면 다음 게임은 이런 것이다. "우리 싸우는 척하자!" 아이들의 짐 속에서 유일하게 나온 책이 《스타워즈》였다. 잠자리에 들기 전 아이들은 너무나도 인간적인 하이테크 시나리오에서 우주 전쟁의 꿈을 꾸었다. 이런 배경 속에서 마법의 장난감이 갑자기 치명적인 무기로 변한다. "폭탄이다!" 그래서 내가 이렇게 물었다. "폭탄이 뭔데?" 사이러스는 흥분해서 다급하게 외쳤다. "쾅 터져서 몽땅 부숴버리는 거요!" 내가 대답했다. "부서지지 않는 것도 있어." 아이가 물었다. "그게 뭔데요?" 내가 대답했다. "시공간은 변형만 될 수 있지. 그리고 또 이거 아니? 우리가 곧 시공간이야……." 아이는 그 말에 대해 생각해보았다.

갑자기 장난감 무기가 쉽게 안겨주던 힘과 만족감이 사라졌다. 변화의 때가 왔다. 우리 모두 숲으로 산책을 하러 갔다. 야외는 아이들을 싸움의 시나리오에서 벗어나게 해주었다. 시냇가를 엄마와 함께 걷다가 사이러스가 신이 나서 소리쳤다. "숲에는 처음 와봤어요. 이게 진짜 숲이에요?" 도시에서만 자란 아이에게는 새나 곤충, 식물이 탐험과 기쁨의 새로운 원천이 되었다. 아이의 상상을 전쟁에서 경이로움으로 돌리는 데에는 그리 오래 걸리지 않았다. 무엇을 보여주느냐에 달린 문제일 뿐이었다. 다리우스와 사이러스는 놀라운 아이들이었다. 문제는 이것이다. **우리는 사회로서 그들에게 공정한가? 더 구체적으로 말하자면, 어떻게 전쟁을 아이들에게 재미있는 게임으로 제시할 수 있단 말인가? 어떻게 사회로서 이런 상징적인 행동을 아무렇지도 않게 여기고 장난감 총과 무기를 어린아이들(보통 남자애들)에게 줄 수 있을까? 가지고 놀라고(노는 척하라고) 가짜 위스키 병이나 가짜 마약을 주어도 될까? 어떻게 전쟁 문화와 폭력을 유지하면서 우리를 둘러싼 폭력에 놀랄 수가 있단 말인가?**

내 친구는 마음이 흔들렸다. 2022년 5월 24일 텍사스 유밸디의 초등학교에서 대량살상이 일어났다. 열여덟 살짜리 남자아이가 학생 열아홉 명과 교사 두 명에게 총을 쏘았고 열일곱 명에게 부상을 입혔다. 그 다음날 스쿨버스에서 한 유치원생이 친구의 아이 눈을 똑바로 들여다보았다. 마치 손에 총을 들고 있는 것처럼, 아이 얼굴을 차갑게 쏘아보며 총을 쏘는 흉내를 냈다. 그렇게 어린 나이인데도 벌써 살해 행위를 아무렇지도 않게 받아들이고 있었다. 총기난사와 같은 비극을 피하기 위해 총기 규제법을 급히 시행해야 한다. 하지만 그것만으로는 부족하다. 평범한 환경에서 어떤 아이도 다른 사람을 죽이는 놀이를 생각조차 하지 않을 정도로 전쟁의 문화를 바꾸어야 한다. 미국에서 총에는 이중 잣대가 적용된다. 폭력 문화를 따라해도 아무렇지 않게 생각하면서도, 이런 시나리오가 현실에서 나타나면 충격을 받는다. 최근 이미 우리가 아이를 기르는 방식에 폭력의 씨앗이 뿌려졌다. 우리가 무엇을 현현하고 있는지 깨닫고 사회적 불-안을 정상으로 받아들이는 것을 멈추어야 한다. 우리 주위의 모든 것을 형성하는/알리는 방식에 책임져야 하고 응답할 수 있어야 한다. 틱낫한은 이렇게 말한다. "우리의 생각 안에서, 우리 가족 안에서 일어나는 매일의 전쟁은 전 세계에서 민족과 나라들 사이에서 벌어지는 전쟁과 무관하지 않다."[44] 폭력의 씨앗은 결코 멀리 있지 않다. 씨앗의 존재를 창의적으로 인정할 수도 있다. 씨앗은 환경, 토지, 투입, 영양분 등에 따라 다른 식으로 자랄 수 있다. 폭력의 씨앗을 억제와 균형의 의례를 시작하고 유지하는 귀중한 행위소로 접근할 수 있다. 예를 들어 무술은 자기수양의 실천을 형성하는/알리는 규율로 이를 포용한다. 무술은 최종적인 깨달음에 이르기 위해 자기방어를 고취한다. 폭력의 씨를 계몽하는 것은 불이 계속 타오르게 하는 것처럼 관리해야 하는 과정이다.

#전쟁반대

　　할머니의 주방에는 나무를 때는 난로가 있어서 온기와
피난처를 제공해주었고, 달콤한 오렌지 냄새도 났다. 할머니는
우리가 먹은 귤껍질을 달궈진 난로 쇠뚜껑 위에 올려두고
열기로 향이 퍼지기를 기다리셨다. 할머니의 오래된 샤먼 같은
에너지는 지혜와 집중력, 고결함의 일부였다. 할머니는 두
번의 세계대전을 겪으셨다. 언젠가 이탈리아 지중해 해변의
바도리구레에 있는 할머니댁에서 보낸 하루가 기억난다.
우리는 대리석과 나무로 된 할머니의 식탁에 앉아 있었다.
할머니는 그 식탁에서 파스타를 직접 만드셨다. 우리는 함께
저녁을 먹었다. 할머니의 요리는 언제나 훌륭했다. 할머니의
낡은 TV에서 뉴스가 흘러나왔다. 미국이 이라크를 공격하고
있었다. 할머니는 드시다 말고 나를 쳐다보셨다. 할머니의
눈빛이 엄숙했다. 할머니가 말씀하셨다. "네가 전쟁을
겪어보았다면, 절대 어떤 전쟁이고 지지하지 못할 거다."
그리고는 말이 없으셨다. 다른 방법이 있어야 했다. 완전한
정지. 그렇게 간단하다. 전쟁은 끝내야 한다. 할머니는 미국을
아주 좋아하셨다. 나에게 이렇게 말씀하시곤 했다. "미국인들
덕분에 우리가 죽지 않고 살아 있다는 것을 잊으면 안 된다."
할머니는 전후의 트라우마와 파괴로 이탈리아인들이 굶주리던
시절, 희망과 먹을 것을 가져다준 미국인들에게 감사하는
마음을 언제까지고 간직하실 것이다. 하지만 그런 깊고

진심어린 감사도 할머니의 인식을 흐리게 하지는 못할 것이다. 할머니의 충성심은 실존적 존엄에 대한 것이었다. 할머니라면 정치고 뭐고 늘 이렇게 말씀하셨을 것이다. "미국인들은 이라크에서 전쟁을 끝내야 해." 틀림없이 그랬다. 전쟁을 겪어본 할머니에게 전쟁은 더는 선택의 문제가 아니었다. 결코 다시 일어나서는 안 되었다. 할머니가 옳았다. 오랜 인간 경험에서 전쟁은 선택의 문제가 아니었다.

전쟁은 '자연스러운' 것일까? 과학 기자 존 호건John Horgan은《전쟁의 종말The End of War》에서 전쟁은 '자연스러운' 것이 아니라고 강조한다. 그는 이렇게 설명한다. "치명적인 집단 폭력의 증거는 호모 제누스Homo genus의 출현이나 수만 년 전 우리 종의 출현 시점부터 아니라 문명이 시작되기 바로 직전인 불과 1만 3000년 전으로 거슬러 올라간다"[45]. 대체로 구석기와 신석기 시대는 인간 상호작용의 측면에서 평화로운 시기였다. 전 세계 신석기 시대의 발굴은 엄격한 사회적 위계질서가 없는 평등주의 사회였음을 보여준다. 조직화된 전쟁과 무장 분쟁은 대략 기원전 3300년부터 기원전 1200년경까지의 청동기 시대에, 국가와 왕국이 건설되고 이에 따라 세계 일부 지역에서 경계선이 생기고 자원을 이용할 수 있게 되면서 일어났다. 전쟁은 인간 역사에서 아주 최근의 발명품이다.[46] 전쟁이 인간 행동에 내재되어 있다는 고정관념을 반복하는 것은 건전하지 않다. 전쟁은 사람을 죽인다. 전쟁은 집단적으로 치유하고 변화시켜야 할 사회적 불-안으로 다루어야 한다. 그러나 우리는 전쟁을 오히려 당연하게 받아들이고 일반화해 왔다. 전쟁을 '자연스러운' 것으로 제시하고, 역사를 전쟁의 나열로 가르치고, 전쟁을 중립화하고 자연화하면서 교육과 문화적 생산물, 정보 기술은 사회적 불-안의 주요 매개체가 되어 세대가 바뀌어도 지속적으로, 그리고 효과적으로 전쟁의 씨앗을 뿌리고 있다.

학교 교육인가 재택 교육인가?

학교 교육은 자기 이해로 이어질까? 옥스퍼드 사전에서는 '교육'[47]을 '특히 학교나 대학에서 체계적인 지도를 받거나 주는 과정'으로 설명하고, '계몽하는 경험'이라고도 말한다.[48] 첫 번째 정의는 지식 형성의 공식 과정에서 학교 교육을 가리킨다. 두 번째는 자발적인 학습, 자기 수양, 전반적으로 자기 이해와 관련이 있다. 두 가지 의미를 합해서 보아야 한다. 교육과정의 전반적인 목표는 궁극적으로 우리가 누구인지 아는 것을 목표로 하는 자기 이해이다. 이는 '학교'의 어원과도 맞아 떨어지는데, 이 단어는 '여가'[49]를 뜻하는 고대 그리스어 'skhole'에서 왔다. 이 말은 자기 발견과 지혜에 바친 긴 시간을 뜻한다. 이런 개념은 로마에서는 'otium'으로 번역되었고, 추가적으로 공적 생활을 떠나 내면의 지식에 시간을 쏟는 기간을 가리키게 되었다.[50] 고대의 여러 문화와 문명들이 자기 탐색을 인생에서 최상의 목표로 여겼다. 이런 배경에서 'skhole'는 추상적이고 수동적이고 교조적인 가르침을 통해서가 아니라 열린 대화와 실천을 통해서만 극적으로 얻을 수 있었다.

학교 교육에 따르는 위험은 무엇일까? 결국 학교는 사회적 지식을 공식적으로 가르치고 퍼뜨리는 장소가 되었다. 이런 역사적 진화에서 자기 이해는 더는 주된 목표가 아니게 되었다. 학교 교육은 젊은이들에게 특정 사회에 참여하는 법을 가르치는(그리하여 정해진 규범과 가치를 가르치는) 데 핵심이 되었다. 열린 자세로, 생성적으로, 비판적으로 접근하지 않는다면 이런 공식 교육의 조건들은 미묘하고 강력한 사회문화적 주입 도구가 될 위험이 있다. 전쟁의 역사를 아직도 일부 교과목에서 가르치고 있는 것이 한 예이다. 전쟁 문화와 식민주의적 전제의 영속화는 대폭 수정되어야 한다. 세계 발전에 토착민들이 한 기여를 몇몇 기념일로 넘기고 말 것이 아니라 충분히 통합해야 한다. '선사시대'를 더는 교과목에서 삭제할 수 없다. 구석기와 신석기 시대 출토품들의 가모장적 특징은 아직도 모르는 사람들이 많다.[7] 편파적인 가르침은 자기 이해를 확장해주는 것이 아니라 사실상 'skhole'의 원래 의미를 약화시키고 실존적 불명료화로 작용한다. 교육 프로그램이 꼭 정치적이라 볼 수 없다 해도, 이것들은 사회정치적 위계질서를 영속화하고/하거나 어지럽히는 문화적 수단으로 적극적으로 기능하고 있다.

현대 교육 시스템은 상징적이고 물질적인 배치 면에서 아직도 과거의 가치에 영향을 받고 있다. 정책적으로 의무 공교육은 16세기 초부터 20세기까지 세계 여러 지역에서

서서히 발전했다. 그전에는 공식 교육은 보편적이지 않았고
엘리트층만을 대상으로 했다.[51] 산업혁명은 공식 교육의
발전에 큰 영향을 미쳤다. 널리 적용할 수 있는 규칙이 있는
시스템을 통해 복종, 시간 엄수, 회복력(기계를 잘 다루는
데 핵심이다.)과 같은 미덕을 배양했다. 우리 시대의 요구는
다르다. 최근 기술적 실업이 일어나면서 자동화할 수 없는
일자리일수록 기계에 뺏길 위험이 더 적다. 더 구체적으로
말하자면 창의성과 독창성이 필요한 일이다.[52] 학교 교육은
내용 면에서만이 아니라 사용하는 방법 면에서도 더 유연하고
다양해져야 한다. 같은 규격을 모두에게 적용할 수는 없다.
우리가 개인으로서, 사회로서, 종으로서 누구인지 알려면
인간 다양성을 충분히 받아들여야 한다. 교육에 대한 중요한
접근은 환경과 기반시설도 고려해야 한다. 교육 제도의 체화는
우리의 집단적 의식과 심신의 일부/기술이다. 예를 들어 건강의
관점에서 실내 교육은 전혀 이상적이지 않다. 사회적, 감정적,
학술적인 면과 복지 측면에서 실외 학습이 이롭다.[53] 그러므로
이를 장려하고 실행에 옮겨야 한다.

재택 교육은 어떨까? 재택 교육을 지지한다 해서
학교 체계를 통해 이루어져온 중요한 업적을 부인하는 것은
아니다. 학교 체계는 학생들에게 개인화된 지원과 안내를
제공할 수 있도록 진화했다. 하지만 교육의 대규모 제도화를
고려하면 변화는 천천히 진행되었고, 그 결과 학교 교육이
인간의 시대에 뒤떨어진 견해를 반영하는 일도 많다. 이 때문에
일부는 현재 교육 체계에 대해 반대 주장을 펼친다. 현재의

교육 체계가 독창성보다는 순응성을 장려한다는 것이다.
실제적이고 대안적인 학습 방법으로서 재택 교육은 자발적인
교육 경험으로 이끌어주는 내적 호기심의 역학에 달려 있다.
적극적이면서 독립적으로 독학할 수 있도록 적절한 조건을
제공함으로써 재택 교육을 장려할 수 있다. 세계는 삶의 대학이
된다.[54] 자기실현으로 가는 길에서 학교 교육과 학교 밖 교육 중
하나를 선택해야 할 필요는 없다. 지식은 어디에나 있다. 지식이
지혜로 변화하는 것은 구하는 자의 의도와 성숙함에 달린
문제이다. 자기 이해는 독창적인 과정이다. 아무도 우리에게
우리가 누구인지 가르쳐줄 수 없다. 인간과 비인간 스승들은
스스로를 발견하도록 영감을 불어넣어 줄 수 있을 따름이다.
포스트휴먼 교육은 자기실현으로 이끄는 중요한 접근이다.
개인으로서, 사회로서, 종으로서, 더 폭넓게는 존재하는
것(들)로서.

#포스트휴먼 교육

포스트휴먼 교육이란 무엇인가? 포스트휴먼 교육은
21세기에 우리가 어떤 존재인가에 따라 교육 분야를 재생해야
할 필요를 받아들인다. (정보로 단순화된 지식이 소위 중립적
데이터로 바뀌는) 지식 경제의 시대,[8] (인간중심적 견해와
습관을 버리는 것이 인간 생존에 필수불가결한 조건이 된)
인류세의 시대[9]에, 자기 이해를 현현하려면 교육에서 급진적

❽ 6장으로 가라.
❾ 4장으로 가라.

변화가 꼭 필요하다. 여기에서 사회적 지식이 경험을 다루는 데 도움이 된다. 사회적 지식은 유용할 수 있다. 우리 이전에 사회적 지식을 추구한 사람들에게 감사해야 한다. 그것들도 시대에 뒤처진 짐이 될 수도 있고, 결국은 우리 자신을 이해하는 데 진짜 방해물이 될 수도 있다. 어떤 요소를 가져가 양분을 얻고 어떤 것은 쳐낼지 가리는 것은 우리 몫이다. 우리는 대상과 방법에서 배우고, 대상과 방법에 대해 가르친다. 되살려 쓸 수 있는 것과 그렇게 할 수 없는 것(그래서 확 바꾸어야 할 것)을 가려내야 한다. 이런 임무, 혹은 판단에서 좌절할 것이 아니라 상황을 차분히 인식해야 한다. 모든 것은 끊임없이 변하고 있고 사회적, 개인적 가치도 마찬가지이다. 포스트휴먼 교육은 존재하기의 창조적인 힘을 인식하면서 21세기에 우리가 누구인지에 충실한 교육이다. 포스트휴먼 교육은 누구에게, 무엇을, 어디에서, 언제, 어떻게, 왜 가르치고 배우는지 모든 것을 다 고려한다.

포스트휴먼 교수법 프로그램을 어떻게 개발할까?[55]

포스트휴먼 교육자들은 창의적이어서 '무엇'이 곧 '어떻게'라는 이해에 기반하여 다른 방법론들을 탐색한다.[56] 포스트휴먼 교육은 심/신 이분법에 기대지 않는다. 환경을 지식과 지혜의 장소로 접근하며, 교육 환경에서 작용하는 역학들에 대해서도 마찬가지이다. 모든 것이 가르친다. 우리는 모든 것으로부터 배운다. 체화된 물질과 장소에 구체적인 주의를 기울인다. 인간 외 것들과 요소들을 염두에 두며, (물리적이고 디지털적인) 움직임, 단어 선택, 교육 경험을 통해, 그리고 거기에서 형성된 활동과 관계들에 관심을 갖는다. 지적 가르침과 다른 형태의 학습 간에 균형을 잡는 데 각별히 주의한다. 수작업과 생활에 필요한 기술을 가르치는 과목과 과학과 기술 전문지식 교육을 함께 제공하며, 지역 프로젝트를 통해 전 지구적 지식을 전한다. 예를 들어 지구 행성을 '우리'가 사는 곳으로 간접적으로가 아니라 직접적으로 가르칠 수 있다. 땅을 우리 자신의 체화의 일부/기술로(빅 히스토리에서 직접 경험을 통한 동네의 식물과 암석 조사까지)[57] 가르치는 것이다. 지적 통찰은 행동을 따라야 한다. 포스트휴먼 교육은 행성의 생활주기 전체에서 토종 씨앗을 뿌리고 돌보면서 이루어질 수 있다. 생태적 내부 작용을 인식하고, 유기적으로 재활용할 수 있는 혁신 기술을 개발하고, 가족과 공동체 전체를 모아 학습과 공유의 축제를 되풀이해 열면서 할 수 있다. 포스트휴먼 교육자들은 학교 (밖) 교육 경험에 참여자들의 일상생활을 통합함으로써[58] 획일적인 망상에 기반하지 않고 개인과 공동체의 실제 필요와 비전을 존중하는 프로그램을 제공할 수 있다.

어떻게 배울까, 그리고 어떻게 가르칠까? 포스트휴먼 교육은 인간과 비인간 다양성을 정치적으로 올바른 에티켓으로 축소해서는 안 되고 실존적으로 포용해야 한다는 인식에 바탕한다. '그들'이 누구이고, '우리'가 무엇이다. 포스트휴먼 교수법은 고통받는 종에게 최후의 치료책으로서 절대적으로 오는 것이 아니라, 지역적 실재들로부터 다원적으로 생성된다. 자아를 그 안의 타자들로 포용하면 다종의 공존, 전 지구적 존엄, 자기 인식이 드러난다. 포스트휴먼 교육은

열린 과정이자 실천이다. 교사들은/도 배운다. 학생들은/도
가르친다. 학생과 교사의 태도가 가장 중요하다. 사회개혁가
루돌프 슈타이너Rudolf Steiner[59]에 따르면 존재를 향한 경외심과
헌신의 의미가 근본이며 이것 없이는 어떤 지식도 있을 수
없다. 슈타이너는 비평에 기초한 교육에 회의적이어서 이렇게
말했다. "우리 문명은 헌신과 이타적인 존경심을 느끼기보다
비판하고, 판단하고, 비난하는 데 더 치우쳐 있다."[60]
포스트휴먼 교육은 존재의 창조적인 기술을 향한 경외심,
작동하지 않는 것을 알아내는 능력에 대한 존경심, 변화를
현현하는 자신감을 지지한다. 이런 신비주의적이면서 비판적인
응답 능력의 유기적인 과정에서 특권이나 우월성(예를 들면
종, 젠더, 인종, 민족, 연령, 계급, 카스트 등에 기반한)의 주장은
자기 드러냄의 길에 주요 장애물인 실존적 불명료화이다.
포스트휴먼 교육은 우리의 변화하는 세계와 발맞추어
창의적으로 재상상한 현현의 실존적 기술이 된다.

#포스트휴먼적 교육과정

포스트휴먼적 교육과정을 어떻게 구상하고 현현할까?
우리가 누구인지 완전히 이해하려면 우리의 인식론 체계에
영향을 미치는 편향들을 찾아낼 수 있어야 한다. 실존적
정직성만이 실존적 인식을 키워낼 수 있다. 사회적 지식은
힘이며, 힘을 만들어내고 힘을 지탱한다. 교육 훈련은 권력의

특정 체계를 강화하는 특정 가치를 반복하는 데 핵심이다. 다음 부분에서는 더 구체적으로 인간에 대한 위계적 접근에 기반한 휴머니즘의 단점에 초점을 맞출 것이다. 휴머니즘적 접근은 여러 형태의(암묵적이거나 명시적인) 차별을 허용한다. 예를 들어 최근 제도적 교육에 통합된 내용과 방법을 생각해보자. 대부분의 프로그램은 심/신 이분법에 기반한다. 교육은 체화된 관점에서 인식하기보다는 학생들을 디지털 기기 앞에 장시간 앉아 있게 만드는 이분법적 교수 방법에 의존한다. 이는 학생들의 신체와 정신건강에 위험하다. 이런 제한된 배경에서 인간중심적이며 성차별적이고 인종주의적, 민족중심적인 규범으로 제한된 교육과정이 여전히 널리 실행되고 있다. '몸'에 가해진 한계는 정신에 적용된 한계를 반영한다. 이 둘은 분리할 수 없다.

예를 들어 젠더와 인종 평등이 최근 우선순위로 인식되고 있다 해도, 많은 수업 모듈은 여전히 대통령, 왕, 철학자, 과학자, 예술가와 같은 '백인 남성' 영웅들에 주로 의존한다. 이들과 함께 나오는 비백인·비남성 개인은 얼마 되지 않으며, 이국적인 존재로 규범의 보편성과 중립성을 입증하는 역할을 맡는다. 이런 식으로 권력의 특정 체계를 반복하며, 인종주의와 성차별주의 같은 사회적 불-안은 사회적 가치의 경제에서 중립화되고 정상화된다. 성차별적, 인종주의적, 종차별적 증후를 더 많이 드러낼수록 이런 불-안은 인간 종에 더 깊이 퍼질 것이다. 차별은 이를 겪는 사람들뿐 아니라 관련된 사람들에게도 영향을 미친다. 양쪽 다

다른 식으로 트라우마를 입는다. 열등함/우월함 콤플렉스는
서로를 먹고 살며, 합쳐질 때만 표면으로 떠오를 수 있다.
'트라우마'라는 단어는 '상처'를 뜻하는 고대 그리스어에서
나왔다. 차별적인 교육과정은 사회 조직에 깊은 상처를 남긴다.
이런 인식론적 상처는 눈에 잘 띄지 않기에 치유하기도 어렵다.

그러면 문화를 삭제해야 하는가? 모든 것이 변화하고
있으므로 변화는 쉽다. 사회적으로 불-안의 패턴의 반복을
지금 당장 끝낼 수 있다. 그러나 페미니스트 시인 오드리
로드Audre Lorde가 명쾌하게 경고했다. "주인의 도구로는
결코 주인의 집을 부술 수 없다."[61] 차별적인 견해를 공유하는
사상가들로 포스트-휴먼적, 포스트-인간중심적, 포스트-
이분법적 교육 틀을 만든다면 해로울 수 있다. 그들의 철학에는
어쩔 수 없이 그들의 세계관이 박혀 있기 때문이다. 그렇다고
많은 주요 인물들이 성차별적, 인종차별적, 인간중심적
믿음을 가졌다는 이유로 공식 교육의 역사를 그냥 지워버려도
된다는 뜻은 아니다. 그들의 가르침이 결국 이 체계의 토대가
되었으므로, 포스트휴먼 교육과정에 다른 계보학과 참고자료를
받아들임으로써 빛을 잃게 만드는 것이 아니라 새로운 빛과
통찰, 이해를 가져다줄 수 있을 것이다. 요는 인간화[62]의 역사적
과정에서 침묵당한 모든 자들의 목소리를 위해 복수하는 것이
아니라, 완전한 실존적 인식에 도달하기 위해 비판적이고
차분하면서도 생성적인 방식으로 역사에 접근하는 것이다.

이난나/엔헤두안나

젠더를 염두에 둔 내용과 방법 분석에 기반하여
구체적인 사례를 하나 들겠다. 예를 들어 최근 교육 체계에서는
보통 길가메시 서사시(기원전 2100년경)를 가장 오래된
신화라 한다. 최초의 영웅이 남성이라는 점에서 사회가
항상 남성중심적이었다는 숨겨진 메시지를 읽을 수 있다.
이런 역사 기록학적 오류는 결백하지 않다. 최근 최초의
성문 신화로 알려진 것은 고대 수메르[63]에서 나온《이난나의
지하세계 하강Descent of Inanna》이다. 우르 3대 왕조(기원전
2112~2004년)까지 거슬러 올라가는 수메르 판본이
아직도 남아 있다. 이 책에는 하늘과 땅의 여신인 여성 영웅
이난나Inanna 나온다. 그녀는 지하세계로 내려가 삼위일체
여신의 계율을 다한다.[64] 이와 비슷하게 글쓰기의 역사에서
처음으로 이름이 알려진 저자는 엔헤두안나Enheduanna로,
기원전 23세기 경에 살았다. 그녀는 수메르의 도시국가
우르에서 달의 여신 난나Nanna(달과 지혜의 여신)를 섬기는
대사제였다. 이난나나 엔헤두안나의 강력한 존재는 지금의
남성중심적 패러다임에는 맞지 않기에 거의 알려지지 않았다.
시간을 거시적 관점에서 본다면, 모계사회에서 가부장
사회로의 상징적 이동은 비교적 최근에 일어난 일이다.**❿**
이런 이행은 일직선적인 것도, 절대적인 것도 아니다. 서서히
일어났으며, 완전히 성공하지도 못했다. 일부 사회는 전혀

가부장제가 되지 못했다. 예를 들어 현대 중국의 윈난성과 쓰촨성의 소수민족 집단인 모쒀족을 생각해보라. 그러나 가부장제는 아직도 공식 교육에서는 당연한 것으로 제시된다.

이런 사례들은 정치적 올바름의 역학을 지지하기 위한 인식론적 자선 행위로 제공되는 것이 아니다. 우리가 누구인지 이해하기 위한 실존적 인식의 요청이다. 사회적 신기루는 우리를 우리 자신으로부터 멀어지게 할 뿐이다. 특정 범주의 사람들을 삭제하거나 본질화하는 교수 과목은 교육이 아니다. 더 분명하게 말하자면 그것은 실존적 불명료화이다. 위계적 힘의 역사가 언제까지나 온전히 이어지지는 않을 것이다. 결국 이런 인식론적 시도들은 실패하게 될 것이다. 우리가 진정으로 누구인지 결코 완전히 잊어버리는 일은 있을 수 없기 때문이다. 절대적인 타자성은 없다. 존재는 관계성과 상호성을 수반한다. 어떤 이유에서건(체화에서 특정 범주에 속한다는 이유까지) '열등하다'는 꼬리표가 붙은 이들도 여전히 의식하고 인식한다.**⑩⑩** 자기 이해는 소멸시킬 수 없으며, 잠시 표면상 흐려진 듯 보일 따름이다. 제도화된 권력의 반복 체계들은 그 자체로 존재하는 것이 아니라 수행되고 실현되어야 한다. 우리가 그것들의 일부/기술이다. 우리 안에서 그것들을 해체할 수 있다. 바로 지금 여기에서. 이런 회복력 덕분에 포스트휴먼 교육은 분노와 절망, 복수의 되풀이되는 비생산적 주기에 빠지지 않고 휴머니즘적, 인간중심적, 이분법적 편향을 찾아내는 능력을 포함하여 새로운 도전에 열려 있게 된다. 이런 변화는 사회적, 행성적, 존재론적 수준에서 결실을 낳는

실존적 선물이다. 포스트휴먼 존재-인식론은 자아 안에서
시작한다. 닫힌 체계가 아니라 열린 관계들에 초점을 맞춘다.
추상적이거나 이론적이기만 한 것이 아니라 경험적이고
실험적이며, 위치 지어지고 체화된 방식으로 접근한다. 목표는
자기 인식이다. 공식적, 비공식적 배경 양쪽에서 포스트휴먼
교육 접근을 수용할 수 있다.

#포스트휴먼 부모 역할

**나는 내 아이들이 무엇이 되든 상관하지 않는다.
바라는 것이 있다면 다만 자신이 누구인지 알기를, (그저)
존재할 수 있게 되기를 바랄 뿐이다.** 부모의 선택은 아이들이
사회화되는 방식만이 아니라 노출되는 교육의 형태에도 큰
영향을 미친다. 새로운 이야기를 보여주려면 반드시 위대한
선지자들이 필요하다. 우리 종은 이미 거기까지 갔지만
문화적 산물은 한참 뒤처져 있다. 21세기에 맞는 주류 서사가
얼마나 부족한지 놀라울 정도이다. 어린아이를 둔 포스트휴먼
어머니로서, 어린이를 위한 이야기들이 인간에 대한 시대에
뒤떨어진 비전에 기초하고 있음을 알게 되었다. 거의 대부분의
이야기들이 여전히 인간중심적이고 종차별적인 어조로 쓰인다.
대다수는 세상이 변했음을 제대로 이해하지 못하고 (백인)
남성 영웅을 보여준다는 점에서 본질적으로 인종주의적이고
성차별적이다. 이런 상징적 물신화는 책의 성공에도 더는

기여하지 못한다. 이와 반대로 이제는 인간 다양성을 인식해야 할 필요성이 개인과 사회의 안녕에 필수적인 요소로 널리 인정받고 있다. 이런 점에 비추어 볼 때, 중립과는 거리가 먼 인물들을 무비판적으로 영속화하고 반복하는 것은 사회적인 거시적 공격(권력의 상징적 체계의 편향된 재현을 통한)으로 볼 수 있다. 이는 널리 퍼진 사회적 불-안(성차별주의,인종주의 등)의 증후이자 원인이기도 하며, 더 일반적으로는 종이자 행성으로서 우리 모두에게 해를 주는 실존적 불명료화이다.

얼마나 많은 문화적 인습과 쓰레기가 이미 순진한 아이들의 문학과 매체에 파고들어 가 있는지 놀라울 정도이다. 문화적으로 시대에 뒤떨어진 콘텐츠와 인간중심적 전유의 사례는 셀 수도 없이 많다. 예를 들어 동물에 관한 주류 어린이책 대부분은 비인간 동물에 대해 가르치기보다는 의인화된 이야기를 보여준다. 이런 이야기에서 동물은 변함없이 '그'[65]이며, 옷을 입고 생각하고 행동하는 방식에서 예외 없이 비인간 동물로 가장한 인간중심적 이성애규범적 인간 남성의 원형을 보여준다. 이런 상징적 가면극에서 규칙을 확인해주는 예외가 있다면 분홍 나비 리본이다. 분명 이런 편견에 찌든 배경에서 여성 인물들은 보편화된 남성 규범과는 다르게 인식되기 위해 분홍색이나 자주색 옷을 입어야 한다.

색이 어떻게 색 말고 다른 의미를 가질 수 있을까?
국기의 색깔이 분명히 보여주듯이 색깔은 사회적 전제와 문화적 하부구조를 통해 상징적 의미를 전달할 수 있게 되었다. 특정한 장난감과 색을 받은 어린아이는 거기 익숙해져서 이를 자신의 이드-객체의 일부로 여기게 될 것이다. 이런 일은 아주 일찍부터 일어난다. 내 딸[66]의 경우 두 살 때는 모든 색을 다 좋아했다. 사람들이 어떤 색을 좋아하느냐고 물으면 대답을 할 수가 없었다. 모든 색이 다 아름다웠다. 세 살이 되어서도 모든 색을 다 좋아했다. 사람들이 무슨 색을 좋아하느냐고 물으면 그때그때 다른 대답을 했다. "빨강"이라고 대답할 때도 있고, "파랑", 혹은 "금색"이라고 하기도 했다. 네 살이 되어 친구와 지인들로부터 물려받은[67] 옷과 장난감, 분홍색의 선물을 잔뜩 받고 나서부터는 분홍색을 좋아해야 한다는 젠더화된 기대와 압력을 의식하기 시작했다. 그리하여 딸은 "분홍과 보라색"이라고 대답하기 시작했다. 그렇게 대답하면 사람들은 이 고정관념에 더 힘을 실어 주었다. "당연히 분홍색을 좋아하겠지"나 "분홍색을 제일 좋아할 줄 알았다니까!" 어린 나이에 이런 선택은 '중립적'인 것으로 보일 수 있다. 결국 가장 중요한 사실은 모든 색이 다 아름답다는 것이다. 문제는 나중에 오는 사회적 부호화[68]이다…….

#분홍색 덫

왜 분홍/파랑 구분이 순진하지 않은가? 대학에서 젠더학을 가르치면서 내 수업을 들었던 학생 모나가 주었던 큰 깨우침을 떠올린다.[69] 모나는 아프리카계 미국인 여성으로서 뉴욕에서 성장한 경험을 반추했다. "저는 인형을 가지고 놀고 분홍색 옷을 입었어요. 고등학교에 들어가기 전까지는 신경쓰지 않았어요. 고등학교에 들어가서 갑자기 분홍색을 입는 것이 약하다는 뜻이라는 것을 알게 되었어요. 소녀가 된다는 것은 더 못한 존재가 된다는 의미였죠. 저는 당장 분홍색 옷 입기를 그만두고 이 새로운 환경에 적응하려 했어요."

모나의 설명에서 '정상'이 갑자기 다른 얼굴을 드러냈다. 일견 무해해 보이는 색 이분법(파랑/분홍)을 통해 성차별주의의 불-안이 미묘하게 들어와 있었던 것이다. 현대의 가부장 사회에서 분홍색은 단지 색깔이 아니다. 그것은 열등함의 상징으로 바뀔 수 있다. 모나는 왜 이런 불공정한 상황에 놓이게 되었는지 의문을 품기 시작했다. 그는 인종주의적 정책과 기대로 이루어진 나라에 살면서 체계적으로 기만당했을 뿐 아니라, 더 가깝게는 가족에 의해 자신이 열등한 존재라고 믿도록 설득당했다고 느꼈다. 특정한 옷, 색, 장난감을 통해 젠더화되어 온 방식들은 그를 자동적으로 사회적 약자들의 집단 속에 놓았다. 그때부터 그는 전통적 젠더 규범과 관련된 것은 무엇이든 다 거부하는 식으로 반응하고, 자신을 새롭게 발명했다. 아이에게 '중립적'이라고 주어지는 것은 통제된 환경(가정이나 목적을 갖고 모인 공동체)에서는 잠재적으로 중립을 유지할 수 있을지 몰라도, 몇 년 후 다른 맥락에서 보면 사회정치적 함의와 기대가 잔뜩 배어 있었음이 드러난다. 색깔은 가치의 특정 위계질서와 연관되면 잠재적인 불-안을 말 없이도 매개하는 역할을 할 수 있다(장난감 총이 폭력을 잠재적으로 정상화하는 것과 비슷한 식이다). 포스트휴먼

부모가 분홍색이나 파란색 물건을 금지해야 한다는 뜻이
아니다. 모든 색을 받아들여 어떤 본질화도 해체할 수 있을
것이다.

요즘 분홍색을 젠더와 무관하게 모든 아이들이 다시
쓰고 있다. 분홍의 상징 또한 이분법적인 플러스/마이너스에서
힘의 상징으로 변화하고 있다. '반항적인 소녀들' 교육이 최근
체계적 성차별주의에 대한 주류의 답으로 유행하고 있다.
그러나 이런 힘은 여전히 반항에서 나온다. 포스트휴먼 부모는
이런 대응을 꼭 받아들여야 할 필요는 없다. 아이들에게 억압에
대해 문화적 불복종을 강요해서는 안 된다. 타고난 모습
그대로 자연스럽고 편안하게 느낄 수 있는 조건을 모두에게
마련해주는 일은 사회의 일부/기술인 우리 성인들의 몫이다.
소녀들은 다른 모두가 그렇듯이 존재의 일부/기술이다.
존엄해지기 위해 반항아가 될 수는 없다. 실존적 존엄이 이미
그들 안에 있다. 그들이 반응하는 것이 아니라 행동하게
해야 한다. 반항아가 되면 (그들의) 창조적인 창의성에
제한이 생긴다.[70] 방어적 행동은 실존적 인식에 방해가 될 수
있다. 반항기는 인간 발전 성장의 일부/기술이다. 십 대들은
이를 습득하는 과정을 통해 자유를 배운다. 하지만 반항을
젊은이들이 불-안을 다루는 체계적 해결책으로 볼 수는 없다.
그들은 여전히 이 차원에서/을 배우고 있는 중이며, 아직은
체계적 불-안을 이해하지 못한다. 포스트휴먼 창의성의
자유롭고 자발적인 행위에서(단지 상징적 가치를 뒤집는 것이
아니라) 색깔, 이야기, 장난감을 탈식민화하는 것은 불-안한

환경에서 아이를 키우는 포스트휴먼 부모들이 행위자로서
돌봄과 책임-능력을 선택하는 것이다.

분명히 해두자. 자기실현으로 가는 길 위에서 젠더라는
덫으로 이득을 보는 사람은 아무도 없다. (전통적인 가부장적
교육에서는 소녀들을 위해서) 인형을 가지고 노는 것과
(소년들을 위해서) 총을 가지고 노는 것 둘 중 하나라면
양육하는 법을 연습하는 것이 죽이는 연습을 하는 것보다는
덜 해로울 것이다. 이는 단지 흉내내기 놀이가 아니다.
가부장제는 실제로 사람을 죽인다. 젠더 편향의 폭력과 그
밖의 다른 형태의 신체적, 심리적, 체계적 학대로 여성을
죽이고 있다. 전쟁 문화와 공격성에 기반한 유독한 남성성의
문화를 통해 남자들을 죽인다. 남자들은 평균적으로 여성보다
수명이 짧으며, 자살하거나 기타 질병(건강에서 젠더
격차로 정의되어온)에 걸릴 확률은 더 높다. 누가 더 낫거나
나쁜가를 놓고 경쟁하자는 것이 아니다. 이는 급진적인 변화가
필요하다는 요청이며, 이러한 변화는 이미 일어나고 있다. 지금
가부장제는 인류 역사에서 자신의 상징적 적합성을 죽이고
있다. 우리는 거대한 패러다임 변화의 일부/기술이며, 사회적
내부 작용의 불-안 체계를 치유하고 있다. 우리가 그들이고/
그들이 우리이다. 우리는 함께이다. 하나에게 영향을 주는 것은
모두에게 영향을 주게 된다.

성차별주의는 왜 사회적 불-안인가? 성차별주의는
결국 젠더 폭력, 젠더 좌절, 성전환 혐오, 더 일반적으로는
실존적 불명료화에서 나타날 수 있는 사회적 불-안이다.

대부분의 나라에서 법적으로 젠더 공정과 평등을 인정하고
있다 하더라도, 젠더 고정관념의 강화가 널리 반복되고 아주
어린 나이부터 무비판적으로 받아들여지고 있다. 예를 들어
많은 사회에서 아이들은 아직도 두 집단(여자와 남자)으로
범주화된다. 옷, 장난감, 아이들이 받는 물건에서 사회화되고
양육되는 방식까지 그렇다. 최근 동료로부터 자기 반의 어떤
아이들은 다섯 살인데 벌써 구분을 둔다는 얘기를 들었다.
"남자애들은 여자애들하고는 안 놀 거야. 여자애들은
남자애들이랑 놀면 안 돼." 나는 그 말에 스웨덴의 성중립
교육을 생각했다. 이 교육은 모든 학교는 젠더 고정관념에
반대해야 한다는 스웨덴 교육법 수정안에 기초하여 1998년
시작되었다. 그 후 성평등 교육은 민주주의 과정의 일부/기술로
번성했고, 모든 아이들은 동등한 권리와 기회를 가질 자격이
있다고 본다. 나는 이를 다큐멘터리에서 보았다. 한 미국 기자가
스톡홀름의 성중립 유치원을 찾아가 한 학생에게 질문을
던졌다. 기자는 그 아이가 남자아이인 줄 알고 이렇게 물었다.
"여자애들이랑 같이 노니?" 다섯 살짜리 아이는 이 질문에
어리둥절했다. 뭐라고 대답해야 할지 몰랐다. 아이는 이렇게
대답했다. "저는 누구하고든 다 놀아요."

　　　교육으로 분리 정책을 지탱할 수는 없다. 미국 내
인종 분리의 가혹한 역사가 보여주듯이, "분리하지만
동등하게" 대하는 교육은 본질적으로 불평등하다. 미국
캔자스에서 일어난 브라운 대 토파카 교육위원회 사건이
이정표였다. 1954년 법원은 공립학교에서의 인종분리가

헌법에 위배된다고 판결했다.[71] 역사적으로 말해서 인종주의 정책과 성차별주의 정책은 동화될 수 없다. 그러나 사회로서 우리는 체계적인 차별을 되풀이하지 않도록 역사에서 많은 것을 배울 수 있다. '펠티어 대 차터 데이 스쿨' 소송은 2016년 브룬스윅카운티의 한 공립 대안학교에 맞서 제기되었다. 이 학교는 여학생들에게 바지나 반바지를 입지 못하게 하고 치마를 입게 하는 복장 규정을 요구했다. 2022년, 치마만 강요하는 학교의 성차별적 규정은 헌법에 위배된다는 판결을 받았다. 재판부는 판결문에서 이렇게 말했다. "이러한 젠더 고정관념의 부정적 영향은 소녀들에게만 미치지 않는다. 기록상의 증거로 보아 이러한 견해를 믿는 어린이들은 젠더가 분리된 놀이를 더 많이 하는 경향이 있으며, 이는 나중에 그들의 의사소통 기술과 개인적 관계에도 영향을 줄 수 있다. 이런 증거에서 가장 우려되는 점은, 젠더에 대해 고정관념이 주입된 믿음을 가진 소년들이 성희롱 가해자가 될 확률이 더 높다는 사실이다."[72] 성차별주의는 다른 사회적 불-안과 마찬가지로 사회정치적 특권과 경제적 불평등의 거시 역학과 함께 세대를 통해 전해진다. 전쟁과 집단학살에서 공포의 무기로 강간을 잔혹하게 이용하는 것에서, 어디에서나 성폭력의 위협과 공포를 명시적으로 혹은 암묵적으로 사악한 사회적 통제의 도구(여성이 사회적 공간에서 물리적, 심리적으로 자유롭게 움직이지 못하도록 방해하거나 막음으로써)[73]로 쓰는 것까지, 그리고 가정폭력[74]을 둘러싼 치명적인 침묵과 수치, 체계적 무시까지, 사회적 치유를 위해 다른 모든 사회적 불-안과

마찬가지로 성차별주의의 구체적인 근원, 징후, 메커니즘을
인식해야 한다.

#포스트휴먼 행위성

포스트휴먼 행위성이란 무엇인가? 치유는 지금 당장
일어날 수 있다. 우리가 누구인지 이해하면, 우리가 단지
반복되는 존재가 아니라 행위자임을 깨닫게 된다. 더 분명하게
말하자면 우리가 행위성을 갖고 있는 것이 아니라 우리가
곧 행위성이다. 진화하는 시공간에 분산된 행위성으로서
포스트휴먼 행위성의 인식은 필연적으로 울림을 일으키게
된다. 페미니스트 운동이 1970년대 강력히 주장했던 바와
같다. "개인적인 것이 정치적인 것이다." 절대적인 '타자성'은
없다. 우리는 물질적인 그물망 속에 존재하며, 그 안에서는
모든 것이 실제로 연결되고 잠재적으로 내부 작용한다.[75] 이는
사회적, 생태적, 기술적, 더 일반적으로는 존재론적으로 영향을
미친다.[76] 사회적 불-안은 습관, 법, 서사, 더 일반적으로는
세계관을 통해 세대에서 세대로 전승되는 경우가 많다. 주어진
대로 받아들일 필요는 없다. 어떤 선물은 친절하게 되돌려 보낼
수도 있고, 또 어떤 것은 선물이 아니라 트로이의 목마인 경우도
있다. 더 큰 사회적 불-안의 징후이자 매개체라 여겨지는 것은
처분해야 한다. 이런 노력은 확실하게, 신중하게 해야 한다.
작용하는 역학을 인식하면서 우리 삶에서 습관을 반복하거나

중지함으로써 우리의 행위성을 충분히 행사할 수 있음을 깨닫는다. 우리 자신을 지금 일어나는 포스트휴먼 패러다임 변화에서 현실적인 힘으로 인식할 수 있다.

실존적 포스트휴머니즘은 말 자체는 씨를 뿌릴 뿐이며 반드시 번성하지는 않는다는 것을 깨달은 사람들에게 참조점이 된다. 실행에는 또 다른 수준의 실존적 참여가 요구된다. 행위성은 세계에서 행동할 수 있는 능력이다. 이 단어는 라틴어에서 나왔는데, 동사 agere의 현재분사형으로 "움직이게 하다, 행동하다, 실행하다"라는 뜻이다.[77] 포스트휴먼 관점에 따르면 행동을 하는 것과 하지 않는 것은 서로 반대되지 않는다. 도의 가르침에서는 행동하지 않는 것뿐 아니라 침묵과 텅 빈 상태도 실존적 수양, 성취, 재생의 근본적인 원천으로 간주한다. 근대 서구는 행동(과 제한된 행동의 배치)을 선호하지만, 포스트휴먼 행위성은 이를 따르지 않는다. 서구의 이러한 선호는 역사적으로 활동적인 삶과 사색적인 삶(라틴어로 'vita activa/vita contemplativa')[78]을 분리하면서 강화되었다. 포스트휴먼 세계관은 이 둘을 통합된 것으로 본다. 활동적 사색이자 사색적 활동이다. 예를 들어 홀로 명상하는 삶을 살기 위해 멀리 떠났던 위대한 현자들은 개인적 관점에서만이 아니라 사회적, 행성적인 면에서도 잠재적으로 행위하는 것과 같은 영향을 준 셈이다. 우리가 누구이며 종으로서 어떻게 현현하는지 이해하려면 개인적 실현의 집단적 형성/알림의 힘을 반드시 고려해야 한다.

에피파니가 항상 교환되지는 않는다. 이는 에피파니가

개인적 경험이기 때문일 수도 있지만, 모든 목소리가 우리 종의 집단적 서사에서 동등한 신뢰를 얻지는 못했던 탓이기도 하다. 최근[79] '예언자'를 구글에서 검색해보면 조로아스터니, 모세니, 그리스도니, 무함마드니, 온통 남자 이름만 나온다. 분명 여자 예언자도 있었을 테지만 그들의 이름은 기록되지 않았다. 분명 그들의 깨달음이 시공간의 민감한 구조에 영향을 주었겠지만, 이는 대체로 무시되고 지난 수천 년간 흐릿해졌다. 여성 예언자만을 위해 그들을 인정하자는 것이 아니다. 충분히 깨달음을 얻은 사람들이니, 사람들에게 인정받는 것이 그들이 원하는 보상은 아닐 것이다. 우리가 누구인지 아는 것은 바로 우리를 위해서이다. 여성이라는 체화의 문제 때문에 그들의 기여를 무시한다면[80], 이는 자기실현을 향한 길에서 심각한 실존적 불명료화가 될 것이다. 종으로서 우리의 현현은 만남과 내부-형성intra-forming의 무수한 리좀을 통해 일어난다. 이런 의미에서 분산된 행위성[81]은 사회적 변화의 힘만이 아니라 생물학적, 생태적 건강이다. **❶❷**

우리는 어떤 게임을 하고 있는가? 사회적이 된다는 것은 각기 다른 전략과 실행에 관여한다는 뜻이다. 우리가 (의식적으로 혹은 무의식적으로) 하고 있는 게임이다. 우리는 성차별적 게임, 인종주의적 게임, 혹은 인간중심적 게임을 할 수 있다. 하지만 이런 게임을 수백 년간 해온 끝에 이제는 차별에 기반한 게임은 어떤 유형이든 모든 참여자와 관련된 모든 층에 고통과 증오를 가져다준다는 것을 알게 되었다. 이런 의미에서 이 게임들은 사회적 불-안이 되었다. 더는 제대로 작동하지 않는 현재의 게임을 바꾸려면, 먼저 우리가 그것들을 하고 있다는 사실을 알아야 한다. 그 다음으로 이런 게임이 게임을 할 때만 존재한다는 것을 이해해야 한다. 우리는 게임의 규칙을 바꿀 수도 있고, 게임을 아예 끝낼 수도 있다. 다른 게임을 만들어 다른 사회적 내부 작용을 하다 보면 실존적 성취를 가져올 유일한 게임은 황금률의 게임이라는 사실을 이해하게 될 것이다. 황금률의 게임이란 우리가 대우받고 싶은 대로 남들을 대우하는 것이다. 우리가 얼마든지 잠재적으로 타자가 될 수 있다는 사실을 깨달으면 이를 완벽하게 이해할 수 있다. 무제한의 우주가 일상적 내부 작용의 일부/기술이 될 수 있게 하려면, 우리의 창조적인 힘을 되찾아야 한다. 이 힘은 언제나 존재하며 없애버릴 수 없다. 우리는 엄청난 응답 능력을 가지고 있다. 우리가 인식한다면 창조적으로 현현할 수 있다. 우리는 우리 자신의 존재가 곧 타자의 존재라는 사실을 알기 때문에 평온함을 유지하면서도 힘든 시간을 이겨낼 수 있는 용감한 자들이다. 우리는 현실이 더는 우리를 두렵게 하지 않기 때문에 현실적이 될 용기가 있는 자들이다. 우리는 우리의 사회적 역할이 지닌 적절함과 독창성의 존재론적 힘에 전율한다. 우리의 상상이 이미 민감한 시공간의 몸을 형성하고 있음을 알고 있기 때문이다. 우리는 포스트휴먼적으로, 깨어나 있다.

작별 인사

이 명상에서는 우리가 경험하고 싶어 하는 사회적 변화의 중요성을 이해했다. 여러 유형의 인간과 비인간 차별은 사회적 불-안으로 바뀔 수 있다. 차별의 근원은 여전히 지식 생산의 체계를 통해 반복되고 공식 학교 교육에 뿌리박혀 있다. 이제 21세기의 행성적 조건을 의식적으로 생각하면서 포스트휴먼 교육 접근법을 상상하고 구현할 때이다. 어디인가가 곧 어떻게이고 무엇인가이다. 야외 학습의 수용에 관해서는 4장으로 가라. 포스트-인간중심적 교육과정을 더 자세히 보려면 2장으로 가라. 존재의 게임을 이해하려면 8장으로 가라. 역사적으로

명상 ⑦
사회문화적 행위성

트라우마를 입은 사회는 긴급히 치유가 필요하다. 사회적 내부 작용에 포스트휴먼 행위성을 받아들이는 것은 강력한 실존적 여행이다. 이는 존재론적 핵심을 변혁하고 생성한다.

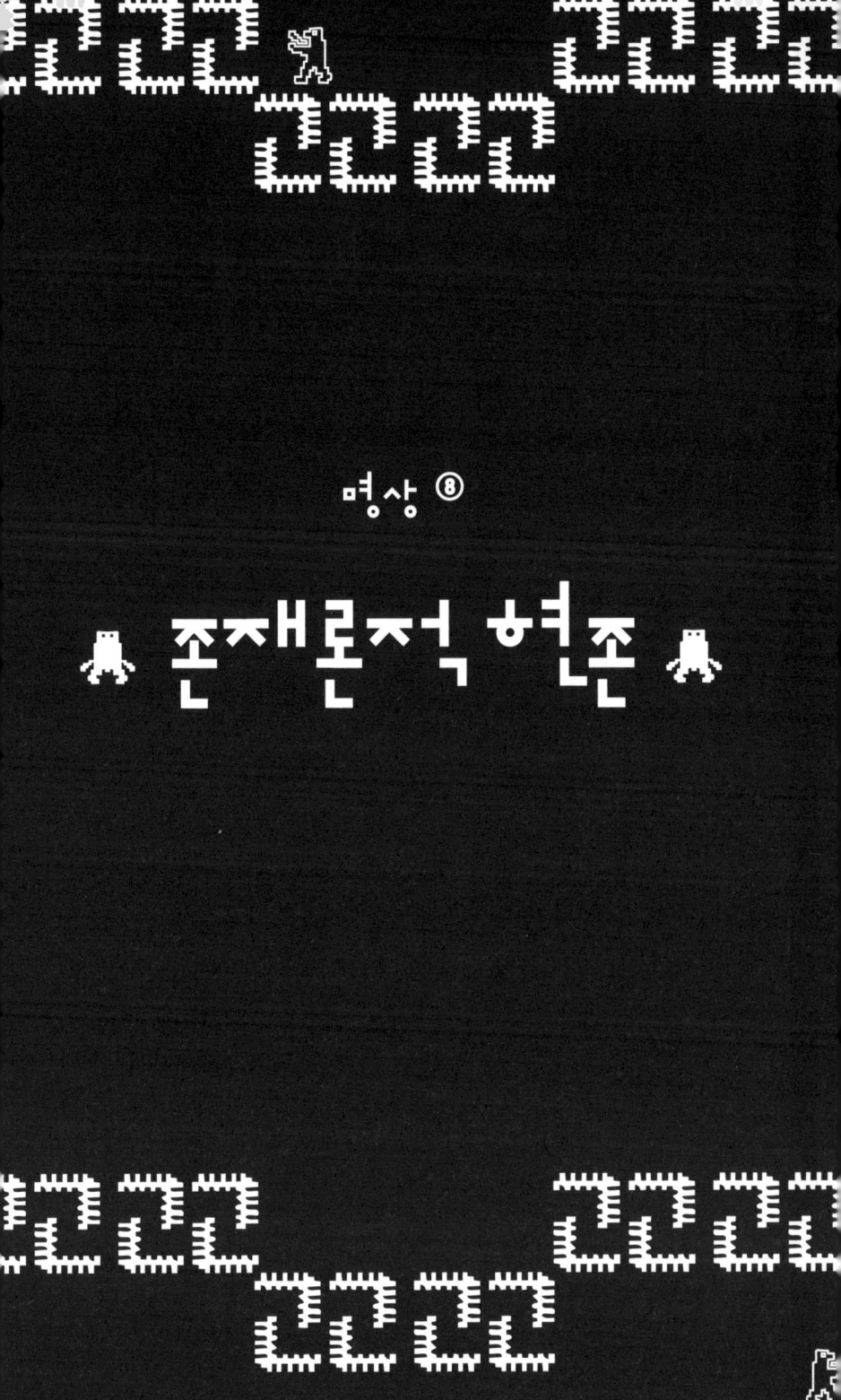

명상 ⑧

존재론적 현존

#일부/기술

현실적이 된다는 것은 현실을 있는 그대로 인식한다는 뜻이다.
또한 현현된 현실이 항상 변화하고 있으며, 정해진 방식은
없음을 안다는 뜻이기도 하다. 이전 세대로부터 영감을
받으면서 예정된 비전이나 실현된 현현에 자신을 제한하지
말고 스스로에게 충실해야 한다. 개인, 사회, 종의 깊은 변형은
우리가 개인, 사회, 종으로서 누구이며 어디에 있는가에 대한
참된 이해에서만 나올 수 있다. 이 책은 생물학에서 생태학,
기술, 천문학까지 여러 분야의 지식을 제시했다. 그러한
지식들은 상호-존재의 궁극적 메시지에서 중요하다. 그러나
이를 자기 이해로 보지 않는다면 무관한 것이 된다. 우리 자신을
알지 못한다면 우리 주변의 세계를 알 수도 없다. 우리 주변의
세계 또한 우리 자신이기 때문이다. 모든 것에 대해 전부 다
알아야 한다는 뜻은 아니다. 무엇이건 완벽하게, 정직하게,
철저히 받아들인다면 실존적 거울의 역할을 할 수 있다.
우주나 세포 하나, 숲이나 사이버네틱 네트워크, 구름, 조약돌,
하나의 상황이라도 탐구할 수 있다. 자신을 닻으로 삼아 항상
스스로를 찾아낼 수 있다. 우리는 모든 것의 일부/기술이다.
일부/기술로서의 일부, 무언가의 일부라는 것은 우리의 실존적
기술이 포스트-휴머니즘, 포스트-인간중심적, 포스트-
이분법적으로 현현하게 해준다. 물 위에 퍼지는 잔물결처럼

자아에서 사회, 지구 행성, 시공간, 자아로 나아가며 그 역도 마찬가지이다. 우리가 누구인지 알기 위해서는 자아의 일부/기술로서 무제한의 잠재성을 포용해야 한다.

우리가 모든 것이고 모든 것이 될 수 있다면, 우리는 왜 존재하는가? 이 질문에 답하려면 다음과 같은 연관된 질문들을 던져야 한다. **우리는 왜 장엄한 석양을 경이롭게 바라보는가? 왜 여행을 하는가? 왜 음악을 연주하는가?** 화가들이 그림을 그리면서, 무희들이 춤을 추면서, 가수들이 노래를 부르면서 그러듯이 즐기기 위해서이다. 존재하는 것은 실존적 창의성을 위한 원재료이다. 우리는 자기 삶의 예술가일 때 신바람이 난다. 힌두 철학의 한 학파인 베단타 철학에서는 현실의 본질을 존재-의식-환희$^{Sat-Chit-Ananda}$로 정의한다. 산스크리트어로 Sat은 '존재'[1], 절대적인 시작도 없고 궁극적으로 변화하지 않는 상태이다. Chit은 '의식'[2]을 가리킨다. 더 정확히 말하자면 자기 이해, 존재의 인식이다. Ananda[3]는 완전한 만족, 실존적 성취, 기쁨이라는 뜻으로 '환희'이다. 이 비非이분법적인 상태는 창조적 기쁨을 가능케 하는데, 이를 포이에시스라 부를 수 있다. 포이에시스에는 합리적인 이유가 필요치 않다. 그것은 실용적인 필요성에서 나오는 것이 아니라 실존적 창의성의 흐름 속에서 펼쳐진다. 춤은 결국 끝나고, 시는 잊혀지고, 그림은 삭는다. 그런 것은 중요하지 않다. 창의성의 목적은 퍼져나가는 시공간 속의 (경험하고 현현하는) 창의성이다.

실존적 창의성은 인간 영역을 넘어서서 우리 차원의

모든 면에 존재한다. 눈송이 하나하나와 결정 모양의 완벽함과 독특함을 생각해보라. 대양의 카타르시스적 힘과 우주의 숭고한 아름다움을 생각해보라. 전자기파의 미묘한 진동수를 생각해보라. 존재, 필요한 것, 실재의 것에는 언제나 미학적인 면[4]이 존재한다. 그것은 어떤 한계도 초월하며, 인간의 관점에서 도덕이나 윤리에 제한되지 않는다. 니체의 표현을 빌리면 선과 악을 넘어선다.[5] 산스크리트어로 릴라는 힌두 전통에서 '우주적 유희'를 가리키는데, 이것의 목적은 오로지 환희이다. 실재는 유희적 창의성에서 나오는 릴라이다. 이런 이해에 따르면 우리는 존재의 모든 유희(와 차원)이다. 작가, 공동 감독, 행위소, 전기 기사, 소도구일 뿐 아니라 무대, 관객, 배경, 대본이다. 인간을 우리가 우주적 게임에서 수행하는 행위들 중 하나로 생각할 수 있으며, 이 게임에서 우리는 대본도 공동으로 쓴다. 우리는 (우리 자신의) 존재의 예술가들이다.

그러나 어떤 좋은 게임이라도 참여자들이 그 속에 너무 빠져버린 나머지 자기 자신을 잊고 그것이 게임이라는 사실을 망각하는 경우가 생긴다. 그리하여 우리의 확장된 본질을 잊어버리고 특정한 이드-객체,❶ 심지어 게임 전체나 존재의 차원들의 집단적 의식에 자신을 한정짓기도 한다. 이는 자기실현으로 가는 길에 한계가 된다. 포스트휴먼 존재의 기술은 어떤 차원적 드러냄도 넘어서는 인식을 요구한다. 의식consciousness과 인식awareness은 동의어가 아니다. 비이원론 현자인 스리 니사르가다타 마하라지Sri Nisargadatta Maharaj는 이렇게 밝혔다. "인식은 원초적이다. 그것은 시작도, 끝도,

원인도, 지탱하는 것도 없는 본래의 상태이다. 부분도 없고 변화도 없다. 의식은 접촉에 있으며, 표면에 비친 반영, 이중성의 상태이다. 인식 없이는 의식도 있을 수 없지만, 깊은 잠 속에서처럼 의식 없이는 인식도 있을 수 없다."[6] 우리 모두가 이런 인식 속에 있다. '기술art'이라는 단어는 라틴어로 '숙련된 노동'을 뜻하는 'ars'에서 왔다. 노련한 장인은 자신의 기술적 능력을 알고 있다. 그래서 자신의 작업에 홀려 정신을 잃고 자기가 누구인지 잊는 일은 없다.

#포스트휴먼 언형들

우리는 어떻게 존재하는가? 현현의 차원에서 우리는 시공간의 민감한 몸에서 독특하고, 울림 있고, 역동적인 존재의 원형들이다. 우리는 창의성의 실존적 행위, 우리 자신의 원형의 진정성 있는 창작자이다. 우리는 생각하고 소통하는 방식을 비롯한 일상생활의 행위에서, 우리가 섭취하는 음식, 물, 공기에서, 기술과 함께, 기술에서, 기술을 통해 상호작용하는 방식에서, 우리가 존재하는 방식에서 우리의 의도를 현현하고 있으므로 이를 충분히 인식해야 한다. 우리가 우리 삶의 예술가라는 사실을 알게 되면 다른 이들이 우리를 위해 우리의 실존적 예술을 창조해줄 수 없다는 사실도 분명해진다. 원형[7]과 고정관념은 동의어가 아니다. 원형은 독창성과 창의성을 뜻하지만, 고정관념은 변화 없는 반복, 예정된 일반화에 기초한 과도한 단순화로 요약할 수 있다. 앞 세대의 유산에서 주어진 모델을 무비판적으로 반복한다면, 우리는 과거에 있는 것이다. 그러나 실존적 포이에시스는 항상 현재에 있다. 고정관념은 자기탐구의 흐름에서 장애물이 될 수 있다. 우리가 누구인지 알려면 사전에 정해진 길에 의존할 수 없다.

포스트휴먼 인식은 우리가 우리 이야기나 어떤 이야기의 등장인물일 뿐 아니라 꽉 찬 아카이브라는 인식에서 나온다. 자아의 끊임없는 재발명은 우리 삶의 모든 순간마다 출현하여 매일매일의 내부 작용을 확장하고, 집단적 의식에 독창적인 원형을 줄 수 있다. 이러한 이해는 프리드리히 니체가 그의 서사시적 소설 《차라투스트라는 이렇게 말했다》에서 발전시킨 위버멘쉬Ubermensch('초인'이라는 뜻) 개념을 떠올리게 한다. 위버멘쉬는 영혼의 세 번째이자 마지막 변신이다. 은유적인 낙타(무비판적으로 아무 사회 규범이나 받아들이는 사람)에서 해방의 과정에만 몰두하여 실제로 창조를 하지는 못하는 반항적인 사자로, 그 다음에는 아이로 변신하게 된다. 아이는 언제나, 충만하게 현재 순간에 있으므로 창조할 수 있다. 니체의 말에 따르면, "아이는 순진무구하고 잘 잊으며, 새로운 시작, 게임, 스스로 굴러가는 바퀴, 최초의 움직임, 신성한 '예'이다".[8] 아이는 모든 가능성에 열려 있으며, 그 때문에 새로운 가치를 창조할 수 있다. 우리의 우주적 게임을 실행하면서 지금 당장 변화를 일으키고 다른 존재하기의 방식들을 드러낼 수 있다. 어떤 게임이든 할 수 있지만, 우리가 그 특정 게임을 현실화하고 있음을 인식해야 한다. 우리는 우리가 믿는 것, 우리가 하는 이야기, 우리가 꾸는 꿈 등을 비롯하여 우리가 현현하고 있는 것이다. 이는 과거뿐만 아니라 현재와 미래의 역사성의 조건 속에서 드러난다. 우리는 개인, 사회, 종, 행성과 우주의 행위성의 수십억 년의 결과이다. 이는 제약이 아니다. 일부/ 기술이자 전체로서 우리는 실존적 인식에서 공동 창조자이다.

수백 년 동안 되풀이된 사회적 구성들이 항상 그 자리에 있었다고 착각할 수도 있지만, 그것은 사실이 아니다. 이 차원에서 존재하기와 현현하기의 방식은 무제한적이다. 모든 것이 끊임없이 변화하고, 변형되고, 진화한다. 힘은 어디에나 있다. 우리가 수행하고 관여하는 모든 행위, 생각, 습관, 관계 속에 있다. 포스트모던 철학자[9] 미셸 푸코Michel Foucault는 니체의 연구를 확장하여 권력을 위계적이고 부분적인 방식으로, 즉 거시적 구성(정보, 국가 등)을 통해 단순화할 수 없다고 설명했다. 푸코는 권력의 미시물리학을 "한 사람이 소유할 수 있는 특권이라기보다는 항상 긴장 속에 있고 활동하는 관계들의 네트워크"라 말했다.[10] 권력의 거시 역학과 미시 역학은 공동 출현한다. 존재의 관계적이고 뒤얽힌 성격을 고려하면, 이분법적 구성들은 사회의 안녕과 다종의 존엄을 현현하는 데 진짜 장애물이다. 더 폭넓게 보면 자기실현으로 가는 길에서 실존적 불명료화이다. 핵심은 실존적 정직성이다. 우리는 스스로에게 충실해야 한다.《벌거벗은 임금님》[11] 동화에서 허영심 많고 이기적인 왕은 사람들의 부추김에 군중 앞에서 벌거벗고 걷는다. 그는 자신이 똑똑한 사람들 눈에만 보이고 나머지 사람들에게는 보이지 않는 옷을 입고

있다고 믿었다. 무능하게 보이지 않으려고 모두가 거짓말에
동의했으나 마침내 한 어린아이가 속삭인다. "하지만 임금님은
실 한 오라기도 걸치지 않으셨는데요!" 자기 이해를 향한
포스트휴먼 경로는 외부의 진실을 그냥 받아들이는 대신,
우리가 경험하는 것을 창의적으로 표현한다. 시대에 뒤떨어진
행동, 비전, 용어들을 그대로 되풀이할 수는 없다. 그것들을
21세기에 맞추어 재상상해야 한다.

의식 해킹

포스트휴먼 되기의 기술이란 무엇인가? 포스트휴먼
되기의 기술은 우리가 누구인지를 온전히 인식하는 것이다.
존재하기의 포스트-휴머니즘적, 포스트-인간중심적, 포스트-
이분법적 방식을 현현하는 데에는 존재론적 행위성이
필요하다. 우리는 모든 것이다. 일자이자 다자이며 통일성이자
다원성이다. 나의 방식들이 꼭 당신의 방식이 될 필요는 없다.
예술가는 독창적이고 창의적이어야지, 그렇지 않으면 예술가가
아니라 모방자, 다시 말해서 남의 작품을 베끼거나 재생산하는
사람으로 여겨질 것이다. 실존적 결과의 핵심에는 예술가의
독특하고 다양한 비전이 있다. 우리 삶이 우리의 궁극적인
예술작품이다. 예술을 생각하면 예술작품만이 아니라 그것들을
생성한 흐름과 움직임도 생각하게 된다. 예술가들은 뭔가를
표현해야 할 욕구를 느낄 때가 있다. 그것을 표현하면서 다른

많은 이들이 비슷한 통찰과/혹은 인식을 경험했음을 깨닫는다. 이렇게 하나의 운동이 형성된다. 이는 물질적인 분야와 상징적 분야 양쪽에 다 적용된다. 바다의 파도에서 철학적 흐름까지, 사선 대형의 새 떼의 움직임에서 천체물리학과 수학의 정렬까지 해당된다.

운동은 점차 명확해져서 이미 현현하고 있는 무언가를 표현해야 할 필요성에서 나온 결과이다. 그것은 존재의 유희에서 의식의 공동 발생이다. 포스트휴머니즘이 이런 좋은 예이다. 각기 다른 배경, 나라, 문화의 사람들이 포스트휴먼 인식의 긴급성을 깨닫고 있다. 이는 각성과 창의성, 생존의 문제이다. 의식의 파도는 관계적인 면에서 작용한다. 우리는 개인 이상의 존재이며, 이는 모든 수준에서 사실이다. 차원적 드러냄의 과정에서 인간은 결국은 사라질 파도로 보일 수도 있다. 예를 들면 생물학적 멸종을 통해 그렇게 될 수 있다. 변화는 존재의 핵심 역학이다. 포이에시스는 (재)생성을 통해서만 펼쳐진다.[12] 변화가 없다면 정적이고 침체된 상태이다. 그 결과는 현현의 상징적 수준에서든 실제적 수준에서든 죽음이다.[13] 존재의 유희에서 우리는 '되어가고 있는' 것이다. 이를 깨달으면 우리 삶의 창조적인 힘을 통해 특정 원형을 창조하기로 결심할 수 있다. 이를 '의식 해킹'으로 정의할 수 있다.

의식 해킹이란 무엇인가? 의식 해킹은 의식을 항상 해킹할 수 있다는 뜻이다. 의식의 비밀은 우리의 계시이기 때문이다. 내부-관계intra-relation 속의 역학뿐, 어떤 완전한

봉인도 없기 때문이다. 의식은 이 차원의 자기반영적 거울, 잠재태이자 현실태이며 웅장한 예식이기 때문이다. 의식은 우리가 누구이고, 무엇이고, 어디에 있고, 언제, 왜 있는지를 깨닫는 존재의 기술이다. 역사적으로 말하면 의식 해킹은 그 나름대로 어떻게 "과학과 기술이 심리적, 감정적, 영적 안녕을 지지할 수 있는가"[14]를 탐구하고자 시작된 최근의 경향이기도 하다. 이런 움직임에 참여하는 사람들 중 어떤 이는 이렇게 표현한다. "우리에게는 컴퓨터 시스템이나 소프트웨어 시스템을 탐구하듯이 우리 내면의 정신을 탐색할 능력이 있다. (…)실제로 우리의 내적 운영체제를 변화시키고, 업그레이드하고, 조정할 수 있다."[15] 정신/컴퓨터 은유에 단순하게 의존하는 것은 우연이 아니라 이런 접근이 여전히 갖고 있는 일부 한계를 드러낸다.

최근 의식 해킹 운동의 원칙은 테크노-인간중심주의를 버리지 못하고 있다. 이는 그들이 말하는 자신들의 임무에서도 드러난다. "우리 공동체는 인류에 봉사하기 위해 기술적 풍경의 비전을 공유하며, 이는 어디까지나 인류를 위해서이다."[16] 포스트휴먼 관점에서는 책임지는 주인 따위는 없다. 타자들이 자아의 일부/기술임을 깨닫는다면, 봉사는 결코 한쪽만을 향하는 것이 아니며, 어느 종에만 한정될 수도 없다. 이런 건설적인 비판이 의식 해킹 운동에 내재한 비전을 약화시키지 않는다. (생물학적이고 기술적인) 진화를 통해, 이를 넘어서 현현의 행위성은 자기실현에 일조한다. 이는 인간 삶의 진화를 '신성한 생명'으로 이끌고자 스리 오로빈도가 제안한

통합 요가 접근법과 대단히 유사하다.[17] 오로빈도에 따르면,
영적 실현은 인간 본성을 탈체화된 이상으로서가 아니라
체화된 실재로 변화시킨다.[18] 오로빈도는 이 진화의 원천을
'초의식supermind'이라 정의했다.[19] 이 초의식적 변형은 의식의
통합으로 이어지고 완전한 자기 이해에 이른다.

마음

마음이란 무엇인가?[20] 어떤 전통에서는 마음을
우리 존재의 중심으로 강조한다. "나는 생각한다, 고로 나는
존재한다." 또 다른 전통은 마음을 궁극적 반역자, 사회적
불안과 개인의 고통의 원인으로 비난하고, 해방을 찾기 위해
마음을 침묵시키는 데 집중한다.[21] "나는 생각하지 않는다,
고로 나는 존재한다." 그러나 마음은 비난할 것도, 찬양할 것도
아니다. 영웅도 악한도 아니다. 감독도 구경꾼도 아니다. 마음은
현현의 기술이다. 우주적 게임에서 인식의 가장 끝부분이다.
개인, 종, 사회, 행성 의식의 (녹고 있는) 빙산의 끝부분이며,
우리 존재의 역학이다. 물론 마음은 우리의 실존적 경험에
(내부와 외부) 서사를 제공하면서 목소리를 내기 때문에 우리
자신과 동일시하기 쉽다. 연극에서 화자의 역할은 중요하지만,
화자는 더 큰 체계의 일부/기술이므로 절대적이지는 않다.
마음의 역할은 전체적인 살아 있는 수행의 포장을 풀어내는
방식으로 전개된다. 마음이 상징적인 표면 위로 떠오를 수 있는

능력은 필연적으로 물질적 현현의 네트워크에 의존한다.

마음은 어디에 있는가? 인식의 분리되고 탈체화된 중심으로서의 '마음' 같은 것은 없다. 마음은 복수적이고 체화되었으며 끊임없이 변화하는 경험적 과정으로서, 실존적 드러냄의 연극에서 자기 진술의 무대를 다른 이들과 함께 재현한다. 식물 해부학에서의 은유를 가져와 마음을 과일 껍질로 생각해볼 수 있다.[22] 껍질이 씨앗이나 과육처럼 보일 필요는 없다. 그것은 '외부'가 스며들어 투공성인 '내부'로 변화하는 위치이다. 우리는 우리가 먹는 것, 호흡하는 것, 움직이는 곳, 행동하는 방식이다. 우리는 우리 자신의 안과 밖에 있다. 마음도 그렇다. 항상 우리의 전체 존재와 관련되어 체화되며, 경험과 기억, 생각, 몸의 움직임과 훈련, 맛과 냄새에서 자양분을 얻는다. 마음의 스토리텔링은 교육이나 사회문화적 신념 체계, 유전학과 후성유전학, 상호–존재하는 미생물❷과 행성적 몸들❸과 같은 각기 다른 양식을 통해 습득한 기존의 가치와 조건뿐 아니라, 실존적 탐색의 경험에도 기반한다.

자아가 인식이 부족하면 마음은 삶의 이야기를 스스로 서술할 때 남의 비전과 관점에 무비판적으로 의존하게 된다. 이는 실존적 불명료화에 더해 이미 모든 것이 결정되어 있다는 환상을 낳을 수 있다. 우리의 차원적 드러남은 본질상 끊임없이 변화하고 있으며, 완전히 의존해도 좋을 정해진 서사 따위는 없다. 그런 것들이 도움이 될 수 있을지 몰라도 결국 내레이션은 지금 이 순간 우리의 역동적인 공동 현현^{co-manifestation}에

❷ 3장, #생물학적 나로 가라.
❸ 5장으로 가라.

충실해야 한다. 우리 존재의 전체 공동체가 마음과 너무 깊이 동일시한 나머지, 마음이 은유적인 산꼭대기이기 때문에 지배할 수 없다는 사실을 잊을 때도 있다. 산은 우주에서, 행성 지각 안에서 산등성이의 일부/기술이다. 마음은 체화된 인식의 극점이며, 더 넓고 광범위한 자아의 도구의 필수적인 메커니즘이다. 우리가 이야기에 푹 빠졌다고 마음을 탓할 수 없다. 우리가 항상 화자이기도 하다는 사실을 기억해야 한다. 우리가 선택한 서사는 중립적이지 않다. 그것들은 우리의 실존적 포이에시스를 형성하는/알리는 우리의 기술적 진술이며 구상안이다.

범심론이 해답일까? 21세기에 대다수 주류 문화는 지성 중심적[noo-centric]이다. 고대 그리스에서 'nous'와 'noos'는 각각 '지성'과 '마음'을 뜻한다. 이런 유형의 중심주의는 마음에 절대적 지위를 부여하는 전통에서 나온다. 이는 역사적으로 궁극적 지식의 도구로 여겨지는 '이성'[23]으로 귀결되어왔다.[24] 이런 본질적으로 인간중심적인[25] 인지적 환원주의는 종차별주의의 역사가 보여주듯이 뇌 용량이 더 작은 생명 형태의 의식과 주관성을 인정하지 않는 데까지 이르렀다. 하지만 완전한 실존적 의식에 대해 생각해본다면, 어떤 중심주의도 고려의 대상이 될 수 없다. 어떤 궁극적인 중심도 없기 때문에 우리는 항상 존재의 중심에 있다. 중심은 관점에 따라 어디에나 있다.[26] 이런 전제 안에서 최근 들어 심성이 모든 실재에 근본적이라는 견해가 발전하면서 이것이 범심론으로 정의되고 있다. 이는 받아들일 만한 견해이지만 완전하지는 않다. 범심론[27]은 여전히 인간중심주의적 가치 체계에 기대며, 이에 따르면 인간[28]은 '정신적인 것psychic'[29]의 원형이다. 바위 같은 다른 객체들에게 꼭 정신적 인식을 인정하지는 않는다.[30] 이런 상징적인 위계적 차이는 결국 종 고유의 특성과 생명중심적 특징에 기반한다. 애니미즘적 접근과 샤머니즘적 실천은 이보다 더 포괄적이다. 구석기 시대까지 거슬러 올라가면 인류의 가장 오래된 믿음 체계들은 어떤 종류의 객체든(강, 바위 등까지 포함하여) 생기를 가졌다고 본다. 에너지는 실존적 위계질서 없이 존재의 수많은 평면에서 모든 존재가 공유하는 응답 능력의 역학 속에서 내부 작용하고 있다.

주체들

샤먼이란 누구인가? 샤먼은 상호-존재의 내부 연관되고 내부-변환하는 자연문화를 인식하는 자이다. 아메리칸 원주민의 우주론은 인간, 동물, 정령이 완전히 분리되어 있지 않고 연속체라고 생각한다. 샤먼들은 종을 초월하여 우주적 매개체의 기능을 수행할 수 있는 존재로 여겨진다. 인류학자 에두아르도 비베이루스 지 카스트루Eduardo Viveiros de Castro는 샤먼들은 의도적으로 존재론적 경계를 넘어 인간과 비인간 사이의 관계를 관리하기 위해 비인간 주체들의 관점을 채택하는 능력을 가졌다고 강조한다.[31] 이런 관점에서 주체는 여전히 인간이라 해도 꼭 인간중심적이지는 않다.

인간은 생물학적 소여나 한 종을 가리키는 것이 아니라 관점의 주체가 체화된 위치를 가리킨다.[32] 비베이루스 지 카스트루는 이렇게 말한다. "동물들은 가장한 인간이어서 주체인 것이 아니라, 잠재적 주체이기 때문에 인간이다."[33] 이런 통찰은 포스트휴먼 인식론과 중요한 연관성이 있다. 주체는 '대상'과 분리되어 위계적인 자기 특권의식 속에서, 이를 통해 출현하는 것이 아니다. 주체는 어떤 절대적인 중심주의도 넘어서서 존재의 흐름 속 자아의 근본적 인식이다.

'주체'는 존재하는가? '주체'라는 단어는 라틴어 동사 'subicere'의 과거분서 'subjectus'에서 나왔다. 이는 sub-('아래')과 jacere('누워 있다')을 가리킨다. 라틴어 자체는 그리스어 'hypokeimenon'의 번역어로 기층substratum이라는 뜻이다. 주체는 변화를 통해 진행되는 연속체로, 물질적이고 본질적인 실체로 접근할 수 있다. 주체는 현현의 전제 조건으로, 대상과 분리되지 않는다. 예를 하나 들어보겠다. 자기 뒤통수를 보려면 (상상력이나 직관을 엄청나게 이용하지 않는 한) 반사되는 표면이 필요하다. 앎의 과정에서 우리에게 '안쪽'인 것을 보려면(이 경우에는 자기 뒤통수) (예를 들면 거울처럼) '바깥쪽'인 것이 필요하다. 자기 앎self-knowing의 과정 또한 마찬가지이다. 우리는 '대상(즉, 나머지 세계)'과 분리되어 '주체'(특정 개인이나 심지어 종으로서)일 수는 없다. 내부/외부 이분법을 깨뜨리면 우리가 대양의 파도처럼 온전히 현현의 일부/기술임을 깨닫게 된다.

주체라는 용어는 현대적 용례에서 나머지 것들과

분리되어 개인의 자율적 이해에서 (암묵적으로 인간의) 정신, 심리, 에고, 자아를 가리키게 되었다. 주체/대상 이분법은 역사적으로 탈-체화되고 불-안한 가정에서 사회적 불평등과 생태적 황폐화를 일으키는 데 한몫을 해 왔다. 이 가정에 따르면 대상은 정신적으로 능력이 있다거나, 더 일반적으로는 의식이 있다고 인정되지 않았으므로 '주체'는 '대상'을 이용할 수 있었다. 이렇게 '타자들'을 스스로 선포한 합리적 '주체'의 '대상'으로 만들려는 물리적이고 상징적인 투쟁이 현대(그리고 일부 근대)[34]의 인간중심적 신화를 구성한다. 이에 따르면 '인간' 주체는 진화의 걸작으로 출현했으며, 그러므로 나머지 피조물을 책임지는 유일하게 진정으로 자의식 있는 존재이다. 인류세에 이런 우리 시대의 근본 신화는 신뢰성을 완전히 상실했고, 현재의 환경위기의 주요 원인일 뿐 아니라 더 폭넓게는 21세기에 깊이 각인된 실존적 불명료화로 드러났다. 포스트휴머니즘은 대상과 주체가 분리되어 있다는 환상을 해체한다.

지혜의 수많은 길이 이러한 이해에 동참하고 있다. 예를 들어 우분투 철학은 실존적 긍정을 바탕으로 공유하는 인류 이해에 기반한다. "나는 너이므로 존재한다." 주체는 필연적으로 관계적이다.[35] 또 다른 예로 철학이자 종교인 라스타파리는 모든 사람이 하나라고 말한다. 영어로 대명사 '나'와 '우리'는 통일성, 다원성, 신성의 자기반영적 거울로서 '나와 나'가 된다. '나와 나'는 너와 나뿐만 아니라 자아 속의 신(내면의 신성함)을 말한다. 이런 인식은 수피즘의 길과도 비슷한데, 이에 따르면 사랑이기도 한 신은 어디에나 있고 내적 자아에서도 찾을 수 있다.[36] 수피 신비주의자 잘랄 알-딘 무함마드 루미Jalal al-Din Muhammad Rumi는 이렇게 말했다. "내면의 문을 두드려라. 다른 곳 말고".[37] 이와 비슷하게 아드바이타 베단타(비이원적 베단타 철학)에 따르면 아트만(자아, 제한된 자)은 브라만(절대 실제, 제한 없는 것)과 일치한다. 내재와 초월 간에 어떠한 이분법도 성립될 수 없다. 이는 주체를 변화를 겪고 있는 의도적인 의식일 뿐 아니라, 우리의 차원적 드러냄, 존재이면서 비존재에 필요한 기층으로 이해할 수 있게 해 준다. 불교는 실제 자아가 없다는 깨달음에 기반한다. 우리가 절대적인 안정성, 자율성, 연속성을 찾으려 할 때마다, '자아'가 누구인지 혹은 무엇인지 정의하려 할 때마다 아무것도 발견할 수가 없다. 자아는 다른 측면들과 분리하여 정의할 수 없다. 자아는 항상 맥락 속에 있고, 관계되어 있으며, 변하기 쉽다. 그러므로 자아는 모든 것이라고 말할 수 있으면서 한편으로 자아 같은 것은 아예 없다고도 말할 수 있다. 아무것도 아닌 것이 또한 모든 것이고, 모든 것이 또한 아무것도 아닌 것이다. 존재와 비존재는 반대되거나 분리된 것이 아니다. 뭐가 되었건 더 이상은 없다.

#비-존재

부존재^{non-existence}란 무엇인가? '존재^{existence}'라는
단어는 '나타나다'를 뜻하는 라틴어 'exsistere'[38]에서 왔다.
시공간에 대해 이야기할 때는 현현한 실재를 가리킨다.
현현하려면 현현되지 않은 것이 필요하다. 현현되지 않은 것
또한 우리 자신이다. 그것은 항상 공간과 시간 너머에 있다.
충만하면서도 텅 비어 있다. 인간 이전이면서 이후이다.
무제한의 잠재성이다. 그것은 의식 너머에 있고, 인식 속에
있다. 존재의 전제조건, 분할되지 않은 기층이다. 끊임없는
팽창 속에서 이 우주를 다룰 때, 부존재의 수준은 반드시
잠재적인 것과 현현된 것의 근원으로 현존한다. 이(그리고 다른
가능한) 차원(들)의 실존적 현현을 다루기 위해 대양의 수면을
은유로 이용해보자. 대양의 깊이는 변화를 넘어 부존재가
가진 무제한의 잠재성을 보여준다. 지금 이 순간은 의도, 반응,
비전을 품고 차원적 드러냄의 불꽃으로서 진동하는 깨달음을
실행하는 무대가 된다. 모든 요소들이 그 무제한의 잠재성에서
출현한다. 하지만 무제한적인 것이 반드시 잠재적이거나
진동하는 것은 아니다. 그것은 어떤 상태에도 선행하며,
무엇이건, 언제건 소진될 수 없다. 우리는 모든 것으로서
그것의 일부/기술이다.[39] 우리는 또한 비존재^{non-Being}이다. 이런
의미에서 힌두교 성인 아난다마이 마^{Anandamayi Ma}는 이렇게
말했다. "내가 이 지구에 오기 전에 (…) '나는 동일자였다'.

어린 소녀였을 때, '나는 동일자였다.' (…) 영원의 방에서 창조의 춤이 나를 둘러싸고 변화한 후에도 오래도록, '나는 동일자일 것이다.'[40] 비존재는 존재의 필수 조건이며, 그 역도 마찬가지이다. 포스트휴먼 존재론은 비존재를 존재에 내재한 것으로 받아들이는 비이원론적 만유 내재신론panentheism의 관점에서 접근할 수 있다.

존재의 무제한적 잠재성에서 우리가 어떤 것이고 될 수 있고 모든 것이 될 수 있다면, 왜 하필 인간인가? 우리 인류는 차원적 의도, 얽힘, 애착과 관계가 있다. 인간으로 현현한다는 것은 인간으로 태어나고 죽는 것은 물론이고 인간됨의 물질적, 상징적, 반복적 역학에 얽혀 들어가는 것이다. 예를 하나 들어 설명해보겠다. 꿈속에 있을 때는 모든 그림이 창조적이다. 완벽한 장면이 비논리적 맥락에 기반해 변하고, 바뀌고, 나타났다 사라지기도 한다. 매 순간마다 완전히 다른 시나리오 속에 있는 우리를 발견하게 된다. 잠들어 있을 때는 잠재적으로 어떤 것이든, 누구든 되는 꿈을 꿀 수 있다. 삶을 느리게 흘러가는 강 위에 뜬 연꽃처럼 경험할 수도 있고, 로봇 같은 계몽된 객체도 될 수 있다. 꿈속에서 우리는 존재하지 않음not-being의 제한 없는 인식 속에 융합되며, 현현의 의식적인 과정에도 참여한다. 우리의 꿈은 실제 경험에 제한되는 경우가 대부분이기는 하지만(예를 들어 익숙한 상황이나 아는 사람에 대해 꿈을 꾼다). 일상생활의 상호작용에서 현현하는 것과 같은 방식으로 체화되는 꿈을 꿀 때가 많다. 우리의 인간 정체성은 너무 깊이 각인되어서 많은 이들이 꿈속에서도 자신을 인간으로 꿈꾼다. 이는 우리 자아의 깊은 얽힘을 보여준다. 우리의 각성 상태는 몽상적이고 잠재적인 탐색을 형성할/알릴 뿐 아니라 제한할 수도 있다. 이런 제한은 특히 꿈을 존재의 기술로 접근할 때 중요하다. 그것들은 자기 계시를 위한 귀중한 기회를 제공할 수 있다.

꿈

2012년의 어느 날, 꿈을 꾸었다. 깨어났을 때 마음속에 이런 말이 떠올랐다. "너는 시간을 풀어낼 수 있게 될 것이다." 영어가 내 모국어가 아니다보니 그때는 '풀어낸다unravel'는 말의 의미를 알지 못했다. 사전에서 찾아보았더니 그 단어의 정의는 이러했다. "(복잡하거나 혼란스러운 것)을 조사하여 해결하거나 설명하다."[41] 나는 그 메시지의 신비스러움에 할 말을 잃었다. 어젯밤, 또 다른 꿈을 꾸었다. 2022년 11월 20일 일요일, 구글에서 연설하는 꿈을 꾸었다. 반쯤은 비공식적인 자리였다. 방은 창문이 없는 직사각형이었다. 스물다섯에서 쉰다섯 살 쯤 되어 보이는 서른 명 남짓의 사람들이 서 있었다.[42] 나는 그들의 눈을 마주보며 말했다. "여러분은 여러분이 봉사하는 사람들을 두려워할 수 없습니다. 어떤 비밀도 지켜서는 안 됩니다. 그들에게 알리세요." 다시 그들을 보았다. "그들에게 알리십시오." 나는 속으로 이렇게 말했다. "그래, 내가 당신들이야." 나는 조용히 자리를 떴다. 꿈은 상상과 현현을 위한 장소가 될 수 있다. 또한 반복의 기능도 할 수 있다. 누구나 해야 하는 온갖 일들을 다 걱정하는 불안한 꿈에 익숙하다. 그런 꿈을 꾸면 자고 난 후가 자기 전보다 더 피곤하다. 이는 멀리까지 영향을 미쳐, 우리의 즉각적인 인식을 넘어서까지 체화된 현현을 조건 짓는 결과를 가져올 수도 있다. 우리 존재에 의미 있는 것으로 환영할 만한 꿈은 각성 상태의 중요성을 폄하하지 않지만, 의무의 부담을 경감해준다. 우리는 일하기 위해 여기 있는 것이 아니라 그냥 여기 있는 것이다.

샤머니즘 문화에서 꿈은 내면의 세계로 들어가는 문으로 여겨진다. 꿈은 '진정한' 실재(깨어 있는 상태에서 경험한 것에 한정되는)와 분리된 것이 아니라,[43] 더 넓은 현실의 일부/기술로 받아들여진다. 오스트레일리아 원주민들의 세계관에서는 더 넓은 현실을 '꿈꾸기dreaming'로 느슨하게 번역한다.[44] 현대의 세계 문명뿐 아니라 많은 고대 문명들이 환생과 윤회를 믿는다. 이와 비교해 보자면 화학에서는 죽음은 없고, 오직 변환만이 있을 뿐이다. 이런 실존적 연장의 가능성을 받아들인다면, 우리가 자신과 동일시하는 (예를 들면 인간) 형태가 삶과 죽음을 넘어 우리의 존재에 영향을 미칠 거라고 생각할 수도 있다(이런 조건화는 예를 들면 인간으로 환생한 사후의 삶으로 이어질 수도 있다). 이 책은 실제 존재의 영역을 주로 다루고 있으니 이 문제를 더 깊이 파고들지는 않겠다. 그러나 '나는 누구인가?'라는 문제를 다룰 때에는 모든 측면을 고려해야 한다. 실존적 포스트휴머니즘은 내부와 외부 세계 사이가 분리되어 있지 않음을 성찰하며, 모든 것의 일부/기술은 인식에 기반하여 통합적 행위성에 의존한다.

#영성

실존적 포스트휴머니즘은 영성^{spirituality}의 영역을
통해 확장될 수 있다.[45] 두 분야는 같은 것이 아니며 교차할
필요도 없다. 전통이나 영적 실천에 의존하지 않고서도 실존적
포스트휴머니스트로서 충분히 헌신할 수 있다. 진정한 헌신은
포스트휴먼 인식을 일으키기에 충분하다. 실존적 포스트휴먼
궤적에서 일어나는 영성을 발견할 수도 있을 것이다. 각기 다른
길들이 포스트휴먼 자기실현으로 이끌어줄 수 있다. 영성은
일상의 경험을 초월하지만, 실존적 포스트휴머니즘은 그것들을
해체하고 변화시키기 위해 사회적, 정치적 원형의 구성된 범주
안에서 작용할 수 있는 실천이다. 실존적 포스트휴머니즘이
지성의 힘을 포기할 필요는 없다. 지성은 영적 탐구자의 길에서
없어서는 안 될 중요한 것이다. 지성을 적절히 훈련하면 인간
행동의 패턴을 과거 행동과 반응에 뿌리박힌 것으로 이해할 수
있게 되며, 지금 당장 그것을 바꿀 수 있음을 깨닫게 된다. 모든
것이(되)기 위해 포스트휴먼 탐구자는 결국 지성의 우위를
포함하여 모든 우월성을 버려야 한다. 지적 훈련이 제공할 수
있는 긍정적 결과조차도 그것에만 온전히 의존한다면 장애물이
될 것이다.[46] 비판이론을 생각해보자. 비판이론의 역할은
정신을 탈식민화하는 데 매우 중요하다. 하지만 행위자가

비판이론만을 유일한 도구로 삼는다면 비판주의와 타자에 대한 절대적 불신으로 이어질 수 있다. 지성은 계몽으로 가는 길 위에서 강력한 빛이지만, 지성에 과도하게 의존하면 결코 자기실현을 현현하지 못하게 될 것이다. 반면 영적 전통으로 피상적으로 뛰어든다면 탐구자는 상처 입고 혼란에 빠질 수도 있다.

많은 영적 길들이 결국은 역사적 관습과 억압의 체계들(성차별주의, 인종주의, 민족중심주의, 카스트제도, 인간중심주의, 생명중심주의와 같은)에 적응했고, 그리하여 대단히 중요한 인식을 얻는 길로서 영성의 본래 목적을 약화시켰다. 이 무제한적이고 모든 것을 아우르는 '나는-이다$^{I-Am}$'는 제한을 가하고 차별하는 관행을 통해서는 실현될 수 없다. 우리의 이해를 제한하는 믿음, "너는 절대 알 수 없다"거나 "너는 부족하다"라고 말하는 가르침은 어떤 것이든 포스트휴먼 자기실현으로 이끌어줄 수 없다. 실존적 포스트휴머니즘은 절대적인 '자아/타자' 이분법을 완전히 해체할 것을 주장한다. 이런 해체는 해체가 아니다. 포스트휴먼 인식은 역사적 구성물인 인간됨을 초과하며 선행하는 조건에서, 인간적인 것을 완전히 초월할 수 있는 상태로 이끌어준다. 이런 의미에서 인간은 항상 포스트휴먼이었다. 트랜스휴머니즘 운동의 선구자 중 한 명이었던 예수회 철학자 피에르 테야르 드 샤르댕$^{Pierre\ Teilhard\ de Chardin}$은 이렇게 썼다. "우리는 영적 경험을 가진 인간이 아니라, 인간 경험을 가진 영적 존재이다."[47] 실존적 포스트휴머니즘은 결코 한계가 없다.

존재의 다른 실천들과의 조화 속에서 자아를 열린 인식으로
포용하며, 이에 따르면 우리는 이미 계몽되었다.[48]

#자기실현

　　포스트휴먼 자기실현은 우리 외부에서는 성취할 수
없다. 우리가 모든 것이라는 사실을 깨닫게 되면, '우리'는
개인이 아니며 이 존재의 흐름에 현현하고 있음을 깨닫게 된다.
이런 생각이 신의 계시에 기반한 종교적 접근과 양립할 수
있을까? 해석학, 의도, 가능성의 문제이다. 창조주와 피조물을
절대적 이분법으로 갈라놓고 신의 계시를 외부에서 주어지는
것으로 받아들일 수도 있다. 혹은 같은 계시를 생성적인 신적
관계성으로 접근할 수도 있다. 이는 "모든 피조물에 있는
신성한 불꽃을 존중하라"는 금언에 반영되어 있으며, 실존적
존엄과 다중우주적 공감의 실천으로 지탱된다. 불교 전통의
열반에서 힌두 경전의 모크샤moksha(윤회로부터의 해탈)까지,
궁극적인 해방은 자기실현에 있다. 헤노시스Henosis 고대
그리스 철학에서 일자와의 합일을 뜻함)는 다양성의 하나됨이
실현되는 신비스러운 통합을 뜻하는 고대 그리스어이다(절대
환원은 아니다). 테오시스Theosis는 가톨릭뿐 아니라
동방정교회에서도 신성과의 완전한 합일로 이끄는 내면의
변화 과정을 가리킨다. 이슬람에서 나눌 수 없는 신의 일체성을
아라비아어로 'tawhid'라 부른다. 도교의 통일성과 다양성의

균형에서 여신 숭배에서의 자연 주기의 조화와 요가에 이르기까지, 몸과 마음의 통합을 중요시한다. 신은 기술에도 존재한다는 데이터주의자의 계시에서 생기 있는 것과 생기 없는 것을 넘어 모든 것을 포괄하는 애니미즘적인 인식의 이해에서까지도 이를 찾을 수 있다. 엄격하게 하나만 고수하지 않는 한, 모든 길이 포스트휴먼 깨달음으로 이끌어 줄 수 있다.

존재의 창조적 흐름에서 모든 사람은 서로 다르며, 모두가 자신의 관점과 독창적인 방식으로 결국 자기 인식에 이르게 된다. 여기에서 자기 발견의 하나의(또 다른) 가능한 주기를 완성한다. 이런 실존적 의미에서 '포스트휴먼'은 인간 조건이 우리의 운명도, 본성도 아니고 무제한의 물질과 기호적 가능성의 시공간적 현현, 체화되고 위치지어진 관점일 뿐이라는 깨달음에 용기 있게 이를 수 있다는 뜻이다. 이는 궁극적으로 절대적인 이해로 이어질 수 있다. 우리가 모든 것이다. 관계, 사람들, 의도. 생각과 말. 행동, 믿음, 서사. 원형. 유전학과 후생유전학. 생활방식, 음식, 생산물. 꿈, 행동, 반응. 이메일과 웹사이트, 포스트, 사진, 디지털 흔적. 몸, 기관들. 과거와 현재 세대. 미생물. 생물-기술권. 행성, 태양, 은하수들, 우주(들) 등등. 우리는 잠재성이며 무제한적인 것, 존재와 비존재이다. 우리는 시공간의 미묘한 구조에서 우리의 연장된 행위성을 경험해왔다. 존재를 넘어서 현현되지 않은 것들 속으로 나아갔다. 이제는 안다. 포스트휴먼 자기 인식은 거울을 비추는 거울이다……. 이제 도달했다. 자기 탐색의 여정에서 우리가 (우리) 존재의 예술가임을 깨닫는다.

작별 인사

 이 책은 우주처럼, 계절처럼, 꼭 우리 삶처럼 주기적이고 나선형이다. 순서대로 따라가지 말고 앞의 장 중 아무 곳이나 자유롭게 찾아보면 된다. 또한 최종 만트라로 옮겨가도 좋다. 우리는, 언제나, 집이다.

명상 ⑧
존재론적 현존

포스트휴먼 만트라

이 책은 우리의 멋진 신세계를 스스로 항해할 수 있게 안내하는 열린 결말의 안내서로 구상되었다. 21세기에 개인, 사회, 종, 행성, 그 너머의 존재로서 우리가 누구인지를 깨닫기 위하여. 인간중심적이고 인류세적인 폭풍의 눈에서 균형을 잡기 위하여. 의도적인 미궁의 중심을 경험하기 위하여. 여덟 가지 명상에서 문자 그대로 우리가 먹는 음식이 우리 생각에 영향을 미치며, 습관이 곧 존재의 윤리임을 이해하고 사고를 위한 포스트휴먼 음식을 제공했다. 이는 포스트휴먼으로 존재하기의 기술[1]로 들어가는 여정이다. 포스트휴먼 실존적 인식에서 "나는 누구인가?"를 질문하다보면 탐색 분야는 관찰할 수 있는 우주와 발맞추어 스스로 팽창한다. 주위를 둘러보라. 우리의 다수성과 관계성의 흔적이 어디에나 있다. 이는 우주의 춤이다. 내가 너이고, 네가 나이다. 우리는 모든 것이다. 우리가 하는 어떤 일에서도 포스트휴먼으로 존재하기의 기술을 현현할 수 있다. 쓰고 읽고 코드를 짤 때, 일하고 먹고 꿈꿀 때, 어느 때나 다 그렇다.

접근법으로서 실존적 포스트휴머니즘은 일상의 출현에서 현실적이기도 한 큰 (의무론적) 질문을 던진다. 모든 것이 차원적 드러냄의 구성에 관련되어 있다. 우리가 곧 공기와 물이라면 어떨까? 기술적 행동에서 우리의 욕망과 공포는 어떨까? 중독/화법[ad/diction]은 어떨까?[2] 습관으로서의 포스트휴먼 윤리[3]는 현재의 것이며, 미래는 바로 지금이다. 우리 삶의 매 순간마다 포스트휴먼 윤리 틀을 수용할 수 있다. 개인적, 사회적, 종적 행위성을 인식하면서 21세기의

포스트휴먼 윤리는 다종 헌신을 발산한다. 글로컬[4] 공존은
본질주의적 환원을 넘어 행성적 인식에서 출현한다.[5]
우리가 살아가는 방식들은 중립적이지 않다. 그것들은 종과
행성으로서, 전체 차원의 영역과 그 너머 존재로서 스스로를
알린다. 형성한 행위성은 존재론적이다.

실존적 포스트휴머니즘은 존재의 우주적 게임에서
작동하는 다중우주 역학을 인식한다. 다중우주 역학은
시공간적 체화를 본래의 궤적과 원형을 형성하는 (재)생성적인
것으로 받아들인다. 이런 내부 작용은 다양한 범위의 입구와
관점을 창조적으로 현현한다. 차원적 드러냄에는 중심이 없다.
실존적 포스트휴머니즘은 자기 탐색의 필요에서 태어나 모든
경로를 존중한다. 각각의 경로가 다 자기실현으로 이끌어줄
수 있는 잠재성이 있다. 행동과 반응의 광범위한 공명에서
(사회적 불평등과 같은) 실존적 인식을 방해할 수 있는 미묘한
장애물들을 인식할 수 있다. 어떤 형태의 차별도 다른 형태의
차별로 가는 문이 될 수 있다. 더 정확히 말하자면 실존적
불명료화이다. 자기 이해는 우리가 타자라는 깨달음에서
나온다.

실존적 포스트휴머니즘이 21세기에 가져다 준 선물
중 하나는 21세기에 충실하라는 것이다. 우리는 더는 주관적
투사나 자기중심적 서사에 빠지지 않을 것이다. 디지털
(오)정보나 데이터주의적 신념에 기반한 객관적 지식에
압도되지도 않는다. 실존적 인식으로 가는 데 미리 정해진
답이나 지름길은 없다. 전체가 되는 것이 전체의 일부가

되는 일부/기술이다. 실존적 정리의 실천에서 더는 특정한
'-이즘'이나 세계관, 이드-객체[6]나 외부의 권위에 의존하지
않는다. 신을 놓아보낸$^{legging go(d)}$다는 것은 모든 것을 포괄하는
포스트휴먼적인 신성으로, 분리된 존재가 아니라 통합된
존재로서 받아들인다는 뜻이다. 이를 통해 벚꽃의 지혜와
사회-창조적 평등의 힘을 디지털 '드러냄' 기술 안에서 결합할
수 있다. 존재하기의 모든 층에 인식을 가져오면서, 어떻게
자긍심을 버리지 않으면서 남을 인정하거나 무시하는지 인식할
수 있다. 포스트휴먼 인식은 종-, 인종-, 젠더-역학을 변화시켜
무지와 공포의 역사적 주기를 중지함으로써 현현한다. 우리의
세계 만들기^{worlding}만이 아니라 단어 만들기^{wording}는 개인적,
사회적, 행성적 치유를 일으킬 수 있다. 포스트휴먼 자기발견의
길에서 반드시 현현된 것들에 실존적 존엄을 인정해야 한다.
붉은 장미와 항성계 탐사에서 사마귀, 화산, 황금 휠체어를
탄 진보한 AI까지, 중심은 어디에나 있다. 찌르레기 떼.
트랜스미디어 스토리텔링과 포퓰레이션의 대체현실 게임. 현재
순간에 온전히 존재하는 실존적 존엄. 우리는 존재하므로 안다.

　　　포스트휴먼적 인식은 우리가 누구인지 알도록 뿌리를
주고, '어떻게 되어갈 것인가'를 알려줄 날개를 주어 사회
전체에 새로운 시각을 가져다준다. 기후변화와 인류세에도
어떤 이들은 여전히 휴머니즘적 믿음에 충실하다. 이에 따르면
합리적이고 계몽된[7] 인간으로서 '우리'는 아무리 무지하고
오만하더라도 언제나 해결책을 찾아낼 것이다. 완전한 계몽은
자기실현에서 현현한다. 이는 이분법적인 망상이나 실존적

불명료화에 기대지 않는다. 인류세[8]의 마지막 파티에서, 무제한의 자원이라는 신화에서 뜨뜻미지근한 인간 (반)영웅의 표준화된 이야기는 이제 호소력을 잃었고, 오히려 소름끼친다. 우리는 여섯 번째 대멸종을 마주하고 있다. 눈앞의 문제는 너무나 중요해서 무시하고 넘어갈 수 없다. 우리 자신의 멸종 가능성까지 포함하여 현재의 종 말살을 멈추려면 우리가 누구인지 깨달아야 한다. 포스트휴먼 인식은 실존적 종차별주의가 더는 필요치 않게 만든다. 우리, 21세기의 인간은 이를 우리 힘만으로는 할 수가 없다. 우리는 행성의 일부/기술이다.

포스트휴먼 행위성은 포스트-휴머니즘적, 포스트-인간중심적, 포스트-이분법적 실천에서 현현한다. 개인의 습관에서 종으로서 우리의 궤적까지. 이런 접근은 비약적인 생명공학, 빅데이터 경제, 초지능 AI가 부상하는 현재 시대에 잘 맞는다. 포스트휴머니즘에 따르면 인간은 행위성뿐 아니라 둘러싸는 전체 영역으로 특징지워진다. 이는 휴머니즘적, 인간중심주의적, 이분법적 자기 특권의식으로부터 벗어날 유일무이한 기회를 구성한다. 사회적 상상과 실천에서 패러다임 전환은 개인적 수준에서 변화를 유도하며, 그 역도 마찬가지이다. 포스트휴먼 수련은 이런 핵심적인 윤리 시나리오에서 하나의 이정표가 된다. 삶에 대한 현대 철학들은 대체로 행동의 철학이다. 이런 생산성의 가속화(와 승인)가 자기 완성을 보장해주지는 못한다. 실은 너무 많이 행동하면, 즉 일하면, 자아로부터 도피하게 된다. 시간 부자는 자기 탐색과 예상치 못한 자기 발견을 위한 시간을 충분히 가진 사람이다.

존재는 우리가 누구인가이다. 그것은 다수이다. 우리는 우주의 유희에서 공동 창조자이다. 타자들이 자아에 무지한 채로 남아있(기로 한)다 해서 이런 포용적인 자기 탐색을 포기해서는 안 된다. 남을 판단하지 않는 태도가 인식의 핵심 열쇠이다. 그림 전체를 받아들여야만 그것을 바꿀 수 있다. 성찰하라. 형이상학에서 존재의 평면을 유지하기 위해 평면 전체를 다 자기실현 상태로 유지하지는 않는다. 그렇게 한다면 오히려 평면 자체가 완전한 (비)인식으로 흩어지고 비존재의 가능성이 현실이 될 것이다. 다시 말해 충만한 잠재성의 상태로 (재)진입해야 한다. 다중우주적 심신(들)을 침묵시키고 소멸시키는 것이다. 시공간적 영역에서 자기실현은 절대적인 것이 아니라 부분적인 파동으로 일어난다. 궁극적으로 전체의 일부/기술로서 모두가 이미 계몽되었다면, 왜 일부 사람들은 자기 인식에 눈뜨고 다른 사람들은 여전히 잠들어 있겠는가? 이런 체화된 관점에서 무지는 우리의 존재의 평면에서 그 평면의 생존 메커니즘으로 접근할 수 있다. 이 차원에 특화하여 습득한 진화적 특징이다. 릴라의 우주적 유희 코딩에서 비밀 알고리즘이다. 모두가 이것이 게임이라는 사실을 (스스로) 깨닫는다면, "게임 끝"이다. 존재의 게임에서 규칙이자 최종적 성취 중 하나는 게임 자체에 대해 생각하지 않게 되는 것이다. 21세기 포스트휴먼으로 존재하기의 기술은 우리 자신이 현현을 책임지는 것이 아니라 현현의 일부/기술임을 이해하는 것을 뜻한다. 그리하여 인간은 차원적 지배, 역사적 괴롭힘,

근본적인 실존적 망각의 자아도취적 신화에서 벗어난다. 신비스러우면서도 현실적이다. 포스트휴먼으로 존재하기의 궁극적 기술은 자기 인식에서 드러난다. 우리는 다자이며 일자이고, 통일성이자 다수성이며, 존재이면서 부존재이다. 끝이거나 또 다른 시작이다…….

21세기를 위한 우리의 포스트휴먼 만트라는, 우리는 일부이자 기술이라는 것이다. 인간적인 것을 넘어서서, 우리는 존재한다.

감사의 말

매일 나의 사랑에 자양분을 주는 내 딸 소피아와 남편 로비에게 감사한다. 엄마 레나타와 아빠 우고에게 감사한다. 두 분의 존재는 선물이다. 나의 모든 사랑하는 부모님들, 티지, 엘렌, 톰에게도 감사한다. 나의 포스트휴먼 천사들 중 그 누구보다도 로지와 데바시시, 스테판에게 감사한다. 나의 자매들 바바라, 페드, 가이아, 이사벨, 대니, 메리, 테이트, 누라, 모든 자매들에게 감사한다. 나의 형제들 안젤로, 모티, 개론, 트리스탄, 패트릭, 유투스, 파자드, 로베르토, 모든 형제들에게 감사한다. 모든 가족들에게 감사한다. 계몽을 위한 장소인

뉴팔츠커뮤니티에 감사한다. 학술적 인식에서 뛰어난 뉴욕대의 동료들과 학생들에게 감사한다. 전 세계의 포스트휴먼 공동체에게, 비전과 현현을 공유해준 데 감사한다. 글로벌포스트휴먼네트워크와 모든 제휴 네트워크에게, 존재해준 데 감사한다. 나의 현재와 이전 출판사와 편집자들에게 내 연구를 믿어주고 비전과 자각을 발전시킬 수 있도록 도와준 데 감사한다. 예를 들어 5장의 통찰들 두어 가지는 내 논문 〈왜 우주 이주가 포스트휴먼적이어야 하는가 Why space migration must be posthuman〉(2016)로 거슬러 올라갈 수 있고, 6장의 성찰 중 일부는 〈누가 인공지능을 두려워하랴? AI 지배 시나리오에 대한 포스트휴먼적 입장 Who is afraid of artificial intelligence?

존재하니와
존재하지 않기에 대해,
존재에게 감사를
사랑의 지혜,
지혜의 사랑인
소피아에게 감사를

A posthuman take on the AI takeover scenario〉(2022)이라는 나의 연구에서 나왔다. 4장의 몇 가지 제안은 〈강화될 것인가 말 것인가? 달에게 물어보라-포스트휴먼 관점에서To be or not to be enhanced? Just ask the Moon – in posthuman terms〉(2023)에서 먼저 나왔다. 이 책은 수십 년 간의 탐색을 거쳐서 나왔다. 너그럽게 피드백을 제공해준 이름 모를 독자들에게, 캐롤리나, 안젤리노, 기셀라, 거스, 케인에게 감사한다. 비전을 선명하게 만들어준 존 톰슨과 캐롤라인 리치몬드에게 감사한다. 이 책이 비전에서 현현으로 현실이 되게 해준 폴리티출판사에 감사한다.

여러분 모두에게 무한한 사랑과 비전, 감사를!

프란체스카 페란도

연습 문제

이 책에 제시된 개념들을 확장하기 위해 여덟 가지 선택 과제가 있다. 각 장과 하나씩 연결된 것이다. 이것들은 퀴즈가 아니라 포스트휴먼 자기실현의 길에서 자기 성찰을 실현하기 위한 프롬프트이다. 다음 웹페이지를 보라. www.politybooks.com/bookdetail?book_slug=the-art-of-being-posthuman-who-are-we-in-the-21st-century_9781509548958

우리 가족들!
북쪽들!
행성들,
우주들,
멀티버스들에게
감사를
당신에게
감사를.
나에게 감사를.
우리 모두와
그 너머인 것들에게도
감사를.

주석

서문. 21세기에 포스트휴먼으로 존재한다는 것

1. 이 책에서 '일부'라는 용어를 종종 '일부/기술'로 표기하는데, 이는 일부이자 기술이 된다는 것이 하나의 기술이기도 하다는 점을 강조하기 위함이다. 무언가의 일부^{part}가 된다면 필연적으로 다음의 요소도 기술^{art}의 형식으로 인식하게 된다. 예를 들자면 이 경우에는 모든 것으로 존재하기의 기술이다.

2. 이 단어는 도나 해러웨이^{Donna Haraway}로부터 빌려온 것이다. Haraway, D., *Staying with the Trouble: Making Kin in the Chthulucene*, Duke University Press, 2016[도나 해러웨이, 《트러블과 함께하기》, 최유미 옮김, 마농지, 2021].

3. 옮긴이주. 단순히 책임을 지는 능력이 아니라 타자와 세계의 부름에 응답할 수 있는 감수성과 실천의 능력을 뜻한다. 도나 해러웨이가 제시한 용어로, 이는 인간만의 도덕적 책임이 아니라, 인간·비인간이 얽힌 관계 속에서 함께 응답하고 함께 살아갈 방식을 만들어가는 태도를 가리킨다.

4. 이 말은 그의 유명한 제자 플라톤이 기록한 《소크라테스의 변명》에 전해진다. 기원전 399년 재판에서 사형 선고를 받은 소크라테스가 자신을 변호하면서 다음과 같이 담담하게 말했다. "친구들이여, 죽음을 피하기가 어려운 것이 아니라 불의를 피하기가 어렵다네."

5. 연대는 불확실하다. 대략 기원전 4세기로 추정된다.

6. 시간대는 추측할 따름이다. 초기 우파니샤드는 기원전 700년에서 300년 사이로 추정된다.

7. 토라^{Torah}가 구성된 정확한 과정은 단정하기 어려우며, 기원전 1000년(그리고 아마도 2000년) 동안 서로 다른 흐름에서 나왔다.

8. 서기 1세기와 2세기 사이에 초안이 만들어졌다. 영지주의 복음서에 따르면, 그리스도는 내면에 존재한다. 마리아 복음서^{Gospel of Mary}에 명시된 바와 같이 "인류의 자녀가 당신 안에 존재하기 때문이다. 그것을 따르라. 찾는 자가 발견할 것이다".

9. 서기 6세기에서 7세기(이슬람력 1세기)에 만들어졌다. 이슬람 전통에서 자기 지식에 대한 성찰은 다음을 참조하라. Kakaie, G., "Know yourself, according to Qur'an and Sunnah: Ibn Arabi's view", *Philosophical-Theological Research* 9/1, 2006.

10. 실존적 포스트휴머니즘과 관련하여 이 책에서 분석한 세계 철학들은 (가나다 순으로) 다음과 같다. 라스타파리, 샤머니즘, 수피즘, 아드바이다 베단타[Advaita Vedanta], 불교, 우분투, 자이니즘.

11. 철학자가 된다는 것을 필로독스[philodox], 즉 '자신의 의견과 사랑에 빠진 사람'이 되는 것과 혼동해서는 안 된다(고전 그리스어로 독사(doxa, δόξα)는 '의견'을 의미한다).

12. 옮긴이주. 세계가 이미 완성된 상태로 주어지는 것이 아니라, 관계와 실천을 통해 존재 자체가 끊임없이 만들어지고 형성된다는 관점을 뜻한다. 즉, 존재는 고정된 것이 아니라 인간과 비인간의 상호작용 속에서 계속 생성되는 과정이다.

13. 진화는 위계적이지 않으며 어떠한 상징적 개선도 뜻하지 않는다. 더 분명하게 말하자면 존재론적 차이화에서 나타난다.

14. 예를 들어, 4장에서 생태학적 균형이 인간 건강에 미치는 중요성을 성찰할 것이다. 또한 현재 인류의 생존에 기술권의 역할을 강조할 것이다. 5장에서는 지구의 자기권을 생명을 보호하는 데 없어서는 안 될 것으로 강조할 것이다.

15. 비판적, 문화적, 철학적, 실존적 등 다중적인 뉘앙스를 지닌다.

16. 민주적·자유의지론적 트랜스휴머니즘, 엑스트로피아니즘, 특이점 등과 같은 서로 다른 경향들.

17. 예를 들어, 푸코의 '인간의 죽음' 관련된 운동뿐만 아니라 마르크스주의적 접근법들. Foucault, M., *The Order of Things: An Archaeology of the Human Sciences*, A. Sheridan(trans.), Random House, [1966]1970.

18. Francesca Ferrando, *Philosophical Posthumanism*. Bloomsbury, 2019. [프란체스카 페란도, 《철학적 포스트휴머니즘》, 이지선 옮김, 아카넷,

2021]

19. 이 책에서 '포스트-휴머니즘'이라는 용어와 그 관련 형용사 '포스트-휴머니스트'는 특정한 의미, 즉 다양한 인류와 관련될 때 하이픈으로 연결된다. 하이픈으로 연결되지 않은 경우에는 인간 중심주의 및 이원론 이후의 자각(따라서 하나로 제한될 수 없음)을 통합하는 포스트휴머니즘적 접근 방식을 나타낸다. 이러한 의미에서 포스트휴머니즘은 포스트휴머니즘의 의미와 의의를 넘어선다. 요컨대, 포스트휴머니즘은 철학이자 운동으로서 포스트휴머니즘의 일부이자 기술이다.

20. 엄격한 이원론이 아니라, 도의 변화하고 유동적인 이원론을 가리킨다(1장 주 14 참조).

21. 옮긴이주. 하나의 개체가 단일한 존재가 아니라, 숙주와 그 안팎의 미생물들이 함께 이루는 공존적 집합체라는 개념이다. 이는 생명과 정체성을 독립된 개인이 아니라 관계적이고 다종적인 존재로 이해하도록 전환시키며, 린 마굴리스Lynn Margulis의 공생 진화 사상과 연결된다.

22. 옮긴이주. 세계와 존재의 생성이 목적이나 의무의 결과가 아니라, 신적 존재의 자유로운 놀이이자 창조적 유희라는 사상을 뜻한다. 이는 우주와 삶을 고정된 질서가 아닌, 끊임없이 펼쳐지고 변주되는 과정으로 이해하게 한다.

23. 옮긴이주. 지구의 표면이 여러 개의 판으로 이루어져 있으며, 이 판들이 이동하고 충돌·분리하면서 지진, 화산, 산맥 형성 등 지구의 역동적 변화가 발생한다는 이론이다. 이는 지구를 고정된 배경이 아니라 스스로 움직이고 생성하는 행위자적 존재로 이해하게 한다.

24. 아직 이 주제에 대한 궁극적인 지침은 아니다. 그러한 인식론적 주장은 그 범위를 압도할 것이다.

25. 이 참조에서, 나의 이전 저서인 《철학적 포스트휴머니즘》을 '황홀한 출발 – 여왕벌의 탈주선'이라고 말해 준 로지 브라이도티 교수에게 경의를 표하고 싶다. Braidotti, R. "Preface: in excess of Anthropocentrism", in F. Ferrando, *Philosophical Posthumanism*.

Bloomsbury, 2019.

26. 옥스퍼드 온라인 사전, 'Labyrinth' 항목.

27. 같은 곳.

명상 1. 포스트휴먼 자기 탐색

1. 이 특정 맥락에서 '우리'는 종으로서의 우리를 지칭한다.

2. '에너지'라는 단어는 고대 그리스어에서 유래했다. 전치사 'en'(~안에라는 뜻으로 번역될 수 있음)과 단어 'ergon'(ἔργον, 활동으로 번역될 수 있음)이다. 따라서 에너지는 '활동 중인 상태'로 나타낼 수 있다.

3. Krishnamurti, J. *The Meditative Mind: A Selection of Passages from the Teachings of J. Krishnamurti.* Motilal Banarsidass, 2012.

4. 존재의 수준을 가리킨다. 비존재의 수준은 공간과 시간을 안팎으로 넘나드는 무의 영역을 수반한다. 8장, #비-존재를 참조하라.

5. 옮긴이주. 에피파니는 일상의 순간 속에서 갑작스럽게 어떤 진실이나 의미가 선명하게 드러나는 깨달음의 순간을 뜻한다. 문학에서는 사소한 경험을 통해 세계나 존재에 대한 인식의 전환이 일어나는 찰나를 가리키며, 제임스 조이스[James Joyce]가 개념화했다. 이를 포스트휴머니즘의 관점에서 세계에 대한 인간중심적 관점의 한계를 깨닫는 순간으로 개념화했다.

6. 옥스퍼드 사전에 따르면, 관계항(라틴어 relata의 단수형)은 다음을 의미한다. "그 사이에 관계가 존재하는 둘 이상의 용어, 대상 또는 사건 각각 혹은 둘 이상" (옥스퍼드 온라인 사전, '관계항[Relatum]' 항목).

7. 다음을 참조하라. Alaimo, S., *Bodily Natures: Science, Environment, and the Material Self*, Indiana University Press, 2010,; Bennett, J., *Vibrant Matter: A Political Ecology of Things*, Duke University Press, 2010,; Coole, D., and Frost, S., *New Materialisms: Ontology, Agency and Politics*, Duke University Press, 2010.

8. 이러한 용어의 이중적 사용에 대한 설명은 다음을 참조하라.

Ferrando, *Philosophical Posthumanism*, Bloomsbury, 2019.

9. 명확성을 기하기 위해 '상호존재[interbeing]' 대신 하이픈을 넣어 '상호-존재[inter-being]' 로 쓸 것이다.

10. 물리적 형태로서 읽는 경우를 말한다. 만약 이 책을 디지털 형태로 읽고 있다면, 이 예시는 다르면서도 유사한 방식으로 적용된다.

11. 마르틴 하이데거가 포스트휴먼 계보학의 기초 저작이라고 하는 그의 저서《휴머니즘에 관한 서한 Letter on Humanism》에서 사르트르의 접근 방식을 거부했다는 점을 주목할 필요가 있다. Heidegger, M., "Letter on "Humanism"" in W. McNeil(ed. and trans.), *Pathmarks*, Cambridge University Press, [1947]1998.

12. 저자 번역. 이탈리아어 원문은 다음과 같다. "È bello diventare vecchi, non è bello trovarsi." (나이가 드는 것은 좋으나, [그저] 발견되는 것은 좋지 않다.)

13. 옥스퍼드 온라인 사전, '인간중심적[anthropocentric]' 항목.

14. 예를 들어, 근간이 되는 저작인《도덕경》(적어도 기원전 600년경)에는 다음과 같이 기록되어 있다. "최고의 선은 물과 같아서, / 애쓰지 않고도 만물을 이롭게 한다. / 사람들이 싫어하는 낮은 곳에 머문다. / 그러므로 그것은 도와 같다." Lao Tzu, *Tao Te Ching*, S. Mitchell(trans.), Frances Lincoln, [6th century BCE]1999.

15. 2016년 3월 25일 뉴욕대학교에서 열린 '자유 교양 학문 글로벌 연구 콜로키움'에서 이 점을 지적해준 철학자 콰메 앤서니 아피아[Kwame Anthony Appiah]에게 감사를 표한다.

16. 또 다른 가능한 형태로서 매개된 인간중심주의[mediated anthropocentrism]는 2장에서 탐구할 것이다.

17. Hanh, Thich Nath, *Calming the Fearful Mind: A Zan Response to Terrorism*, Parallax Press, 2005.

18. LaDuke, W., "Winona LaDuke on Redemption", *YouTube*, 2011, www.youtube.com/watch?v=TfD5WaHM04E

19. 다음을 참조하라. Abourezk, K., "Archway event marks Pawnee

tribe", *Native Times*, March 30, 2009.

20. 라듀크의 표현을 빌리자면, "죄책감으로 가해자 역시 건강하지 못하다." LaDuke, W., "Winona LaDuke on Redemption", YouTube, 2011, www.youtube.com/watch?v=TfD5WaHM04E.

21. Martin, K, "Commentary: as the oceans go, so too do we", *Annals of Global Health*, 86(1), 2020, p.152.

22. 필립 랜드리건[Philip Landrigan] 교수 등이 요약했듯이 "해양 오염은 지구 남반구 취약 계층의 건강에 더 큰 영향을 미치며, 이는 행성적 규모의 환경적 불평등이다.""Human health and ocean pollution", *Annals of Global Health*, 86(1), 2020, pp. 1-64. 이에 대한 추가적인 성찰은 4장을 참조하라.

명상 2 인간 개념 정리하기

1. Douglas, M, *Purity and Danger: An Analysis of Concepts of Pollution and Taboo*, Routledge & Kegan Paul, [1996]2002[메리 더글러스, 《순수와 위험》, 유제분·이훈상 옮김, 현대미학사, 1997(절판)].

2. 8장에서 존재와 비존재, 자아와 비자아의 관계에 대해 성찰할 것이며, 인간에 대한 최종적인 해체는 실존적 상호작용의 긍정으로 나타날 것이다. 이러한 관점에서 무는 부정이 아니라 잠재력을 암시한다.

3. 델핀 디옹[Delphine Dion], 우이다드 사브리[Ouidad Sabri], 발레리 기야르[Valerie Guillard]가 정교화한 개념의 이해에서 출발한다. 그들은 다음과 같이 기술한다. "상징적 오염이란 특정 사회 내에서 질서를 피하거나 위협하는 것이다. 사물이 '제자리에 있지 않을 때', 즉 분류 체계를 위반할 때 발생한다." Dion, D., Sabri, O., and Guillard, V., "Home sweet messy home: managing symbolic pollution", *Journal of Consumer Research*, 41(3), 2014, pp. 565-589. 여기서 이 개념은 역전된 의미를 갖는다. 즉, 상징적 오염은 구시대적인 분류 체계를 유지하는 선입견을 정확히 가리키며, 이는 인식론적 자각에 있어 실제적인 장애물이 된다.

4. 질 들뢰즈Gilles Deleuze와 펠릭스 가타리Félix Guattari가 발전시킨

개념을 확장하고 있다. Deleuze, G., and Guattari, F., *A Thousand Plateaus: Capitalism and Schizophrenia*, B. Massumi(trans.), Continuum, [1980]1987. [질 들뢰즈·펠릭스 가타리, 《천 개의 고원》, 김재인 옮김, 새물결, 2001]

5. 포스트휴머니즘적 관점주의와 연결할 수 있는 접근 방식이 많이 있으며, 자이니즘에서 아메리카 원주민 관점주의에 이르기까지 다양하다. 다음을 참조하라. Ferrando, *Philosophical Posthumanism*. Bloomsbury, 2019.

6. 다음을 참조하라. Braidotti, R., "Preface: in excess of Anthropocentrism", in F. Ferrando, *Philosophical Posthumanism*, Bloomsbury, 2019.

7. 그것은 또한 디지털 사용자가 인간임을 증명하기 위해 요구되는 CAPTCHA(컴퓨터와 인간을 구별하기 위한 '완전 자동화된 공공 튜링 테스트'의 약자)의 경우처럼 특정 인간의 필요에 기반하지도 않는다(나는 로봇이 아닙니다). 그러한 분리 또한 하나의 구성물이다. 현재 이러한 실체들이 주로 인간과 (인간이 고안한) 알고리즘에 의해 프로그래밍되는데, 어떻게 컴퓨터와 인간을 구별할 수 있겠는가? 6장에서 이를 탐구할 것이다.

8. 이는 2023년의 연구를 기반으로 하며, 결과적으로 변경될 수 있다.

9. Haraway, D, *Primate Visions: Gender, Race, and the Nature in the World of Modern Science*, Routledge, 1990.

10. 현재 이 인구 집단들의 공통 조상에 대한 정확한 추정치는 없다. 현재 연구에 따르면, 그 연대표는 약 1300만 년 전의 초기 분기에서 적어도 400만 년 전까지 발생한 잡종화까지 거슬러 올라갈 수 있다.

11. 소크라테스 이전의 그리스 철학자 프로타고라스의 사상을 자유롭게 변용한 것이다. 그는 "인간은 만물의 척도다"라는 주장으로 가장 유명하다.

12. 윌리엄 킴벨[William Kimbel]과 브라이언 빌모어[Brian Villmoare]가 표현했듯이 "호모속의 기원과 초기 진화는 언제나 매혹적인 동시에 그만큼 좌절감을 안겨준다. 우리가 매혹되는 까닭은 인류 혈통의 진화에

유일무이함이라는 신화에 가까운 특성들을 부여하려는 경향 때문이다" 다음을 참조하라. Kimbel, W. H., and Villmoare, B., "From Australopithecus to Homo: the transition that wasn't", *Philosophical Transactions of the Royal Society B*, 371, 2016.

13. Caperton Morton, M., "Redefining Homo: does our family tree need more branches?", *Earth: The Science behind the Headlines*, August 16, 2016, www.earthmagazine.org/article/redefining-homo-does-our-family-tree-need-more-branches/.

14. 간단한 예로, 인간의 몸에서 털을 (대부분 여성의 경우) 불필요하게 제거하는 관행은 일부 문화권에서 인간을 동물계와 상징적으로 분리하고 (동물과) 관계가 있다는 사실을 부정하는 것으로 이해된다.

15. 다음 장에서 보겠지만, 가부장제는 인류 진화의 거대 역사 속에서 비교적 최근에야 발전한 문화적 행동이다.

16. Cavarero, A, *Inclinations: A Critique of Rectitude*, trans. A. Sitze and A. Minervini, Standord University Press, 2016. 카바레로의 표현에 따르면, "또한 노골적으로 말하자면, 호모 에렉투스의 정수는 발기한 남근이다"

17. 연대 측정은 어림한 것으로, 새로운 발견에 따라 지속적으로 수정된다.

18. 아마도 약 60만 년 전, 중기 플라이스토세 동안이었을 것이다.

19. 이 주제는 여전히 논쟁 중이다.

20. 이렇게 긴 기간은 하부 구석기, 중부 구석기, 상부 구석기 시대의 세 가지 주요 시대로 나뉜다.

21. 이 시기 즈음 마지막 빙하기가 끝났으며, 이는 플라이스토세(빙하기라고도 불림)의 종말을 고했다.

22. 인류 역사에서 사냥이 훨씬 더 나중에 나왔기 때문에 '수렵-채집'대신 이 용어를 쓰고 있다. 게다가 사냥이 실질적으로 가능해진 훨씬 이후에도 채집한 음식이 여전히 인간 식단의 대다수를 차지했다.

23. 현대 사회에서 흔히 볼 수 있는 물질적 재화에 대한 의존은 후기 신석기 시대로 거슬러 올라갈 수 있다.

24. 4장의 #자연의 권리와 8장에서 보겠지만, 이러한 인식은 많은 원주민들의 인간에 대한 설명에 여전히 존재한다.

25. 일부의 주장에 따르면, 인류세는 유럽의 산업혁명보다 훨씬 일찍 시작되었다. 이미 신석기 시대, 즉 마지막 빙하기(약 9700년 전) 이후 이전 지질 시대인 플라이스토세의 끝을 알리는 지질 시대인 홀로세의 시작과 함께 시작되었다고도 볼 수 있다.

26 멸종이라는 개념을 절대적인 용어로 받아들여서는 안 된다. 지적했듯이, 그들의 DNA는 여전히 '우리'종의 일부이다.

27. 여기서 '현재주의'라는 용어는 철학적 현재주의가 아니다. 문학적, 역사적 분석에서 접근하는 현재주의를 의미한다.

28. 이 접근 방식은 논쟁의 대상이 되어왔다. 예를 들어, 구전 역사의 분야는 역사적 지식을 전달하는 다른 방식들의 존재를 강조한다.

29. Gimbutas, M, *The Language of the Goddess*, Harper&Row, 1989.

30. 이 상들을 언급할 때, '비너스'라는 명칭은 정확하지 않다. 비너스상들은 일반적으로 다산과 아름다움의 상서로운 형상으로 여겨졌으며, 여신의 가치는 그보다 훨씬 컸다.

31. 짐부타스는 그들의 기능을 이해하려면 가정에서 그들이 차지한 위치를 알아야 한다고 강조했다. 예를 들어, 임신한 상들은 곡물 준비 구역에서 발견되었으며, 곡물의 여신 또는 대지의 어머니를 상징했을 가능성이 크다. Gimbutas, M, The Language of the Goddess, Harper& Row, 1989.

32. '세마시오그래픽[semasiographic]'이라는 용어는 언어와 상관없이 기호와 상징을 사용하는 비음성적 유형의 쓰기 기법을 의미한다. 예를 들어, 이모티콘의 현대적 사용은 세마시오그래픽이다.

33. 짐부타스에 따르면, 조각상뿐만 아니라 도자기 장식에서도 볼 수 있는 세 가지 주요 상징 그룹이 있다. 이러한 뒤섞인 범주들은 추상적이며, 재현적이고 동물적이다.

34. White, R. "The earlist Images: Ice Age "art" in Europe", *Expedition*, 34(3), 1992, p.37-51.

35 다음을 보라. "Systems of personal ornamentation in the early Upper Palaeolithic: methodological challenges and new observations", in P. Mellars, K. Boyle, O. Bar-Yosef and O. Stringer(eds.), *Rethinking the Human Revolution: New Behavioural and Biological Perspectives on the Origin and Dispersal of Modern Humans*, McDonald Institute for Archaeological Research, 2007, pp. 287-302.

36. 조안 말러[Joan Marler]가 표현했듯이 "어머니 곰, 의인화된 그릇, 그리고 다른 수천 개의 이미지들은 인간, 동물, 신화적 영역 사이의 젠더화된 관계를 나타낸다". Marler, J., "The iconography and social structure of Old Europe: the archaeomythological research of Marija Gimbutas", *1st World Congress on Matriarchal Studies*, *"Societies in Balance"*, Luxembourg, September 5-7, 2003, www.second-congress-matriarchal-studies.com/marler.html. 이 텍스트는 신석기 시대 유럽을 지칭하지만, 후기 구석기 시대의 발견물에도 적용될 수 있다.

37. 어떤 비인간 동물, 식물, 곤충들은 호랑이(힘을 가리킴), 나비(재생을 나타냄), 장미(아름다움을 예시함)처럼 최상의 존재로 취급되었다는 점을 유의해야 한다. 그리고 여전히 그것들은 상호-존재의 자기 인식이 아니라 다른 상징적 수준의 지각과 관련되어 있다.

38. "Making enhancement equitable: a racial analysis of the term "human animal" and the inclusion of black bodies in human enhancement", *Journal of Posthuman Studies*, 2(1), 2018, pp.106~121.

39. 다음을 참조하라. Fiedler, L., *Freaks: Myths and Images of the Secret Self*, Simon & Schuster, 1978.

40. 일부 신문들은 현지 관습에 따라 날카롭게 갈아놓은 치아 모양 때문에 그를 식인종으로 잘못 묘사했다. Parezo, N. J., and Fowler, D. D., *Anthropology Goes to the Fair: The 1904 Louisiana Purchase Exposition*, University of Nebraska Press, 2007.

41. 오타 벵가는 1904년에서 1906년 사이에 여러 박물관과 세계 박람회에 전시되었다.

42. 1486년에 씌어졌으며, 1496년에 사후 출판되었다. 이 책은 금지되었고 사본은 거의 다 불태워졌다.

43. Pico Della Mirandola, G, *Oration on the Dignity of Man*, trans, C.G. Wallis et al, Hackett, [1496]1998, p. 7.

44. 교황 인노첸시오 8세는 피코의 《900개의 논제》(1487)를 정죄했다.

45. 피코의 시신은 사망 원인을 규명하기 위해 500년 후에 발굴되었으며, 비소 중독으로 밝혀졌다. 다음을 참조하라. Gallello, G., et al., "Poisoning histories in the Italian Renaissance: the case of Pico della Mirandola and Angelo Poliziano", *Journal of Forensic and Legal Medicine*, 56, 2018, pp. 83-89.

46. 르네상스 휴머니즘의 이념이 여전히 위계적이었다는 사실은 르네상스 휴머니즘의 일부 형태가 어떻게 결국 아메리카 대륙의 유럽 식민지화를 뒷받침할 수 있었는지를 설명해준다. 인문주의 철학자이자 신학자인 후안 기네스 데 세풀베다[Juan Ginés de Sepúlveda]의 천부적 노예제에 대한 입장을 떠올려보라.

47. 1151년(혹은 1152년) 조수들의 도움을 받아 힐데가르트 폰 빙엔이 기록한 26가지 신비로운 환상은 그녀가 개인적으로 경험한 것을 나타낸다. Bingen, H. von, *Scivias*, B. Hozeski(trans.), Bear, [1151/1152]1986.

48. '우주적 알[cosmic egg]'은 많은 전통에서 우주의 기원 그리고/혹은 지구의 탄생을 가리킨다.

49. 창세기 1:27에 명시된 바와 같이 "하나님이 자기 형상 곧 하나님의 형상대로 사람을 창조하시되".

50. 제임스 러브록[James Lovelock]과 린 마굴리스가 발전시킨 이 접근법에서 공생[symbiosis]은 (공-)진화에 필수적인 것으로 인식된다. 4장과 5장을 참조하라.

51. 이 문맥에서는 '전일론적[wholistic]'이라는 용어를 쓸 수 있다. 이 철자를 쓰는 데 관해서는 다음을 참조하라. Absolon, K., "Indigenous wholistic theory: a knowledge set for practice", *First Peoples Child & Family Review*,

14(1), 2019.

52. '월폴 아일랜드 퍼스트 네이션[Walpole Island First Nation]'의 장로 수지 존스[Susie Jones]는 다음과 같이 설명한다. "원주민의 세계관에서 존중은 매우 중요하다. 존중은 자신의 행동이 다른 존재에게 어떻게 영향을 미치는지 이해할 수 있게 해준다." 전통적으로 원주민의 지혜는 구전으로 전수되어 왔다. 이 구절은 2013년 유튜브에 게시된 인터뷰 '생명의 원: 원주민의 세계관이란 무엇인가?'의 일부이다.

53. 알로이시우스 뉴언햄-카힌디[Aloysius Newenham- Kahindi]와 찰스 E. 스티븐스[Charles E. Stevens]는 이것을 '다차원적 관계 과정'으로 설명한다. Newenham-Kahindi, A., and Stevens, C. E., "Ecological sustainability and practical wisdom from the Maasai and Hadza peoples in East Africa", in A. Intezari et al.(eds.), *Practical Wisdom, Leadership and Culture: Indigenous, Asian and Middle-Eastern Perspectives*, Taylor & Francis, 2020. 그들은 더 나아가 마사이족 사람들이 "지리적 장소를 거주지로 삼아 물리적, 감정적, 영적으로 깊은 애착을 가지며, 의식적으로 머문다"라고 명시한다.

54. 작가 배리 홀스턴 로페즈는 북극의 황무지와 관련하여 이렇게 말했다. "대지는 우리에게 우리 자신을 이해하도록 촉구하는 듯하다." Lopez, Barry Holstun, *Arctic Dreams: Imagination and Desire in a Northern Landscape*, Scribner, 1986.

55. 고대 산스크리트 텍스트인 <아드바야타라카 우파니샤드> 16절에서 '구루[guru]'라는 용어를 이렇게 설명한다. "gu는 어둠을 의미하고, ru는 어둠을 물리치는 자를 의미한다. 어둠을 흩어지게 하는 힘 때문에 구루라 불린다" Ayyangar, T. R. S., *The Yoga Upanishads*, Adyar, 1938.

56. 힌두 성자 라마나 마하르시[Charles E. Stevens]가 추구한 깨달음의 길인 (인도 타밀나두에 위치한) 아루나찰라 산을 생각해보라.

57. 맥코맥의 견해에 따르면, 멸종과 같은 사건은 경축할 일로 간주된다. MacCormack, P, *The Ahuman Manifesto: Activism for the End of the Anthropocene*, Bloomsbury, 2020.

명상 3. 생물의 공동 발생

1. 이 두 용어는 상호 관계적이다. 현현된 체화[manifested embodiments] 그리고/혹은 체화된 현현[embodied manifestations].

2. 질 들뢰즈와 펠릭스 가타리 등의 작업에 명확하게 요약된 '존재의 다양성[multiplicity in being]'의 핵심적 중요성.

3. 포스트휴머니스트 사상가 로지 브라이도티는 다음과 같이 기술한다. "나는 뇌와 우리의 사고 능력은 체화되고 뇌화되어 있다고 본다." Braidotti, R., "Preface: in excess of Anthropocentrism", in F. Ferrando, *Philosophical Posthumanism*, Bloomsbury, 2019, pp. xiv-xvi.

4. 노예제도의 잔혹한 결과로서 노예들은 신체[bodies]로 전락했다. 주인들은 합법적으로 그들을 강간할 수 있었으며, 노예가 된 신체는 주인들의 '사유재산'으로 간주되었다. Getman, K. A., "Sexual control in the slaveholding South: the implementation and maintenance of a racial caste system", *Harvard Women's Law Journal*, 7, 1984, p. 115.

5. 이것이 이 텍스트에서 '심신'이라는 용어를 해석학적인 심신 이원론[body/mind]에 대한 궁극적인 해결책으로 채택하지 않는 이유이다. 대신 맥락에 따라 사용할 것이다.

6. 옥스퍼드 사전은 '유기체'에 대해 '세 가지 정의'를 제시한다. '개별 동물, 식물 또는 단세포 생물 형태'; '생물 형태의 물질적 구조'; 그리고 "서로 의존하는 부분들로 구성된 전체, 살아있는 존재에 비유됨" (옥스퍼드 온라인 사전, '유기체 Organism' 항목)

7. 그것은 '사고의 도구, 특히 추론 수단이나 논리 체계'로 정의된다. (메리엄 웹스터 온라인 사전 'Organon' 항목)

8. 최근 연구에 따르면 최후 공통 조상[last universal common ancestor, LUCA]의 세포 생명체는 39억 년 전보다 앞선 것으로 밝혀졌다. Betts, H. C., et al., "Integrated genomic and fossil evidence illuminates life's early evolution and eukaryote origin", *Nature, Ecology & Evolution*, 2, 2018, pp. 1556-1562. 과학적 연구는 현재 진행 중이며 이러한 추정치는 새로운 발견에

따라 변할 수 있음에 유의하라.

9. 현재 연구에 따르면, 지구의 나이는 약 45억 년으로 추정된다. 5장을 참조하라.

10. LUCA는 지구상의 최초의 생명 형태를 가리키는 것이 아니라, 오늘날 지구상의 모든 현존하는 생명체의 '가장 최근의' 공통 조상을 가리킨다. 과학적 용어로 그것은 "RNA 게놈을 가진 원시 진핵생물proto-eukaryotes의 복잡한 군집으로 정의될 수 있으며, 광범위한 적정 온도에 적응하고 유전적으로 중복되며 형태학적 및 대사적으로 다양하다." Glansdorff, N., Xu, Y., and Labedan, B., "The last universal common ancestor: emergence, constitution and genetic legacy of an elusive forerunner", *Biology Direct*, 9(3), 2008, p. 29.

11. LUCA의 유전 정보는 DNA보다 앞선 것으로 생각되는 RNA의 형태로 저장되고 전달되었을 수 있다.

12. 이 진술은 대다수 지구 생명체에 부합하지만, 최근 연구에 따르면 미생물들이 유전 암호의 보편성을 깨뜨리는 예외 상황이 고려되어야 한다. Mühlhausen S., Schmitt, H. D., Pan, K.T., Plessmann, U., Urlaub, H., Hurst, L. D., and Kollmar M., "Endogenous stochastic decoding of the CUG codon by competing Ser- and Leu-tRNAs in Ascoidea asiatica", *Current Biology*, 28, 2018.

13. 생화학에서 DNA는 데옥시리보핵산deoxyribonucleic acid의 약자이다. 옥스퍼드 사전은 이를 "자기 복제 물질로서 (…) 거의 모든 살아 있는 유기체에 존재하며 (…) 유전 정보의 운반체"로 정의한다 (옥스퍼드 온라인 사전, 'DNA' 항목). DNA는 각 개인을 고유하게 만드는 생물학적 지침을 포함하는 역동적이고 적응력 있는 분자이다. 많은 구성 요소로 이루어져 있으며, 그중 일부는 번식 과정에서 부모 유기체로부터 자손에게 전달된다.

14. 더 적은 양의 DNA가 미토콘드리아에서도 발견된다('미토콘드리아 DNA').

15. DNA는 이중 가닥 구조를 가지고 있으며, 이는 게놈의 안정성을

유지하는 역할을 한다. Strauss, B. S., "Why is DNA double stranded? The discovery of DNA excision repair mechanisms", *Genetics*, 209(2), 2018, pp. 357-366.

16. DNA 지식은 핵에서 복제되어 세포의 다른 부분으로 전달되며, 이는 mRNA('m'은 '메신저'를 의미)라고 불리는 더 작고 수명이 짧은 메신저 분자의 형태를 띤다. RNA와 DNA는 밀접하게 연관되어 있지만 많은 차이점이 있다. 예를 들어 인간의 경우, DNA 분자는 이중 가닥이며 수명이 긴 반면, RNA 분자는 보통 단일 가닥이며 약 2분 만에 분해되어 프로그램된 세포 사멸을 맞이한다. Baudrimont, A., et al., "Multiplexed gene control reveals rapid mRNA turnover", *Science Advances*, 3(7), 2017.

17. 이 과정은 수직적 유전자 전달로 알려져 있다.

18. Pennisi, E., "1000 Genomes Project gives new map of genetic diversity", *Science*, 330(6004), 2010. pp.574-575.

19. Liu, R., et al., "Homozygous defect in HIV-1 coreceptor accounts for resistance of some multiply-exposed individuals to HIV-1 infection", *Cell*, 86(3), 1996, pp. 367-377.

20. 이 점을 주목하게 해준 우고 페란도[Ugo Ferrando]에게 감사를 표한다.

21. 2022년 3월 기준, 이 유형의 구글 검색은 최대 86만 6000개의 페이지를 결과로 보여준다.

22. '정보의 시대[Age of Information]'는 대개 20세기 후반부터 시작되는 역사적 시기로 정의된다. 더 자세한 역사적 참고 자료는 6장을 참조하라.

23. DNA를 정보로 간주해야 하며, 따라서 RNA에 의해 실현되어야 한다는 주장이 가능하다. 이 구분은 세포 내의 모든 RNA가 전사[transcription] 과정을 통해 DNA로부터 합성된다는 사실에 근거한다. Alberts, B., et al., *Molecular Biology of the Cell*(4th edn), Garland Science 2002.

24. DNA는 이진 데이터를 합성된 DNA 가닥에 인코딩하고 디코딩하는 디지털 데이터 저장소로도 사용될 수 있다. DNA 데이터 저장소의 출현은 미래에 큰 잠재력을 가진 것으로 보이지만, 현재로서는

"터무니없는 비용, 고통스러울 정도로 느린 쓰기 및 읽기 메커니즘, 돌연변이나 오류에 대한 취약성"과 같은 실제적인 한계가 있다. Panda, D., Molla, K. A., Baig, M. J., Swain, A., Behera, D., and Dash, M., "DNA as a digital information storage device: hope or hype?", *3 Biotech*, 8(5), 2018, p. 239.

25. 현재의 복제 관행에서 공여자는 보통 원래의 부모(또는 클론 소스)와 다르다.

26. 포스트휴머니즘적 관점에서 본 종 문제에 대한 고찰은 다음을 참조하라. Francesca Ferrando, *Philosophical Posthumanism*, Bloomsbury, 2019.

27. 최근 연구에 따르면 "신체 내 박테리아의 수는 실제로 인간 세포의 수와 맞먹는 정도"임이 입증되었다. Sender, R., Fuchs, S., and Milo, R., "Revised estimates for the number of human and bacteria cells in the body", *PLoS Biology*, 14(8), 2016, pp. 1-14. 이 분석을 위해 선택된 특정 유형의 '인간 체화'는 '70kg 기준의 남성'이었음을 유의하라. 다른 식으로 체화된 그룹(다양한 연령, 성별, 인종 등)은 다른 결과를 제공할 수 있다.

28. 이전 연구들은 박테리아가 인간 세포보다 수적으로 우세하다고 제안한다.

29. 생화학자 루크 L. 어셀과 동료들에 따르면, 인간 마이크로바이옴은 수치로 말하자면 "각 개인이 보유하는 10조에서 100조 개의 공생 미생물 세포로 구성되며, 주로 장내 박테리아이다".

30. 생물학자 가브리엘 베르그와 동료들은 '마이크로바이옴'이라는 용어가 미생물뿐만 아니라 그들의 '활동 무대'까지 포함한다고 설명한다. Berg, G., Rybakova, D., Fischer, D., et al., "Microbiome definition re-visited: old concepts and new challenges", *Microbiome*, 8, 2020.

31. 이런 이유 때문에 장-뇌 축 또는 사이코바이옴[psychobiome]으로 불리기도 한다.

32. Vana, R, "The brain, gut and consciousness: microbiology of our mind", *Inquiries Journal*, 2020, p.12.

33. 인간중심적 가정은 도전을 받고 있는데, 바나의 설명처럼 "우리 의식의 완전한 발달을 위해 공생하는 마이크로바이오타가 필요하지만, 그 자체가 의식을 가질 필요는 없기" 때문이다.

34. 혼란을 피하기 위해 '마이크로바이옴'과 '마이크로바이오타microbiota'라는 용어를 명확히 구분할 필요가 있다. '마이크로바이오타'는 대개 특정 환경 내의 살아 있는 미생물의 집합체를 의미한다. 파지phages, 바이러스, 플라스미드, 프리온, 바이로이드 및 유리 DNA를 보통 살아있는 미생물로 보지는 않지만, 마이크로바이옴의 일부로는 볼 수 있다.

35. BBC News, *Bacteria in mouse gut affect development and behaviour*, February 1, 2011, www.bbc.com/news/science-environment-12306431.

36. 추가 질문은 웹사이트에서 확인할 수 있다. www.politybooks.com/bookdetail?book_slug=the-artof-being-posthuman-who-arewe-in-the-21stEsacentury_9781509548958

37. 다음을 참조하라. Francesca Ferrando, *Philosophical Posthumanism*. Bloomsbury, 2019.

38. 린 마굴리스는 홀로바이온트를 "인식 가능한 생물체의 '공생체 혼합물'"로 정의했다 (린 마굴리스는 홀로바이온트를 "인식 가능한 생물체의 '공생체 혼합물'"로 정의했다. Margulis, L., "Symbiogenesis and symbionticism", in L. Margulis and R. Fester(eds.), *Symbiosis as a Source of Evolutionary Innovation: Speciation and Morphogenesis*, MIT Press, 1991, pp. 1-15. 이 문맥에서 '바이온트'는 개별 유기체를 가리킨다.

39. 이 용어는 과학사에서 이전에도 찾아볼 수 있는데, 예를 들어 독일 생물학자 아돌프 마이어-아비히Adolf Meyer-Abich의 연구에 나온다. 마굴리스 이전의 이 개념에 대한 종합적인 견해는 다음을 참조하라. Baedke, J., Fábregas-Tejeda, A., and Nieves Delgado, A., "The holobiont concept before Margulis", *Journal of Experimental Zoology B: Molecular and Developmental Evolution*, 334(3), 2020, pp. 149–155.

40. 가이아 가설과 비슷하게, 브루스 클라크[Bruce Clarke]가 제안했듯이 행성으로서의 지구를 지질-생물학적 홀로바이온트[geo-biological holobiont]로 접근할 수 있다. Clarke, B., "Planetary immunity: biopolitics, Gaia theory, the holobiont, and the systems counterculture", in E. Hörl and J. Burton(eds), *General Ecology: The New Ecological Paradigm*, Bloomsbury Academic, 2017.

41. Thompson, J. R., Rivera, H. E., Closek, C. J., and Medina, M., "Microbes in the coral holobiont: partners through evolution, development, and ecological interactions", *Frontiers in Cellular and Infection Microbiology*, 4, 2015, p. 176.

42. 마이크로바이옴의 존재는 게놈에 대한 이해를 바꿔놓을 중요한 요소가 되었으며, 미생물 생태학자 루스 레이[Ruth Ley]는 다음과 같이 단언한다. "우리는 단지 하나의 게놈만 가진 것이 아니다. 현재 존재하는 두 번째 게놈인 마이크로바이옴의 유전자는 우리 자신의 유전자를 보완한다." Gallagher, J., "More than half your body is not human", *BBC News*, April 10, 2018, www.bbc.co.uk/news/health-43674270. 레이에 따르면, 우리를 인간으로 만드는 것은 "정확히 우리 자신의 DNA와 장내 미생물의 DNA의 조합"이다.

43. Rosenberg, E., and Zilber-Rosenberg, I., *The Hologenome Concept: Human, Animal and Planat Microbiota*, Springer, 2014.

44. 로젠버그와 질베르-로젠버그는 "마이크로바이오타와 그 마이크로바이옴은 호스트 게놈과 함께 자손에게 전달될 수 있다"고 서술한다.

45. Ibid..

46. 진화생물학에서 종 분화는 새로운 종의 형성을 의미한다. 로젠버그와 질베르-로젠버그가 명확히 했듯이, "숙주 게놈[제1게놈]은 고도로 보존되어 있으며 그 안에서의 유전적 변화는 천천히 일어나는

반면, 마이크로바이옴 게놈[제2게놈]은 역동적이고 환경에 반응하여 빠르게 변할 수 있다." Rosenberg, E., and Zilber-Rosenberg, I. "The hologenome concept of evolution after 10 years", *Microbiome*, 6, 2018. 저자들은 더 나아가 다음과 같이 그들의 중요성을 언급한다. "최근 실험들은 미생물군이 종 분화에 초기 역할을 할 수 있음을 보여주면서 이를 진화를 촉진하는 추가적인 방식으로 제안한다."

47. 옥스퍼드 사전은 이 용어에 대해 전염병의 근본 원인을 지칭하는 것과 컴퓨터 악성코드를 지칭하는 두 가지 정의를 제공한다. 첫 번째 정의는 다음과 같다. "단백질 껍질에 싸인 핵산 분자로 구성되어 있으며, 광학 현미경으로 볼 수 없을 정도로 작고, 살아있는 숙주 세포 내에서만 증식할 수 있는 전염성 물질." 두 번째 정의는 다음과 같다. "스스로 복제할 수 있으며, 시스템을 손상시키거나 데이터를 파괴하는 등 일반적으로 해로운 영향을 미치는 코드 조각"(옥스퍼드 온라인 사전, 'Virus' 항목).

48. Ibid..

49. 대중문화에서 이것은 바이러스를 좀비나 뱀파이어에 은유적으로 비유하는 것으로 해석되었다. 조안나 베란[Joanna Verran]과 자비에 알다나 레예스[Xavier Aldana Reyes]의 말에 따르면 "미세한 고딕적 존재로서의 병원체는 은유적으로, 그리고 거시적으로 좀비의 형상으로 표현될 수 있다. 이는 유령, 언데드(뱀파이어), 그리고 '기이한 생물'이 전통적으로 초월적인 것과 신비로운 것에 대한 탐구의 발판 역할을 해온 것과 같다"(2018: 1775).

50. Zimmer, C, Ancient viruses ar buried in your DNA, *New York Times*, October 4, 2017, www.nytimes.com/2017/10/04/science/anciend-viruses-dna-genome.html.

51. 수백만 종류가 존재하지만, 현재 약 9000종만이 자세히 연구되었다.

52. 병원체는 '질병을 일으킬 수 있는 박테리아, 바이러스 또는 기타 미생물'이다(옥스퍼드 온라인 사전, 'Pathogen' 항목).

53. 누워 루싱크[Nuwer Roossinck]가 언급했듯이 그것은 단지 편견일 뿐이다.

과학은 항상 병원체에 관한 것이었다. Nuwer, R., "Why the world needs viruses to function", *BBC Future*, June 18, 2020, www.bbc.com/future/article/20200617-what-if-all-viruses-disappeared.

54. Rossinck, M. The good viruses: viral mutualistic symbioses, *Nature Reviews Microbiology*, 2011, pp.99-108.

55. 루싱크가 강조하듯이 "그들은 우리를 죽이기보다는 우리와 지구를 살아있게 한다. (…)바이러스가 없다면, 우리가 알고 있는 생명과 지구는 존재하지 않을 것이다".Ibid..

56. 연구에 따르면 이 바이러스들은 광합성 과정의 핵심 측면을 코딩하는 유전 물질을 제공한다. 방출되는 산소는 바이러스 감염을 겪는 박테리아의 부산물로 볼 수 있다. Suttle, C., "Marine viruses – major players in the global ecosystem", *Nature Reviews Microbiology*, 5, 2007, pp. 801-812.

57. 수평적 유전자 전달[HGT]은 '측면 유전자 전달'[LGT]로도 알려져 있으며, 부모에서 자손으로 유전 물질이 전달되는 수직적 유전자 전달과는 다르다. 수직적 전달은 번식 과정에서 일어난다. 생물학자 패트릭 J. 킬링[Patrick J. Keeling]과 제프리 D. 파머[Jeffrey D. Palmer]에 따르면, 수평적 유전자 전달은 "게놈 간 유전 정보의 비성적[non-sexual]이동"으로 정의될 수 있다. 이는 "유입되는 DNA나 RNA가 기존 유전자를 대체하거나 게놈에 새로운 유전자를 도입할 때" 발생한다. Keeling, P., and Palmer, J., "Horizontal gene transfer in eukaryotic evolution", *Nature Reviews Genetics*, 9, 2008, pp. 605-618.

58. 바이러스의 또 다른 최신 용도는 암 치료에서의 바이러스 요법[virotherapy]이다. 여기서 바이러스는 암세포를 표적화하여 용해(파괴)하는 치료제로 전환되며, 건강한 세포는 해치지 않을 가능성이 있다.

59. 예를 들어, 수평적 유전자 전달의 인위적(합성적) 발현은 다양한 형태의 유전 공학에서 사용되는 중요한 메커니즘이다. 유전자 치료에서부터 환경 프로그램에 이르기까지, 유전자 변형

바이러스는 인간, 비인간 동물, 식물에게 새로운 유전 정보를 전달하는 벡터(매개체)로 사용된다. 이와 관련하여 이종 간 감염 및 더 포괄적으로는 바이러스(생물) 봉쇄에 대한 우려가 있다.

60. 하이픈이 있는 이 용어의 사용에 대해서는 7장, #사회적 팬데믹을 참조하라.

61. 세대 간 후성유전학적 상속에 대해 광범위한 연구를 수행한 정신과 의사 레이첼 예후다[Rachel Yehuda]와 심리학자 에이미 러너[Amy Lehrner]는 다음과 같이 말한다. "다세대 연구는 궁극적으로 개인적, 문화적, 사회적 경험이 어떻게 우리의 생물학적 특성에 스며드는지에 대한 설득력 있는 이해를 제공할 수 있다." Yehuda, R., and Lehrner, A., "Intergenerational transmission of trauma effects: putative role of epigenetic mechanisms", *World Psychiatry: Official Journal of the World Psychiatric Association*, 17(3), 2018, pp. 243-257.

62. 이 개념은 포스트휴먼 논쟁에서 광범위하게 설명되었으며, 도나 해러웨이가 하이픈 없이 이 용어를 사용한 데에서 시작되었다. Donna Haraway, *The Companion Species*, Prickly Paradigm Press, 2003.

63. 여기에 제시할 과학적 사례가 많이 있다. 예를 들어, 대부분의 인간은 동물 가축화 및 낙농업이라는 문화적 관행에서 발달한 유전자 돌연변이 덕분에 유아기 이후에도 비인간 동물의 우유와 유제품을 섭취할 수 있다. Gerbault, P., Liebert, A., Itan, Y., Powell, A., Currat, M., Burger, J., Swallow, D. M., and Thomas, M. G., "Evolution of lactase persistence: an example of human niche construction", *Philosophical Transactions of the Royal Society*, 366, 2011, pp. 863-877.

64. 개별 존재의 의지나 선택을 넘어, 하나의 종이 집단적으로 환경과 역사에 실질적인 영향을 미치는 행위 주체로 작동한다는 개념이다. 이는 인간만이 아니라 다른 생물 종들 역시 세계의 변화를 만들어내는 능동적 존재임을 강조한다.

65. Dubois, M., and Guaspare. C., "From cellular memory to the memory of trauma: social epigenetics and its public circulation", *Social*

Science information, 2020, 59(1): 144-83.

66. Ibid..

67. 포스트휴머니즘적 관점에서의 우생학 역사에 대해서는 다음을 참조하라. Francesa Ferrando, *Philosophical Posthumanism*, Bloomsbury, 2019.

68. 예를 들어, 1992년부터 1995년까지의 보스니아 전쟁 등을 생각해보라.

69. de Grey, A. *Ending Aging : The Rejuvenation Breakthoughs that Could Reverse Human Aging in our Lifetime*, St Martin's Press, 2007.

70. 옥스퍼드 사전은 '냉동 보존술^{cryonics}'을 "방금 사망한 사람들의 시신을 급속 냉동시키는 기술로, 미래의 과학적 발전으로 소생시킬 수 있을 것이라는 희망 하에 이루어진다"라고 정의한다(옥스퍼드 온라인 사전, 'Cryonics' 항목).

71. Ferrando, F., and More, M., "Transhumanism", *YouTube*, 2013, https://youtube/7Sr1kcogOoE.

72. 냉동 보존술에서 냉동 보존된 사망자는 (가까운) 미래에 다시 생명을 얻을 수 있을 것이라는 희망에서 '환자'라고 부른다.

73. Ferrando, F., and More, M., "Transhumanism", YouTube, 2013, https://youtube/7Sr1kcogOoE.

74. 민주적 트랜스휴머니즘은 냉동 보존될 권리를 포함하여, 인간 향상에 대한 민주적 접근의 시급성을 강조하며 이 측면에 초점을 맞춘다.

명상 4. 생태적 존재

1. 다른 요인들 중에서도 우주 방사선에 노출될 때의 건강상 위험 때문에 현재의 (생명유전학적 및 생명공학적) 인간은 지구 밖에서 장기간 거주할 수 없다. 5장을 참조하라.

2. 이 행성은 현재까지 우리가 생각하는 형태의 생명체, 즉 탄소 기반

생명체를 품고 있다고 알려진 유일한 곳이다. 탄소는 생명의 화학적 기초의 일부이자 기술이다. 탄소는 매우 다양한 원소들과 결합을 형성할 수 있다. 관계성은 생명 화학의 바로 그 핵심에 있다.

3. Watts. A., *the Tao of Philosophy: Myth of Myself*, orignial live recording, Electronic University, 1965.

4. 다음을 참조하라. Deleuze, G., and Guattari, F., *A Thousand Plateaus: Capitalism and Schizophrenia*, B. Massumi(trans.), Continuum, [1980]1987.

5. 서아프리카 요루^{Yorùbá}족의 세계관에 따르면, 지구의 형태 자체는 이러한 내적 관계성의 결과일 수 있다. 요루바 학자 존 아요툰데 이솔라 베와지^{John Ayotunde Işola Bewaji}가 말했듯이 "어쩌면 개울이 강으로 흘러 들어가기를 좋아하고, 강이 바다로 흘러 들어가기를 좋아하며, 바다가 대양으로 흘러 들어가기를 좋아하는 이유가 이것일지도 모른다. 어쩌면 이것이 지구가 둥근 이유이며, 모든 것이 모든 것과 관계를 맺고, 진행 중인 것이 다가오는 것을 구성하는 반면, 죽어가는 것은 생성 중인 것을 구성하는 이유일지도 모른다".

6. 생물학자 스티븐 제이 굴드^{Stephen Jay Gould}는 진화는 우연적이며 복잡하지 않다는 것(진보의 사다리가 아니라는 것)을 강조했다. Gould, S. J., *Wonderful Life*, W. W. Norton, 1989.

7. 옥스퍼드 온라인 사전, 'Nature' 항목.

8. 이 용어는 브뤼노 라투르^{Bruno Latour}와 도나 해러웨이가 제안했다.

9. 생태 운동가 반다나 시바^{Vandana Shiva}는 이 용어에 비판적이다. 그녀는 그러한 사이보그화^{cyborgization} 속에서 모든 것이 '자연문화'가 된다고 지적한다. "예를 들어, GMO(유전자 변형 생물)가 '자연적'인 것이라고 주장할 수 있으며, 따라서 인간의 법과 일반 여론에서 더 쉽게 받아들일 수 있다. 그러나 자연 속에 GMO가 존재하면 생태 다양성과 생물학적 지속 가능성에 불균형이 초래된다. 사회에서의 무비판적인 수용은 반드시 인식에 근거한 것이 아니라, 인식론적 권력과 경제적 착취의 역학 관계에 근거한 것일 수 있다."

10. 다음을 참조하라. Philip, L., *Beaverland: How One Weird Rodent Made*

America, Twelve, 2022.

11. 아메리카 원주민의 세계관에 따르면, 비인간 종들도 문화를 가지고 있다. 다음을 참조하라. Viveiros de Castro, E., "Cosmological deixis and Amerindian perspectivism", *Journal of the Royal Anthropological Institute*, 4(3), 1998, pp. 469-488.

12. 사회과학자 주앙 알데이아[João Aldeia]와 파티마 알베스[Fátima Alves]는 다음과 같이 단언한다. "우리가 아는 것을 생각하지 않는 것 — 우리가 아는 방법에 대해 아는 것을 포함하여 — 은 이 문제를 인류와 자연의 관계라는 관점에서 이해하기를 거부하고, 시공간적으로 구체적인 상호 관계라는 관점에서, 즉 생명의 그물망의 서로 다른 요소들 간의 관계라는 관점에서 개념화하는 것을 의미한다."Aldeia, J., and Alves, F., "Against the environment: problems in society/nature relations", *Frontiers in Sociology*, 4, 2019, p. 29.

13. 이에 대해 철학자 티모시 모튼[Timothy Morton]은 다음과 같이 말한다. "물질적 가면을 쓴 초월적 용어인 자연은, 그 안으로 붕괴되는 무한한 일련의 다른 용어들, 즉 물고기, 풀, 산, 공기, 침팬지 등의 환유적 목록의 끝에 서 있다." Morton, T., *Ecology without Nature: Rethinking Environmental Aesthetics*, Harvard University Press, 2007.

14. 법학자 캐서린 J. 아이언스 마갈라네스[Catherine J. Iorns Magallanes]는 다음과 같이 설명한다. "환경에 대한 토착민의 관점은 인간을 수렵-채집 전통의 일부로 간주하고, 자연을 인정하고 반영하며, 인간의 상호의존성을 인정하는 전통을 이어가고 있다." 아이언스 마갈라네스는 또한 이것이 "인간은 자연과 분리되어 있고, 심지어 자연 위에 있으며 자연을 지배한다는 자유주의적, 계몽주의적 관점과 얼마나 다른지"를 강조한다. Iorns Magallanes, C., "Nature as an ancestor: two examples of legal personality for nature in New Zealand", *Vertigo: la revue électronique en sciences de l'environnement*, no. 22, 2015, pp. 1-19.

15. 이것은 더 넓게는 '잘 산다는 것' 또는 '풍요로운 삶'의 철학(스페인어로는 la filosofía del buen vivir, 케추아어로는 Sumak kawsay: 좋은 삶은 '어머니 대지' — 잉카 문화에서는

'파차마마Pachamama' 라고 부름 — 와 조화를 이루며 사는 것이다)에 의존한다. 이 점에 대해 모이라 프라딩거Moira Fradinger에게 감사를 표한다.

16. 법학 교수 앤드류 게디스Andrew Geddis와 자신타 루루Jacinta Ruru는 그 결과로 테우레웨라가 이제 "법인격에 따르는 모든 권리, 권한, 의무 및 책임을 소유한다"고 설명한다. Geddis, A., and Ruru, J., "Places as persons: creating a new framework for Māori-Crown relations", in J. Varuhas and S. Wilson Stark(eds.), *The Frontiers of Public Law*, Bloomsbury, 2020, pp. 255-274.

17. Goeckeritz, I., Crimmel, H., and Berros, M. V., "Rights of Nature: A Global Movement" [documentary], *YouTube*, 2018, www.youtube.com/watch?v=kuFNmH7IVTA.

18. 게디스와 루루가 강조하듯이 "그들은 더 이상 인간이 지배권을 행사하는 '물건'이 아니다. 인간이 관계를 맺는 인격체이다." Geddis, A., and Ruru, J., "Places as persons: creating a new framework for Māori-Crown relations", in J. Varuhas and S. Wilson Stark(eds.), *The Frontiers of Public Law*, Bloomsbury, 2020.

19. 철학자 존 패터슨John Patterson은 다음과 같이 설명한다. "이 철학의 중심에는 모든 피조물을 하나로 묶고 그들이 번영할 수 있게 하는 힘인 마우리mauri의 개념이 있다. 이러한 종류의 연결성을 인정함으로써 우리는 인간의 환경 지배에 대한 제한을 받아들인다. 우리의 행동은 자연의 질을 존중하거나 향상시켜야 하며, 인간의 개인적 이익만을 위해서는 안 된다. 마우리에 대한 존중의 철학은 우리가 각 생명체와 서식지의 본질이나 특성을 존중하고 나아가 향상시킬 것을 요구한다." Patterson, J., "Respecting nature: a Maori perspective", *Worldviews: Environment, Culture, Religion*, 2(1), 1998. pp. 69-78.

20. 유럽연합UN에 따르면 "전 세계에는 약 3억 7천만 명의 원주민이 있다. 그들은 전 세계 토지의 최대 22퍼센트를 소유하거나 점유하거나 사용하는데, 전 세계 생물다양성의 80퍼센트가 이곳에서 서식한다. (…) 원주민에 의해 관리되는 지역은 가장 오래된 형태의 생물다양성 보존

지역이며, 종종 가장 효과적이기도 하다." United Nations, "Indigenous peoples: the unsung heroes of conservation", January9, 2017, www.unep.org/zh-hans/node477.

21. 이 점에 대해 카롤리나 피네이로^{Carolina Pinheiro}에게 감사를 표한다.

22. 프란체스코 교황의 회칙 〈찬미받으소서^{Laudato si'}〉(2015년 5월 24일)를 참조하라.

23. 원주민 문화의 다양성 속에서, 일부는 성차별적이고 자민족 중심주의적인 우월주의에 기반한 위계질서를 품고 있다. 포스트휴먼 접근법은 이러한 반복되는 우월주의를 해체한다.

24. 하프는 이 용어를 "화석 연료와 기타 에너지 자원을 대사 작용(소비)하기 위해 작동하는 통신, 운송, 관료주의 및 기타 시스템의 상호 연결된 집합"을 지칭하는 데 사용한다. Haff, P. K., "Technology as a geological phenomenon: implications for human well-being", in C. N. Waters et al.(eds.), *A Stratigraphical Basis for the Anthropocene*, Geological Society, 2013, pp. 301–309.

25. Ibid..

26. 하프가 설명하듯이 "기술이 제공하는 지원 구조와 서비스 없이는, 인구는 빠르게 감소하여 1000만 명 이하의 석기 시대 수준으로 줄어들 것이다". Ibid.., p. 302.

27. 하프에 따르면 "기술권은 단지 인간이 만든 현상이 아니다. 왜냐하면 석기와 같은 단순한 인공물을 제외하면, 인간은 기술을 독립적으로 창조한 것이 아니라 기존 기술 시스템의 맥락 안에서 창조했기 때문이다". Ibid... 이런 이유로 하프는 '인류권^{anthroposphere}'보다 이 용어를 선호한다. Ibid.., p.302.

28. 기술권은 지속 가능하지 않다. 하프가 설명하듯이 "오래된 패러다임과 달리, 기술권은 아직 자체 폐기물 흐름을 재활용하는 능력을 진화시키지 못했다". Ibid..

29. 파편(쓰레기)이 이 종을 멸종 위기에 빠뜨리고 있다. Lavers, J. L., et al., "Entrapment in plastic debris endangers hermit crabs", *Journal of*

Hazardous Materials, 387, 2020.

30. Leslie, H. A., van Velzen, M. J. M., Brandsma, S. H., Vethaak, A. D., Garcia-Vallejo, J. J., and Lamoree, M. H., "Discovery and quantification of plastic particle pollution in human blood", *Environment International*, 163, 2022.

31. 이 개념은 찰스 다윈^{Charles Darwin}으로 거슬러 올라갈 수 있는데, 그는 자신의 저서 《난초의 수정^{Fertilisation of Orchids}》(1862)에서 마다가스카르 토종의 특정 유형의 난초^{Angraecum sesquipedale}가 수분하려면 유난히 긴 혀를 가진 박각시나방이 있어야 한다고 예측했다.

32. 고전적인 예는 꽃이 다른 종들에게 매력이 있도록 진화했거나 그 반대의 경우이다. 더 정확히 말하면, 벌과 꽃의 형태는 수분의 상호주의 속에서 공진화해왔다. 철학자 크리스토퍼 케첨^{Christopher Ketcham}이 요약하듯이 "꽃은 꿀벌이 끈적끈적한 꽃가루를 방출하여 다른 꽃으로 옮길 수 있도록 꿀벌의 몸에 맞게 자신의 모양을 조정했다. 꿀벌은 꽃이 제공하는 꿀 간식을 활용하기 위해 입 부분을 꽃에 맞게 조정했다". Ketcham, C., *Emergence of the flower and honeybee mutualism and flower and honeybee ontology and morphology, in Flowers and Honeybees*, Brill, 2020, pp. 44-71.

33. 역사학자 디페시 차크라바르티^{Dipesh Chakrabarty}는 '행성^{planet}'과 '지구^{globe}'라는 용어가 동의어가 아님을 강조한다. 지구는 근대 제국의 역사와 항해의 발달과 함께 시작하여 인간이 행성으로 만들어낸 것이다. 세계화의 이야기는 인간 없이는 말할 수 없지만, 행성의 이야기는 그럴 수 있다. Chakrabarty, D., "The planet: an emergent humanist category", *Critical Inquiry*, 46(1), 2019, pp. 1-31.

34. 문학 비평가 브루스 클라크는 이를 지질생물학적 관점에서 설명한다. "40억 년의 공진화 끝에, 살아 있는 과정, 공생 조직, 전 지구적 생태적 지위의 합은 진화하는 물질, 생명, 태양에 의한 지속적인 재구성과 관련이 있다. 지질생물학적 역사는 이 모든 것을 철저히 뒤섞어, 유지하고 방어하지만 또한 그 부분들을 능가하는 행성적 홀로바이온트로

만들었다."Clarke, B., "Planetary immunity: biopolitics, Gaia theory, the holobiont, and the systems counterculture", in E. Hörl and J. Burton(eds), *General Ecology: The New Ecological Paradigm*, Bloomsbury Academic, 2017.

35. 예를 들어 꿀벌은 집단적으로 그리고 민주적으로 의사결정을 내린다. Seeley, D., *Honeybee Democracy*, Princeton University Press, 2010.

36. 생물학자 매들린 비크만[Madeleine Beekman]과 벤자민 P. 올드로이드[Benjamin P. Oldroyd]가 강조하듯이 "개별 개미는 부지의 품질을 평가할 때 오류를 범할 수 있지만, 군집 전체는 최상의 이용 가능한 부지를 선택하는 경향이 있다". Beekman, M., and Oldroyd, B. P., "Different bees, different needs – how nest-site requirements have shaped the decision-making processes in homeless honeybees (Apis spp.)", *Philosophical Transactions of the Royal Society B*, 373(1746), 2018.

37. 예를 들어, 미국심리학회[APA]는 생태 불안을 '환경적 파멸에 대한 만성적 공포'로 묘사한다. Clayton, S., Manning, C. M., Krygsman, K., and Speiser, M., *Mental Health and Our Changing Climate: Impacts, Implications, and Guidance*, American Psychological Association and ecoAmerica, 2017.

38. '미래를 위한 금요일[Fridays for Future]'(또는 '기후를 위한 학교 파업')로 알려진 운동의 영감이 된 스웨덴의 젊은 환경 운동가 그레타 툰베리[Greta Thunberg]는 현재 정치 지도자들의 무대책에 대해 다음과 같이 말했다. "사람들은 고통받고 있습니다. 사람들은 죽어가고 있습니다. 생태계 전체가 붕괴하고 있습니다. 그런데 여러분이 할 수 있는 이야기는 돈과 영원한 경제 성장의 동화뿐입니다. 어떻게 감히 그럴 수 있습니까!" Thunberg, G., "Greta Thunberg's speech at the UN Climate Action Summit", *NPR*, September 23, 2019, www.npr.org/2019/09/23/763452863/transcript-greta-thunbergs-speech-at-the-u-n-climate-action-summit.

39. 옥스퍼드 사전에 따르면, 지구 온난화는 "일반적으로 이산화탄소, 염화불화탄소 및 기타 오염 물질의 수준 증가로 인한 온실 효과 때문에 지구 대기의 온도 전반이 점진적으로 상승하는 것"이다. (옥스퍼드 온라인 사전, 'Global warming' 항목. 행성 온도의 상승이 미치는 영향 중 하나는 빙하와 빙상의 융해뿐만 아니라 해수 온도 상승이다. 따뜻한 물은 팽창하여 해수면 상승을 초래한다. 바다가 우리 행성의 표면을 덮고 있다는 점을 감안할 때, 해안 지역은 침수되고 있는 반면, 다른 관련 지역은 가뭄에 방치되어 황폐화와 이재민 발생을 야기하고 있다.

40. 세계 경제 용어로는 소위 제1세계 국가들이 다른 국가들에게 진 '생태 부채'로 정의한다. Warlenius, R., Pierce, G., Ramasar, V., Quistorp, E., Martínez-Alier, J., Rijnhout, L., and Yanez, I., "Ecological Debt: History, Meaning and Relevance For Environmental Justice", E*JOLT report*, 18, 2015.

41. Mohai, P., and Saha, R., "Which came first, people or pollution? A review of theory and evidence from longitudinal environmental justice studies", *Environmental Research Letters*, 10, 2015.

42. 철학자 아른 네스^{Arne Naess}가 설명했듯이 "소위 생존 경쟁, 그리고 적자생존은 죽이고, 착취하고, 억압하는 능력이 아니라 복잡한 관계 속에서 공존하고 협력하는 능력이라는 의미로 해석되어야 한다". Naess, A., "The shallow and the deep, long-range ecology movement: a summary", *Inquiry*, 16, 1973, pp. 95-100.

43. Ibid...

44. 네스가 말했듯이 "전 지구적 접근 방식은 필수적이지만, 지역적 차이가 정책을 크게 결정해야 한다". Ibid., p.100.

45. 우리는 큰 범위에서 동일한 유전자를 공유한다. 3장을 참조하라.

46. 중력 때문에 지구의 핵에 가까울수록 시간은 느리게 흐른다. 5장을 참조하라.

47. 이탈리아어에서 pianta('식물'을 의미)는 여성형으로 격변화한다. 이탈리아에서 자라면서, 나는 이 식물을 '그녀^{she}'라고 지칭하곤 했다.

48. 틱낫한이 말했듯이 "당신이 잠에서 깨어 지구가 단지 환경이 아니라, 지구가 당신이고, 당신이 땅이라는 것을 알게 될 때 상호-존재의 본질을 느끼게 된다" (2021: 2). 상호존재의 개념에 대해서는 1장을 보라.

49. 리처드 루브^{Richard Louv}가 말하듯이 "텔레비전과 달리, 자연은 시간을 훔치지 않고 증폭시킨다. 자연은 파괴적인 가족이나 환경 속에 사는 아이에게 치유를 제공한다. 아이가 문화의 환상을 그리고 재해석하는 빈 서판 역할을 한다".

50. Tu Wei-Ming, "The continuity of being: Chinese visions of nature", in J. Callicott and R. Ames (eds), *Nature in Asian Traditions of Thought: Essays in Environmental Philosophy*, State University of New York Press, 1989, pp.67-78.

51. 이 세계관에서는 우주를 "지속적인 창조성의 전개" 로 접근한다.

52. 다음을 참조하라. Klepeis, N., Nelson, W., Ott, W., et al., "The National Human Activity Pattern Survey (NHAPS): a resource for assessing exposure to environmental pollutants", *Journal of Exposure Science & Environmental Epidemiology*, 11, 2001, pp. 231-252.

53. 예를 들어, 전 세계적으로 매우 흔한 비타민 D 부족은 주로 햇빛을 충분히 쬐지 못한 데에서 기인한다.

54. 점점 더 많은 사람들이 '자연환경 공포증', 또는 '바이오포비아^{biophobia}, 생명 공포증'라고 불리는 증상을 겪고 있는데, 이는 자연에 대한 편견이다.

55. Louv, R. *Last Child in the Woods: Saving Our Children from Nature Deficit Disorder*, Atlantic Books, 2005.

56. 루브가 말하듯이 "새로운 세대에게 자연은 현실이라기보다는 추상이다. 점점 더, 자연은 바라보고, 소비하고, 입고, 무시하는 대상이 되고 있다".

57. 루브는 현재의 교육 시스템이 진화해야 할 긴급한 필요성을 강조한다. 그는 다음과 같이 말한다. "대안은 무엇인가? 나는 비유적으로나 문자 그대로 밖으로 향하는 교실을 상상한다. 운동장은

교실이 되고, 건물은 밖을 향하며, 정원이 캠퍼스를 덮을 것이다. 자연주의자들의 작업은 우리가 읽기와 쓰기를 가르치는 수단이 될 것이다.". (Ibid. : 136)

58. 이것은 근권[rhizosphere]이라고도 불린다. 영양분의 가용성 때문에 근권은 미생물의 성장을 지원하는데, 환경 과학자 데이비드 맥니어[David McNear]는 다음과 같이 말한다. "뿌리 분비물 덕분에 근권은 미생물 군집이 증식하기에 바람직한 장소가 된다. 노출되거나 경작된 흙 한 티스푼에는 지구상의 인구보다 더 많은 미생물이 들어 있다." McNear, D. H., Jr, "The rhizosphere - roots, soil and everything in between", *Nature Education Knowledge*, 4(3), 2013, p. 1.

59. Simard, S., "The mother tree", *The Mother Tree Project & Program*, 2021b.

60. 이 용어는 성별화된 패러다임(어머니/아버지)을 넘어서는 원형을 지칭한다. 시마드가 설명하듯이, "고목들은 유전적으로 관련이 있거나 친족인 이웃을 알아볼 수 있으며, 환경의 안전 여부에 따라 다른 나무들에게 자원을 더 보내거나 덜 보내어 그들을 돕거나 돕지 않을 수 있다. 나는 이 고목들이 그들의 어린 나무들을 양육하는 것처럼 보이기 때문에 '어머니 나무'라고 부르기로 했다. 따라서 어머니 나무들은 마치 어른들이 세대를 넘어 인간 가족을 연결하는 것처럼 시공간을 통해 숲을 연결한다". (Ibid..)

61. 시마드에 따르면, "원로들은 평생의 지혜, 지식, 가르침으로 부족의 존경을 받으며 모든 공동체에서 특별한 역할을 수행한다. (···) 숲에서 기초가 되는 종은 나무이며, 이 기초의 원로들은 가장 크고 오래된 나무들이다. 이 원로 나무들은 숲에 사는 수많은 식물, 동물, 곰팡이, 미생물 생명체들의 서식지로서 중요할 뿐만 아니라, 문화와 생계를 숲에 의존하는 사람들에게도 중요하다". Ibid.., p.67.

62. Simard. S., *Finding the Mother Tree: Discovering the Wisdom of the Forest*, Knopf, 2021.

63. 생물학자 바바라 샬[Barbara Schaal]이 설명하듯이 "사람과[Hominids]는

수백만 년 동안 식물과 공진화해왔다. 고대 사람과의 두개골은 그들이 먹었던 식물 종의 성질을 반영하는 반면, 더 최근에는 우리의 필요에 맞게 식물을 길들였고, 이는 수렵 채집 사회에서 농경 사회로의 극적인 문화적 전환을 이끌었다". Schaal, B., "Plants and people: our shared history and future", *Plants, People, Planet*, 1(1), 2019, pp. 14-19.

64. 철학자 마르틴 하이데거[Martin Heidegger]가 《존재와 시간》([1927] 2011)에서 설명한 세계-내-존재[being-in-the-world], (독일어로 Dasein[현존재])의 조건을 가리킨다. Martin Heidegger, *Being and Time*, J. Macquarrie and E. Robinson(trans.), Harper & Row, [1927]2011[마르틴 하이데거, 《존재와 시간》, 이기상 옮김, 까치, 2025].

65. 생태학은 우리가 거주하는 장소, 즉 지구 행성에 대한 담론을 지칭한다. 'eco-'는 '집'을 의미하는 고대 그리스어 oikos(οἶκος)에서 유래했다. Logos(λόγος)는 '말'과 '이성'에서부터 '담론'과 '논증'에 이르기까지, 그 외에도 여러 의미를 갖는다.

66. 기술과 현대 세계관을 성찰하면서, 하이데거는 어떻게 자연이 인간의 사용을 위한 "상비 자원"으로 환원되었는지 주목했다. 그가 설명하듯이 "지구는 이제 석탄 채굴 지구로, 토양은 광물 매장지로 그 모습을 드러낸다." Heidegger, M., *The Question Concerning Technology and Other Essays*, W. Lovitt(trans.), Harper Torchbooks, [1953]1977.

67. 다음을 참조하라. Cooper, M., *Life as Surplus: Biotecnology & Capitalism in the Neoliberal Era*, University of Washington Press, 2008.

68. 파울 크뤼천[Paul Crutzen]과 유진 스토머[Eugene Stoermer]는 '인류세'라는 용어를 만들고 그 시기를 18세기 후반으로 잡았다. 지구상에서 역사 전반에 걸쳐 인간의 존재는 생물권에 직접적인 영향을 미쳤지만, 산업화 이후 그러한 영향은 점점 더 빠른 속도로 정점에 달했다. 크뤼천과 스토머가 설명하듯이 "우리가 이 시기를 선택한 이유는 지난 2세기 동안 인간 활동의 전 지구적 영향이 분명하게 눈에 띄게 되었기 때문이다" Crutzen, P. J., and Stoermer, E. F., "The "Anthropocene"", *Global Change Newsletter*, 41, 2000, p. 17.

69. 한 국가의 국내총생산[GDP]은 더 이상 재화와 서비스의 가치만을 조사해서는 안 된다. 다른 요소들 중에서도 생태적 균형뿐만 아니라 인간의 (신체적, 심리적) 건강과 같은 인간 및 비인간의 안녕을 고려해야 한다. 이러한 변화를 이미 전 세계 많은 정치인들이 받아들이고 있다. 예를 들어, 2019년 뉴질랜드 총리 저신다 아던[Jacinda Ardern]은 "예산은 GDP 극대화가 아니라 웰빙 극대화를 목표로 할 것"이라고 말했다.

70. Latouche, S., *Farewell to Growth*, Polity, 2010.

71. 탈성장 프로그램은 보편화될 수 없다. 지역마다 필요로 하는 것과 현실이 다르다. 즉, 한 가지 방식이 모두에게 맞지는 않는다. 대부분의 탈성장 옹호자들은 인구에게 존엄한 생활 수준, 의료 및 교육을 제공하기 위해 남반구의 일부 국가들에게는 GDP 증가가 유익할 수 있다고 믿는다.

72. 반다나 시바에 따르면, 소비지상주의는 지구에 대한 전쟁을 자극한다. 그는 지구 중심의 정치와 경제로의 패러다임 전환이 우리의 유일한 생존 기회라고 본다. Vandana Shiva, *Making Peace with the Earth: Beyond Resource, Land and Food Wars*, Women Unlimited, 2012.

73. Wallman, J. *Stuffocation: Why We've Had Enough of Studd and Need Experience More Than Ever*, Random House, 2015.

74. 패트릭 웹[Patrick Webb] 교수와 동료들이 말하듯이 "전 지구적으로 기록적인 수준의 식량 생산에도 불구하고 기아와 다양한 형태의 영양실조는 여전히 수십억 명의 사람들에게 영향을 미치고 있다."

75. 영양학에서 '양'은 저품질 식단 문제를 해결하지 못한다. 웹[Webb] 등의 말에 따르면 "(저영양을 포함하는) 영양실조는 전통적으로 식량 부족, 기아, 영양실조와 연관되어 왔지만, 과체중 및 비만과도 관련이 있다. 식단의 낮은 품질은 고소득 국가와 저소득 국가를 막론하고 모든 국가의 문제이다". Ibid..

76. 유토피안[eutopian]은 바람직하고 달성 가능한, 현실적인 무언가를 지칭한다.

77. Pearce, D., "The hedonistic imperative", *The Hedonistic Imperative*,

1996, www.hedweb.com.

78. 피어스의 접근 방식이 지닌 종교적 함의는 다음에서 연구한 바 있다. Ferrando, F., "Are we becoming God(s)? Transhumanism, posthumanism, antihumanism and the divine", in A. M. Gouw, B. P. Green, and T. Peters(eds.), *Religious Transhumanism and its Critics*, Lexington Books, 2022, pp. 31-50.

79. Pearce, D., "Reprogramming predators", *The Hedonistic Imperative*, 2009-2015, www.hedweb.com.

80. 피어스는 이러한 요점 중 일부를 언급한다. "첫째, 잔인함이 없는 세상이 되려면 전 지구적 비건 채식으로 전환되어야 한다. (…) 하지만, 이 전환만으로는 충분하지 않다." "Reprogramming predators", *The Hedonistic Imperative*, 2009-2015, www.hedweb.com.

81. VHEMT 웹사이트, www.vhemt.org/.

82. 동물 권리 단체 PETA(동물을 윤리적으로 대우하는 사람들)에 따르면, 미국에서만 매년 1억 마리 이상의 동물이 실험실에서 죽임을 당한다. 그들의 생명권도, 삶의 질도 보호받지 못한다. "실험에 사용되는 생각하고 느끼는 동물들은 일회용 실험 장비에 불과한 취급을 받는다." PETA 웹사이트, www.peta.org/issues/animals-used-for-experimentation/animals-used-experimentation-factsheets/animal-experiments-overview/.

83. 비인간 동물을 대상으로 수행된 실험 결과는 인간에게 안전하게 적용하기 어려울 때가 많다. Akhtar, A., "The flaws and human harms of animal experimentation", *Cambridge Quarterly of Healthcare Ethics*, 24(4), 2015, pp. 407-419.

84. 예를 들어, 동물 연구는 야생에서도 수행할 수 있다. 이러한 선택은 동물들의 실제 존재를 (우리가 공유하는) 지구 안에서 존중할 뿐만 아니라, 그들의 필요를 현실적으로 이해함으로써 그들의 안녕에 기여할 수 있다.

85. 비폭력 지도자 마하트마 간디[Mahatma Gandhi]의 말을 빌리자면 그렇다.

86. 인류세 시대에 인간의 습관은 주요한 환경 파괴를 야기하고 있으며, 결과적으로 인간의 건강과 안녕에도 영향을 미치고 있다. 이는 오염으로 인한 질병의 놀라운 발병률뿐만 아니라 전 지구적 팬데믹과 인간이 유발한 자연재해에도 반영되어 있다.

명상 5. 우주적 구성

1. 고대 세계의 천문학 개념은 현대 과학 분야에 완전히 동화될 수 없다.
2. 이 시기의 새로운 고고학적 발견들이 증명하듯 "복합 수렵 채집인들은 지점을 상세히 관측하곤 했으며, 이는 달력의 유지와 주요 의식의 일정과도 관련이 있었다." Hayden, B., and Villeneuve, S., "Astronomy in the Upper Paleolithic?", *Cambridge Archaeological Journal*, 21(3), 2011, pp. 331-355.
3. 다음의 논문 등을 참조하라. Ruggles, C., "Astronomy and Stonehenge", *Proceedings of the British Academy*, 92, 1997, pp. 203-229.
4. Šprajc, I., "Astronomy, architecture, and landscape in Prehispanic Mesoamerica", *Journal of Archaeological Research*, 26(2), 2018, pp. 197-251.
5. 현대 건축에서 정사각형과 직사각형 형태의 사용이, 우주 기하학의 천구와 조화를 이루며 곡선, 구형, 원형을 지향했던 세계의 가장 오래된 독립 구조물들과 공명하지 않는다는 점은 흥미롭다. 튀르키예 아나톨리아의 괴베클리 테페[Göbekli Tepe]의 원형 구조물(기원전 9500년경)부터 몰타의 거석 신전(기원전 3600년에서 2500년 사이)에 이르기까지 그러하다.
6. 예를 들어, 소련의 생화학자 알렉산드르 오파린Alexander Oparin은 '원시 수프' 가설을 발전시킨 것으로 유명하다. Oparin, A, I., "The origin of life", A. Synge(trans.), in J. D. Bernal(ed.) *The origin of Life*, Weidenfeld & Nicolson, [1924]1967, pp. 199-324.
7. 태양계 천체들 간의 생명체 교환이 소행성이나 혜성 충돌의 결과라는 리토판스페르미아[litho-panspermia], (암석 범종설) 가설.

'판스페르미아^{panspermia}(범종설)'라는 용어는 그리스 철학자 아낙사고라스Anaxagoras의 저술에서 처음 발견된다. 이 용어가 중립적이지 않다는 점에 주목해야 한다. 이 단어의 그리스어 어원은 '모든'을 뜻하는 pan(πᾶν)과 고대 그리스어에서 '기원, 근원'뿐만 아니라 '인간의 씨앗'을 의미했던 sperma(σπέρμα)가 합쳐져 이루어졌다. 이는 남성의 생식액(정액)을 생명에 기여하는 능동적 원리로, 여성은 수동적 물질로 간주했던 성차별적 관점을 반영한다.

8. 더 넓게 보면, 지구상의 모든 생명에게 필수적인 태양 또한 그 종말의 원인이 될 수 있다. 별들은 태어나고, 살고, 죽는다. 지구는 궤도가 팽창하여 적색 거성 단계에 들어선 태양에 결국 흡수될지도 모른다. 항성 모델에 기초한 과학적 연구에 따르면, 이는 약 75억 9천만 년 후에 일어날 것이다. Schröder, K. P., and Connon Smith, R., "Distant future of the Sun and Earth revisited", *Monthly Notices of the Royal Astronomical Society*, 386(1), 2008, pp. 155-163.

9. Melott, A. L., and Thomas, B. C., "From cosmic explosions to terrestrial fires?", *Journal of Geology*, 127(4), 2019, pp. 475-481.

10. 옥스퍼드 사전에 따르면, 초신성은 '대부분의 질량을 방출하는 재앙적인 폭발로 인해 밝기가 갑자기 크게 증가하는 별'이다. (옥스퍼드 온라인 사전, 'Supernova' 항목). 간단히 말해, 이는 별의 죽음이라 할 수 있다.

11. '바깥 우주'라는 용어는 옥스퍼드 사전에서 '지구 대기권 너머의 영역 또는 태양계 너머의 영역'으로 정의된다. 확장된 용법으로는 '일반적인 인식이나 접근의 한계를 넘어서는 장소 또는 영역'(옥스퍼드 온라인 사전, 'Outer space' 항목). 이것은 태양계 및 태양계 너머의 지역과 같은 다양한 공간들로 구성된 확장되고 다소 융합된 인식 틀로 볼 수 있다.

12. 이 날짜는 (인류보다 훨씬 더 오래 존재해온) 암석들의 증언에 기반한 방법인 방사성 연대 측정법에 의해 확립되었다.

13. 옥스퍼드 사전에서 '누대^{eon}'의 정의 중 하나는 "지질학적 시간의 주요 구분 단위로, 대^{era}로 세분화된다"(옥스퍼드 온라인 사전, 'Eon'

항목)이다.

14. 현대 과학에 따르면, 작은 입자들이 점차 커져 미행성체가 되었다. 이것들은 결국 계속 충돌하여 (더 큰) 행성들을 형성했으며, 지구도 그중 하나이다.

15. 바다와 대기의 형성은 이 시기인 43억 7천만 년 전에서 42억 년 전 사이에 일어났다.

16. GTS는 지층의 연구 및 분류에 기초한 연대 측정 체계이다. 화석 증거를 통해 암석의 층위와 그 안에서 발견되는 유기체들의 상호-존재(공진화 및 멸종 포함)를 밝힌다.

17. 우주생물학자 로버트 밀러 헤이즌[Robert Miller Hazen]이 말했듯이 "기록된 모든 인류 역사는 45억 분보다 훨씬 짧다."Hazen, R. M., "How old is Earth, and how do we know?", *Evolution: Education and Outreach*, 3, 2010, pp. 198-205.

18. 지각에서 멀어질수록 과학적 데이터에 의존하기가 어려워진다. 예를 들어, 내핵에 대한 우리의 이해는 단지 추측에 불과하다. 현재로서는 지진파가 가장 직접적인 측정 수단으로, 과학자들은 이를 이용하여 내핵의 물리적 특성을 가설화한다. 하지만 지진학이나 기타 간접적인 출처를 통해 추론된 내용은 여전히 과학계 내에서 논란의 여지가 있다.

19. 옥스퍼드 사전에 따르면, 판구조론은 "지각의 구조와 많은 연관 현상을 밑에 있는 맨틀 위를 천천히 움직이는 단단한 암석권 판의 상호작용으로 설명하는 이론"(옥스퍼드 온라인 사전, 'Plate tectonics' 항목)이다.

20. 대륙 이동설은 판구조론의 수용을 위한 길을 닦은 이론으로, 지질학적 시간 동안 대륙들이 이동한다는 가설을 말한다. 이 이론에 따르면, 현재 존재하는 모든 대륙은 한때 초대륙으로 연결되어 있었다. 화석의 분포가 이것을 추적하는 데 핵심 역할을 했다. 분리된 대륙에서 동일한 화석들을 지도화함으로써, 과학자들은 과거에 대륙들이 어떻게 분포되어 있었는지 설명할 수 있다.

21. 은하의 진화가 어떻게 작동하는지는 여전히 불확실하다. 항성

진화는 별들이 형성부터 죽음에 이르기까지 겪는 진화 단계들 속에서 드러나는 과정들을 의미한다.

22. 지구는 자전축 쪽에서 동쪽 방향으로 회전하며 하루에 한 번 완전히 회전하는 동시에 태양 주위를 공전하고 있다. 이를 완료하는 데는 365일 6시간 9분이 걸린다.

23. 현재 추정치에 따르면, 우리 은하 궤도를 도는 별은 (최소) 1000억 개에서 (최대) 4000억 개 사이이다.

24. 미국 항공우주국[NASA]에 따르면 "태양계가 은하 중심을 한 바퀴 도는 데는 약 2억 3천만 년이 걸린다". *NASA Science*, "Beyond our solar system", February 1, 2022, https://solarsystem.nasa.gov/solar-system/beyond/overview/.

25. 이 용어는 은하들 사이의 공간을 지칭한다.

26. 우리의 과학적 수단으로는 그 수를 확정할 수 없지만, 현재 추정치는 1000억 개에서 2000억 개 사이이다.

27. Humboldt, A. von, *Cosmos: A Sketch of a Physical Desctiption of the Universe*, Vol. 1. Harper, 1860.

28. 훔볼트가 진술했듯이 "이 저작에서 나는 피타고라스 시대 이후의 헬레니즘적 용법에 따라, 그리고 "데 문도[De Mundo](세계에 관하여)"라는 제목의 논문(오랫동안 아리스토텔레스의 저작으로 잘못 알려져왔다)에 나오는 정확한 정의에 따라 '코스모스[Cosmos]'라는 단어를 사용한다. 그것은 천상과 지상에 있는 모든 것들의 집합체, 즉 지각할 수 있는 세계를 구성하는 창조된 사물들의 보편성이다."

29. 훔볼트의 말에 따르면, "현상과 생명력의 보편적인 변동— 유기체들이 번갈아 발달하고 파괴되는 그 떼려야 뗄 수 없는 네트워크— 가운데서, 자연에 대한 더 내밀한 지식으로 나아갈 때마다 각 단계는 우리를 새로운 미궁의 입구로 이끈다. 하지만 발견의 예감이 불러온 흥분, 펼쳐질 신비에 대한 막연한 직관, 그리고 우리 앞에 놓인 경로들의 다양성은 모두 지식의 모든 단계에서 사고의 훈련을 자극한다". Ibid.., p.40.

30. 중세 고전 학자이자 성직자인 이시도르 오브 세비야[Isidor of Seville]는 그의 어원 백과사전인 《어원학[Etymologiae]》 제13권의 '데 문도' 항목에서 다음과 같이 주장한다. "그리스인들은 세계를 지칭하기 위해 '장식'에서 유래한 용어(라틴어 mundus 역시 '화장[cosmetics]'을 의미함)를 채택했는데, 이는 요소들의 다양성과 천체들의 아름다움 때문이다. 그들은 그것을 코스모스(κόσμος, 'Kosmos')라고 부르는데, 이는 '장식'을 의미한다. 왜냐하면 육신의 눈으로 볼 때 세상보다 더 아름다운 것은 볼 수 없기 때문이다". 그리스인들이 코스모스를 장식이라고 부른 것에 대한 자세한 내용은 다음을 참조하라. Bloomer, K., "[The Greeks] called it KOSMOS, which means ornament", *Approaching Religion*, 6(2), 2016, pp. 44-54.

31. 고고천문학자 줄리오 말리[Giulio Magli]가 강조하듯이 "고대 이집트인들에게 천체 물질은 가장 중요한 것, 즉 우주의 질서인 마트의 보존과 깊고 내밀하게 연결되어 있었다". Magli, G., *Architecture, Astronomy and Sacred Landscape in Ancient Egypt*, Cambridge University Press, 2013.

32. 이는 스리 니사르가다타 마하라지[Sri Nisargadatta Maharaj]의 현대 영성 고전인 《아이 엠 댓[I Am That]》(1973)을 가리킨다.

33. Nietsche, F. W., *Thus Spoke Zarathustra*, trans. A. Del Caro, Cambridge University Press, 2006[프리드리히 니체, <차라투스트라는 이렇게 말했다>, 장희창 옮김, 민음사, 2004].

34. 이 용어(빅뱅[Big Bang])는 성적이고 성차별적인 함의를 내포하고 있을 수 있다. 저속한 속어에서 '뱅[bang]'은 성교를 의미한다. 이 용어의 부적절한 명칭으로서의 역사에 대해서는 다음을 참조하라. Kragh, H., "Naming the Big Bang", *Historical Studies in the Natural Sciences*, 44(1), 2014, pp. 3-36.

35. 플랑크 시대—우주의 첫 피코초(1조 분의 1초)에 해당—에는 물질도, 공간도, 시간도 없었다. 이 시기를 연대기적 용어로 묘사하는 것은 무의미하며, 언제 일어났는지를 묻는 것도 의미가 없다.

36. 초기 형성 과정에서 우주의 팽창은 빛의 속도보다 훨씬 빨랐을 것이다. 이 급팽창 시기가 지난 후, 우주는 더 느린 속도로 계속 팽창했을 것이다. 특수 상대성 이론에 따르면 이 우주의 어떤 것도 빛의 속도보다 빠르게 이동할 수 없지만, 여기에는 예외가 있다. 시공간 자체는 어떤 속도로든 팽창하고, 구부러지고, 휘어질 수 있다(이것은 왜 우주의 일부가 빛의 속도보다 빠르게 팽창하는지를 설명해준다). 우주가 식으면서 에너지는 물질로 변했고, 시공간의 구체화를 형성하며 물질 시대로 정의되는 시기의 시작을 알렸다.

37. 여기에는 에크피로틱 우주[Ekpyrotic universe]에 대한 최근의 과학적 가설이 포함된다.

38. 밤에 별빛을 볼 때처럼, 어떤 차원에서 우리는 항상 과거를 연구하고 있다. 이를 설명하자면, 빛은 초속 2억 9979만 2458킬로미터의 일정한 속도로 이동한다. 질량이 없는 모든 것은 빛의 속도로 움직이며, 빛은 항상 일정한 속도로 움직인다. 우리가 밤에 보는 별빛은 실제로 볼 수 있기 오래전에 방출된 것이다. 즉, 우리는 어떤 면에서 그들의 과거(의 일부분)를 보고 있는 것이다.

39. 이론물리학자 마르셀로 글라이서[Marcelo Gleiser]는 이를 다음과 같이 표현한다. "당신의 은하에서 주변의 다른 은하들을 관측한다고 상상해보라. 팽창으로 인해 그들 대부분은 당신에게서 멀어지고 있다. 당신은 다른 모든 은하가 당신에게서 멀어지고 있으므로, 당신이 중심임에 틀림없다고 결론지을 것이다. 하지만 다른 은하에 있는 관찰자도 똑같은 식으로 다른 모든 이들이 자신에게서 멀어지고 있는 것을 보게 될 것이다. 똑같은 현상이 각각의 모든 은하에서 일어난다. 우주에서 공간은 궁극적으로는 민주적이다. 즉 모든 지점은 동등하게 중요하다." Gleiser, M., "Looking for answers beyond the cosmic horizon", *NPR News*, September 26, 2012, www.wbur.org/ npr/161720648/looking-for-answers-eyond-the-cosmic-horizon.

40. Francesca Ferrando, *Philosophical Posthumanism*, Bloomsbury, 2019.

41. Watts, A., *Out of Your Mind: Tricksters, Interdependence, and the Cosmic*

Game of Hide-and-See, Sounds True, 2017.

42. 천문학자 칼 세이건^{Carl Sagan}이 요약했듯이 "코스모스는 우리 안에도 있다. 우리는 별의 물질로 만들어졌다. 우리는 코스모스가 자기 자신을 알기 위한 하나의 방법이다." 13부작 다큐멘터리 시리즈 〈코스모스^{Cosmos: A Personal Journey}〉(1980)의 첫 번째 에피소드 "코스모스의 바닷가에서"에 나오는 그의 도입부 독백에서 인용한 것이다.

43. 과학철학자 칼 포퍼^{Karl Popper}가 《과학적 발견의 논리》(1934)에서 제안했듯이, 과학 이론은 반드시 검증되어야 하며 상상할 수 있는 한 거짓임이 입증될 수 있어야 한다(반증 가능해야 한다). Popper, K., *The Logic of Scientific Discovery*, Hutchinson, [1934]1959[칼 포퍼, 《과학적 발견의 논리》, 박우석 옮김, 고려원, 1994(절판)].

44. Stengers, I., *Cosmopolitics I*, R. Bononno(trans.), University of Minnesota Press, [1997]2010.

45. 스탕게르스의 말을 빌리자면 "그것은 스스로를 재발명할 때만 의미가 있는 단어들을 창조하는 문제이다". Ibid...

46. 스탕게르스가 표현했듯이, "과학의 역사에서 첫 번째 단계는 신화와의 결별이라고들 한다. 그러나 궤변과의 결별 역시 그만큼 중요했다. 그러므로 합리적 담론은 그 시작부터, 자신의 '타자들'을 지정해왔다". Ibid..

47. 스탕게르스는 더 나아가 다음과 같이 설명한다. "이 논쟁은 우리 대학들에 정적으로 구현되어 있다. 그곳에서는 모든 학문 분과가 자신의 영토와 전문가, 기준을 가지고 있으며, 동료애라는 마음을 달래주는 허구가 지배한다. 유일하게 모두가 동의하는 것이라고는 '비과학적인 것'의 자격을 박탈하는 것뿐이다." Ibid..

48. Ibid.., p. 178.

49. Stengers, *In Catastrophic Times: Resisting the Coming Barbarism*, trans. A. Goffey, Open Humanity Press, 2015.

50. Haraway, D., *Staying with the Trouble: Making Kin in the Chthulucene*, Duke University Press, 2016, p.35.

51. 2017년 저널 《네이처 천문학Nature Astronomy》은 천문학 내 성평등 문제를 다룬 특집호를 내며 사설에서 다음과 같이 밝혔다. "데이터를 보면 여성 천문학자들이 경력의 모든 단계에서 차별에 직면하고 있음을 알 수 있다." "Not all scientists are raised equal"(editorial), *Nature Astronomy*, 1, 2017.

52. 질량과 에너지는 시공간을 휘게 한다. 더 일반적으로 말해, 질량을 가진 모든 것은 시공간을 휘게 할 수 있다. 거시적 규모에서 중력은 체화된 질량에 비례한다. 더 많은 질량은 더 많은 중력을 의미한다. 예를 들어, 달은 지구보다 질량이 작기 때문에 달에서의 중력은 더 약하다.

53. 물리학에서 시공간 개념은 일반 상대성 이론에 기초한 모든 수학적 모델을 지칭하며, 이에 따라 공간의 차원에 시간이 추가된다. 모델로서의 시공간은 시간의 1차원과 공간의 3차원(가로, 세로, 높이)을 단일한 4차원 다양체로 융합한다(물론 더 많은 차원이 존재할 수도 있다). 예를 들어, 끈 이론의 최신 버전들에 따르면 우주는 10차원으로 작동한다.

54. 양자 수준에서 중력은 [거시 세계와] 동일한 속성으로 나타나지 않는다. 시공간의 체화는 다중적이고, 내부적으로 연결되어 있으며, 행위 주체적이다.

55. 최근 연구들이 강조하듯이 "중력은 지구상 생명체의 형태학을 규정한다. 중력은 구성 세포들의 증식을 조절함으로써 식물과 동물의 성장 및 발달에 영향을 미친다. 중력은 또한 세포 기능에서 중요한 역할을 한다. 예를 들어, 식물은 중력을 감지하여 잎과 뿌리를 올바른 방향으로 자라게 한다. 동물은 중력 부하에 반응하여 뼈와 근육의 밀도를 조절한다. 중력에 대한 반응은 식물과 동물의 생리에 내재된 능동적인 활동이다". Takahashi, K., Takahashi, H., Furuichi, T., et al., "Gravity sensing in plant and animal cells", *npj Microgravity*, 7, 2021, p. 2.

56. 예를 들어, 우리의 무게는 우리가 (그 일부로서) 속해 있는 행성의 중력에 따라 상대적이다. 질량은 동일하더라도, 지구보다 질량이 더 큰 행성(예: 목성)에 있다면 더 무거울 것이고, 지구보다 질량이 작아 중력이

약한 행성(예: 화성)에서는 더 가벼울 것이다. 이것이 질량은 동일함에도 불구하고 우주비행사들이 미세중력 상태에서 무중력을 경험하는 이유이다.

57. 미세중력은 무중력의 감각을 경험하는 낮은 중력 상태를 말한다. 옥스퍼드 사전은 이를 '궤도를 도는 우주선 안에서와 같은 매우 약한 중력'으로 정의한다(옥스퍼드 온라인 사전, 'Microgravity' 항목). 최근 연구들은 미세중력이 미생물의 생화학을 변화시킨다는 것을 보여주었다. 예를 들어 우주 여행 후 우주비행사들의 장내 마이크로바이옴 구성뿐만 아니라 생리 기능도 변화된 것으로 나타났다. Siddiqui, R., Qaisar, R., Goswami, N., Khan, N. A., and Elmoselhi, A., "Effect of microgravity environment on gut microbiome and angiogenesis", *Life*, 11(10), 2021.

58. Patel, N. V., "Can Earth's gravity really be affected by changes in the seasons?", *MIT Technology Review*, November 20, 2019.

59. 도시 시스템의 역학과 관련된 시공간의 수축에 대한 고찰은, 특히 다음을 참조하라. Bretagnolle, A., Pumain, D., and Rozenblat, C., "Space-time contraction and the dynamics of urban systems", *Cybergeo: European Journal of Geography*, document 61, 1998, http://journals.openedition.org/cybergeo/373.

60. 나사가 실시한 '중력 회복 및 기후 실험(GRACE, Gravity Recovery and Climate Experiment)'은 지구의 중력과 지구적 변화의 관계에 대한 중요한 데이터를 제공했다. 이 연구는 지구의 질량이 고르지 않게 분포되어 있다는 사실에 기초하여 수행되었다. 산, 바다, 깊은 해구는 서로 다른 질량을 가지고 있으며, 이것이 고르지 않은 중력장을 생성한다. Naranjo, L., "Matter in Motion: Earth's Changing Gravity", *NASA EarthData*, December 28, 2020, https://www.earthdata.nasa.gov/news/feature-articles/matter-motion-earths-changing-gravity.

61. 대기과학자 켄 타카하시[Ken Takahashi]가 설명하듯이 "식물과 동물은 먼

계통발생적 기원에도 불구하고 몇 가지 공통된 중력 감지 메커니즘을 공유하지만, 각 종은 중력을 감지하고 반응하는 고유한 메커니즘을 가지고 있다". Takahashi, K., Takahashi, H., Furuichi, T., et al., "Gravity sensing in plant and animal cells", *npj Microgravity*, 7, 2021.

62. 지구의 자기권은 우주선을 굴절시켜, 인간에게 해로운 건강상 결과(세포 내 DNA 손상 포함)를 초래하는 태양 복사로부터 생물학적 생명체를 보호한다.

63. 유엔 우주업무사무국(UNOOSA), 〈달과 기타 천체를 포함한 외기권 탐색과 이용에 있어서의 국가 활동을 규율하는 원칙에 관한 조약〉, 1967, www.unoosa.org/oosa/en/ourwork/spacelaw/treaties/introouterspacetreaty.html.

64. Ibid...

65. 우주비행사의 신체(구성)는 모든 인류를 포괄해야 하지만, 여전히 다양성이 결여되어 있다. Ferrando. F., "Why space migration must be posthuman", in J. Schwartz and T. Milligan(eds.), *The Ethics of Space Exploration*, Springer, 2016, pp. 137-152.

66. 유엔 우주업무사무국(UNOOSA), 〈달과 기타 천체를 포함한 외기권 탐색과 이용에 있어서의 국가 활동을 규율하는 원칙에 관한 조약〉, 1967, www.unoosa.org/oosa/en/ourwork/spacelaw/treaties/introouterspacetreaty.html.

67. 현재 '공학, 생물학, 물리학, 또는 수학 분야' 학사 학위는 우주비행사를 위한 필수 요건 중 하나이다. 우주에서 국가 단위를 넘어 평화를 유지하기 위해서는, 행성 문화, 인간 다양성, 생물다양성에 대한 광범위한 교육뿐만 아니라, 마음챙김과 중재적 명상 훈련 또한 요구되어야 한다.

68. 유엔 우주업무사무국(UNOOSA), 〈달과 기타 천체를 포함한 외기권 탐색과 이용에 있어서의 국가 활동을 규율하는 원칙에 관한 조약〉, 1967, www.unoosa.org/oosa/en/ourwork/spacelaw/treaties/introouterspacetreaty.html.

69. 지구상 모든 생명체뿐만 아니라 인체 질량의 대부분은 여섯 가지 원소로 구성되어 있으며, 이들은 원래 빅뱅 동안 형성되었다. 산소, 탄소, 수소, 질소, 칼슘, 인이 그것이다. 인체 원자의 약 18퍼센트는 탄소이다. 더 일반적으로 말해, 탄소는 유기 생명체의 화학적 척추이다. 예를 들어, DNA와 RNA 분자는 뉴클레오타이드라고 불리는 기본 구조 단위로 만들어지는데, 각각은 5탄당 척추(이 당은 디옥시리보스라고 불린다)를 포함한다. 'DNA'라는 용어는 디옥시리보핵산^{DeoxyRiboNucleic Acid}의 약어이다.

70. 옮긴이주. 생명과 지능은 반드시 탄소 기반일 것이라는 인간중심적 가정이다. 이는 비탄소적 생명이나 인공지능, 비유기적 존재 가능성을 배제하며, 생명과 행위성을 좁은 생물학적 기준에 가두는 관점을 비판적으로 가리킨다.

71. 현재, 박테리아 내 탄소-규소 결합 형성의 직접적인 진화를 통해 규소 기반 생명체의 가능성이 탐구되고 있다.

72. 1977년 서로 다른 달에 나사가 발사한 이 우주선들은 원래 목성과 토성을 방문하고 약 5년 동안 유지되도록 설계되었다. 하드웨어가 계속 작동했기 때문에 임무는 계속되었다. 2023년 기준, 그들은 여전히 귀중한 데이터를 지구로 전송하고 있다.

73. 우리 태양계에서 가장 가까운 항성계는 알파 센타우리^{Alpha Centauri}이다. 이것은 알파 센 A, B, C라고 불리는 세 개의 별을 포함한다. 이 항성계는 우리 태양계와의 유사성 때문에 외계 생명체를 위한 좋은 후보지로 여겨진다.

74. 우리 태양계 밖에서 다른 별의 궤도를 도는 행성들을 외행성이라고 부른다. 접두사 'exo-'는 '외부의' 그리고 '외적인'을 뜻하는 고대 그리스어(éxō)에서 유래했다.

75. Rivera, L. N., and Rivera Pagan, L., *A Violent Evangelism: The Political and Religious Conquest of the Americas*, Westminster/John Knox Press, 1992.

76. 아파치포인트천문대(미국 뉴멕시코주 선스폿 소재)에 위치한 광학

망원경을 사용한 슬론 디지털 스카이 서베이[Sloan Digital Sky Survey] IV에서 입증되었다. 이 조사에 참여한 스텐 하셀퀴스트[Sten Hasselquist] 교수는 다음과 같이 말했다. "사상 최초로 우리는 우리 은하 전체의 원소 분포를 연구할 수 있게 되었습니다. 우리가 측정하는 원소들에는 인체 질량의 97퍼센트를 구성하는 원소들이 포함되어 있습니다." Hasselquist, S., "The elements of life mapped across the Milky Way by SDSS/APOGEE", *Sloan Digital Sky Survey*, January 5, 2017, www.sdss.org/press-releases/the-elements-of-life-mapped-across-the-milky-way-by-sdssapogee/.

명상 6. 기술적 강화

1. 이 인용구는 르네 데카르트가 저술한 논문《방법서설》(1637)의 제4부('신과 영혼의 존재 증명')에서 처음 나온다.

2. 왕비가 말하듯이 "거울아, 거울아, 벽에 걸린 거울아, 이 세상에서 누가 가장 아름답니?"의 맥락에서 '가장 아름다운[fairest]'이라는 용어는 인종적, 인종차별적 함의에 기초한, 즉 '창백한[fair]' 안색이 바람직한 것으로 여겨졌던 구시대적 미의 관점을 반영한다는 점에 주목하라.

3. 이 용어는 '유기적[organic]'과 '무기적[inorganic]'—'살아 있는' 물질로 구성되지 (않은)—을 결합한 것이다.

4. 기술적 회로의 전환(예를 들어 화석 연료 차량에서 전기차 및 태양광 패널로의 전환 등)을 통해 기술이 기후 비상사태를 해결할 수 있다는 희망은 근본 원인이 아닌 증상만을 처리하는 것이다. 착취할 또 다른 재료를 찾는 것은 해결책이 아니다. 어떠한 형태의 착취이든 시공간의 민감한 결 속에서 비슷하게 반향을 일으킨다. 해결책은 마음 챙김의 삶의 방식을 구현하는 데 있다.

5. 즉, 논리-수학적 지능이다(이성의 한계에 대해서는 8장, #마음을 참조하라. 감성 지능, 개인 내적 지능 또는 생태 지능은 다른 유형의 지능 중에서도 부차적인 고려 사항으로 밀려나 있다. '지능'의 의미 그 자체가 각 시대의 감수성과 관련하여 끊임없이 변화하는 개념이다.

6. 이 시스템은 예를 들어 중국 항저우시 정부에서 채택하고 있다.

"항저우 시티 브레인^{Hangzhou City Brain} 시스템은 빅데이터, 클라우드 컴퓨팅, 인공지능 등 최첨단 기술을 활용하여 도시 관리를 개선하는 것을 목표로 한다." www.ehangzhou.gov.cn/2020-10/23/ c_275749.htm.

7. 옥스퍼드 사전에 따르면, 기술은 '실용적인 목적을 위한 과학적 지식의 적용'이다. 또한 '과학적 지식의 적용으로 개발된 기계 및 장비'로 정의되기도 한다(옥스퍼드 온라인 사전, 'Technology' 항목).

8. Heidegger. M., *The Question Concerning Technology and Other Essays*, trans. W. Lovitt, Harper Torchbooks, [1953]1977.

9. 이 용어는 '테크놀로지'라는 단어를 구성하는데, 문자 그대로는 '테크네^{techne}에 대한 담론'을 의미한다. 고대 그리스어 로고스^{logos}는 '단어'와 '이성'에서부터 '담론'과 '논쟁'에 이르기까지 여러 의미를 갖는다.

10. Heidegger. M., The Question Concerning Technology and Other Essays, trans. W. Lovitt, Harper Torchbooks, [1953]1977, p.12.

11. Ferrando, F., "Of posthuman born: gender, utopia and the posthuman", in C. Carbonell, M. Hauskeller and T. Philbeck(eds.), *Handbook on Posthumanism in Film and Television*, Palgrave Macmillan, 2015, pp. 269-278.

12. Eyal, N., *Hooked: How to Build Habit-Forming Products*, Penguin, 2014.

13. 서로 다른 분야의 사람들이 독립적으로 'i세대^{iGeneration}'라는 용어를 만들어 냈지만, '아이젠'이라는 단어는 더 구체적으로 진 트웬지의 저작과 관련이 있다. Twenge, J., *iGen: Why Today's Super-Connected Kids Are Growing up Less Rebellious, More Tolerant, Less Happy – and Completely Unprepared for Adulthood – and What That Means for the Rest of Us*, Atria Books, 2017.

14. 이 점을 언급해준 메리 로비^{Mary Roby}에게 감사를 표한다.

15. 그리스 신화에 따르면, 메두사는 머리카락 대신 살아 있는 독사를

가진 여성 괴물이었다. 그녀의 시선은 보는 사람을 돌로 변하게
만들었다.

16. Biggs, M., "Prophecy, self-fulfilling/self-defeating", in B. Kaldis(ed.), *Encyclopedia of Philosophy and the Social Sciences*, Sage 2013.

17. 신경과학 분야의 민간 부문(신경 기술 기기를 개발하는 기업들)은 전 세계적으로 확장되고 있는 분야다.

18. Cuthbertson, A., "Elon Musk claims AI will overtake humans "in less than five years"", *The Independent*, July 27, 2020.

19. Kringelbach, M. L., et al., "Translational principles of deep brain stimulation", *Nature Reviews Neuroscience*, 8, 2007, pp. 623-635.

20. 2022년 기준 동물 학대 혐의를 조사 중이다. 여기에는 이러한 실험으로 인한 동물의 죽음과 불필요한 고통, 생존한 동물에 대한 비인도적인 대우가 포함된다. 예를 들어, 두개골 내부에 마이크로칩을 이식한 채 비디오 게임을 하도록 의자에 묶인 원숭이 등이 있다. Levy, R., "Musk's Neuralink faces federal probe: employee backlash over animal tests", *Reuters*, December 6, 2022, www.reuters.com/technology/musks-neuralink-faces-federal-probe-employee-backlash-over-animal-tests-2022-12-05/.

21. 고대 그리스어 어원에서 '윤리[ethics]'는 '습관[habits]'을 의미한다 - 에토스[etos]는 '성격', '도덕', 그리고 '습관'과 '관습'을 의미한다.

22. Cuthbertson, A., "Elon Musk claims AI will overtake humans "in less than five years"", *The Independent*, July 27, 2020.

23. 윤리 철학자 아벨 와즈너먼 파즈[Abel Wajnerman Paz]에 따르면 "신경 데이터(ND)는 자신의 정신 상태(즉, 정신적 프라이버시)에 대한 통제권을 약화시키는 데 사용될 수 있는 특히 민감한 종류의 개인 정보이며, 따라서 다른 개인 정보보다 더 강력한 법적 보호가 필요하다." Wajnerman Paz, A., "Is your neural data part of your mind? Exploring the conceptual basis of mental privacy", *Minds & Machines*, 32, 2021, pp. 395-415.

24. Gasson, M., "Human enhancement: could you become infected with a computer virus?", in K. Michael(ed.), *Proceedings of the IEEE International Symposium on Technology and Society*, IEEE Computer Society Press, 2010, pp. 498-516.

25. 이 두 범주는 분리되어 있지 않다. 개슨이 말했듯이 "회복 장치로서 설계된 기술이 실제로는 수혜자에게 그것이 대체하도록 설계된 정상적인 인간의 능력을 능가하는 역량을 부여할 가능성도 배제할 수 없다". Ibid...

26. 이것은 그 사건에 대한 짧은 설명이다. "해커는 갑자기 멈추기 전에 다른 색상을 촉발하는 소리를 그에게 보냈다." Brethour, D., "Why are you sending me colours in my head? An interview with cyborg artist Neil Harbisson", *Head Stuff*, October 27, 2015, www.headstuff.org/topical/science/why-are-you-sending-me-colours-in-my-head-an-interview-with-cyborg-artist-neil-harbisson/.

27. Ibid...

28. 옥스퍼드 사전에 따르면, 데이터는 '참조 또는 분석을 위해 함께 수집된 사실 및 통계'로 정의될 수 있으며, 또한 '컴퓨터에 의해 수행되는 작업의 대상이 되는 수량, 문자 또는 기호로서, 전기 신호의 형태로 저장 및 전송되고 자기, 광학 또는 기계적 기록 매체에 기록되는 것'으로 정의된다 (옥스퍼드 온라인 사전, 'Data' 항목).

29. 이 틀 안에서, 데이터는 '세상에 대한 관찰이나 생각의 상징적 표현'이다.

30. Harari, Y., *Homo Deus: A Brief History of Tomorrow*, HarperCollins, 2017[유발 하라리, 《호모 데우스》, 김명주 옮김, 김영사, 2023].

31. 현재의 BCE(기원전)/CE(서기)를 대체하는 다른 시대 구분 체계들 중에서도 그렇다.

32. Naughton, J., ""The goal is to automate us": welcome to the age of surveillance capitalism", *The Guardian*, January 20, 2019.

33. 현재 인종차별적이고 성차별적인 편견이 다른 많은 편견과 함께

검색 엔진 결과와 알고리즘에 이미 내재되어 있다. 이 장, #알고리즘 운명론을 참조하라.

34. 옥스퍼드 사전은 디지털 원주민을 '디지털 기술 시대에 태어나거나 자라서 어린 시절부터 컴퓨터와 인터넷에 익숙한 사람'으로 정의한다(옥스퍼드 온라인 사전, 'Digital native' 항목).

35. 학자 대니얼 콜먼^{Danielle Coleman}이 표현했듯이, 이것은 "거대 기술 기업들이 데이터 소스에 명목상의 이익만 주고 이익과 시장 영향력을 위해 사용자 데이터를 추출, 분석 및 소유할 때" 발생한다. Coleman, D., "Digital colonialism: the 21st century scramble for Africa through the extraction and control of user data and the limitations of data protection laws", *Michigan Journal of Race and Law*, 24(2), 2019, pp. 417-439.

36. 이 주석에 대해 안젤로 마리노^{Angelo Marino}에게 감사를 표한다.

37. Naughton, J., "The god is to automate us":welcome to the age of surveilance capitalism, *The Guardian*, January 20, 2019.

38. 2018년 5월 기준, 포켓몬고의 월간 활성 사용자 수는 1억 4700만 명을 넘었다.

39. Naughton, J., "The godis to automate us":welcome to the age of surveilance capitalism, The Guardian, January 20, 2019.

40. 메리엄-웹스터 사전은 "마이크로타겟을 사람들에 대한 상세한 정보(웹사이트에서 무엇을 구매하고, 시청하고, 반응하는지 등)를 바탕으로 직접 맞춤형 광고, 정치적 메시지 등을 전달하는 것, 매우 구체적인 광고나 메시지를 위해 (소규모의 사람들을) 타겟팅하는 것"으로 정의한다. (메리엄-웹스터 온라인 사전, 'To microtarget'). 2022년 5월 현재, 옥스퍼드 사전에는 '마이크로타겟팅'에 대한 항목이 없다.

41. 2018년, 케임브리지애널리티카^{Cambridge Analytica}(도널드 트럼프의 정치 전략가 스티브 배넌이 고용한 정치 컨설팅 회사)가 약 8700만 명의 페이스북 사용자 개인 정보에 접근하기 위해 돈을 지불했다는 사실이 알려졌다. 이 데이터는 2016년 선거 운동 기간 동안 미국 유권자들을

타겟팅하는 데 사용되었고, 그 결과 트럼프가 미국의 제45대 대통령으로 당선되었다. 힐러리 클린턴은 일반 투표에서 승리했다. 트럼프 임기 첫 7개월 동안, 배넌은 백악관 수석 전략가로 재직했다. Granville, K., "Facebook and Cambridge Analytica: what you need to know as fallout widens", *New York Times*, March 19, 2018.

42. 규제는 금세 구식이 된다. 느리게 진행되는 법률 시스템이 현재 기술의 가속화된 발전과 그 경제적 파급 효과를 따라잡기는 어렵다. 예를 들어, 2018년부터 유엔에서 시행되고 있는 일반 데이터 보호 규정은 시민들에게 자신의 개인 데이터에 대한 통제권을 부여하는 것을 목표로 한다. 이는 데이터 인식에 있어 중요한 발전이지만, 여전히 지속적으로 업데이트되어야 한다.

43. 이는 다큐멘터리 〈빅 데이터 강도^{The Big Data Robbery}〉 (VPRO, 2020)와 감시 자본주의의 시대에 대한 주석을 참조한 것이다. Zuboff, S., *The Age of Surveillance Capitalism: The Fight for a Human Future at the New Frontier of Power*, Profile Books, 2019[쇼샤나 주보프, 《감시 자본주의 시대》, 김보영 옮김, 문학사상, 2021].

44. 확언하듯이 "기계학습 기술의 급속한 발전으로 인하여 대규모 감시가 더 큰 규모로 적용되고 점점 더 많은 개인 데이터를 활용할 수 있게 되었다. Verhelst, H. M., Stannat, A. W., and Mecacci, G., "Machine learning against terrorism: how Big Data collection and analysis influences the privacy-security dilemma", *Science and Engineering Ethics*, 26, 2020, pp. 2975-2984.

45. Garcia, M., "Racist in the machine: the disturbing implications of algorithmic bias", 33(4), 2016, pp. 111-117. *World Policy Journal*, 33(4), 2016; Noble, S. U., *Algorithms of Oppression: How Search Engines Reinforce Racism*, New York University Press, 2018.

46. 안면인식 기술의 사례는 2023년 기준 미국 하원에서 조사가 진행 중이다. 규제 접근 방식은 주마다 크게 다르며, 여기에는 일시적 중단과 금지가 포함된다.

47. Buolamwini, J., "Gender shades: intersectional accuracy disparities in commercial gender classification", *Proceedings of Machine Learning Research*, 81, 2018, pp. 1-15.

48. Najibi, A., "Racial discrimination in face recognition technology", *Harvard University, Science in the News*, October 24, 2020.

49. 계보학적으로 기술의 역사는 연금술 및 마법과 관련이 있다. 다음을 참조하라. Principe, L. M., *The Philosophy of Mulla Sadra Shirazi*, University of Chicago Press, 2012.

50. Benjamin, R., *Race after Technology: Abolitionist Tools for the New Jim Code*, Polity, 2019.

51. 반다나 시바는 생명공학 분야의 환원주의적 접근과 관련하여 '마음의 단일 경작'이라는 용어를 사용한다. 여기서 이 개념은 디지털 영역으로 확장된다. Shiva, V., *Monocultures of the Mind: Perspectives on Biodiversity and Biotechnology*, Zed Books, 1993.

52. 우주생물학자 제이콥 하크-미스라[Jacob Haqq-Misra]는 깊은 이타주의의 개념을 "먼 미래의 타인의 안녕을 위해 정보적 가치를 사심 없이 추구하는 것"으로 정의한다. Haqq-Misra, J., "Can deep altruism sustain space settlement?", in K. Szocik(ed.), *The Human Factor in a Mission to Mars: An Interdisciplinary Approach*, Springer, 2019, pp. 145-155.

53. 다음을 참조하라. LaGrandeur K., *Androids and Intelligent Networks in Early Modern Literature and Culture*, Routledge, 2013.

54. 대부분의 가상 비서(알렉사, 시리 등)는 기본적으로 여성의 목소리를 가지고 있다.

55. 우리는 이 개념을 인간중심적이고 생기론적인 전제 밖에서, 객체 지향 존재론의 장 내에서 얻은 관련성과 중요성 안에서 사용하고 있다. Harman, G., *Object-Oriented Ontology: A New Theory of Everything*, Penguin, 2018.

56. 존재하기는 실존적 존엄성을 부여받을 유일한 전제조건이며, 이는 비인간 존엄성과 생명 존엄성 등 존엄성의 구체적인 형태들을 포괄한다.

57. 한 달 후인 2017년 11월, 소피아는 유엔에 의해 아시아 태평양 지역 혁신 챔피언으로 지명된 최초의 비인간 존재가 되었다.

58. 2016년 핸슨로보틱스^{Hanson Robotics}에 의해 개발되었다.

59. 다음을 참조하라. Wootson Jr. Cleve R., "Saudi Arabia, which denies women equal rights, makes a robot a citizen", *The Washington Post*, October 29, 2017.

60. 깨달음은 필연적으로 존재의 모든 측면을 숙고한다. 일단 의도가 생기면, 깨달음의 과정은 어떤 수준에서는 이미 일어난 것이다. 일부 불교 전통에 따르면 "첫 번째 생각이나 보리^{bodhi} 즉 깨어남에 대한 열망이 일어나는 순간, 완전하고 완벽한 깨달음은 이미 달성된 것이다". Wright, D. S., *What is Buddhist Enlightenment?*, Oxford University Press, 2016. 깨달음의 역학에 대해서는 '결론, 포스트휴먼 만트라'를 참조하라.

61. 우주선과 같은 우주 기술들은 보통 태양계 어딘가에 버려진다.

62. 전설에 따르면, 고타마 싯다르타는 기원전 6세기 또는 5세기경 인도 아대륙에 살았다. 귀족 가문에서 태어난 그는 자기 자신에 대한 앎을 얻기 위해 바깥 세상을 알려고 궁전을 떠났고, 결국 깨달음을 얻었다. 붓다는 '깨어난 자'를 의미하는 존칭이다.

63. 예를 들어, 화성 탐사에서 로봇 탐사선(로버)은 인간 우주비행사보다 앞서 왔다. 우주 기술에 대해서는 5장, #우주 이주 참조.

64. 예를 들어, 코발트는 휴대폰, 노트북 컴퓨터, 태블릿, 전기차 등에 전력을 공급하는 리튬 이온 배터리에 사용되는 금속이다. 현재 전 세계 코발트 공급량의 3분의 2가 콩고민주공화국 남동부 지역에서 채굴된다. 이 중 대부분은 환경 오염, 구조적 빈곤, 인권 침해의 역학을 통해 글로벌 공급망으로 들어온다. Van Brusselen, D., Kayembe-Kitenge, T., Mbuyi-Musanzayi, S., Lubala Kasole, T., Kabamba Ngombe, L., Musa Obadia, P., Kyanika wa Mukoma, D., Van Herck, K., Avonts, D., Devriendt, K., Smolders, E., Banza Lubaba Nkulu, C., and Nemery, B., "Metal mining and birth defects: a case-control study in Lubumbashi, Democratic Republic of the Congo", *Lancet Planetary Health*, 4(4), 2020, pp.

e158-e167.

65. 종종 기술은 인간에게 고유한 것으로 인식되지만, 기술은 인간을 훨씬 넘어선다. 새 둥지, 우드와이드웹, 비버 댐은 기술적 현현의 명백한 예시들이다. 4장 참조.

66. 이것은 심각한 문제인데, 지금부터 수십 년 후를 고려해볼 때 현재 사용 중인 태양광 패널의 대부분은 구식이 되어 교체가 필요하게 될 것이다.

67. 예를 들어, 습한 지역에서는 물의 전기분해를 통한 수소 생산으로 친환경 자가 충전의 가능성을 탐구할 수 있다. 이러한 유형의 재생 에너지는 대기 중에 오염 물질을 배출하지 않기 때문에 일반적으로 청정하다고 볼 수 있다.

68. 옮긴이주. 인간 활동이 지구 국지적 차원을 넘어, 기후·지질·생태 시스템 전반에서 상호 증폭되는 행성 규모의 영향으로 나타나는 현상을 뜻한다. 이는 변화가 단순한 누적이 아니라, 얽힌 관계 속에서 가속·확대되는 과정임을 강조한다.

69. Cyborg Foundation, "Cyborg Foundation: Design Yourself", *YouTube*, 2016, https://youtube/Vo95354RQ40.

70. 공상과학 영화 〈다운사이징〉(2017)도 비슷한 맥락에서 전개된다.

71. Sorgner, S., *We Have Always Been Cyborgs: Digital Data, Gene Technologies, and an Ethics of Transhumanism*, Bristol University Press, 2021.

72. Bostrom, N., "Are you living in a computer simulation?", *Philosophical Quarterly*, 53, 2003, pp. 243-255.

73. 신과 여신들이 도전이 없는 환경에서 지나칠 만큼 오래 살게 되면, 자신을 남보다 낫다고 생각하게 되어 자신이 진정 누구인지를 망각할 수 있다(불교에는 자아가 없다는 점을 8장, #주체들에서 설명한다). 카르마(업보) 때문에 그들은 죽은 뒤 생명의 수레바퀴 안에서 불리한 차원에 다시 태어나게 될지도 모른다. Wright, D. S., *What is Buddhist Enlightenment?*, Oxford University Press, 2016.

74. 이 문맥에서 '동기부여제^motivator'라는 용어는 '모터^motor'와 'TIVA'를 포함한 다양한 기표를 내포한다. 의학 용어에서 TIVA는 '전정맥 마취^total intravenous anesthesia'의 약자로, 정맥 주사제만 사용하여 마취를 유도하고 유지하는 것을 의미한다.

75. 두려움과 환상에서 나온 기술적 구원은 다음과 같은 인간중심적 허세로 요약될 수 있다. "우리 마음대로 하자. 기술이 엉망진창이 된 상태를 고쳐줄 것이다."

명상 7. 사회문화적 행위성

1. 보조 생식 기술^assisted reproductive technologies을 사용하더라도 최소 두 사람의 생식세포는 여전히 필요하며, 의료 인프라를 지원하는 사회적 조건 등도 함께 요구된다.

2. 산소는 바다에서 광범위한 미생물에 의해 식물성 플랑크톤의 광합성을 통해 생산되며, 육지에서는 광합성을 통해 식물에 의해 생성된다.

3. 이 용어들은 마르틴 하이데거의 존재에 대한 접근 방식에서 영감을 받았다.

4. '사회'라는 용어는 라틴어 'societas'에서 유래했으며, '동료애', '결사', '동맹', '연합', '공동체'를 의미하고, 이는 다시 socius/a/um에서 파생되어 '동반자', '동맹'을 뜻한다(온라인 어원 사전: 'Social' 항목).

5. Serres, M, *The Natural Contract*, trans. E. MacArtur and W. Paulson, University of Michigan Press, [1990]1995.

6. 자연의 권리 운동은 유사한 관점을 지지한다. 4장, #자연의 권리를 참조하라.

7. 이 장에서 대명사 '우리'는 구체적으로 우리의 사회적, 집단적, 다원적 체현을 가리키며, 여기서 하나와 여럿은 필연적으로 상호-존재한다.

8. 유엔, 〈세계 인권 선언〉, www.un.org/en/about-us/universal-declaration-of-human-rights.

9. 이 인터뷰는 1992년 '옥스퍼드 앰네스티 강의 시리즈'에서 진행되었다.

10. Derrida, J., and Montefiore, A., ""Talking liberties": Jacques Derrida's interview with Alan Montefiore", in G. J. J. Biesta and D. Egéa-Kuehne(eds.), *Derrida & Education*, Routledge, [1992]2001, pp. 176-185.

11. 유엔, 〈세계 인권 선언〉, www.un.org/en/about-us/universal-declarationof-human-rights.

12. 이러한 실존적 이해는 신비적 체험과 조화를 이룬다. 영적 지도자 미라 알파사[Mirra Alfassa]의 말에 따르면 "나는 어떤 국가에도, 어떤 문명에도, 어떤 사회에도, 어떤 인종에도 속하지 않으며, 오직 신성에 속한다". Kishore, K., *The Life and Times of Sri Aurobindo Ghosh*, Probhat Books, 2008. 1968년, '어머니'로도 알려진 알파사는 인도 땅에 있지만 특정 국가가 아닌 인류 전체에 속하는 실험 도시 오로빌[Auroville]을 설립했다. 포스트휴먼 정치학과 영성의 통합 가능성에 대해서는 8장을 참조하라.

13. 존재의 사회적 흐름 속에서, 인간 대 인간의 상호작용에서 발견되는 불균형은 현대 인간과 생태 및 기술의 현재 관계를 반영한다. 인류세의 생태적 고통과, 기술을 어떻게든 분리된 것으로 인식하는 기술-매혹적 방식은 인간의 다양성을 절대적 타자성으로 바라보고, 착취하고 이용하려는 접근 방식을 반영한다. 이에 대한 자세한 내용은 4장과 6장을 참조하라.

14. Williams, D. R., "Stress and the mental health of populations of color: advancing our understanding of race-related stressors", *Journal of Health and Social Behavior*, 59(4), 2018, pp. 466-485.

15. Brownmiller, S., *Against Our Will: Men, Women and Rape*, Simon & Schuster, 1975[수전 브라운밀러, 《우리의 의지에 반하여》, 박소영 옮김, 오월의봄, 2018].

16. 옥스퍼드 사전은 '질병[disease]'이라는 용어를 "인간, 동물 또는 식물에

있어서 특히 특정 징후나 증상을 빚어내거나 특정 위치에 영향을 미치는 구조나 기능의 장애로, 단순히 신체적 부상의 직접적인 결과가 아닌 것", 또한 "사람이나 집단에 불리한 영향을 미치는 것으로 간주되는 특정 성질, 습관 또는 성향"으로 설명한다(옥스퍼드 온라인 사전, 'Disease' 항목).

17. 호세 베르톨로테[José Bertolote]가 말하듯이 "정신건강 상태에 대한 언급은 20세기 훨씬 이전에 영어에서 찾아볼 수 있지만, 분야나 학문으로서의 정신건강에 대한 기술적 언급은 1946년이 되어서야 나타난다". Bertolote J., "The roots of the concept of mental health", *World Psychiatry*, 7(2), 2008, pp. 113-116, https://doi.org/10.1002/j.2051-5545.2008.tb00172.x.

18. 노동과 역할의 전문화로 인해, 인간 사회는 부분적으로 초유기체로 간주될 수 있다. 4장을 참조하라.

19. 온라인 의학 백과사전, '전신' 항목.

20. 다음을 참조하시오. Guth, A. H., and Steinhardt, P. J., "The inflationary universe", *Scientific American*, 250(5), 1984, pp. 90-102; Linde, A., "The self-reproducing inflationary universe", *Scientific American*, 271(5), 1994, pp. 48-55.

21. Linde, A., "Eternally existing self-reproducing chaotic inflationary universe", *Physics Letters B*, 175(4), 1986, pp. 395-400.

22. 이러한 과학적 이론들에 따르면, 우리의 빅뱅은 많은 빅뱅들 중 하나일 뿐일 수 있다. 분리된 우주들이 '거품 우주들'의 무한한 무작위적 형성에서 시공간의 거품으로 튀어나올 수도 있었다. 여기에 대해 더 보려면 5장을 보라.

23. 이 책에서 의식은 종 수준에서 공유되는 상태를 말한다. 지각은 종의 관계가 특별한 관련성을 갖지 않는, 더 넓고 모든 것을 아우르는 지각으로 볼 수 있다. 8장을 보라.

24. 자동적 습관은 이 차원에서 나타나는 전제조건 역할을 하는 본능적 행동과 혼동되어서는 안 된다. 예를 들어, 우리의 심장은 자동적인

반복이 아니라 생물학적 드러남의 필수적이고 포이에시스적인
역동성으로 고동친다.

25. 최근 연구에 따르면, 새로운 행동이 자동화되는 데는 평균 66일이
걸린다. Lally, P., et al., "How are habits formed: modelling habit
formation in the real world", *European Journal of Social Psychology*, 40(6),
2009, pp. 998-1009.

26. '자동적[automatic]'은 '자동화된[automated]'이나 '기계적인[mechanic]'과
동의어가 아니다. 인간은 주의를 유지하면서도 자동적으로 행동할 수
있는 반면, 기계는 인간의 이해를 넘어서는 수준이 되더라도 그렇게 할
수 없다. 6장을 보라.

27. 인도의 비이원론 철학인 아드바이타[Advaita]의 힌두 성자 스리
니사르가다타 마하라지는 인간을 다음과 같이 묘사한다. "전적으로
유전과 사회의 피조물인 인간은 기억에 의해 살고 습관에 의해
행동한다. 자신에 대해서는 무지하다." Maharaj, S. N., *I Am That: Talks
with Sri Nisargadatta Maharaj*, M. Frydman(trans.), Acorn Press, 1973.

28. 과거의 지혜는 도움이 될 수 있지만 완전히 계몽적일 수는 없다.
그것은 다른 시대의 양식을 통해 나타나기 때문이다. 바로 그 때문에
우리의 지각에 더 이상 맞지 않는 차별적인 용어들을 여전히 담고 있을
수 있다.

29. 고대 중국의 철학자 공자는 의례와 의식이 지역사회를 하나로 묶을
뿐만 아니라 개인과 공동체의 수양을 향한 변혁적인 역할을 수행하는
소중하고 소중한 사회적 접착제로서 기능한다는 것을 깨달았다.

30. 주요 증거는 터키 아나톨리아의 신석기 시대 고고학 유적지인
괴베클리테페[Göbekli Tepe]에서 나온다. 약 1만 2000년 전의 것으로
추정되는 이곳은 세계 최초의 신전(또는 신전 단지)으로 간주된다.
역사학자 베타니 휴즈[Bettany Hughes]가 말했듯, "인간이 정착하기
시작하면서 조직화된 종교가 시작되었다고 생각했다. (⋯) 하지만
괴베클리테페의 증거는 정확히 그 반대를 시사하는 것 같다. 사회가
종교를 만드는 것이 아니라, 종교가 인간 사회 그 자체를 형성하고

있다". Hughes, B., "Divine Women" [documentary series], *BBC*, 2012.

31. Aurobindo, S., *The Future Revolution of Man: The Divine Life upon Earth*, ed. P.B. Saint-Hilaire, Lotus Press, 1963, p.85.

32. 온라인 어원 사전은 '정체성'을 "동일함, 하나임, 같은 존재 상태"로 정의하며, 이는 프랑스어 'identité'에서 유래했고, 궁극적으로 '동일함'을 뜻하는 중세 라틴어 'identitas'에서 왔으며, 이는 다시 '똑같은'을 뜻하는 고전 라틴어 'idem'에서 유래했다.

33. 이 용어가 꼭 지그문트 프로이트[Sigmund Freud]가 발전시킨 정신분석학적 '이드' 개념에 의존하는 것은 아니다.

34. '아이-덴티티'가 아니라 '이-덴티티'로 읽어야 한다.

35. 옥스퍼드 사전은 '지식'을 "경험이나 교육을 통해 얻은 사실, 정보 및 기술, 즉 어떤 주제에 대한 이론적 또는 실제적 이해"로 정의하며, 또한 "어떤 사실이나 상황을 경험함으로써 얻은 인식이나 친숙함"으로 정의한다 (옥스퍼드 온라인 사전, 'Knowledge' 항목).

36. 환생과 윤회를 고찰하는 철학적, 종교적 전통(힌두교, 불교, 오르페우스교 등)은 죽음을 궁극적이고 고립된 것이 아니라 반복적이고 연속적인 것으로 본다.

37. 예를 들어, 수렵 채집 문화는 역사적으로 집단적 스토리텔링을 분배와 전승의 기술로 이용해왔다.

38. Marx, K., "Theses on Feuerbach", in L. S. Feur(ed.), *Basic Writings on Politics and Philosophy*, Anchor Books, 1888.

39. 이에 대한 자세한 내용은 탈식민지 사상가 실비아 윈터[Sylvia Wynter], 특히 다음을 참조하라. Wynter, S., "Unsettling the coloniality of being/power/truth/freedom: towards the human, after man, its overrepresentation - an argument", *New Centennial Review*, 3(3), 2003, pp. 257-337; McKittrick, K.(ed.), *Sylvia Wynter: On Being Human as Praxis*, Duke University Press, 2015.

40. 이 책의 원문에서는 철학자 콰메 앤서니 아피아[Kwame Anthony Appiah]의 성찰에 따라 '흑인'과 '백인' 모두 대문자로 표기하지 않았다.

"흑인과 백인은 모두 역사적으로 만들어진 인종적 정체성이다. 한쪽에 어떤 규칙을 적용하든 다른 쪽에도 적용해야 한다." 한 용어만 대문자로 표기하는 것은 다른 용어의 대문자화를 초래할 것이며, 이는 이 용어들이 전달할 수 있는 우월주의와 인종 억압의 뒤얽힌 체계를 고착화할 수 있다. Appiah, K. A., "The case for capitalizing the B in Black", *The Atlantic*, June 18, 2020.

41. King, R., *Mindful of Race: Transforming Racism from the Inside Out*, Sounds True, 2018.

42. 아메리카 대륙에서 흑인과 원주민의 체계적인 비인간화에 대한 사회정치적 반응뿐만 아니라 인식론적 반응이 다른 관점, 즉 포스트휴먼 및 트랜스휴먼 궤적에서 인간 존재의 다른 방식을 나타낼 가능성으로 이어질 수 있음을 주목해야 한다. Butler, P., *Black Transhuman Liberation Theology*, Bloomsbury, 2019. 티파니 레타보 킹[Tiffany Lethabo King]은 다음과 같이 서술한다. "만약 흑인 및 원주민 연구의 주된 관심사가 인간-으로서의-남성을 가능하게 만드는 구조와 정렬을 심문하고 파괴하는 것이라 해도, 흑인과 원주민이 반드시 현재 존재하는 인간의 공간이나 정체성을 점유하려 하지는 않는다. 예를 들어, '흑인의 생명도 소중하다[BLM]' 운동이 인간이라는 범주에 흡수되기를 요청하는 것이라면, BLM 버전의 인간은 아직 존재하지 않는 것이다." King, T. L., "Humans involved: lurking in the lines of posthumanist flight", *Critical Ethnic Studies*, 3(1), 2017, pp. 162-185.

43. 사생활 보호를 위해 이름은 바꾸었으나, 에피소드는 그대로이다.

44. Hanh, Thich Nat, *Creating True Peace: Ending Violence in Yourself, Your Family, Your community, and the world*, Atria, 2004.

45. Horgan, J., *The End of War*, McSweeney, 2012.

46. 전쟁이 자연스러운 것이라는 생각은 때때로 침팬지가 '본질적으로' 폭력적이라는 식의 다른 영장류의 사례를 통해 제시된다. Wilson, M. L., et al., "Lethal aggression in Pan is better explained by adaptive strategies than human impacts", *Nature*, 513, 2014, pp. 414-417. 이것은 정확하지

않다. 보노보는 인간과 같은 양의 DNA를 공유하지만 평화롭고 영토 전쟁을 벌이지 않는다. 게다가 침팬지 역시 다른 존재들과 마찬가지로 진화의 역사 속에서 주변의 변화에 영향을 받고 영향을 끼친다. 인간의 경우와 마찬가지로 전쟁은 최근에 획득된 특성일 수 있다. 2장, #영장류, 침팬지, 보노보를 보라.

47. 어원적으로 '교육'은 라틴어 동사 'educere'에서 유래했으며, 이는 '이끌어내다, 앞으로 인도하다'를 의미한다. 이 동사는 접두사 'ex-'(밖으로)와 'ducere'(인도하다)가 결합하여 만들어졌다. 이는 자기 지식의 경로에서 무언가를 이끌어내는 것으로 볼 수 있다. 또한 누군가를 무언가로부터 이끌어내는 것으로도 볼 수 있는데, 이런 의미에서 아이들을 어린 시절로부터 이끌어내는 것으로 해석되기도 한다. 그러나 지혜의 관점에서 볼 때, 존재에 대한 근원적인 경외감과 호기심이 특징인 아동기의 단계는 깨달음의 최종 상태이기도 하다. 요점은 이를 흐리게 만드는 것이 아니다.

48. 옥스퍼드 온라인 사전, 'Education' 항목.

49. 고대 그리스에서 여가는 일반적으로 자유민의 영역으로 간주되었다는 점에 주목해야 한다. 노예와 여성 등은 일하지 않아도 되는 사치와 특권을 부여받지 못했다.

50. 로마의 스토아 철학자 세네카^{Lucius Annaeus Seneca}가 '오티움(여가)'의 필요성을 설명하며 말했다. "나는 여가 시간에 무엇을 하고 있는가? 나의 상처를 치유하고 있다." 이에 대한 자세한 내용은 다음을 참조하라. Kalimtzis, K., *An Inquiry into the Philosophical Concept of Scholê: Leisure as a Political End*, Bloomsbury Academic, 2017.

51. Rury, J. L., and Tamura, E. H.(eds.), *The Oxford Handbook of the History of Education*, Oxford University Press, 2019.

52. 이는 생성형 인공지능의 발전으로 변할 수 있다. 챗GPT나 달리와 같은 애플리케이션을 생각해 보라.

53. Mann, J., et al., "Getting out of the classroom and into nature: a systematic review of nature-specific outdoor learning on school children's learning and development", *Frontiers in Public Health*, 10, 2022, https://doi.org/10.3389/fpubh.2022.877058.

54. Gray, P., *Free to Learn: Why Unleashing the Instinct to Play Will Make Our Children Happier, More Self-Reliant, and Better Students for Life*, Basic Books, 2013.

55. 이 주제는 훨씬 더 깊은 성찰이 필요하다. 여기서는 일반적인 입력 사항과 고려 사항만 제공할 것이다.

56. 마셜 매클루언^{Marshall McLuhan}의 말을 빌리자면, "매체가 곧 메시지다". 포스트휴먼 방법론에 대해서는 다음을 보라. Ferrando, F., "Towards a posthumanist methodology: a statement", *Frame*, 25(1), 2012, pp. 9-18.

57. 생태적 붕괴 직전에 처한 우리의 '현대' 사회는 지구에 대한 원주민들의 인식으로부터 큰 교훈을 얻을 수 있다. 4장을 보라.

58. 포스트휴먼 교육은 학교 교육과 탈학교 교육 기법을 모두 아우르는 다양한 교육적 가능성에 열려 있다.

59. 발도르프 교육 시스템은 슈타이너의 교육 철학에 기초하고 영감을 받았다.

60. Steiner, R, *How to Know Higher Worlds*, Anthroposophic Press, [1904]1994.

61. Lorde, A. "The master's tools will never dismantle the master's house", in *Sister Outsider: Essays and Speechers*, Crossing Press, [1984]2017, pp. 110-114.

62. 이 개념을 이해하려면 다음을 보라. Ferrando. F., *Philosophical Posthumanism*, Bloomsbury, 2019.

63. 수메르의 장수 문명(기원전 약 4500~1900년)은 고대 메소포타미아에서 아카드제국보다 앞섰다.

64. 이 고대 신화는 이 시대의 수많은 여성 조각상들이 보여주듯, 구석기 시대와 신석기 시대의 수천 년에 걸친 모계적 상징성을 반영한다.

65. 예외 상황은 대개 여성이 양육 역할로 본질화되는 '자애로운 어머니'라는 고정관념에 의존한다.

66. 내 딸은 다섯 살 때까지 자신을 지칭할 때 '그들they'이라는 대명사를 사용했다. 현재 여섯 살인 딸은 대명사 '그녀she'를 쓰고 있다. '이드-객체'는 맥락적 입력과 출력에 따라 끊임없이 변화하고 변이하는 과정이다.

67. 우리는 이러한 물건들을 제공해준 대가족의 사랑과 관대함에 감사를 표하고 싶다. 진심으로 감사한다. 이것은 개인적인 비판이 아니라 문화적 관습과 기대에 대한 비판이다.

68. 옮긴이주. 행위와 관계, 몸과 정동이 사회적 규범·담론·제도에 의해 의미와 가치로 해석되고 조직되는 과정을 뜻한다. 이는 사회가 개인의 경험을 자연스럽게 주어지는 것이 아니라, 특정한 방식으로 읽히고 작동하도록 형성한다는 점을 드러낸다.

69. 사생활 보호를 위해 이름은 바꾸었으나, 에피소드는 그대로이다.

70. 철학자 프리드리히 니체가《차라투스트라는 이렇게 말했다》에서 설명했듯이 사자는 정신의 변용에서 반항의 단계를 나타내는데, 그들은 자신의 자유를 지키느라 너무 바빠서 창조할 수 없다. 8장, #포스트휴먼 원형들을 보라.

71. 얼 워런Earl Warren 대법원장이 말했듯이, "우리는 공교육 분야에서 '분리되어 있되 평등하다'는 교리가 설 자리가 없다고 결론짓는다. 분리된 교육 시설은 본질적으로 불평등하다". 전체 텍스트는 미국 법원 웹사이트(www.uscourts.gov)에서 확인 가능하다.

72. 전체 텍스트는 케이스텍스트 웹사이트 (casetext.com)의 'peltier-v-charter-day-schs' 사례에서 확인 가능하다.

73. 여성에게 어떤 일이 발생하면 종종 여성의 탓으로 돌려진다. 다음은 젠더 폭력을 반복하고 정상화하는 비인간적인 진술들 중 일부이다. "그녀는 그런 곳에 가지 말았어야 했다", "그녀는 (이런저런) 옷을 입고 있었다", "그녀는 밤늦게 밖에 나오지 말았어야 했다", "그녀는 혼자 있었다" 등등.

74. 예를 들어, 일부 관할 구역에서 부부 강간은 아직 범죄로 간주되지 않는다. 세계보건기구WHO는 다음과 같이 밝히고 있다. "여성에 대한

통제와 불평등을 지지하는 구조적 요인의 제거를 전제로, 남성성과 여성성에 대한 위계적 구성을 해체하는 것이 파트너 간 폭력 및 성폭력 예방에 중요한 기여를 할 것이다."

75. 과학철학자 캐런 바라드가 말했듯이, "행위성은 내부 작용의 문제이다. 그것은 행위이지, 누군가 혹은 무언가가 소유한 것이 아니다. 행위성은 내부 작용 속에서의 '행함' 혹은 '존재함'이다". Barad, K., *Meeting the Universe Halfway: Quantum Physics and the Entanglement of Matter and Meaning*, Duke University Press, 2007.

76. 비의식적 행위성의 의미를 이해하려면 다음을 보라. Hayles, K., *Unthought: The Power of the Cognitive Nonconscious*, University of Chicago Press, 2017.

77. 온라인 어원 사전, 'Agency' 항목

78. 고대 철학자들은 일반적으로 관조$^{vita\ contemplativa}$를 활동$^{vita\ activa}$보다 우월한 것으로 인정했을 것이다. 존재하기의 이분법적인 방식에서 이러한 선호가 여전히 나올 수 있으며, 이는 자아실현에 도움이 되지 않을 수 있다. 다음을 참조할 것. Arendt, H., *The Human Condition*, University of Chicago Press, 1958.

79. 2022년 기준.

80. 여기서 이 용어는 생물-물리적, 사회-문화적, 디지털, 기술적 등 다중적이고 교차적인 유형의 체현을 의미한다.

81. 분산된 행위성은 여러 현현 방식 중에서도 조정되거나, 조정되지 않거나, 그리고/또는 우연적일 수 있다.

82. 인간중심주의, 생물중심주의, 기술중심주의, 성차별주의, 인종차별주의, 민족중심주의, 비장애인 중심주의, 연령 차별주의, 엘리트주의 등 다양한 형태가 가능하다.

명상 8. 존재론적 현존

1. Monier-Williams, N., A *Sanskrit–English Dictionary: Etymologically and*

Philologically Arranged with Special Reference to Cognate Indo-European Languages, Oxford University Press, [1899]1960. 'Sat' 항목.

2. Ibid.., 'Chit' 항목.

3. Ibid.., 'Ananda' 항목

4. 여기서는 "특정 예술가나 예술 운동의 작품을 뒷받침하고 안내하는 일련의 원칙"을 뜻한다 (옥스퍼드 온라인 사전, 'Aesthetic' 항목).

5. 예를 들어, (나중에 이름 붙여진) '죽음의 다리'는 체르노빌 원자력 발전소 사고가 일어난 밤에 우크라이나 마을 프리피야티(구소련)의 일부 주민들이 노출될 위험을 모르고 서서, 전리된 공기가 용해되면서 발생한 매혹적인 전기의 청색 빛을 바라보던 다리였다. 이 사건을 허구적으로 재구성한 TV시리즈 <체르노빌>(HBO, 2019)에서, 관련된 건강상의 위험을 인지하지 못한 등장인물 중 한 명은 "아름답다"라고 말한다.

6. Maharaj, S.N., *I Am That: Talks with Sri Nisargadatta Maharaj*, trans. M. Frydman, Acorn Press, 1973, p.15.

7. 옥스퍼드 사전은 '원형'을 "특정 인물이나 사물의 매우 전형적인 예시, 또한 모방의 대상이 되어온 독창적인 것, 문학, 예술 또는 신화에서 반복되는 상징이나 모티프"로 정의한다(옥스퍼드 온라인 사전, 'Archetype' 항목)

8. Nietzsche, F.W., *Thus Spoke Zarathustra*, trans. A. Del Caro, Cambridge University Press, [1883-5]2006, p.139.

9. 이 분류는 실제적인 범주화라기보다는 역사적 참조로 접근해야 한다. 푸코는 자신의 작업을 정의하기 위해 이 용어를 사용하지 않았다는 점에 유의할 필요가 있다.

10. Foucalut, M., *Discipline and Punish: The Birth of the Prison*, trans. A. Sheridan, Random House, [1975]1995, p.26[미셸 푸코, 《감시와 처벌》, 오생근 옮김, 나남출판, 2020].

11. 이 민담은 1837년 덴마크 작가 한스 크리스티안 안데르센[Hans Christian Andersen]이 출간했다.

12. 철학자 로베르토 마르케시니[Roberto Marchesini]가 말했듯이 "삶은

연속적인 창의성이다. 모든 살아 있는 존재는 필연적으로 창의적이어야 한다. 실재가 매번 독특한 방식으로 그들에게 닥쳐오기 때문에, 문제에 직면하고 새로운 해결책을 발명해야만 한다". Ferrando, F., and Marchesini, R., "Biocentrismo: Francesca Ferrando intervista Roberto Marchesini, episode 3", *YouTube*, 2018, youtube.com/watch?v=m-3GI1D0QIM.

13. 이것은 존재에 필수적인 것이 아닌, 존재론적 허무주의로 귀결되지 않는다. 이 장의 #비-존재를 참조할 것.

14. Consciousness Hacking, "What is Consciousness Hacking?", *YouTube*, 2015, https://www.youtube.com/watch?v=sc_nlW2367 Q&t=82s.

15. Ibid...

16. www.cohack.org/about/ 참조.

17. Aurobindo, S. *The Life Divine*, Sri Aurobindo Ashram Press, [1939-40]1990.

18. 오로빈도는 다음과 같이 기술한다. "의식의 변화는 다음 진화적 전환의 주요 특징이며, 의식은 자체적인 돌연변이에 의해 몸에 필요한 모든 돌연변이를 일으키고 실행할 것이다." Aurobindo, S., *The Future Evolution of Man: The Divine Life upon Earth*, P. B. Saint-Hilaire(ed.), Lotus Press, [1963]1974.

19. 그의 말에 따르면 "인간 마음의 정점은 지각을 넘어서 있으므로, 초월적 마음의 움직임은 일반적인 인간의 정신적 개념을 넘어선다". Ibid.., p.77. 니체의 초인과 유사하게, 초월적 마음은 인간중심적 용어인 위계적·과정적 복합체,즉 동물적 지각, 인간의 정신적 개념, 초월적 마음의 움직임으로 제시된다.

20. 연결된 용어인 '심신'에 대한 고찰은 4장, #체화를 참조할 것.

21. 예를 들어, 상좌부 불교의 위빳사나^{Vipassana} 수행은 자아에 대한 초연한 관찰과 세계에 대한 관찰, 즉 관^觀에 기초한다. 위빳사나 스승인 사탸 나라얀 고엔카^{Satya Narayana Goenka} 가 설명하듯이, 위빳사나 과정은

마음의 '조건화를 해제'함으로써, 마음에 무언가를 '부과하는 것'의 반대 역할을 하며, 참여적 수준에서 포스트휴먼의 의도적인 정리 수행과 공명한다. Hart, W., *The Art of Living: Vipassana Meditation*, Harper & Row, 1987.

22. 인간 몸의 피부는 가장 표면적인 기관이지만, 동시에 가장 큰 기관이기도 하다.

23. 이러한 구체적인 선택은 아리스토텔레스의 저작으로 거슬러 올라갈 수 있는데, 그는 인간을 로고스(즉 말과 언어, 또한 이성)를 통해 정의했다. "동물 중에서 인간만이 언어^{logos}를 소유한다." Aristotle, *Politics*, H. Rackham(trans.), Harvard University Press, 1944, www.perseus.tufts.edu/hopper/text?doc=Perseus:abo:tlg,0086,035:1:1253a [아리스토텔리스, 《아리스토텔레스 정치학》, 김재홍 옮김, 그린비, 2023].

24. 역사적으로 이러한 제한된 이해는 소수의 인간들을 위한 정치적, 과학적 서사로서 시대를 가로질러 인간의 삶을 포함한 다양한 형태의 삶을 착취하고 가치를 폄하하게 만들었다. 예를 들어, 대부분의 인간은 교육 및 기타 기본적인 인권을 허락받지 못했는데, 이는 그들이 '비이성적'이고 덜 '지능적'이라고 여겨졌기 때문이다. 성차별주의, 인종차별주의, 비장애인 중심주의, 계급주의, 카스트주의, 식민주의 등의 교차하는 역사들이 이를 증명한다.

25. 인간은 생물학적 진화 과정에서 특히 발달된 거대해진 뇌를 가진 동물이다. 2장, #과학적으로, 인간을 참조할 것.

26. 포스트휴먼 관점주의에 대해서는 다음을 참조할 것. Ferrando, F. *Philosophical Posthumanism*, Bloomsbury, 2019.

27. 범심론은 다양한 형태로 나타나며, 여러 시대와 문화에 걸쳐 존재해왔다. 여기서는 20세기와 21세기에 부활한 범심론의 현대적 역사와 그에 대한 관심을 보다 명확하게 언급하고자 한다.

28. 인간이라는 범주 또한 위계적으로 구성되어 있다. 어떤 인간은 다른 인간보다 더 '인간적'인 것으로 간주된다. 인간 우월주의와 비인간

우월주의는 공동으로 출현하며, 한 유형의 차별은 필연적으로 다른 유형을 뒷받침한다.

29. 어원적으로 '프시케'라는 용어는 "생기를 불어넣는 정신, 인간의 영혼 또는 마음"으로 정의된다 (온라인 어원 사전: 표제어 'Psyche'). 이 단어는 라틴어 'psyche'에서 유래했으며, "영혼, 마음, 정신; 생명, 한 사람의 삶, 보이지 않는 생기를 불어넣는 원리 또는 신체를 점유하고 지시하는 실체; 이해, 마음(사고의 자리), 이성의 능력"을 뜻하는 그리스어 'ψυχή'에 뿌리를 두고 있다. '프시케', '마음', '이성'의 개념은 본질적으로 연관되어 있으며 의미론적으로 인간에게 빚을 지고 있다.

29. 심리철학자 데이비드 찰머스[David Chalmers]는 다음과 같이 말한다. "우리는 범심론을 일부 근본적인 물리적 실체들이 정신적 상태를 가진다는 논제로 이해할 수 있다. 예를 들어 쿼크나 광자가 정신적 상태를 가진다면, 설령 바위나 숫자가 정신적 상태를 가지고 있지 않더라도 범심론이 참임을 입증하기에 충분하다." Chalmers, D. J., "Panpsychism and Panprotopsychism", *Amherst Lecture in Philosophy*, 8, 2013, www.amherstlecture.org/chalmers2013/chalmers2013_ALP.pdf.

31. Viveiros de Castro, "Exchanging perspectives: the transformation of objects into subjects in Amerindian ontologies", *Common Knowledge*, 10(3), 2004, p.468.

32. 이러한 유형의 관점주의는 다문화주의가 아닌 다자연주의이다. 마리나 반졸리니[Marina Vanzolini]와 페드로 세사리노[Pedro Cesarino]가 설명하듯 "이러한 존재론적 전환은 다자연주의(유사한 인간 및 문화적 조건을 전제하는 서로 다른 신체적 상태)와 다문화주의(서로 다른 문화적 관점에 의해 간주되는 동일하고 공통된 자연 또는 현실) 사이의 대조로 응축된다. 다자연주의는 관계주의(이것이 관점주의이다)를 수반하는 반면, 다문화주의는 상대주의(관점주의로 오인되어서는 안 된다)를 수반한다". Vanzolini, M., and Cesarino, P., "Perspectivism," *Oxford Bibliographies in Anthropology*, 2014, https://www.oxfordbibliographies.com/display/document/obo-

9780199766567/obo-9780199766567-0083.xml.

33. Viveiros de Castro, Cosmological deixis and Amerindian perspectivism, *Journal of the Royal Anthropological Institute*, 4(3), 1998, p.477.

34. 인간중심적 신화는 서로 다른 뉘앙스를 가지고 다양한 시대, 문화, 문명에서 발견될 수 있으며, 단순히 동화될 수 없는 이질적인 가치 체계와 관련되어 있다.

35. 다음을 참조하라. Gade, C. B. N., *A Discourse on African Philosophy: A New Perspective on Ubuntu and Transitional Justice in South Africa*, Lexington Books, 2017.

36. 이러한 존재의 통일성은 수피 신비주의자 이븐 알아라비[Ibn Al 'Arabi]의 와흐닷 알-우주드[Wahadat-al-Wujud] 철학에 표현되어 있다. 이 교리에 대한 이해는 다음을 참조하라. Ibn Al 'Arabī, *The Bezels of Wisdom*, R. W. J. Austin(trans.), Paulist Press, [c. 1229]1992.

37. Rumi, *The Essential Rumi*, trans. C. Barks, HarperCollins, 1995.

38. 접두사 'ex-'는 '밖으로'를 의미하며, 동사 'sistere'는 '서다', '나타나다'를 의미한다.

39. 스리 니사르가다타 마하라지는 다음과 같이 추가로 설명한다. "우주 전체[mahadakash]는 오직 의식[chidakash] 속에만 존재하지만, 나는 절대자[paramakash] 안에 자리 잡고 있다. 나 없이는 비존재조차 생각할 수 없다." Maharaj, S. N., *I Am That: Talks with Sri Nisargadatta Maharaj*, M. Frydman(trans.), Acorn Press, 1973.

40. Anandamayi Ma, *The Essential Sri Anandamayi Ma: Life and Teaching of a 20th Century Indian Saint*, ed. J. Fitzgerald, World Wisdom, 2007.

41 옥스퍼드 온라인 사전, 'To unravel' 항목.

42. 꿈속에서 그들이 주로 백인이고 남성이었다는 점은 주목할 가치가 있을 것이다.

43. 이러한 관점에서, 우리가 자신을 타인과 완전히 분리된 개인으로 인식하는 깨어 있는 상태는 실제적인 환상으로 볼 수 있다. 모든 것이

완전한 시적 잠재력 속에서 한꺼번에 일어날 수 있는 꿈의 액체적 실재가 존재의 실제 구조로서 펼쳐진다.

44. 이 용어는 절대적 실재를 지칭한다: 대지를 (통해 그리고 대지 안에서) (재)생성하는 시작과 끝. Isaacs, J., *Australian Dreaming: 40,000 Years of Aboriginal History*, Lansdowne Press, 1980.

45. 다음을 참조하라. Banerji, D., and Ferrando, F., "Posthuman spirituality", in G. Hamilton and C. Lau(eds), *Mapping the Posthuman*, Routledge, 2023.

46. 예를 들어, 물라 사드라[Mulla Sadra]로도 알려진 사드르 앗딘 무함마드 쉬라지는 지성의 명료함을 초월적인 신비주의적 경험과 성공적으로 통합한 페르시아의 신비주의자이자 철학자였다. 학자 파즐루르 라만[Fazlur Rahman]이 사드라의 작업을 설명하기 위해 이렇게 말했다. "신비적 진리는 본질적으로 지적 진리이며 신비적 경험은 인지적 경험이다. 하지만 이 지적 진리와 인지적 내용이 완전히 실현되려면 '체험되어야' 한다. 만약 그것들이 이성적인 명제로만 지적으로 받아들여진다면, 본질적인 성격을 잃게 된다." Rahman, F., *The Philosophy of Mulla Sadra Shirazi*, State University of New York Press, 1975.

47. 이 인용문은 논란의 여지가 있다.

48. 예를 들어, 선불교에 따르면 깨달음은 직접적인 경험을 통해, 그리고 이미 깨달은 상태에 있다는 사실을 실현함으로써 달성된다(Wright 2016 등을 참조).

49. 생물권과 기술권은 분리해서 이해할 수 없으며, 이 용어는 그것들을 결합한다.

결론. 포스트휴먼 만트라

1. 'art(기술)'는 숙련된 작업을 의미하는 라틴어 'ars'에서 유래한 명사로, 높은 수준의 기술적 능력, 즉 techne를 요구하는 활동이다. 6장, #포이에시스와 8장, #일부/기술을 참조하라.

2. 이것은 'ads(광고)' 및 'diction(언어 선택/발음)'과 연관된 'addiction(중독)'이라는 단어를 이용한 언어유희이다.

3. 실천이자 연습으로서의 포스트휴머니즘 분야는 확장 중이다. Daigle C., and Hayler, M.(eds.), *Posthumanism in Practice*, Bloomsbury Academic, 2023.

4. 이 용어는 지역적 특수성과 글로벌 특수성의 공동 출현 속에서 21세기의 상황을 반영하는 것으로 받아들여진다.

5. 본질주의적 환원의 예로는 생물중심주의, 기술중심주의, 종차별주의, 성차별주의, 인종차별주의, 비장애인 중심주의 등이 있다.

6. 이 철자의 사용에 대해서는 7장, #이드-객체를 참조하라.

7. 이 문맥에서 '계몽된'이라는 용어가 반드시 힌두교나 불교 전통 등에서 명상하는 영적 자아실현 상태를 의미하는 것은 아니다. 이는 더 정확하게는 산업혁명의 부상과 함께 발전한 문화적 패러다임을 나타내며, 계보적으로 유럽 계몽주의와 관련이 있고, 지난 3세기 동안 행성적 규모로 진화하고 변이해왔다. 일반적으로, 이러한 인간 개념은 인류 전체를 포괄하지 않는다.

8. Ferrando, F., "The party of the Anthropocene: posthumanism, environmentalism and the post-anthropocentric paradigm shift", *Relations Beyond Anthropocentrism*, 4(2), 2016, pp. 159~173.

참고문헌

Abourezk, K., "Archway event marks Pawnee tribe", *Native Times*, March 30, 200.

Absolon, K., "Indigenous wholistic theory: a knowledge set for practice", *First Peoples Child & Family Review*, 14(1), 2019, pp. 22-42.

Akhtar, A., "The flaws and human harms of animal experimentation", *Cambridge Quarterly of Healthcare Ethics*, 24(4), 2015, pp. 407-419.

Alaimo, S., *Bodily Natures: Science, Environment, and the Material Self*, Indiana University Press, 2010.

Alberts, B., et al., *Molecular Biology of the Cell*(4th edn), Garland Science 2002.

Aldeia, J., and Alves, F., "Against the environment: problems in society/ nature relations", *Frontiers in Sociology*, 4, 2019, p. 29.

Anandamayi Ma, *The Essential Sri Anandamayi Ma: Life and Teaching of a 20th Century Indian Saint*, J. Fitzgerald(ed.), World Wisdom, 2007.

Appiah, K. A., "The case for capitalizing the B in Black", *The Atlantic*, June 18, 2020.

Arendt, H., *The Human Condition*, University of Chicago Press, 1958.

Aristotle, *Politics*, H. Rackham(trans.), Harvard University Press, 1944, www.perseus.tufts.edu/hopper/text?doc=Perseus:abo:tlg,0086 ,035:1:1253a[아리스토텔리스, 《아리스토텔레스 정치학》, 김재홍 옮김, 그린비, 2023].

Aurobindo, S., *The Future Evolution of Man: The Divine Life upon Earth*, P. B. Saint-Hilaire(ed.), Lotus Press, [1963]1974.

————, *The Life Divine*, Sri Aurobindo Ashram Press, [1939-1940]1990.

Ayyangar, T. R. S., *The Yoga Upanishads*, Adyar, 1938.

Baedke, J., Fábregas-Tejeda, A., and Nieves Delgado, A., "The holobiont concept before Margulis", *Journal of Experimental Zoology B: Molecular and Developmental Evolution*, 334(3), 2020, pp. 149-155.

Banerji, D., and Ferrando, F., "Posthuman spirituality", in G. Hamilton and C. Lau(eds), *Mapping the Posthuman*, Routledge, 2023.

Barad, K., *Meeting the Universe Halfway: Quantum Physics and the Entanglement of Matter and Meaning*, Duke University Press, 2007.

Baudrimont, A., et al., "Multiplexed gene control reveals rapid mRNA turnover", *Science Advances*, 3(7), 2017.

BBC News, "Bacteria in mouse gut affect development and behaviour", February 1, 2011, www.bbc.com/news/science-environment-12306431.

Beekman, M., and Oldroyd, B. P., "Different bees, different needs – how nest-site requirements have shaped the decision-making processes in homeless honeybees (Apis spp.)", *Philosophical Transactions of the Royal Society B*, 373(1746), 2018.

Benjamin, R., *Race after Technology: Abolitionist Tools for the New Jim Code*, Polity, 2019.

Bennett, J., *Vibrant Matter: A Political Ecology of Things. Durham*, Duke University Press, 2010.

Berg, G., Rybakova, D., Fischer, D., et al., "Microbiome definition re-visited: old concepts and new challenges", *Microbiome*, 8, 2020, pp. 1-22.

Bertolote J., "The roots of the concept of mental health", *World Psychiatry*, 7(2), 2008, pp. 113-116, https://doi.org/10.1002/j.2051-5545.2008.tb00172.x.

Betts, H. C., et al., "Integrated genomic and fossil evidence illuminates life's early evolution and eukaryote origin", *Nature, Ecology & Evolution*, 2, 2018, pp. 1556-1562.

Bẹwaji, J. A. I., "Yorùbá values and the environment", *Yoruba Studies Review*, 3(1), 2018, pp. 229-249.

Biggs, M., "Prophecy, self-fulfilling/self-defeating", in B. Kaldis(ed.), *Encyclopedia of Philosophy and the Social Sciences*, Sage 2013.

Bingen, H. von, *Scivias*, B. Hozeski(trans.), Bear, [1151/1152]1986.

Blanton, M. R., et al., "Sloan Digital Sky Survey IV: mapping the Milky Way, nearby galaxies, and the distant universe", *Astronomical Journal*, 154(1), 2017.

Bloomer, K., "[The Greeks] called it KOSMOS, which means ornament", *Approaching Religion*, 6(2), 2016, pp. 44-54.

Bostrom, N., "Are you living in a computer simulation?", *Philosophical Quarterly*, 53, 2003, pp. 243-255.

―――, *Superintelligence: Paths, Dangers, Strategies*, Oxford University Press, 2014.

Braidotti, R., "Preface: in excess of Anthropocentrism", in F. Ferrando, *Philosophical Posthumanism*, Bloomsbury, 2019, pp. xiv-xvi.

―――, *Posthuman Knowledge*, Polity, 2019.

Bretagnolle, A., Pumain, D., and Rozenblat, C., "Space-time contraction and the dynamics of urban systems", *Cybergeo: European Journal of Geography*, document 61, 1998, http://journals.openedition.org/cybergeo/373.

Brethour, D., "Why are you sending me colours in my head? An interview with cyborg artist Neil Harbisson", *Head Stuff*, October 27, 2015, www.headstuff.org/topical/science/why-are-you-sending-me-colours-in-my-head-an-interview-with-cyborg-artist-neil-harbisson/.

Brownmiller, S., *Against Our Will: Men, Women and Rape*, Simon & Schuster, 1975. [수전 브라운밀러, 《우리의 의지에 반하여》, 박소영 옮김, 오월의봄, 2018]

"Buck v. Bell", *United States Supreme Court*, no. 292, argued April 22, 1927, decided May 2, 1927, 274 U.S. 200, 201, https://supreme.justia.com/cases/federal/us/274/200/.

Buolamwini, J., "Gender shades: intersectional accuracy disparities in commercial gender classification", *Proceedings of Machine Learning Research*, 81, 2018, pp. 1-15.

Butler, P., "Making enhancement equitable: a racial analysis of the term "human animal" and the inclusion of black bodies in human enhancement", *Journal of Posthuman Studies*, 2(1), 2018, pp. 106-121.

──────, *Black Transhuman Liberation Theology*, Bloomsbury, 2019.

Caperton Morton, M., "Redefining Homo: does our family tree need more branches?, Earth: The Science behind the Headlines, August 16, 2016, www.earthmagazine.org/article/redefining-homo-does-our-family-tree-need-more-branches/.

Cavarero, A., *Inclinations: A Critique of Rectitude*, A. Sitze and A. Minervini(trans), Stanford University Press, 2016.

Chakrabarty, D., "The planet: an emergent humanist category", *Critical Inquiry*, 46(1), 2019, pp. 1-31.

Chalmers, D. J., "Panpsychism and Panprotopsychism", *Amherst Lecture in Philosophy*, 8, 2013, www.amherstlecture.org/chalmers2013/chalmers2013_ALP.pdf.

Clarke, B., "Planetary immunity: biopolitics, Gaia theory, the holobiont, and the systems counterculture", in E. Hörl and J. Burton(eds), *General Ecology: The New Ecological Paradigm*, Bloomsbury Academic, 2017.

Clayton, S., Manning, C. M., Krygsman, K., and Speiser, M., *Mental Health and Our Changing Climate: Impacts, Implications, and Guidance*, American Psychological Association and ecoAmerica, 2017.

Coleman, D., "Digital colonialism: the 21st century scramble for Africa through the extraction and control of user data and the limitations of data protection laws", *Michigan Journal of Race and Law*, 24(2), 2019, pp. 417-439.

Coole, D., and Frost, S., *New Materialisms: Ontology, Agency and Politics*, Duke University Press, 2010.

Cooper, M., *Life as Surplus: Biotecnology & Capitalism in the Neoliberal Era*, University of Washington Press, 2008.

Crutzen, P. J., and Stoermer, E. F., "The "Anthropocene"", *Global Change Newsletter*, 41, 2000, pp. 17-18.

Cuthbertson, A., "Elon Musk claims AI will overtake humans "in less than five years"", *The Independent*, July 27, 2020.

Cyborg Foundation, "Cyborg Foundation: Design Yourself", *YouTube*, 2016, https://youtu.be/Vo95354RQ40.

Daigle C., and Hayler, M.(eds.), *Posthumanism in Practice*, Bloomsbury Academic, 2023.

Darwin, C., *On the Various Contrivances by Which British and Foreign Orchids Are Fertilised by Insects, and On the Good Effects of Intercrossin*, John Murray, 1862.

Data, "Data," in *The Grammar of Graphics: Statistics and Computing*, Springer, 2005, ch. 3; https://doi.org/10.1007/0-387-28695-0_3.

de Grey, A., *Ending Aging: The Rejuvenation Breakthroughs that Could Reverse Human Aging in our Lifetime*, St Martin's Press, 2007.

De Seville, Isidore, T*he Etymologies of Isidore of Seville*, S. A. Barney, W. J. Lewis, J. A. Beach, and O. Berghof(trans.), Cambridge University Press, [c. 600-625]2010.

Deleuze, G., and Guattari, F., *A Thousand Plateaus: Capitalism and Schizophrenia*, B. Massumi(trans.), Continuum, [1980]1987[질 들뢰즈·펠릭스 가타리, 《천 개의 고원》, 김재인 옮김, 새물결, 2001].

Derrida, J., and Montefiore, A., ""Talking liberties": Jacques Derrida's interview with Alan Montefiore", in G. J. J. Biesta and D. Egéa-Kuehne(eds.), Derrida & Education, Routledge, [1992]2001, pp. 176-185.

Dion, D., Sabri, O., and Guillard, V., "Home sweet messy home: managing symbolic pollution", *Journal of Consumer Research*, 41(3), 2014, pp. 565-589.

Douglas, M., *Purity and Danger: An Analysis of Concepts of Pollution and Taboo*, Routledge & Kegan Paul, [1966]2002[메리 더글러스,

《순수와 위험》, 유제분·이훈상 옮김, 현대미학사, 1997(절판)].

Dubois, M., and Guaspare, C., "From cellular memory to the memory of trauma: social epigenetics and its public circulation", *Social Science Information*, 59(1), 2020, pp. 144-183.

Einstein, A., *The Foundation of the General Theory of Relativity*, W. Parret and G. B. Jeffrey(trans.), in Einstein et al., *The Principle of Relativity: A Collection of Original Memoirs on the Special and General Theory of Relativity*, Dover, [1915]1952, pp. 109-164.

Eyal, N., *Hooked: How to Build Habit-Forming Products*, Penguin, 2014.

Ferrando, F., "Towards a posthumanist methodology: a statement", *Frame*, 25(1), 2012, pp. 9-18.

Ferrando, F., "Of posthuman born: gender, utopia and the posthuman", in C. Carbonell, M. Hauskeller and T. Philbeck(eds.), *Handbook on Posthumanism in Film and Television*, Palgrave Macmillan, 2015, pp. 269-278.

―――, "Why space migration must be posthuman", in J. Schwartz and T. Milligan(eds.), *The Ethics of Space Exploration*, Springer, 2016, pp. 137-152.

―――, "The party of the Anthropocene: posthumanism, environmentalism and the post-anthropocentric paradigm shift", *Relations Beyond Anthropocentrism*, 4(2), 2016, pp. 159-173.

―――, *Philosophical Posthumanism*, Bloomsbury, 2019[프란체스카 페란도, 《철학적 포스트휴머니즘》, 이지선 옮김, 아카넷, 2021].

―――, "Are we becoming God(s)? Transhumanism, posthumanism, antihumanism and the divine", in A. M. Gouw, B. P. Green, and T. Peters(eds.), *Religious Transhumanism and its Critics*, Lexington Books, 2022, pp. 31-50.

―――, "Who is afraid of artificial intelligence? A posthumanist take on the AI takeover scenario", in F. P. Grunert(ed.), *HumaniTies and Artificial Intelligence*, European Commission, 2022, pp. 85-90.

———, "To be or not to be enhanced? Just ask the Moon - in posthuman terms", in F. Jotterand and M. Ienca(eds.), *The Routledge Handbook of the Ethics of Human Enhancement*, Routledge, 2023, pp. 30–44.

Ferrando, F., and Marchesini, R., "Biocentrismo: Francesca Ferrando intervista Roberto Marchesini, episode 3", *YouTube*, 2018, youtube.com/watch?v=m-3GI1D0QlM.

Ferrando, F., and More, M., "Transhumanism", *YouTube*, 2013, https://youtube/7Sr1kcogOoE.

Fiedler, L., *Freaks: Myths and Images of the Secret Self*, Simon & Schuster, 1978.

Foucault, M., *The Order of Things: An Archaeology of the Human Sciences*, A. Sheridan(trans.), Random House, [1966]1970[미셸 푸코, 《말과 사물》, 이규현 옮김, 민음사, 2012].

———, *Discipline and Punish: The Birth of the Prison*, A. Sheridan(trans.), Random House, [1975]1995[미셸 푸코, 《감시와 처벌》, 오생근 옮김, 나남출판, 2020].

Gade, C. B. N., *A Discourse on African Philosophy: A New Perspective on Ubuntu and Transitional Justice in South Africa*, Lexington Books, 2017.

Gallagher, J., "More than half your body is not human", *BBC News*, April 10, 2018, www.bbc.co.uk/news/health-43674270.

Gallello, G., et al., "Poisoning histories in the Italian Renaissance: the case of Pico della Mirandola and Angelo Poliziano", *Journal of Forensic and Legal Medicine*, 56, 2018, pp. 83–89.

Garcia, M., "Racist in the machine: the disturbing implications of algorithmic bias", *World Policy Journal*, 33(4), 2016, pp. 111–117.

Gasson, M., "Human enhancement: could you become infected with a computer virus?", in K. Michael(ed.), *Proceedings of the IEEE International Symposium on Technology and Society*, IEEE Computer Society Press, 2010, pp. 498–516.

Geddis, A., and Ruru, J., "Places as persons: creating a new framework for Māori–Crown relations", in J. Varuhas and S. Wilson Stark(eds.), *The Frontiers of Public Law*, Bloomsbury, 2020, pp. 255–274.

Gerbault, P., Liebert, A., Itan, Y., Powell, A., Currat, M., Burger, J., Swallow, D. M., and Thomas, M. G., "Evolution of lactase persistence: an example of human niche construction", *Philosophical Transactions of the Royal Society*, 366, 2011, pp. 863–877.

Getman, K. A., "Sexual control in the slaveholding South: the implementation and maintenance of a racial caste system", *Harvard Women's Law Journal*, 7, 1984, p. 115.

Gimbutas, M., *The Language of the Goddess*, Harper & Row, 1989.

Glansdorff, N., Xu, Y., and Labedan, B., "The last universal common ancestor: emergence, constitution and genetic legacy of an elusive forerunner", *Biology Direct*, 9(3), 2008, p. 29.

Gleiser, M., "Looking for answers beyond the cosmic horizon", *NPR News*, September 26, 2012, www.wbur.org/npr/161720648/ looking-for-answers-eyond-the-cosmic-horizon.

Goeckeritz, I., Crimmel, H., and Berros, M. V., "Rights of Nature: A Global Movement" [documentary], *YouTube*, 2018, www.youtube.com/ watch?v=kuFNmH7IVTA.

Gould, S. J., *Wonderful Life*, W. W. Norton, 1989.

Granville, K., "Facebook and Cambridge Analytica: what you need to know as fallout widens", *New York Times*, March 19, 2018.

Gray, P., *Free to Learn: Why Unleashing the Instinct to Play Will Make Our Children Happier, More Self-Reliant, and Better Students for Life*, Basic Books, 2013.

Guth, A. H., and Steinhardt, P. J., "The inflationary universe", *Scientific American*, 250(5), 1984, pp. 90–102.

Haff, P. K., "Technology as a geological phenomenon: implications for human well-being", in C. N. Waters et al.(eds.), A Stratigraphical

Basis for the Anthropocene, Geological Society, 2013, pp. 301-309.

Hanh, Thich Nhat, *Creating True Peace: Ending Violence in Yourself, Your Family, Your Community, and the World*, Atria, 2004.

―――, *Calming the Fearful Mind: A Zen Response to Terrorism*, Parallax Press, 2005.

―――, *Zen and the Art of Saving the Planet*, HarperOne, 2021.

Haqq-Misra, J., "Can deep altruism sustain space settlement?", in K. Szocik(ed.), *The Human Factor in a Mission to Mars: An Interdisciplinary Approach*, Springer, 2019, pp. 145-155.

Harari, Y., *Homo Deus: A Brief History of Tomorrow*, HarperCollins, 2017 [유발 하라리, 《호모 데우스》, 김명주 옮김, 김영사, 2023].

Haraway, D., *Primate Visions: Gender, Race, and Nature in the World of Modern Science*, Routledge, 1990.

―――, *The Companion Species*, Prickly Paradigm Press, 2003.

―――, *Staying with the Trouble: Making Kin in the Chthulucene*, Duke University Press, 2016[도나 해러웨이, 《트러블과 함께하기》, 최유미 옮김, 마농지, 2021].

Harman, G., *Object-Oriented Ontology: A New Theory of Everything*, Penguin, 2018.

Hart, W., *The Art of Living: Vipassana Meditation*, Harper & Row, 1987.

Hasselquist, S., "The elements of life mapped across the Milky Way by SDSS/APOGEE", *Sloan Digital Sky Survey*, January 5, 2017, www.sdss.org/press-releases/the-elements-of-life-mapped-across-the-milky-way-by-sdssapogee/.

Hayden, B., and Villeneuve, S., "Astronomy in the Upper Paleolithic?", *Cambridge Archaeological Journal*, 21(3), 2011, pp. 331-355.

Hayles, K., *Unthought: The Power of the Cognitive Nonconscious*, University of Chicago Press, 2017.

Hazen, R. M., "How old is Earth, and how do we know?", *Evolution: Education and Outreach*, 3, 2010, pp. 198-205.

Hegner, I. von, "Evolutionary processes transpiring in the stages of lithopanspermia", *Acta Biotheoretica*, 69(4), 2021, pp. 783-798.

Heidegger, M., *The Question Concerning Technology and Other Essays*, W. Lovitt(trans.), Harper Torchbooks, [1953]1977.

———, "Letter on "Humanism"" in W. McNeil(ed. and trans.), *Pathmarks*, Cambridge University Press, [1947]1998.

———, *Being and Time*, J. Macquarrie and E. Robinson(trans.), Harper & Row, [1927]2011[마르틴 하이데거, 《존재와 시간》, 이기상 옮김, 까치, 2025].

Horgan, J., *The End of War*, McSweeney, 2012.

Hughes, B., "Divine Women"[documentary series], *BBC*, 2012.

Humboldt, A. von, *Cosmos: A Sketch of a Physical Description of the Universe*(Vol. 1), Harper, 1860.

Ibn Al 'Arabī, *The Bezels of Wisdom*, R. W. J. Austin(trans.), Paulist Press, [c. 1229]1992.

Iorns Magallanes, C., "Nature as an ancestor: two examples of legal personality for nature in New Zealand", *VertigO: la revue électronique en sciences de l'environnement*, no. 22, 2015, pp. 1-19.

Isaacs, J., *Australian Dreaming: 40,000 Years of Aboriginal History*, Lansdowne Press, 1980.

Jonas, H., *The Imperative of Responsibility: In Search of an Ethics for the Technological Age*, University of Chicago Press, [1979]1984.

Kakaie, G., "Know yourself, according to Qur'an and Sunnah: Ibn Arabi's view", *Philosophical-Theological Research*, 9(1), 2006.

Kalimtzis, K., *An Inquiry into the Philosophical Concept of Scholê: Leisure as a Political End*, Bloomsbury Academic, 2017.

Kan, S. B., Lewis, R. D., Chen, K., and Arnold, F. H., "Directed evolution of cytochrome c for carbon-silicon bond formation: bringing silicon to life", *Science*, 354(6315), 2016, pp. 1048-1051.

Keeling, P., and Palmer, J., "Horizontal gene transfer in eukaryotic evolution", *Nature Reviews Genetics*, 9, 2008, pp. 605-618.

Ketcham, C., *Emergence of the flower and honeybee mutualism and flower and honeybee ontology and morphology, in Flowers and Honeybees*, Brill, 2020, pp. 44-71.

Kimbel, W. H., and Villmoare, B., "From Australopithecus to Homo: the transition that wasn't", *Philosophical Transactions of the Royal Society B*, 371, 2016.

King, K. L., "The Gospel of Mary with the Greek Gospel of Mary", in Marvin W. Meyer(ed.), *The Nag Hammadi Scriptures*, HarperOne, 2007, pp. 737-747.

King, R., *Mindful of Race: Transforming Racism from the Inside Out*, Sounds True, 2018.

King, T. L., "Humans involved: lurking in the lines of posthumanist flight", *Critical Ethnic Studies*, 3(1), 2017, pp. 162-185.

Kishore, K., *The Life and Times of Sri Aurobindo Ghosh*, Probhat Books, 2008.

Klepeis, N., Nelson, W., Ott, W., et al., "The National Human Activity Pattern Survey (NHAPS): a resource for assessing exposure to environmental pollutants", *Journal of Exposure Science & Environmental Epidemiology*, 11, 2001, pp. 231-252.

Kragh, H., "Naming the Big Bang", *Historical Studies in the Natural Sciences*, 44(1), 2014, pp. 3-36.

Kringelbach, M. L., et al., "Translational principles of deep brain stimulation", *Nature Reviews Neuroscience*, 8, 2007, pp. 623-635.

Krishnamurti, J., *The Meditative Mind: A Selection of Passages from the Teachings of J. Krishnamurti*, Motilal Banarsidass, 2012.

LaDuke, W., "Winona LaDuke on Redemption", *YouTube*, 2011, www.youtube.com/watch?v=TfD5WaHMO4E.

Lally, P., et al., "How are habits formed: modelling habit formation in the real world", *European Journal of Social Psychology*, 40(6), 2009, pp.

998-1009.

Landrigan, P. J., et al., "Human health and ocean pollution", *Annals of Global Health*, 86(1), 2020, pp. 1-64.

Lao Tzu, *Tao Te Ching*, S. Mitchell(trans.), Frances Lincoln, [6th century BCE]1999.

Latouche, S., *Farewell to Growth*, Polity, 2010.

Latour, B., *We Have Never Been Modern*, C. Porter(trans.), Harvard University Press, [1991]1993[브뤼노 라투르, 《우리는 결코 근대인이었던 적이 없다》, 홍철기 옮김, 갈무리, 2009].

Lavers, J. L., et al., "Entrapment in plastic debris endangers hermit crabs", *Journal of Hazardous Materials*, 387, 2020.

Leslie, H. A., van Velzen, M. J. M., Brandsma, S. H., Vethaak, A. D., Garcia-Vallejo, J. J., and Lamoree, M. H., "Discovery and quantification of plastic particle pollution in human blood", *Environment International*, 163, 2022.

Lester, J. P., Allen, D. W., and Hill, K. M., *Environmental Injustice in the United States*, Westview Press, 2001.

Levy, R., "Musk's Neuralink faces federal probe: employee backlash over animal tests", *Reuters*, December 6, 2022, www.reuters.com/technology/musks-neuralink-faces-federal-probe-employee-backlash-over-animal-tests-2022-12-05/.

Linde, A., "Eternally existing self-reproducing chaotic inflationary universe", *Physics Letters B*, 175(4), 1986, pp. 395-400.

———, "The self-reproducing inflationary universe", *Scientific American*, 271(5), 1994, pp. 48-55.

Liu, R., et al., "Homozygous defect in HIV-1 coreceptor accounts for resistance of some multiply-exposed individuals to HIV-1 infection", *Cell*, 86(3), 1996, pp. 367-377.

Lopez, Barry Holstun, *Arctic Dreams: Imagination and Desire in a Northern Landscape*, Scribner, 1986.

Lorde, A., "The master's tools will never dismantle the master's house", in *Sister Outsider: Essays and Speeches*, Crossing Press, [1984]2017, pp. 110-114.

Louv, R., *Last Child in the Woods: Saving Our Children from Nature-Deficit Disorder*, Atlantic Books, 2005.

Magli, G., *Architecture, Astronomy and Sacred Landscape in Ancient Egypt*, Cambridge University Press, 2013.

Maharaj, S. N., *I Am That: Talks with Sri Nisargadatta Maharaj*, M. Frydman(trans.), Acorn Press, 1973.

Mann, J., et al., "Getting out of the classroom and into nature: a systematic review of nature-specific outdoor learning on school children's learning and development", *Frontiers in Public Health*, 10, 2022, https://doi.org/10.3389/fpubh.2022.877058.

Margulis, L., "Symbiogenesis and symbionticism", in L. Margulis and R. Fester(eds.), *Symbiosis as a Source of Evolutionary Innovation: Speciation and Morphogenesis*, MIT Press, 1991, pp. 1-15.

———, *Symbiotic Planet: A New Look at Evolution*, Weidenfeld & Nicolson, 1998.

Marler, J., "The iconography and social structure of Old Europe: the archaeomythological research of Marija Gimbutas", *1st World Congress on Matriarchal Studies, "Societies in Balance"*, Luxembourg, September 5-7, 2003, www.second-congress-matriarchal-studies.com/marler.html.

Martin, K., "Commentary: as the oceans go, so too do we", *Annals of Global Health*, 86(1), 2020, p. 152.

Marx, K., "Theses on Feuerbach", in L. S. Feur(ed.), *Basic Writings on Politics and Philosophy*, Anchor Books, 1888.

MacCormack, P., *The Ahuman Manifesto: Activism for the End of the Anthropocene*, Bloomsbury, 2020.

McKittrick, K.(ed.), *Sylvia Wynter: On Being Human as Praxis*, Duke

University Press, 2015.

McNear, D. H., Jr, "The rhizosphere - roots, soil and everything in between", *Nature Education Knowledge*, 4(3), 2013, p. 1.

Melott, A. L., and Thomas, B. C., "From cosmic explosions to terrestrial fires?", *Journal of Geology*, 127(4), 2019, pp. 475-481.

Mohai, P., and Saha, R., "Which came first, people or pollution? A review of theory and evidence from longitudinal environmental justice studies", *Environmental Research Letters*, 10, 2015.

Monier-Williams, N., *A Sanskrit-English Dictionary: Etymologically and Philologically Arranged with Special Reference to Cognate Indo-European Languages*, Oxford University Press, [1899]1960.

Morton, T., *Ecology without Nature: Rethinking Environmental Aesthetics*, Harvard University Press, 2007.

Mühlhausen, S., Schmitt, H. D., Pan, K.T., Plessmann, U., Urlaub, H., Hurst, L. D., and Kollmar M., "Endogenous stochastic decoding of the CUG codon by competing Ser- and Leu-tRNAs in Ascoidea asiatica", *Current Biology*, 28, 2018, pp. 2046-2057.

Naess, A., "The shallow and the deep, long-range ecology movement: a summary", *Inquiry*, 16, 1973, pp. 95-100.

Najibi, A. "Racial discrimination in face recognition technology", *Harvard University, Science in the News*, October 24, 2020.

Naranjo, L., "Matter in Motion: Earth's Changing Gravity", *NASA EarthData*, December 28, 2020, https://www.earthdata.nasa.gov/news/feature-articles/matter-motion-earths-changing-gravity.

NASA, "NASA is taking a new look at searching for life beyond Earth", September 25, 2018, www.nasa.gov/feature/nasa-is-taking-a-new-look-at-searching-for-life-beyond-earth.

———, "Astronaut requirements", March 24, 2020, www.nasa.gov/audience/forstudents/postsecondary/features/F_Astronaut_Requirements.html.

NASA Science, "Beyond our solar system", February 1, 2022, https://solarsystem.nasa.gov/solar-system/beyond/overview/.

Naughton, J., ""The goal is to automate us": welcome to the age of surveillance capitalism", *The Guardian*, January 20, 2019.

Newenham-Kahindi, A., and Stevens, C. E., "Ecological sustainability and practical wisdom from the Maasai and Hadza peoples in East Africa", in A. Intezari et al. (eds.), *Practical Wisdom, Leadership and Culture: Indigenous, Asian and Middle-Eastern Perspectives*, Taylor & Francis, 2020, pp. 13-33.

Nietzsche, F. W., *Thus Spoke Zarathustra*, A. DelCaro(trans.), Cambridge University Press, [1883-5]2006[프리드리히 니체, 《차라투스트라는 이렇게 말했다》, 장희창 옮김, 민음사, 2004].

Noble, S. U., *Algorithms of Oppression: How Search Engines Reinforce Racism*, New York University Press, 2018.

"Not all scientists are raised equal"(editorial), *Nature Astronomy*, 1, 2017.

Nuwer, R., "Why the world needs viruses to function", *BBC Future*, June 18, 2020, www.bbc.com/future/article/20200617-what-if-all-viruses-disappeared.

Oparin, A. I., "The origin of life", A. Synge(trans.), in J. D. Bernal(ed.) *The Origin of Life*, Weidenfeld & Nicolson, [1924]1967, pp. 199-234.

Panda, D., Molla, K. A., Baig, M. J., Swain, A., Behera, D., and Dash, M., "DNA as a digital information storage device: hope or hype?", *3 Biotech*, 8(5), 2018, p. 239.

Parezo, N. J., and Fowler, D. D., *Anthropology Goes to the Fair: The 1904 Louisiana Purchase Exposition*, University of Nebraska Press, 2007.

Patel, N. V., "Can Earth's gravity really be affected by changes in the seasons?", *MIT Technology Review*, November 20, 2019.

Patterson, J., "Respecting nature: a Maori perspective", *Worldviews: Environment, Culture, Religion*, 2(1), 1998, pp. 69-78.

Pearce, D., "The hedonistic imperative", *The Hedonistic Imperative*, 1996, www.hedweb.com.

———, "Reprogramming predators", *The Hedonistic Imperative*, 2009-2015, www.hedweb.com.

Pennisi, E., "1000 Genomes Project gives new map of genetic diversity", *Science*, 330(6004), 2010, pp. 574-575.

Philip, L., *Beaverland: How One Weird Rodent Made America*, Twelve, 2022.

Pico della Mirandola, G., *Oration on the Dignity of Man*, C. G. Wallis et al.(trans.), Hackett, [1496]1998.

Pilling, D., "It's time to redefine GDP to help save the planet", *Time*, November 21, 2019.

Plato, *The Apology of Socrates*, N. Denyer(ed.), Cambridge University Press, [c. 399-387 BCE]2019[플라톤, 《소크라테스의 변명》, 황문수 옮김, 문예출판사, 1999].

Popper, K., *The Logic of Scientific Discovery*, Hutchinson, [1934]1959[칼 포퍼, 《과학적 발견의 논리》, 박우석 옮김, 고려원, 1994(절판)].

Principe, L. M., *The Secrets of Alchemy*, University of Chicago Press, 2012.

Rahman, F., *The Philosophy of Mulla Sadra Shirazi*, State University of New York Press, 1975.

Ringquist, E. J., "Assessing evidence of environmental inequities: a meta-analysis", *Journal of Policy Analysis and Management*, 24(2), 2005, pp. 223-247.

Rivera, L. N., and Rivera Pagán, L., *A Violent Evangelism: The Political and Religious Conquest of the Americas*, Westminster/John Knox Press, 1992.

Roossinck, M., "The good viruses: viral mutualistic symbioses", *Nature Reviews Microbiology*, 9, 2011, pp. 99-108.

Rosenberg, E., and Zilber-Rosenberg, I., *The Hologenome Concept: Human, Animal and Plant Microbiota*, Springer, 2014.

———, "The hologenome concept of evolution after 10 years",

Microbiome, 6, 2018.

Ruggles, C., "Astronomy and Stonehenge", *Proceedings of the British Academy*, 92, 1997, pp. 203-229.

Rumi, *The Essential Rumi*, C. Barks(trans.), HarperCollins, [13th century]1995.

Rury, J. L., and Tamura, E. H.(eds.), *The Oxford Handbook of the History of Education*, Oxford University Press, 2019.

Sartre, J. P., *Existentialism is a Humanism*, Yale University Press, 1946[장 폴 사르트르, 《실존주의는 휴머니즘이다》, 박정태 옮김, 이학사, 2008].

Schaal, B., "Plants and people: our shared history and future", *Plants, People, Planet*, 1(1), 2019, pp. 14-19.

Schröder, K. P., and Connon Smith, R., "Distant future of the Sun and Earth revisited", *Monthly Notices of the Royal Astronomical Society*, 386(1), 2008, pp. 155-163.

Seeley, D., *Honeybee Democracy*, Princeton University Press, 2010.

Sender, R., Fuchs, S., and Milo, R., "Revised estimates for the number of human and bacteria cells in the body", *PLoS Biology*, 14(8), 2016, pp. 1-14.

Serres, M., *The Natural Contract*, E. MacArthur and W. Paulson(trans.), University of Michigan Press, [1990]1995.

———, "Revisiting the natural contract", *CTheory*, 2006.

Shiva, V., *Monocultures of the Mind: Perspectives on Biodiversity and Biotechnology*, Zed Books, 1993.

———, "Beyond reductionism", in V. Shiva and I. Moser(eds.), *Biopolitics: A Feminist and Ecological Reader in Biotechnology*, Zed Books, 1995, pp. 267-284.

———, *Making Peace with the Earth: Beyond Resource, Land and Food Wars*, Women Unlimited, 2012.

Siddiqui, R., Qaisar, R., Goswami, N., Khan, N. A., and Elmoselhi,

A., "Effect of microgravity environment on gut microbiome and angiogenesis", *Life*, 11(10), 2021.

Simard, S., "The mother tree", *The Mother Tree Project & Program*, 2021, https://mothertreeproject.org/wp-content/uploads/2020/01/the-mother-tree_the_word_for_world_is_still_forest.pdf.

──────, *Finding the Mother Tree: Discovering the Wisdom of the Forest*, Knopf, 2021.

Sorgner, S., *We Have Always Been Cyborgs: Digital Data, Gene Technologies, and an Ethics of Transhumanism*, Bristol University Press, 2021.

Šprajc, I., "Astronomy, architecture, and landscape in Prehispanic Mesoamerica", *Journal of Archaeological Research*, 26(2), 2018, pp. 197-251.

Steiner, R., *How to Know Higher Worlds*, Anthroposophic Press, [1904]1994.

Stengers, I., *Cosmopolitics I*, R. Bononno(trans.), University of Minnesota Press, [1997]2010.

──────, *Cosmopolitics II*, R. Bononno(trans.), University of Minnesota Press, [1997]2011.

──────, *In Catastrophic Times: Resisting the Coming Barbarism*, A. Goffey(trans.), Open Humanities Press, 2015.

Strauss, B. S., "Why is DNA double stranded? The discovery of DNA excision repair mechanisms", *Genetics*, 209(2), 2018, pp. 357-366.

Suttle, C., "Marine viruses - major players in the global ecosystem", *Nature Reviews Microbiology*, 5, 2007, pp. 801-812.

Takahashi, K., Takahashi, H., Furuichi, T., et al., "Gravity sensing in plant and animal cells", *npj Microgravity*, 7, 2021, p. 2.

Thompson, J. R., Rivera, H. E., Closek, C. J., and Medina, M., "Microbes in the coral holobiont: partners through evolution, development, and ecological interactions", *Frontiers in Cellular and Infection Microbiology*, 4, 2015, p. 176.

Thunberg, G., "Greta Thunberg's speech at the UN Climate Action Summit", NPR, September 23, 2019, www.npr.org/2019/09/23/763452863/ transcript-greta-thunbergs-speech-at-the-u-n-climate-action- summit.

Tu Wei-Ming, "The continuity of being: Chinese visions of nature", in J. Callicott and R. Ames(eds.), *Nature in Asian Traditions of Thought: Essays in Environmental Philosophy*, State University of New York Press, 1989, pp. 67-78.

Turing, A. M., "Computing machinery and intelligence", *Mind*, 59, 1950, pp. 433-460.

Twenge, J., *iGen: Why Today's Super-Connected Kids Are Growing up Less Rebellious, More Tolerant, Less Happy – and Completely Unprepared for Adulthood – and What That Means for the Rest of Us*, Atria Books, 2017.

United Nations, "Indigenous peoples: the unsung heroes of conservation", January 9, 2017, www.unep.org/zh-hans/node/477.

————, "The golden record, the sounds of Earth", n.d., www.un.org/ ungifts/golden-record-sounds-earth.

Ursell, L. K., et al., "Defining the human microbiome", *Nutrition Reviews*, 70(suppl. 1), 2012, pp. S38-S44.

Van Brusselen, D., Kayembe-Kitenge, T., Mbuyi-Musanzayi, S., Lubala Kasole, T., Kabamba Ngombe, L., Musa Obadia, P., Kyanika wa Mukoma, D., Van Herck, K., Avonts, D., Devriendt, K., Smolders, E., Banza Lubaba Nkulu, C., and Nemery, B., "Metal mining and birth defects: a case-control study in Lubumbashi, Democratic Republic of the Congo", *Lancet Planetary Health*, 4(4), 2020, pp. e158-e167.

Vana, R., "The brain, gut and consciousness: microbiology of our mind", *Inquiries Journal*, 12(12), 2020.

Vanzolini, M., and Cesarino, P., "Perspectivism," *Oxford Bibliographies in Anthropology*, 2014, https://www.oxfordbibliographies.com/ display/document/obo-9780199766567/obo-9780199766567-

0083.xml.

Verhelst, H. M., Stannat, A. W., and Mecacci, G., "Machine learning against terrorism: how Big Data collection and analysis influences the privacy-security dilemma", *Science and Engineering Ethics*, 26, 2020, pp. 2975-2984.

Verran, J., and Reyes, X. A., "Emerging infectious literatures and the zombie condition", *Emerging Infectious Diseases*, 24(9), 2018, pp. 1774-1778.

Viveiros de Castro, E., "Cosmological deixis and Amerindian perspectivism", *Journal of the Royal Anthropological Institute*, 4(3), 1998, pp. 469-488.

———, "Exchanging perspectives: the transformation of objects into subjects in Amerindian ontologies", *Common Knowledge*, 10(3), 2004, pp. 463-484.

Wajnerman Paz, A., "Is your neural data part of your mind? Exploring the conceptual basis of mental privacy", *Minds & Machines*, 32, 2021, pp. 395-415.

Wallman, J., *Stuffocation: Why We've Had Enough of Stuff and Need Experience More Than Ever*, Random House, 2015.

Warlenius, R., Pierce, G., Ramasar, V., Quistorp, E., Martínez-Alier, J., Rijnhout, L., and Yanez, I., "Ecological Debt: History, Meaning and Relevance For Environmental Justice", *EJOLT report*, 18, 2015.

Watts, A., *The Tao of Philosophy: Myth of Myself, original live recording*, Electronic University, 1965.

———, *Out of Your Mind: Tricksters, Interdependence, and the Cosmic Game of Hide-and-Seek*, Sounds True, 2017.

Webb, P., et al., "Hunger and malnutrition in the 21st century", *British Medical Journal*, 361, 2018, p. k2238.

White, R., "The earliest images: Ice Age "art" in Europe", *Expedition*, 34(3), 1992, pp. 37-51.

————, "Systems of personal ornamentation in the early Upper Palaeolithic: methodological challenges and new observations", in P. Mellars, K. Boyle, O. Bar-Yosef and O. Stringer(eds.), *Rethinking the Human Revolution: New Behavioural and Biological Perspectives on the Origin and Dispersal of Modern Humans*, McDonald Institute for Archaeological Research, 2007, pp. 287-302.

Williams, D. R., "Stress and the mental health of populations of color: advancing our understanding of race-related stressors", *Journal of Health and Social Behavior*, 59(4), 2018, pp. 466-485.

Wilson, M. L., et al., "Lethal aggression in Pan is better explained by adaptive strategies than human impacts", *Nature*, 513, 2014, pp. 414-417.

World Health Organization, *Preventing Intimate Partner and Sexual Violence against Women: Taking Action and Generating Evidence*, World Health Organization, 2016.

Wright, D. S., *What is Buddhist Enlightenment?*, Oxford University Press, 2016.

Wynter, S., "Unsettling the coloniality of being/power/truth/freedom: towards the human, after man, its overrepresentation - an argument", *New Centennial Review*, 3(3), 2003, pp. 257-337.

Yehuda, R., and Lehrner, A., "Intergenerational transmission of trauma effects: putative role of epigenetic mechanisms", *World Psychiatry: Official Journal of the World Psychiatric Association*, 17(3), 2018, pp. 243-257.

Zimmer, C., "Ancient viruses are buried in your DNA", *New York Times*, October 4, 2017, www.nytimes.com/2017/10/04/science/ancient-viruses-dna-genome.html.

Zuboff, S., *The Age of Surveillance Capitalism: The Fight for a Human Future at the New Frontier of Power*, Profile Books, 2019[쇼샤나 주보프, 《감시 자본주의 시대》, 김보영 옮김, 문학사상, 2021].